UMA PROMESSA POR DIA

Atos

UMA PROMESSA POR DIA

ELDO FERREIRA DOS SANTOS
GILSA PANCOTE
GARY HAYNES

Haynes, Gary

Uma Promessa Por Dia / Gary Haynes, Gilsa Pancote e Eldo Ferreira dos Santos. – Belo Horizonte: Atos, 2025.

416 p.

ISBN: 978-85-7607-115-0

1. Palavra de Deus. 2. Promessas.

I. Santos, Eldo Ferreira dos. II. Título.

CDD: 248.47 CDU: 241.72

Coordenação editorial
Manoel Menezes

Capa
Leandro Schuques

Diagramação
Manoel Menezes

Primeira edição – Fevereiro de 2025

Atos

www.osdiscipulos.com.br

Sumário

Como Deus Irá Usar Uma Promessa Por Dia Na Sua Vida

Por Gary Haynes

O devocional **Uma Promessa Por Dia**, que agora você tem em mãos, poderá mudar a sua vida para sempre, pois se tomarmos posse do que Deus tem nos prometido pela sua Palavra, o impacto será poderoso e eterno.

Se você ler e não deixar de lado, mas tomar cada promessa contida nele como palavra viva de Deus e, em seguida, abrir a sua boca e pronunciá-la com fé sobre si mesmo, sua família, seus relacionamentos, seus negócios, seu ministério e todos os aspectos da sua vida, verá o poder de Deus e o Senhor agindo em seu favor! Você poderá experimentar o mover de Deus de uma forma nunca vista antes. Só depende de você.

As promessas de Deus são a base para uma vida abençoada, e até consideradas como alicerces fundamentais para o seu relacionamento com o Senhor. Uma das principais formas de Deus agir em nossas vidas e se relacionar conosco é através delas. O pacto ou a aliança que Ele tem conosco é baseado nas promessas, como está escrito em Hebreus 8.6: "... O ministério que Jesus recebeu é superior ao deles, assim como também a aliança da qual ele é mediador é superior a antiga, sendo baseada em promessas superiores".

Tendo isso em mente, podemos concluir então que a nova aliança é baseada em promessas de Deus. Por isso, um estudo mais aprofundado sobre o assunto é uma das coisas mais importantes que você pode fazer em toda a sua vida!

Examinando as Escrituras, você verá que a maioria das mais importantes e influentes histórias bíblicas são relatos de pessoas de Deus aplicando promessas em suas vidas.

Abraão recebendo seu filho Isaque é a história de um homem que se firmou naquilo que Deus tinha prometido, e nunca desistiu até ver a bênção acontecer. Noé sendo salvo com sua família é outro exemplo de um homem que acreditou numa promessa de Deus, mesmo se expondo ao escárnio de seus contemporâneos. Ele levou a sério a promessa de Deus de salvar-se com a família, se obedecesse às condições da promessa de Deus, que era construir uma arca e colocar em ação o comando do Senhor. Ao construí-la, ele viu Deus cumprir tudo o que havia combinado.

As promessas de Deus são condicionadas às nossas atitudes. Se você não tomar posse, declarando-as com fé e agindo de acordo, elas não se realizarão. Depende dos seus atos, de você insistir em vê-las cumpridas. Deus cumpriu sua promessa a Abraão por causa da persistência dele em acreditar que o Senhor iria fazer tudo o que tinha prometido.

Da mesma forma, você e eu, às vezes, deixamos de experimentar as bênçãos de Deus por não entendermos os direitos dados pelas promessas do Senhor e por sermos passivos quanto a elas. Mas a verdade explosiva é que quando conhecemos Cristo como salvador, nos tornamos co-herdeiros das promessas de Deus. Você tem o direito, dado pelo próprio Criador, de participar do favor divino dele, garantido através das promessas contidas na Palavra.

Tive a ideia de criar essa obra porque percebi que muitas pessoas estavam sendo roubadas das bênçãos de Deus, por não saberem se apropriar daquilo que Ele intencionava fazer para elas. Para ajudar na compreensão, este livro começa com uma explicação sobre o que são as promessas de Deus, e a incrível importância de entendermos o assunto se quisermos experimentar as plenas bênçãos do Senhor.

Em seguida, escolhemos 366 promessas bíblicas, que você encontrará na parte superior de cada página. Depois, apresentamos uma lição de fé sobre cada promessa citada, para você entendê-la melhor. Por último, você verá abaixo de cada promessa uma área que chamamos Declarando a promessa, que é uma poderosa personalização da promessa de Deus para você declarar sobre a sua vida.

Creio que em breve, ao descobrir o incrível valor do **Uma Promessa Por Dia**, você irá usá-lo todos os dias, abrindo-o para encontrar mais uma promessa de Deus e declarando-a em voz alta. Desta maneira você estará colocando sua fé em ação. Tenho certeza que você verá a mão poderosa do Senhor operando em seu favor, se houver sinceridade de sua parte e estiver se relacionando genuinamente com Deus.

Eu tive a ideia e esbocei o projeto. Escrevi a parte inicial e, em seguida, tivemos o apoio de dois excelentes pesquisadores e escritores, Eldo Ferreira e Gilsa Pancote, que fizeram as Lições de fé para a minha vida e Declarando a Promessa. Parabenizo aos dois pela maravilhosa colaboração que trouxeram a esse grande projeto.

Tenho certeza de que o devocional **Uma Promessa Por Dia** irá se tornar o seu novo livro de cabeceira, e que, através dele, você poderá experimentar grandes bênçãos do Senhor na sua vida!

Vivendo As Promessas De Deus

Por Gary Haynes

Quando eu tinha 12 anos de idade, minha família começou uma grande aventura missionária. Até então, meu pai pastoreava uma igreja na Califórnia e trabalhava com Pat Robertson, fundador do ministério de televisão Clube 700, como seu braço direito para a região oeste dos Estados Unidos.

Naquela época, o ministério do meu pai tinha atingido seu ápice até então: ele estava impactando mais vidas do que nunca com a Palavra de Deus e as coisas de fato iam extremamente bem. Nossa vida familiar espelhava esse momento bem-sucedido. Eu tinha desenvolvido ótimas amizades, vivíamos numa casa maravilhosa, tínhamos bons carros, morávamos perto dos meus avós, tios e primos. Éramos uma família unida: nossa vida de fato ia muito bem.

Nesse momento tão feliz, meu pai falou que queria levar-nos para a selva amazônica, no norte do Brasil, para trabalharmos como missionários. Primeiro, nós iríamos passar um ano viajando pelos EUA. Visitaríamos igrejas para prepararmos uma base de mantenedores que apoiariam em oração e materialmente a nossa nova empreitada evangelística no Amazonas.

Aceitei bem a ideia de deixar tudo e todos para trás, nesse projeto em prol do Reino de Deus. Encarei como uma grande aventura e estava bastante animado para chegar à cidade que seria nossa nova base, Manaus, e começar o processo de aprender uma nova língua e me entrosar numa cultura diferente.

Mas o que atrapalhava esse momento empolgante era o fato de que eu estava sendo atacado por um medo pernicioso e constante, que tive vergonha de compartilhar com quem quer que fosse. Eu havia assistido a filmes e documentários sobre a Amazônia e sabia que era um lugar de extremo perigo. Entre jacarés, piranhas que comiam carne de seres vivos, inclusive humanos, nas águas dos rios da região, e inúmeros tipos de cobras venenosas, além de anacondas gigantes que, de acordo com os filmes que eu tinha visto, engoliam homens inteiros, havia muitas maneiras de alguém ter uma morte precoce naquela selva.

É claro que a maioria dos filmes exacerbavam os fatos, que servia apenas para fazer crescer de forma exponencial meu medo, por causa dos exageros tipicamente hollywoodianos. Tinha visto nos filmes piranhas que pulavam fora da água e arrancavam as pessoas da canoa, para em seguida as devorarem, jacarés gigantes que conseguiam engolir um homem com uma mordida e anacondas que pareciam quase dragões mitológicos, de tão enormes e ferozes.

Confesso que isso tudo me deixou aterrorizado com o nosso projeto ministerial de morarmos num lugar com monstros dessa natureza. Eu queria ser um bom filho, acompanhar meus pais, ser um servo de Deus e também fazer o que o Senhor tinha designado para nós. Mas durante os meses em que preparávamos para nos mudar, enquanto visitávamos igreja após igreja, eu estava tendo pesadelos quase todas as noites, acordando com calafrios, sempre assustado e atormentado, com visões de tragédia e morte na selva amazônica.

Em um dos pesadelos, vi uma perna minha sendo arrancada por um jacaré. Em outro, piranhas dilaceravam meu corpo todo, mordendo pequenos pedaços, enquanto eu gritava, sentindo uma dor inacreditável. E ainda em outro, eu era asfixiado por uma anaconda, sem nem poder gritar para pedir socorro. A cada dia que passava, eu estava ficando mais e mais atordoado e angustiado pelo medo que sentia no meu mundo particular e íntimo. Porém, eram sentimentos que me envergonhavam, e eu não podia me abrir para pedir a ajuda de ninguém.

Certo dia, num dos cultos em que meu pai ministrava, um homem que eu nunca tinha visto antes veio falar comigo durante o tempo de oração. Ele me disse que o Senhor estava nos levando para pregar a Palavra de Deus no Amazonas e que, apesar de grandes perigos do lugar, Ele nos conduziria sãos e salvos e nos traria de volta do mesmo jeito. Ele me disse que eu não precisava ter medo de nada, pois Deus tinha tudo sob controle, e que eu podia confiar minha vida e proteção nas mãos do Senhor.

Aquela palavra de encorajamento bateu instantaneamente no fundo da minha alma, me trazendo a paz "que excede todo o entendimento" (Fp 4.7). Naquele instante eu tive a certeza de que quem falava comigo não era aquele homem, e sim o Espírito Santo de Deus!

Em seguida me saltou aos olhos que a promessa de Deus em Marcos 16.15,18, endereçada aos missionários, indo às nações para pregar, era de proteção: "Vão pelo mundo todo e preguem o evangelho a todas as pessoas... pegarão em serpentes; e, se beberem algum veneno mortal, não lhes fará mal nenhum".

Na mesma hora compreendi outra promessa de Deus, que diz: "Como é feliz aquele que se interessa pelo pobre! O Senhor o livra em tempos de adversidade. O Senhor o protegerá e preservará a sua vida" (Salmos 41.1-2).

A partir de então, me apeguei à promessa de Deus com garra e entusiasmo. Mesmo sendo muito novo, eu entendia que se o Senhor tinha me prometido alguma coisa, iria cumpri-la na minha vida. Mesmo não tendo, até então, um entendimento profundo de teologia, eu sabia uma coisa: se Deus tinha prometido, seria fiel na realização da sua promessa. E eu tinha certeza de que podia confiar em Deus.

Recebi a palavra de encorajamento do irmão no culto, porém, mais importante que isso, eu tinha o respaldo da Palavra e a confirmação dentro do meu coração de que essa promessa de Deus era para mim!

Desse dia em diante, os pesadelos noturnos acabaram e também o terror na minha alma durante o dia. Meu paradigma tinha mudado. Agora eu não mais precisava ter medo do perigo da selva. Eu acreditava em Deus e em sua Palavra, e sabia que podia ir com confiança, ousadia e coragem para onde Deus quisesse.

Quando chegamos à selva, eu era uma pessoa diferente. Com apenas 13 anos de idade, na nossa chegada, eu me tornei intrépido e audaz. Enquanto o resto da família ficava em Manaus, em nossa casa, eu pedia sempre para acompanhar meu pai nas viagens missionárias a bordo do nosso barco, O Semeador, para ajudá-lo na pregação do evangelho aos ribeirinhos, no interiorzão da Amazonas. Eu não tinha mais medo de nada! Encarava tudo por um motivo apenas: eu estava respaldado na promessa de Deus para a minha vida.

Nos anos seguintes, tive muitos encontros com animais e répteis perigosos, mas sem sentir nenhum medo. Certa vez, andando bem perto de um rio à noite, numa região cheia de jacarés, cheguei a pisar em um deles. Porém, em vez de me atacar, como um mecanismo de defesa, que seria o esperado por eu ter pisado nele, ele fugiu de mim.

Também perdi a conta das vezes em que me deparei com cobras venenosas. Certa vez, abaixei a cabeça para passar debaixo do galho de uma árvore e, no último momento, dei de cara com uma cobra venenosa enrolada nele. Já pisei sem querer em cobras e, em outra ocasião, quando fui pegar um objeto, de repente percebi que havia uma cobra bem atrás. Mas em vez de me picar, ela pulou para longe de mim, obviamente assustada.

Vez após vez tenho visto a Palavra de Deus ser cumprida em minha vida! Depois do período que morei na selva com meus pais, já voltei dezenas de vezes para lá, em viagens missionárias para os quatro cantos da Amazônia. Nada menos do que em dezenas de acontecimentos tive a vida poupada em encontros inesperados com cobras, arraias, jacarés, onças, piranhas e outras criaturas que habitam os rios e a selva amazônica.

Certo dia, quando voltava de uma caminhada na selva, vi em cima das minhas pegadas de ida as pegadas de uma onça grande que, sem que eu percebesse, tinha me seguido. Com certeza ela estava me caçando para comer, mas jamais me atacou. Se ela tivesse me atacado, me pegaria de costas e eu teria tido poucas chances de me defender. Com certeza Deus fez a onça mudar de ideia e ir atrás de outra presa!

Constantemente tenho sido salvo do perigo e da morte, porque Deus me prometeu isso e eu o estava servindo, trabalhando para levar a Palavra aos ribeirinhos e aos povos indígenas das tribos. Eu tomei posse da promessa, e o Senhor sempre cumpriu a sua Palavra! Tem sido fascinante saber que eu posso estar em meio a perigos da selva para pregar a Palavra e que Deus cuida de mim. E como Ele tem sido fiel, sempre fiel! Quando Deus promete, Ele cumpre suas promessas. Você pode acreditar.

Mas tenho certeza de que a mão de Deus opera para me proteger por um motivo: eu tenho fé na Palavra e ajo de acordo. Tomei posse da promessa dele para mim. Esse é o grande segredo. Mas muitos não entendem e, por isso, perdem o benefício de ver as promessas de Deus se cumprir em suas vidas.

As promessas de Deus estão condicionadas a você acreditar nelas e agir de acordo. Caso contrário, você ata as mãos de Deus para agir na sua vida como Ele gostaria. Somente quando você crê na Palavra do Senhor e age em cima dessa fé nele é que Deus opera e cumpre as suas promessas. Quando não entendem nem praticam esse incrível e poderoso princípio, muitos deixam de experimentar tudo o que Deus tem para as suas vidas.

Mesmo Deus tendo prometido que cuidaria de mim no meio da selva e do perigo, se eu não tivesse acreditado em sua Palavra, e agido de acordo, com certeza não teria visto Deus me protegendo vez após vez, enquanto eu pregava sua Palavra aos necessitados. Tenho visto Deus atuando porque eu tenho agido com fé em suas promessas.

O apóstolo Paulo era um homem igual a qualquer um de nós. O que o tornava especial era apenas o fato de que quando Deus falava, ele acreditava! Acho fascinante a história do naufrágio que ele enfrentou a caminho de Roma. Depois de serem atormentados durante muitos dias por uma terrível tempestade no mar, todos estavam à beira da morte, e muitos já tinham perdido esperança.

Foi nesse momento crítico que Paulo se pôs no meio deles e chamou a atenção de todos, dizendo: "Mas agora recomendo-lhes que tenham coragem, pois nenhum de vocês perderá a vida; apenas o navio será destruído. Pois ontem à noite apareceu-me um anjo do Deus a quem pertenço e a quem adoro, dizendo-me: 'Paulo, não tenha medo. É preciso que você compareça perante César; Deus, por sua graça, deu-lhe a vida de todos os que estão navegando com você'. Assim, tenham ânimo, senhores! Creio em Deus que acontecerá do modo como me foi dito" (Atos 27.22-25).

Encarando a morte certa, Paulo recebeu uma promessa de Deus. O anjo a trouxe, dizendo que não somente ele sobreviveria, mas também todos os que estavam a bordo do navio. Eu posso imaginar que Paulo vinha pedindo exatamente isso em oração a Deus durante dias. Sem dúvida ele tinha guerreado em intercessão, clamando pela vida de seus companheiros e de todos os outros que estavam no navio. Mas o cenário tinha mudado: Paulo recebera a palavra de Deus, um compromisso do Senhor, uma promessa de salvá-los.

Esse apóstolo também era especial porque quando Deus falava, ele levava a sério, confiando que aconteceria exatamente do jeito que lhe fora revelado. Ele até declarou isso, quando disse: "Creio em Deus que acontecerá do modo como me foi dito".

Esse foi um dos maiores segredos da vida e ministério de Paulo. Primeiro, ele buscou receber a promessa do alto. Em seguida, quando Deus prometia, ele agia de acordo, pela fé. E o milagre então acontecia; a mão de Deus movia em seu favor apenas após essa atitude.

E é exatamente isso que Deus está querendo que fique claro para você hoje. A Palavra é cheia de promessas para a sua vida, mas para que se cumpram é preciso que você acredite nelas, tome posse e aja de acordo com sua confiança no Senhor.

Deus tem coisas tremendas a realizar em sua vida, negócios, família e ministério. Ele quer levá-lo a um novo patamar de vitórias, vendo a sua mão agindo poderosamente em seu favor. Mas depende de você entender o incrível segredo contido nesse livro e, em seguida, praticá-lo em sua vida cotidiana. Eu garanto que se você fizer isso sua vida nunca mais será a mesma. Você verá Deus elevá-lo a um novo patamar de conquistas e bênçãos.

Deus quer fazer coisas novas e tremendas em seu favor. Depende de você entender esse incrível ensinamento bíblico. Deus quer fazer muito mais na sua vida do que você jamais experimentou até hoje!

Instruções Práticas

Nós criamos este devocional **Uma Promessa Por Dia** de forma que você possa começar em qualquer época do ano. Poderá ter seu tempo com Deus diariamente por um ano. Basta iniciar no dia no qual se encontra, e terminar um ano depois.

A seguir, você encontrará centenas de páginas com uma promessa de Deus por dia do ano. Todas as promessas foram extraídas da Bíblia. Na parte de cima em cada página, está a promessa bíblica. Recomendo que leia mais de uma vez, permitindo o Espírito Santo falar ao seu coração. Recomendo que leia pausadamente a passagem bíblica que contém a promessa, meditando na Palavra do Senhor.

Logo abaixo na página, está o tópico **Lição de Fé Para a Minha Vida**. Sugiro que leia no mínimo uma vez, ponderando o estudo sobre a promessa do dia.

Por último, está a parte de ação, **Declarando a Promessa**. Nessa seção, você irá, sempre que possível, ler em voz alta, declarando e tomando posse da promessa de Deus para sua vida, sua família, sua igreja, seus amigos, seus vizinhos, sua nação...

É recomendável que você leia pausadamente a passagem bíblica que contém a promessa, meditando na Palavra do Senhor.

Em seguida, leia a **Lição de Fé Para a Minha Vida** e permita que a explicação da promessa em pauta lhe traga mais entendimento e clareza.

Por fim, leia em voz alta o tópico **Declarando a Promessa**. É de extrema importância que você declare a promessa de Deus, tomando possa dela para a sua vida, sua família, seus negócios, sua carreira e seu ministério. Com isso, você estará declarando a sua fé em Deus, que promete cumprir as suas promessas quando cremos nele.

Depois, há um espaço para você anotar alguma inspiração que tiver, algo que você possa ler e ponderar novamente depois.

JANEIRO

As Promessas de Deus São Como Uma Bússola Espiritual

O que Deus promete é luz para o nosso caminho, como uma bússola espiritual, para nos dar direção em nossa caminhada diária. Podemos confiar no Senhor para nos mostrar o caminho certo, pelo qual devemos seguir.

Gary Haynes

"Tua palavra é lâmpada para meus pés e
luz para meu caminho."

Salmos 119:105 (NVT)

01
JAN

Gênesis 2.18

"Disse mais o SENHOR Deus: Não é bom que o homem esteja só; far-lhe-ei uma auxiliadora que lhe seja idônea" (ARA).

1. DEUS SONDA O CORAÇÃO

Lição de fé para a minha vida

Depois de concluída toda a obra da criação, tudo foi colocado diante dos olhos de Adão. A alegria do Criador em ver os céus e a terra em perfeita harmonia foi despertada pela solidão que existia no coração do homem, pois não havia uma companheira à sua altura. De tudo o que foi criado nada se achou que fosse compatível com a natureza do homem. Conquanto o mundo criado fosse esplêndido e Deus tenha se alegrado com toda obra criada, o Seu coração volta-se para Adão. Em um mundo complexo e perfeito, Deus contemplou que o coração do homem se encontrava só. E Ele concluiu que não era bom para o homem estar só e fez-lhe uma parceira ideal, sob medida. Que Deus maravilhoso o nosso Deus! Mesmo depois de tão magnífica criação preocupa-se com o homem, sonda o seu coração e busca satisfazer suas necessidades. E, como é confortante saber que Deus é assim; Ele olha para cada um de nós com olhos exclusivos e ainda se preocupa em satisfazer as nossas necessidades individuais. Embora a beleza do mundo criado alegrasse o Criador, Sua alegria foi maior em ver que o homem poderia ser mais feliz se tivesse uma companheira idônea. Lembre-se que, de toda a criação, você é o filho especial de Deus, a mais importante obra de Suas mãos.

Declarando a promessa

Eu sei que os olhos de Deus jamais deixarão de estar sobre mim. Ainda que o sol tenha uma luz inigualável e o brilho das estrelas jamais possa sequer ser imitado, a terra seja rica e sua beleza incomparável, eu sou a coroa da criação do meu Deus. Sou a menina dos Seus olhos e Ele é capaz de realizar os desejos mais secretos do meu coração. Meu Deus me dará a companhia certa, a provisão exata e a coragem necessária para vencer neste mundo, onde fui colocado para reinar! Seja por quanto tempo for eu estarei esperando o Senhor sondar o meu coração e atender as minhas necessidades segundo a medida ideal para mim!

Anotações

02
JAN

Gênesis 3.15

"Porei inimizade entre você e a mulher, entre a sua descendência e o descendente dela; este lhe ferirá a cabeça, e você lhe ferirá o calcanhar" (NVI).

2. A PROMESSA DE REDENÇÃO

Lição de fé para a minha vida

Após a triste queda do homem Deus tem a preocupação de corrigi-lo. "Toda ação provoca uma reação de igual intensidade e em sentido contrário", e isso não se tratando de castigo, mas de consequência; portanto, um erro sempre traz adversidades e a disciplina acaba se fazendo necessária. Às vezes é difícil de aceitar, mas dentre as muitas maneiras que Deus tem para nos corrigir, a solidão e a tribulação estão relacionadas. Podemos perfeitamente saber o quanto perdemos da presença de Deus quando erramos e sofremos por esses erros. O relacionamento entre Deus e homem foi afetado e, consequentemente, toda a criação passou a sofrer com isso. O casal perderia uma relação de comunhão para sempre e aprenderia o gosto amargo do pecado. Mas a disciplina de Deus é sempre para nos atrair para mais perto Dele. Sua sentença foi dada: Satanás perderia essa batalha, seria destruído e o homem restaurado voltaria a ter comunhão com Ele através de Jesus Cristo. Como é confortante poder olhar para Deus e saber que é como um Pai muito amoroso que Ele nos disciplina, estando, contudo, com os Seus braços sempre prontos a nos erguer e nos ajudar a superar toda e qualquer perda. Erga a cabeça e veja que Deus já está com a mão estendida para levantar você.

Declarando a promessa

Quando eu tropeçar e cair no meu caminho, não ficarei prostrado; olharei para cima, erguerei as minhas mãos e segurarei nas mãos do Pai. Elas me sustentarão e me afastarão da opressão do inimigo. A disciplina de Deus na minha vida será sempre para me deixar mais forte e, bem fortalecido, não irei mais tropeçar. Nenhuma acusação me deixará abatido, nem culpa existirá no meu coração; é o perdão de Deus que me restaura e o Seu amor que me conduz de volta para o caminho da vitória; segurando em Sua mão me manterei no curso até alcançar a vitória.

Anotações

03
JAN

Gênesis 8.22

"Enquanto a terra durar, não deixará de haver sementeira e ceifa, frio e calor, verão e inverno, dia e noite" (EC).

3. A FIDELIDADE DE DEUS NAS ESTAÇÕES DA VIDA

Lição de fé para a minha vida

O dilúvio trouxe a devastação da vida sobre toda a face da terra. Apenas Noé, sua família e os animais preservados na grande arca sobreviveram. Movido por amor, Deus incentiva a Noé a se multiplicar e povoar novamente a terra. O pecado da raça humana atraiu o castigo de Deus sob a forma de dilúvio, mas a conduta e fidelidade de Noé atraíram a misericórdia para dar continuidade à vida na terra. Ela seria repovoada pelos descendentes de Noé e debaixo de sua bênção. A terra, terrivelmente castigada pelas inundações, experimentaria agora um tempo de equilíbrio, pois para o sucesso do homem, os tempos e as estações estariam trabalhando harmoniosamente. Às vezes você olha para a tempestade que passou e só vê devastação, mas Deus está preparando novos tempos e estações apropriadas para que Seu trabalho venha a florescer e sua vida seja bênção para outras vidas. Certamente o recomeço é sempre difícil, seja em que área for, mas a garantia da bênção de Deus traz tranquilidade e, se estiver submisso ao Senhor, pode-se ter a certeza de que tudo acontecerá segundo a Sua santa vontade. Não tenha nenhum receio em recomeçar; não tenha medo de sair da arca e enfrentar agora essa nova estação. Mas cuidado, porque você terá amanhã o que plantar hoje.

Declarando a promessa

Eu sei que as tempestades virão e sei que muitas coisas edificadas poderão ruir, mas acredito nos desafios de Deus para a minha vida, em construir coisas melhores e também grandes. Não me deixarei desanimar, não posso pensar no que ficou para trás, Deus me chama a olhar para frente e atender ao Seu chamado. Eu sei que Ele já me prepara o dia de amanhã, que Sua mão trabalha sem cessar para o meu sucesso. Minha vida será para edificar multidões, levar luz às trevas e frutificar para Deus. Jamais terei medo de recomeçar, pois é Deus quem prepara o meu caminho!

Anotações

Gênesis 9.9-11

"Eis que estabeleço a minha aliança convosco, e com a vossa descendência, e com todos os seres viventes que estão convosco: tanto as aves, os animais domésticos e os animais selváticos que saíram da arca como todos os animais da terra. Estabeleço a minha aliança convosco: não será mais destruída toda carne por águas de dilúvio, nem mais haverá dilúvio para destruir a terra" (ARA).

04
JAN

4. ESPERANÇA APÓS A TEMPESTADE

Lição de fé para a minha vida

Milhares de vidas sucumbiram no dilúvio; a pequena família que foi poupada estava agora diante de um altar, onde prestava adoração a Deus. Quão doce não foi a voz de Deus, ouvida por Noé, propondo uma aliança. Jamais haveria outra destruição na terra como esta. A aliança feita com os seres vivos naqueles dias perduraria e abençoaria todos os habitantes da terra enquanto ela existir. A negra nuvem passou, uma aliança fora feita e Deus está disposto a encher a terra com os descendentes de Noé e os animais que sobreviveram ao dilúvio na arca. Alegre o seu coração, mesmo quando passar por águas profundas e a vida parecer acabar, não perca a sua esperança. O nosso Deus tem feito comigo, com você e com todos os que quiserem uma aliança eterna e maior do que esta, além dessa vida. Jamais poderá ser quebrada ou ultrapassada, ela está firmada no nome eterno de Jesus. Após o temporal não pense na terra devastada, mas olhe para o solo que está pronto para novo cultivo e para dar frutos em abundância. Comece a plantar na terra molhada e Deus o fará prosperar.

Declarando a promessa

Declaro minha confiança inabalável nas promessas divinas. Sei que a Palavra de Deus não pode ser quebrada. Faço com meu Senhor uma aliança de fé, pois sei que a vida está em Suas mãos; portanto, não temerei os dias que hão de vir. Descansarei e me deleitarei nas palavras do Senhor, pois sei que estou debaixo de uma poderosa aliança de vida e bênçãos. Ando confiante nos caminhos dessa terra; a minha vida está sempre nas mãos de Deus. Nem a morte pode detê-la, pois, por promessa, já tenho lugar no céu, nas mansões celestes de Jesus.

Anotações

05
JAN

Gênesis 12.1-2

"Ora, disse o SENHOR a Abrão: 'Sai da tua terra, da tua parentela e da casa de teu pai e vai para a terra que te mostrarei; de ti farei uma grande nação, e te abençoarei, e te engrandecerei o nome. Sê tu uma bênção!'" (ARC).

5. FÉ E A PROMESSA DE SER UMA BÊNÇÃO

Lição de fé para a minha vida

Deus chamou Abrão e lhe fez uma promessa maravilhosa: ser o progenitor de uma imensa nação sobre a terra. A obediência ao chamado de Deus exigia do patriarca certo esforço; sair da sua terra, deixar sua sociedade, amigos e parentes. Sua confiança na promessa de Deus o fez desistir de Ur, cidade importante da Caldeia, para habitar no deserto e caminhar até o lugar da promessa de Deus. Hoje o nome de Abraão figura entre os personagens bíblicos como Homem de fé. É patriarca da nação de Israel e dos árabes; ninguém pode negar que a promessa fora estabelecida em sua vida, pois ele creu e obedeceu à voz de Deus. O chamado de Deus sempre exige algum esforço, renúncia e obediência. Nem sempre o caminho apontado por Deus tem um panorama claro; às vezes é simplesmente a figura de um deserto. Somente aquele que crer caminhará com segurança, pois requer confiança em Sua provisão e sustento. Deixar o conforto e a vida estabilizada em Ur talvez não tenha sido fácil, mas em Ur, Abrão era um homem comum; no deserto se tornou amigo de Deus e o Pai de nações. Não receie em atender ao chamado de Deus, pois sobre você também está estabelecida uma promessa de bênção para as nações.

Declarando a promessa

Declaro que estarei pronto a ouvir a voz de Deus, que meu coração estará firmado na obediência e meus pés não retrocederão. Servirei a Deus e estarei pronto a romper com o que for preciso para ver estabelecida Sua promessa em minha vida. Como Abrão, romperei pela fé e enfrentarei o difícil deserto, caminharei na luz de Deus e serei abençoado por onde passar. Eu sou filho da promessa em Abrão e minha geração será abençoada pelos frutos das promessas de Deus em minha vida!

Anotações

Gênesis 15.2-6

"Então disse Abrão: 'Ó Senhor Deus, que me darás, visto que morro sem filhos, e o herdeiro de minha casa é o damasceno Eliézer?' Disse mais Abrão: 'A mim não me tens dado filhos; eis que um nascido na minha casa será o meu herdeiro'. Ao que lhe veio a palavra do Senhor, dizendo: 'Este não será o teu herdeiro; mas aquele que sair das tuas entranhas, esse será o teu herdeiro'. Então o levou para fora, e disse: 'Olha agora para o céu, e conta as estrelas, se as pode contar; e acrescentou-lhe: Assim será a tua descendência'. E creu Abrão no Senhor, e o Senhor imputou-lhe isto como justiça" (VR-MTHG).

06
JAN

6. CONFIANDO NO DEUS DO IMPOSSÍVEL

Lição de fé para a minha vida

Deus chamara Abrão para deixar a sua terra, tudo que ele havia construído, parentes, amigos e ir para Canaã possuir uma terra que lhe seria dada por possessão. A promessa de Deus era que sua descendência possuiria e se desenvolveria nessa terra para ser bênção para as nações do mundo. Mas o coração do patriarca estava triste por não ter filhos e precisar perpetuar o nome e a herança da família no seu servo Eliézer, um escravo que lhe era útil e fiel. Quando resolveu expor sua tristeza a Deus foi surpreendido pela promessa de que geraria um filho em sua velhice. Abrão acreditou em Deus e renovou suas forças à espera do desejado milagre. O nosso Deus é o Deus do impossível; nem sempre Suas promessas se realizam pelo caminho mais fácil e racional. Ele sempre nos surpreende com novas possibilidades, impossíveis aos nossos olhos e às vezes não visíveis. Nunca pergunte como virá a promessa de Deus em sua vida, apenas creia e descanse.

Declarando a promessa

Sei que o tempo de Deus não é o meu, mas aguardo a chegada de Suas promessas sobre minha vida. Tenho a convicção que Ele cumprirá em mim tudo o que disse. Não vou olhar o que me cerca ou procurar explicar o caminho da promessa. Eu sou filho de uma promessa maravilhosa e já tenho sobre mim a vontade de Deus estabelecida. Estou seguro na direção que Deus dá à minha vida e o meu foco não se desviará do Senhor.

Anotações

07
JAN

Gênesis 21.22

"Mais ou menos nesse tempo, o rei Abimeleque e Ficol, comandante do exército do rei, vieram a Abraão e disseram: 'Vemos claramente que Deus ajuda você em tudo que faz'" (VIVA).

7. PROSPERIDADE COM SUBMISSÃO E HUMILDADE

Lição de fé para a minha vida

A prosperidade de Abraão o tornou homem de grande valor para os povos que viviam à sua volta. Abimeleque era rei dos filisteus e temeu qualquer tipo de problema com Abraão ao ver que a mão de Deus o abençoava em tudo o que fazia e que nenhum inimigo prevalecia contra ele. Abraão tinha uma promessa de prosperidade sobre si e sua descendência, mas isso não fez dele um homem arrogante e altivo. Pelo contrário, ele era pacificador e tinha consciência de que Deus o honraria em cada ato; quanto mais Abraão se submetia à vontade do Senhor, mais da Sua prosperidade ele experimentava, mais os seus inimigos o temiam. Quanto mais submissão a Deus, mais da Sua glória em nós. Viver de maneira que faça as pessoas notarem Deus na sua vida talvez não seja muito fácil, mas não é impossível. É recompensador agradar a Deus e ser próspero em tudo o que se faz. Atrair pessoas não por ter um bom discurso, mas pela prosperidade de Deus, isso é maravilhoso! Faça a diferença e tenha incontáveis conquistas com a unção de Deus sobre sua vida. Esteja seguro de que, quando vier o tempo de prosperidade e as bênçãos começarem a transbordar na sua vida, você não permitirá que a soberba tome conta do seu coração, para que a glória de Deus não venha a ser ofuscada.

Declarando a promessa

Não posso temer caminhar na direção apontada por Deus, pois sei que Ele será comigo! Devo seguir sempre por onde Ele me mandar, pois assim as minhas mãos serão prósperas e meus pés sempre correrão para o caminho da vitória. As pessoas olharão para mim e verão a bênção de Deus, se aproximarão e farão menção à unção de Deus sobre a minha cabeça. Não permitirei que o meu coração seja dominado pela soberba. Deus é sempre comigo e nunca temerei alcançar Suas promessas!

Anotações

Gênesis 26.24

"Na mesma noite, lhe apareceu o Senhor e disse: 'Eu sou o Deus de Abraão, teu pai. Não temas, porque eu sou contigo; abençoar-te-ei e multiplicarei a tua descendência por amor de Abraão, meu servo'" (ARA).

08
JAN

8. PERSEVERANÇA EM MEIO ÀS ADVERSIDADES

Lição de fé para a minha vida

Isaque foi um homem que tinha uma promessa de Deus para sua vida. Todavia a inveja e perseguição dos homens e as intempéries de um deserto poderiam diminuir a chama em seu coração de confiar nas palavras de Deus. Essas palavras lhes são dirigidas diante de uma terrível fome que assolou sua região e de um grande cansaço de cavar poços e não poder desfrutar de suas águas, pois eram muitas as intrigas que os povos vizinhos causavam pelos tais poços. Muitas vezes ele deslocou-se de um lugar para outro, mas nunca perdeu o foco da promessa. Nesse momento difícil o Senhor falava contra a solidão e o temor: não temas eu sou contigo. Apesar das dificuldades a voz de Deus ecoava para garantir que o sucesso viria e que nada poderia impedir a bênção da prosperidade chegar-lhe. Quantas vezes você já sofreu perseguições, enfrentou o desânimo, a solidão, e chegou a pensar em desistir? Quantos poços você já cavou no deserto gastando as suas forças e nada lhe aproveitou? Então, abra os seus ouvidos e ouça a voz de Deus: não tenha mais medo, você não está só, pois eu estou ao seu lado! Levante-se, caminhe e não se deixe intimidar; é Deus quem conduz os seus passos para receber as Suas promessas.

Declarando a promessa

Nada vai deter meus passos de prosseguir para alcançar o que Deus tem prometido a mim. Meus perseguidores e invejosos ficarão para trás. Mesmo que tenha que mudar minha direção, eu o farei, mas não perderei o foco das promessas porque sei que o Senhor irá sempre comigo. A bênção que está sobre mim alcançará o coração de outras gerações e todos os que estiverem ao meu lado serão abençoados. O Senhor é o meu Deus e me visitará todos os dias para me fortalecer; não me deixará esquecer que Sua promessa em minha vida se estabelecerá.

Anotações

09
JAN

Gênesis 28.15

"Estou contigo, e te guardarei por onde quer que fores, e te farei tornar a esta terra. Não te deixarei até que tenha cumprido aquilo que te tenho dito" (EC).

9. PROTEÇÃO EM MEIO AO CAMINHO DIFÍCIL

Lição de fé para a minha vida

Jacó recebe essa palavra renovadora de Deus quando fugia de casa. Ele havia enganado o seu irmão, Esaú, e tal atitude atraiu uma ira feroz sobre si, que este intentou até matá-lo. Por isso Jacó foi esconder-se numa terra distante, passando a habitar ali até que o tempo se encarregasse de aplacar a ira do seu irmão. Jacó estava vivendo um momento desesperador na sua vida, só e fugitivo, ao que a voz de Deus o surpreende no meio do caminho, apesar de todas aquelas circunstâncias contrárias. Deus firmava a Sua aliança com Jacó e prometia lhe dar vitória durante o tempo de sua peregrinação, até trazê-lo de volta para cumprir Sua palavra na terra em que ele havia fugido. Às vezes você passa por caminhos espinhosos e distantes da vontade do Senhor. Deus é movido pelo Seu infinito amor, o qual o faz vir em seu auxílio para trazer você de volta ao caminho certo, ao caminho da promessa que em algum momento de sua vida você abandonou. Em toda a sua jornada sinta a proteção Deus, perceba que Ele nunca se esquece da aliança feita com você e não deixará de cumprir em você o que prometeu. Por amor à Sua palavra Deus o cercará e o conduzirá ao centro de Sua vontade para manifestar em sua vida a promessa.

Declarando a promessa

Sei que posso pôr um pouco de tempo trilhar um caminho difícil, mas vencerei e ficarei de pé, pois Deus é comigo. Procurarei não me envolver em situações que venham a prejudicar a minha comunhão com o Senhor, de modo que a tristeza e solidão não me alcancem. Ainda que me falte a companhia daqueles a quem amo, Deus jamais se afastará de mim. Seja num deserto ou terra distante, no meu país ou fora dele, jamais estarei só; as bênçãos de Deus me cercarão e no tempo certo Ele me conduzirá ao lugar que já preparou para mim, onde Suas promessas acontecerão em minha vida!

Anotações

Gênesis 46.2-3

"Falou Deus a Israel em visões, de noite, e disse: 'Jacó! Jacó! Ele respondeu: Eis-me aqui!' Então, disse: 'Eu sou Deus, o Deus de teu pai; não temas descer para o Egito, porque lá eu farei de ti uma grande nação'" (ARA).

10
JAN

10. CORAGEM PARA ABRAÇAR O DESCONHECIDO COM DEUS

Lição de fé para a minha vida

Já avançado em idade, Jacó tem uma tarefa difícil a realizar: ir para o Egito, uma terra distante, para fugir da fome e reencontrar o filho José. Mas como sair de uma estabilidade já alcançada? Como entender e deixar toda uma vida numa terra e partir para outra terra desconhecida? Quando o temor assaltou o coração de Jacó, a voz de Deus lhe deu convicção do caminho certo a seguir e garantiu que mesmo em uma terra estranha ele iria crescer e prosperar. Foi no Egito que Israel tornou-se um povo numeroso, mas tão numeroso que muitos anos mais tarde, o Faraó de uma geração que não conhecera a José viu o povo como uma possível ameaça. Jacó, eu e você temos muito em comum. Nós tememos o desconhecido! Mas por que temer se Deus tem o controle de cada vida em Suas mãos? Erramos quando pensamos que os propósitos de Deus serão realizados somente debaixo da estrutura que nós mesmos preparamos. Às vezes precisamos nos mover de um lugar estável e confortável para uma terra desconhecida a fim de experimentar crescimento e prosperidade. Então, se abrir uma porta em terra longínqua e você ouvir a voz de Deus, não temas! Prepare as malas e o coração para voar mais alto nos braços de Deus.

Declarando a promessa

Não temerei os desafios de Deus enquanto tiver vida. Estou disposto a conhecer novos caminhos, a sair em busca dos ideais de Deus para minha vida. Quero estar alerta e disposto quando a ordem divina chegar. Não me deixarei dominar pelo comodismo, pelo conforto estabelecido à minha volta, nem tampouco me sentarei em descanso a esperar o milagre acontecer. Quero correr como a corça e voar cada vez mais alto, ir aonde for para cumprir os propósitos de Deus na minha vida, pois minha felicidade está no cumprimento das promessas do Senhor sobre a minha vida.

Anotações

Êxodo 4.12

"Agora, pois, vá; eu estarei com você, ensinando-lhe o que dizer" (NVI).

11. SUPERANDO O MEDO PARA CUMPRIR O PROPÓSITO

Lição de fé para a minha vida

O chamado de Moisés para ir a Faraó entregar uma ordem de Deus não era fácil de ser aceito. Como falar de um Deus a um governante que também se achava "deus"? Além disso, pesa as circunstâncias e debilidades de cada ser humano, que fazem o homem achar-se incapaz de cumprir certas tarefas. No caso de Moisés, ele havia fugido do palácio de Faraó porque matou um egípcio e ainda lhe custava o fato de ser péssimo orador. Todas essas dificuldades somadas e certamente outras, que estavam escondidas no coração de Moisés, fizeram-no dizer não para a tarefa que Deus lhe havia escolhido. Mas o Senhor conhecia o potencial de Moisés melhor que ele mesmo e a Sua ordem foi como um ultimato às objeções de Moisés: "Agora, pois, vá". Isso também pode acontecer com você. Assim como Moisés, todos nós tememos de pronto dizer sim para o Senhor e começamos a ponderar o chamado, buscando as nossas justificativas. Quando o chamado é de Deus, a tarefa pode parecer absurda, difícil ou impossível; não importa. Deus dará a você toda a capacitação e habilidades necessárias para cumpri-la. Você verá que as barreiras se desmoronam quando Deus nos ensina o que fazer e faz desabrochar em nós talentos que estavam escondidos, obscurecidos pelo medo.

Declarando a promessa

Jamais recuarei diante de um chamado de Deus. Sei que minhas fragilidades e dificuldades existem, mas minha capacitação vem de Deus. Não temerei caminhar para onde Deus me enviar nem deixarei de abrir a minha boca para falar do poder do meu Deus. Transporei barreiras ainda não alcançadas, entrarei por portas ainda não abertas, trilharei por caminhos ainda não experimentados, pois a presença de Deus é comigo; Ele guiará os meus passos e dará direção a toda palavra que sair de minha boca. O medo não encontrará lugar no meu coração!

Anotações

Êxodo 6.7-8

"Tomar-vos-ei por meu povo e serei vosso Deus; e sabereis que eu sou o Senhor, vosso Deus, que vos tiro de debaixo das cargas do Egito. E eu vos levarei a terra, acerca da qual levantei minha mão, que a daria a Abrão, e a Isaque, e a Jacó, e vo-la darei por herança, eu, o Senhor" (ARA).

12
JAN

12. FÉ EM MEIO À ESCRAVIDÃO E AO CAOS

Lição de fé para a minha vida

O povo de Israel estava cativo no Egito por muitos anos. Para lá foram em tempos de muita fome, quando José governava o Egito e mandou seu pai Jacó vir com todos os seus bens para ficar aos seus cuidados. O tempo passou e José era apenas uma lembrança para o Egito; porém o povo que veio com Jacó se multiplicou de forma assustadora. Tornaram-se escravos porque Faraó temia deixar à solta um povo tão numeroso em seu território. A aflição da escravatura os fazia chorar dia e noite, e oravam ao Deus de seus pais que tantas promessas lhes fez. É nesse caos humano que Deus fala a Moisés que libertaria seu povo escravo, que ele seria o homem usado para essa tarefa tão árdua. Como é difícil receber uma promessa de libertação sem ter nenhuma luz, vivendo em total escravidão. Mas as promessas de Deus são assim, precisam ser vistas pela fé. Quando Deus nos dá uma promessa, em Seu coração ela já se cumpriu. Nós apenas aguardamos o tempo da manifestação em nossas vidas. Pois a Palavra de Deus não volta atrás jamais. Portanto, tenha ânimo e não desista de receber aquilo que já saiu da boca de Deus.

Declarando a promessa

Eu acredito que as promessas de Deus para minha vida já aconteceram no Seu coração! Os céus já foram movidos e eu apenas aguardo a Sua manifestação. Portanto, não me deixarei mover pelas circunstâncias contrárias, ou palavras que tentarão me desencorajar. Por mais pesadas que sejam as minhas cargas hoje, elas não durarão para sempre. Já existe uma palavra liberada de Deus e nada pode fazê-la retroceder. Quando esta se manifestar levará a dor, a culpa e as tristezas de muitos dias serão apagadas por dias de abundantes colheitas e alegrias.

Anotações

Êxodo 15.26

"Dizendo-lhes: 'Se vocês derem atenção ao Senhor, o seu Deus, e fizerem o que ele aprova, se derem ouvidos aos seus mandamentos e obedecerem a todos os seus decretos, não trarei sobre vocês nenhuma das doenças que eu trouxe sobre os egípcios, pois eu sou o Senhor que os cura'" (NVI).

13
JAN

13. O SENHOR QUE CURA

Lição de fé para a minha vida

Dez pragas enviadas por Deus demonstraram, tanto para os judeus como aos egípcios, que o Senhor era o único Deus e tinha propósitos na vida de Seu povo eleito, Israel. A passagem pelo mar Vermelho fora uma experiência sem precedentes, mas a caminhada estava apenas começando. O sucesso dessa contínua empreitada só aconteceria se a nação fosse obediente aos mandamentos de Deus, caso contrário, ela poderia sofrer com as mesmas doenças que os desobedientes egípcios sofreram. A proteção de Deus é completa para aqueles que são fiéis aos Seus mandamentos. Embora fosse longa a jornada até a Terra da Promessa e o deserto oferecesse seus perigos, doenças e pestes eram comuns entre os povos que nada podiam fazer quando uma epidemia acontecia. Deus, porém, garante a Israel uma total proteção enquanto eles se mantivessem fiéis aos Seus mandamentos. Certamente você tem muitas conquistas a realizar em sua vida; algumas ficaram para trás e Deus já tem apontado novas metas para você. Assim como Israel, seu sucesso ou fracasso estará diretamente ligado a sua obediência ou não aos mandamentos do Senhor.

Declarando a promessa

Tenho muitas conquistas a realizar, e não estacionarei após passar pelo meu mar Vermelho. Avançarei pelo deserto em busca da maior conquista, correrei para enfrentar os novos desafios e nada poderá me afligir, pois jamais me afastarei dos mandamentos do meu Deus. Eles me guiarão por onde eu for, serão minha bússola e minha regra de conduta e fé. Sei que o meu sucesso não está na minha força, nem no que os meus braços venham poder fazer, mas sim no temor e obediência às Suas palavras. Tenho sobre minha vida um chamado de conquista e promessa de saúde, alegria e vitória pela obediência aos decretos do meu Deus.

Anotações

Êxodo 23.22-24

"Mas se escutares fielmente a sua voz e fizeres o que te dizer, então serei inimigo dos teus inimigos e adversário dos teus adversários. O meu anjo irá adiante de ti, e te levará aos amorreus, aos heteus, aos ferezeus, aos cananeus, aos heveus e aos jebuseus, e eu os exterminarei. Não adorarás aos seus deuses, nem os servirás; não farás o que eles fazem, mas destruirás os seus deuses e quebrarás as suas colunas" (BJ).

14
JAN

14. CAMINHANDO COM DEUS PARA SUPERAR OS INIMIGOS

Lição de fé para a minha vida

Os povos que habitavam a terra de Canaã adoravam vários deuses, mas o Deus de Israel queria exclusividade do Seu povo. Para impedir que a influência desses povos trouxesse confusão religiosa a Israel, Deus ordenou que todos fossem destruídos. O banimento e a extinção de alguns povos tinham por motivo a adoração aos ídolos, o que é detestável para Deus. Andar em obediência a Deus significava andar protegido contra os inimigos e ter a certeza de prosperidade na possessão da terra. O extermínio dos povos que ocupavam a Terra da Promessa era uma tarefa a ser feita pelo anjo do Senhor que estava à frente da nação que marchava em busca da promessa de Deus. Essa também é a realidade de sua vida. Sua obediência a Deus lhe trará segurança na hora do perigo, conforto na angústia e certeza de superação nas dificuldades; enquanto a desobediência é a certeza do fracasso e da opressão do inimigo. Não esqueça que há um anjo de Deus conduzindo você por todo o caminho e que, diante da sua obediência, colocará seus inimigos em extinção.

Declarando a promessa

Com os meus lábios declaro que Deus será sempre o Senhor da minha vida. Não me inclinarei a nenhum outro, pois sei que o meu Deus é o soberano criador dos céus e da terra. Andarei em obediência à Sua Palavra e nenhum adversário se firmará nos meus caminhos, pois o anjo do meu Deus é quem irá à minha frente e colocará por terra os meus inimigos. Ainda que por um momento eu venha a passar por lutas e sejam aumentadas as dificuldades, terei na palavra do meu Deus o conforto e a paz para prosseguir.

Anotações

Êxodo 23.25-27

"Servireis a Iahweh vosso Deus e então abençoarei o teu pão e a tua água e afastarei a doença do teu meio. Na tua terra não haverá mulher que aborte ou que seja estéril, e completarei o número dos teus dias" (BJ).

15
JAN

15. OBEDIÊNCIA QUE ATRAI BÊNÇÃOS E VIDA

Lição de fé para a minha vida

Servir a Deus é devotar a Ele culto e adoração em obediência às Suas leis. Qualquer ato de sacrifício ou culto sem obediência aos mandamentos era visto por Deus como algo abominável, portanto, não aceitável. A bênção de Deus era manifestada pela fidelidade do Seu povo; era a fidelidade às Suas leis que atraía Suas bênçãos para a vida da nação. O controle de Deus sobre a terra é absoluto, a bênção do pão e da água falam de duas coisas essenciais à vida humana e reflete o poder de Deus sobre a natureza que produz a chuva, que alimenta toda semeadura no campo e abastece os poços. O afastamento de doenças, a fertilidade das mulheres e a longevidade de dias, falam do Seu poder sobre a carne humana e a vida que tanto o homem preza. Logo, Deus é o que pode dar vida e garantir o seu sustento, seja em qualquer situação. Não deixe de servir a Deus da melhor forma que puder; a recompensa é sempre cheia de graça e misericórdia. Mas lembre-se que todo serviço só tem valor se andamos em obediência à Palavra de Deus. Que de todos os sacrifícios de serviço que você fizer para Deus, renunciar suas vontades para obedecê-Lo seja o maior deles. A recompensa, certamente, será grandiosa.

Declarando a promessa

Declaro que a obediência a Deus me fará prosperar em abundância. Minha colheita será sempre abençoada, a chuva nunca deixará de vir no tempo certo para regar minhas terras e fazer crescer as promessas que Deus tem plantado em meu coração. Meu corpo achará a paz e a satisfação na presença de Deus; a peste e a praga não se achegarão a mim e os frutos de minha semeadura serão duradouros e crescerão no poder de Deus. Em todo o tempo Deus suprirá minha vida onde eu estiver e Suas palavras me farão ter sucesso e receber Suas bênçãos por onde eu andar.

Anotações

Êxodo 29.43-46

"Ali me encontrarei com os israelitas, e o lugar será consagrado pela minha glória. Assim consagrarei a Tenda do Encontro e o altar, e consagrarei também Arão e seus filhos para me servirem como sacerdotes. E habitarei no meio dos israelitas e serei o seu Deus. Saberão que eu sou o SENHOR, o seu Deus, que os tirou do Egito para habitar no meio deles. Eu sou o SENHOR, o seu Deus" (NVI).

16
JAN

16. HABITAÇÃO DIVINA EM NÓS

Lição de fé para a minha vida

O tabernáculo era uma tenda montada segundo as especificações dadas por Deus a Moisés, que acompanhava o povo durante a peregrinação. Era o lugar onde sacrifícios e adorações eram feitas, onde Deus falava com Moisés, ensinando como fazer para conduzir o povo com segurança pelo deserto. O tabernáculo era a presença de Deus visível para o Seu povo, Sua habitação, onde manifestações de Sua glória poderiam ser vistas. A intenção de Deus era que a nação de Israel o visse como um Deus presente e confiasse em Suas promessas. Ao longo da Escritura o tabernáculo tem sido identificado como "lugar da habitação de Deus"; o nosso corpo também é chamado de tabernáculo, ou seja, Deus tem habitado em nós pela presença do Seu Espírito. O tabernáculo, na verdade, era apenas uma sombra do que estaria por vir; ele apontava para Jesus que, após habitar com os homens, foi elevado à glória do Pai, mas nos deixou um sacerdócio a ser exercido e a companhia do Espírito Santo. O mesmo Deus de glória está contigo, para conduzir, consolar e abençoar com ricas promessas.

Declarando a promessa

Eu tenho a marca da promessa de Deus sobre minha vida, pois Ele me escolheu como filho e herdeiro de todas as Suas promessas. Minha vida está no altar de sacrifícios do meu Deus e minha obediência à Sua voz é a melhor oferta que posso dar. Fui resgatado de uma escravidão de pecados, mas o meu "Egito" ficou para trás; não tornarei para ele, pois conheci a liberdade que só Deus pode dar. Onde eu estiver a glória de Deus me acompanhará e estará sempre comigo, pois me resgatou e guardará minha vida até que Suas promessas sejam concretizadas sobre mim.

Anotações

17
JAN

Êxodo 34.6-7

"E, passando o Senhor por diante dele, clamou: 'Senhor, Senhor Deus compassivo, clemente e longânimo e grande em misericórdia e fidelidade; que guarda a misericórdia em mil gerações, que perdoa a iniquidade, a transgressão e o pecado, ainda que não inocenta o culpado, e visita a iniquidade dos pais nos filhos e nos filhos dos filhos, até a terceira e quarta geração!'" (ARA).

17. GRAÇA ETERNA PARA MIL GERAÇÕES

Lição de fé para a minha vida

Nenhum homem viu a glória de Deus como Ele a demonstrou a Moisés. De posse das duas tábuas da Lei, após quarenta dias e noites no monte com o Senhor, seus lábios expressam a maravilhosa bondade de Deus. Estar com Deus é experiência para mortal nenhum esquecer, mas agora, a presença de Deus poderia ser atraída para Seu povo, porque as leis que ensinariam a nação andar em santidade e obediência estavam nas mãos de Moisés, escritas em tábuas de pedra pelo próprio Deus. O caminho da desobediência atrai uma maldição que chega até a quarta geração do transgressor, mas isso não pode ser comparado à maravilhosa graça de Deus que atinge mil gerações daqueles que Lhe são obedientes. Quantos clamores de louvor e adoração já saíram de seus lábios pela misericórdia de Deus em sua vida! Quão confortante é saber que temos a Bíblia como o livro sagrado que nos ensina a viver na presença Dele! Como é maravilhoso experimentar o Seu perdão, sabendo que a nossa obediência pode trazer bênção para as gerações vindouras. Então experimente a presença de Deus, viva na presença Dele!

Declarando a promessa

Não calarei os meus lábios pela gratidão da presença de Deus em minha vida! Cantarei Sua misericórdia, que me dá alegria todas as manhãs, contarei da Sua bondade em perdoar meus pecados, exultarei na Sua fidelidade que não me deixa cair. Viverei na presença de Deus enquanto nesse mundo eu andar; Sua Palavra me conduzirá a viver mais perto do meu Senhor e dela jamais me apartarei. Sei que o pecado de um homem pode ser visitado em suas gerações pelo Senhor, mas sobre minha descendência permanecerão bênçãos sem medidas, pois me apego à promessa que minha obediência trará colheita de bênçãos para mil gerações.

Anotações

18
JAN

Êxodo 34.10

"'Faço com você uma aliança', disse o SENHOR. 'Diante de todo o seu povo farei maravilhas jamais realizadas na presença de nenhum outro povo do mundo. O povo no meio do qual você habita verá a obra maravilhosa que eu, o SENHOR, farei'" (NVI).

18. MARAVILHAS DE DEUS PARA OS SEUS ESCOLHIDOS

Lição de fé para a minha vida

Nenhum povo ou nação experimentou o poder de Deus como a nação de Israel. Toda a manifestação de Deus que conhecemos dentro das Escrituras está ligada, direta ou indiretamente, a Israel. A aliança que o Senhor fez com Moisés era a garantia que Suas maravilhas feitas na caminhada da nação rumo à Terra Prometida trariam o sucesso para a sua missão, principalmente em relação aos muitos inimigos que deveriam ser expulsos para a ocupação da terra de Canaã. O Senhor é o Deus que cuida do Seu povo escolhido e nada pode impedi-lo de dar-lhe vitória. As nações veriam isso e tremeriam, mas Israel o serviria como único Deus, pois não poderia ser comparado aos falsos deuses das nações que habitavam àquela terra. No passado Deus fez uma aliança com Moisés que garantia a vitória para Israel; hoje Deus tem uma aliança com você feita através de Jesus Cristo. Debaixo dessa nova aliança somos chamados a conquistar o que por promessa já nos foi dado por Deus. É debaixo dessa aliança que Ele realiza maravilhas em sua vida, gerando conforto e confiança em seu coração, e através de você, revela Seu poder a todos que caminham à sua volta. O Senhor é quem faz maravilhas em sua vida!

Declarando a promessa

Eu sei que uma aliança poderosa, em Jesus, me prende a Deus. Sobre minha vida as manifestações de Deus acontecerão para atrair tantos quantos forem alcançados para o Seu reino. Sou uma promessa viva do meu Deus; não importa onde eu estiver, as bênçãos sempre me acompanharão, pois como Moisés, Deus tem me levantado para guiar multidões em Seus caminhos. Não terei qualquer receio, porque caminho debaixo da mesma promessa de Moisés e quem olhar para a minha vida verá as poderosas e maravilhosas obras de Deus.

Anotações

Levítico 20.26

"Sereis para mim santos, porque eu, o Senhor, sou santo, e vos separei dos povos, para serdes santos" (EC).

19. CHAMADOS À SANTIDADE: UMA VIDA SEPARADA

Lição de fé para a minha vida

Andar com Deus e experimentar Seus cuidados paternais requer obediência às Suas leis. Escolher Israel foi uma opção de Deus, mas viver sob obediência para ser abençoado era opção da nação. Os costumes dos povos circunvizinhos da nação estavam distantes da vontade de Deus e o povo de Deus vivendo não tinha que se mudar, mas sim permanecer ali se mantendo puro, não se contaminando com os maus costumes, o que realmente era uma tarefa complicada para ser executada por Israel. Somente obedecendo com fervor as leis de Deus eles poderiam ser Sua verdadeira possessão. Seria muito fácil para Israel isolar-se, mas Deus queria provar o Seu povo na busca de uma vida de santidade com Ele. Amar você, também é uma opção do coração de Deus, mesmo antes de você conhecê-lo, ele já o amava. Assim como no passado, em volta de você, existem muitos caminhos que podem lhe afastar das bênçãos de Deus, porém não se deixe desanimar pelas fortes oposições. Deus lhe dará toda a força necessária para vencê-las, pois a vontade de Deus é estar caminhando todos os dias ao seu lado. Você tem um chamado para a santidade, isso significa ser "separado" para uma vida íntima com Deus. É nessa intimidade que conhecemos o caminho que nos conduz para a vitória.

Declarando a promessa

Fui alcançado pelo amor de Deus e não quero jamais me distanciar de Sua presença. Não viverei debaixo de nenhum costume que venha a me afastar dos propósitos de Deus. Os que vivem à minha volta não influenciarão minha conduta nem me afastarão dos padrões que Deus estabeleceu para a minha vida. Sou possessão particular do meu Deus e Suas bênçãos em mim farão aos que vivem à minha volta se achegar a Ele e conhecer o Seu amor. Esforçar-me-ei sempre para viver uma vida de santidade, assim como é santo o Deus que eu sirvo. Não desviarei os meus passos dos caminhos de Deus, pois sei que minha vida é uma fonte de bênçãos para atrair a Deus todos aqueles que vivem ao meu redor.

Anotações

20
JAN

Números 11.23

"Respondeu o SENHOR a Moisés: 'Ter-se-ia encurtado o braço do SENHOR? Agora mesmo verás se a minha palavra se cumpre ou não'" (EC).

20. CONFIANDO NA SUA PALAVRA

Lição de fé para a minha vida

Moisés sempre fora um homem que confiava em Deus. Largou a vida de pastor no deserto e foi, em obediência à voz de Deus, à presença de Faraó para determinar a libertação de Israel. Ele viu o poder de Deus livrar seu povo e fazê-lo atravessar o mar Vermelho. Muitas outras batalhas de fé são erguidas no deserto e por um momento, diante da promessa de Deus que o povo seria alimentado com carne no próximo dia, Moisés pergunta: como? Ele tem em mente o grande número do povo, conta os rebanhos e chega à conclusão que isso seria impossível. Por um momento Moisés deixa de pensar na forma sobrenatural como Deus vinha agindo até ali e tenta racionalizar uma forma de ação de Deus, como se Deus precisasse de alguma coisa aparente para realizar um milagre. Deus prometera a Moisés uma carne, que iria dar para alimentar a multidão no deserto, não viria dos rebanhos que os pastores guardavam; antes, Ele fez soprar um vento no deserto que trouxe milhares de aves que pousaram sobre o arraial de Israel. Houve carne em abundância! Aprenda a ver as dificuldades sob a ótica de Deus e descobrirá que elas não existem. Não olhe para as dificuldades quando Deus apontar um caminho; apenas siga e veja um milagre acontecer.

Declarando a promessa

Não serei abatido pelas adversidades que venham cercar minha vida nem desanimarei perante as probabilidades contrárias. O meu Deus é poderoso para realizar muito mais do que sou capaz de imaginar e não me deixará sem resposta. Ainda que todas as possibilidades aos meus olhos me sejam desfavoráveis e à minha volta não haja saída, confiarei no Senhor e no poder de Sua Palavra. Ele me dará a solução, o escape e Sua Palavra se cumprirá. Minha segurança está no Senhor Deus que nunca falha. Nele esperarei e não temerei nenhuma palavra contrária, pois o que o Senhor tem dito, isso sim, se cumprirá.

Anotações

Números 24.17

“Olho para o futuro e vejo o povo de Israel. Um rei como uma estrela brilhante, vai aparecer naquela nação; como um cometa ele virá de Israel. Ele derrotará os chefes dos moabitas e acabará com esse povo orgulhoso” (BLH).

21. A BENÇÃO DE DEUS SOBRE SEUS ESCOLHIDOS

Lição de fé para a minha vida

A nação de Israel avança para a conquista de Canaã e todos os povos que se opuseram a ela foram derrotados. O pavor e a inveja tomam conta dos povos pelos quais a nação teria que passar. Um rei temeroso chama um profeta para proferir maldições sobre Israel, a fim de que a nação não viesse a prosperar em seu caminho. Mas todas as vezes que o profeta abria sua boca Deus a tomava e Ele abençoava a nação; nenhuma palavra de maldição saiu de sua boca. Isso mostra que o domínio de Deus está sobre tudo e todos, que nenhum homem pode fazer qualquer coisa sem a permissão de Deus, até suas palavras só terão efeito debaixo da soberana vontade Dele. Sobre a sua vida não adianta nenhum tipo de maldição, pois quem o cobre de proteção é o Senhor. Ainda que se levante contra você toda sorte de palavras contrárias, o Senhor as tornará em bênçãos e seus inimigos verão que não podem impedir a bênção do Deus Altíssimo vir sobre você. Não tenha medo da palavra de oposição, pois seu efeito é bênção quando dirigidas a quem tem o Senhor como seu protetor. As palavras que Deus tem estabelecido para os que o servem são de bênçãos e prosperidade. Viva o poder dessa palavra estabelecida sobre a sua vida!

Declarando a promessa

Eu declaro quebrada em minha vida toda palavra contrária e toda maldição lançada. A promessa de Deus sobre minha vida é de conquista e toda oposição silenciará pelo poder do Senhor. Nenhum desejo mau, ou olhar de inveja se pegará à minha vida; as palavras dos meus inimigos perderão suas forças e chegarão como bênção do Senhor sobre minha casa. Avançarei para as promessas de Deus e não temerei nenhuma força contrária; sei que nada me impedirá de alcançar as promessas do Senhor. Minha prosperidade mostrará aos meus adversários que a mão do meu Deus é que me dá proteção.

Anotações

Deuteronômio 1.29-31

"Então, eu vos disse: 'não vos espanteis, nem os temais. O Senhor, vosso Deus, que vai adiante de vós, ele pelejará por vós, segundo tudo o que fez conosco, diante de vossos olhos, no Egito, como também no deserto, onde vistes que o Senhor, vosso Deus, nele vos levou, como um homem leva a seu filho, por todo o caminho pelo qual andastes, até chegardes a este lugar'" (ARA).

22
JAN

22. CONFIANDO NA VITÓRIA APÓS O DESERTO

Lição de fé para a minha vida

Após um longo período de caminhada pelo deserto é chegada a hora de entrar e conquistar a Terra Prometida. Havia na terra muitos povos de guerra, cidades fortificadas que precisavam ser conquistadas na força. Desanimar frente a esses obstáculos era fácil para um povo que nada sabia da arte da guerra. Então Moisés lembra ao povo como Deus havia, por quarenta anos, conduzido a nação pelo deserto; "como um homem leva a seu filho". Por isso, diante de poderosos inimigos eles não deveriam temer, pois o Deus que os conduziu no deserto os levou para aquele momento de conquista e não iria desampará-los, mas sim cumprir fielmente Sua promessa. O deserto com suas lutas e dificuldades fora apenas o caminho para a vitória que estava chegando. Em nossa vida passamos por muitos desertos; quando isso acontece só pensamos em ver o seu fim e descansarmos das lutas. Seja qual for seu deserto lembre-se que Deus o está preparando para levá-lo a um lugar, que pode não ser um lugar de descanso, mas um lugar onde as lutas mais intensas serão travadas para, enfim, você conquistar a promessa estabelecida sobre sua vida.

Declarando a promessa

A minha vida é conduzida por Deus, a Sua mão me sustenta em todo o caminho que eu andar. A proteção de Deus está sobre mim para, com fidelidade, me conduzir para as promessas que Ele mesmo estabeleceu em minha vida. Sei que posso enfrentar fortes inimigos e que o deserto é uma passagem para conquistas maiores em minha vida. Portanto não desanimarei, caminharei sem hesitar, vencerei os desertos, derrubarei muralhas e enfrentarei o inimigo na força de Deus. Prevalecerei e conquistarei as promessas de meu Deus!

Anotações

Deuteronômio 2.7

"Pois Iahweh teu Deus te abençoou em todo trabalho da tua mão; ele acompanhou a tua caminhada por este grande deserto. Eis que durante quarenta anos Iahweh teu Deus esteve contigo e coisa alguma te faltou!" (BJ).

23
JAN

23. SUSTENTO E PROVISÃO NA CAMINHADA PARA A PROMESSA

Lição de fé para a minha vida

A conquista da Terra da Promessa agora estava para ser concretizada. Na planície do Jordão Moisés traz à memória do seu povo os cuidados de Deus durante a extensa peregrinação no deserto. Foram quarenta anos de sustento e provisão, de conforto e proteção de Deus, para um povo que resistiu às intempéries do deserto, tanto nos fenômenos naturais como calor de dia e frio à noite, como também em relação aos povos inimigos que viviam nas regiões vizinhas. Por mais difícil que tenha sido o trajeto, nada havia faltado a Israel e a presença de Deus foi constante, apesar dos vários momentos em que o povo O desobedeceu. Lembrar a história não significa que toda a sua etapa foi fácil, mas traria confiança ao povo para enfrentar novas batalhas até possuir toda a Terra Prometida. Na sua vida há tempos em que as dificuldades lhe impedem de ver o controle de Deus nos desertos que enfrentou, mas com o passar do tempo, você pode olhar para trás e descobrir que a mão de Deus nunca esteve ausente de sua vida. Portanto, quando chegar uma tormenta ou calor excessivo não tema, como tantas e tantas outras, ela também irá passar, porque é a mão de Deus que está o conduzindo.

Declarando a promessa

Não perderei de vista a promessa de Deus. Não me importa se eu passar por caminhos estreitos ou desertos; se estiagens ou tempestades me afligirem, pois sei que nada irá me faltar, porque a mão de Deus me guiará e me sustentará em todo o trajeto rumo à conquista da minha promessa. Numa planície segura olharei para trás e verei todas as conquistas que Deus me deu e saberei o quanto aprendi e fui aperfeiçoado em cada luta. Minha mente está firmada nas vitórias de Deus, elas serão para mim como renovo para continuar a vencer novos desafios até alcançar as promessas de Deus.

Anotações

Deuteronômio 7.8-9

"Mas porque o Senhor vos amava e, para guardar o juramento que fizera a vossos pais, o Senhor vos tirou com mão poderosa e vos resgatou da casa da servidão, do poder de Faraó, rei do Egito. Saberás, pois, que o Senhor, teu Deus, é Deus, o Deus fiel, que guarda a aliança e a misericórdia até mil gerações aos que o amam e cumprem os seus mandamentos" (ARA).

24
JAN

24. CAMINHANDO COM CONFIANÇA NAS PROMESSAS

Lição de fé para a minha vida

A geração de Jacó viveu em busca das promessas que foram feitas ao seu avô Abraão e renovadas ao seu filho Isaque, e, posteriormente, à sua descendência. Durante a peregrinação no deserto o coração de seus filhos estava na possessão da terra prometida aos seus antepassados. No entanto, Deus não se esqueceu da promessa feita a Abraão. Embora a geração escrava no Egito não mais sonhasse com isso, Deus, por Sua fidelidade e misericórdia, resgata o Seu povo para cumprir a Sua aliança e levá-los à Terra da Promessa. A seriedade da aliança com Deus pode ser vista nas expressões "o Deus fiel, que guarda a aliança e a misericórdia até mil gerações". A escravidão no Egito, embora não entendida pela nação era parte do plano de Deus para levá-los ao cumprimento da promessa. As dificuldades que você enfrenta querem sempre apagar a sua fé. Elas estão sempre dizendo que Deus não está presente, que Ele não se importa e apontam para uma série de impossibilidades. Pode ser que o seu caminho duro e espinhoso hoje seja parte de um trajeto para Deus levá-lo a maior das conquistas.

Declarando a promessa

O amor de Deus está sobre a minha vida e Seus cuidados estarão sempre sobre mim. Ele nunca me deixará sob uma circunstância desfavorável se eu não puder suportá-la. O meu clamor encontra sempre o coração de Deus e Ele vem ao meu socorro com Sua forte mão estendida para me resgatar. Não há inimigo que possa deter a mão do meu Senhor, nem situação que Ele não possa reverter. Ainda que eu venha a tropeçar, Sua misericórdia me porá de pé, e desfrutarei de cada promessa feita por Deus.

Anotações

Deuteronômio 8.7-9

"Porque o Senhor, teu Deus, te faz entrar numa boa terra, terra de ribeiros de águas, de fontes, de mananciais profundos, que saem dos vales e das montanhas; terra de trigo e cevada, de vides, figueiras e romeiras; terra de oliveiras, de azeite e mel; terra em que comerás o pão sem escassez, e nada te faltará nela; terra cujas pedras são ferro e de cujos montes cavarás o cobre" (ARA).

25
JAN

25. APRENDENDO A CONFIAR NA PROVISÃO DE DEUS

Lição de fé para a minha vida

A descrição de um deserto é apavorante: um lugar quente, sem água, com bichos peçonhentos e mortais. Esse foi o caminho trilhado por Israel para chegar a Terra da Promessa. Deus esteve sempre à frente guiando Seu povo, mas as dificuldades nunca deixaram de existir. O motivo das dificuldades era criar no coração do povo uma confiança inabalável na provisão de Deus. Essa provisão pode ser vista na água que foi tirada da rocha, no maná que caía todas as manhãs e no sustento diário. Contemplando a terra maravilhosa e deleitosa os momentos do deserto parecem não mais existir, mas eles fizeram parte da jornada e seu significado não poderá ser esquecido; Israel precisava aprender a depender somente de Deus. Embora você não goste de passar por algumas necessidades, são elas que lhe fazem conhecer as provisões de Deus e acabam por aproximar-lhe de Sua vontade. O desejo de Deus é que aprendamos a confiar mais Nele e nossas provas constituem o caminho mais eficaz para este aprendizado. Lembre-se que receber a promessa de Deus pode implicar em ter que aprender algumas lições no deserto.

Declarando a promessa

Eu sei que Deus tem firmado meus pés em um lugar seguro e todas as minhas conquistas são devido ao Seu grande amor por mim. Não me esquecerei do meu Senhor quando se findarem as dificuldades e em lugar seguro eu estiver. Pois sei que quando novos desafios aparecerem, Ele me guiará e me fará vencedor mais uma vez. Passarei pelas provas que Deus achar necessário, pois sei que elas me ensinarão a depender do meu Senhor e irão durar o tempo certo para renovar a minha fé.

Anotações

Deuteronômio 10.12-13

"Agora, pois, ó Israel, que é o que o Senhor teu Deus pede de ti, se não que temas o Senhor teu Deus, que andes em todos os seus caminhos, e o ames, e sirvas ao Senhor teu Deus com todo o teu coração e com toda a tua alma, para guardares os mandamentos do Senhor, e os seus estatutos, que hoje te ordeno, para o teu bem?" (ARC).

26
JAN

26. O CAMINHO PARA AS BÊNÇÃOS DE DEUS

Lição de fé para a minha vida

Desde a promessa feita a Abraão, obedecer à Sua Palavra foi o que Deus exigiu a fim de que Suas bênçãos fossem derramadas sobre ele e, posteriormente, à sua descendência. Por este motivo, teve Abraão sua fé algumas vezes provada, o que também aconteceu com seus descendentes. Já prestes a entrar na Terra da Promessa, o desejo do coração de Deus em relação aos Seus filhos não mudou, Ele quer obediência do Seu povo para continuar abençoando a nação. É bom observar que a guarda dos mandamentos não é só para agradar a Deus, mas uma forma da nação ser abençoada. Os mandamentos são para o bem da nação. Eles mostram o caminho do sucesso e prosperidade para Israel. Você pode agradar ao Senhor fazendo muitas coisas em sua vida, como boas obras e outras coisas, que podem exigir de você desprendimento e renúncia, mas são os mandamentos que o conduzirão ao sucesso. Nada é mais importante para Deus que Sua obediência. Se quiser agradar a Deus, faça todo esforço, renuncie o que for necessário, invista o máximo de tempo, mas cultive uma vida de obediência.

Declarando a promessa

Eu tenho o temor de Deus em meu coração e, por onde eu for, Ele será Deus em minha vida. Nos caminhos do Senhor andarei e não deixarei os meus pés vacilarem, eles me farão correr velozmente para perto do meu Senhor desviando-me do caminho perverso. Meu amor ao Senhor não me deixará confuso na hora da dificuldade, meu coração escolherá servir ao Senhor em detrimento de qualquer prazer que o mundo possa oferecer. Guardarei os Seus mandamentos, os escreverei em meu coração, e não me apartarei deles. Pois sei que obedecendo ao Senhor receberei Suas ricas promessas sobre a minha vida.

Anotações

27
JAN

Deuteronômio 11.8-9

"Observareis, portanto, todos os mandamentos que eu vos ordeno hoje, para vos fortalecerdes, entrardes e tomardes posse da terra para a qual passais, a fim de possuí-la, e para que prolongueis os vossos dias sobre a terra que Iahweh, sob juramento, prometeu dar a vossos pais e à sua descendência: uma terra que mana leite e mel!" (BJ).

27. A CHAVE PARA CONQUISTAR E PROSPERAR

Lição de fé para a minha vida

Após muita peregrinação no deserto é chegada a hora de atravessar o Jordão e conquistar a terra de Canaã. As campanhas de batalhas de Israel eram ditadas por Deus; toda estratégia e armas tinham em Deus o Seu poder. Mas toda ação de Deus estava ligada a obediência de Israel às Suas leis. Os mandamentos fortaleciam a nação à medida que eram observados, cridos e praticados como regra única para a vida religiosa e social do Seu povo. O afastamento da presença de Deus era o anúncio certo de uma queda da nação. A terra como possessão deleitosa, que mana leite e mel, só seria abençoada se a nação permanecesse fiel a Deus, pois a bênção não estava na terra, mas no Deus que a fazia frutificar em paz. Aprendemos na história de Israel e suas conquistas que o poder de Deus é a verdadeira força que nos faz vencer os mais severos inimigos. E a maneira de atrair esse poder é manter comunhão com Deus pela obediência à Sua lei. Tanto no deserto quanto na terra que mana leite e mel, Deus é o que produz o sustento, é a presença Dele que faz a diferença, por isso, sua fidelidade a Deus deve existir.

Declarando a promessa

Declaro que a prosperidade estará onde eu estiver, não importa o lugar, quem me trará a vitória é a presença de Deus ao meu lado. Portanto guardarei Suas leis e não as deixarei; minha fidelidade a Deus me levará a possuir o melhor da terra onde habitar. Irei me fortalecer observando os mandamentos de Deus; eles confortarão e darão direção para o meu coração. O que Deus tem reservado para mim como promessa tomarei posse e prosperarei na terra. Minha descendência terá um legado de vitória e fé para perpetuar o nome do meu Deus sobre minha casa.

Anotações

Deuteronômio 11.26-28

"Eis que, hoje, eu ponho diante de vós a bênção e a maldição: a bênção, quando cumprirdes os mandamentos do Senhor, vosso Deus, que hoje vos ordeno; a maldição, se não cumprirdes os mandamentos do Senhor, vosso Deus, mas vos desviardes do caminho que hoje vos ordeno, para seguirdes outros deuses que não conhecestes" (ARA).

28
JAN

28. O PODER DA OBEDIÊNCIA

Lição de fé para a minha vida

A hora da conquista finalmente se aproxima e Israel já pode ver a Terra da Promessa; entrar para possuí-la era questão de tempo. A trajetória pelo deserto até aquele ponto é lembrada por Moisés e as lutas passadas pouco podem ser comparadas às que estão por vir. Conquistar a Terra da Promessa e manter-se nela, não dependeria de estratégia de guerra ou força, mas de obediência às leis de Deus. Cumprir os mandamentos significava ter vida e prosperidade na terra, desobedecê-los era declarar a própria morte e amaldiçoar a terra. O grande inimigo estava na religião dos povos à sua volta que cultuavam a vários deuses, e Deus exigia exclusividade na adoração e culto. A idolatria era um inimigo atroz que precisa ficar fora do território de Israel. Sua presença na vida da nação atrairia maldições, pois a aliança com Deus seria quebrada. Desviar-se dos caminhos de Deus é atrair para si maldições; nada pode substituir a presença de Deus na sua vida. Em suma, amar qualquer coisa mais que a Deus constitui idolatria e isso não nos deixa livres das consequências da desobediência.

Declarando a promessa

Acima de tudo que desejo, cumprir os mandamentos do Senhor é o que mais buscarei. Minha vida será sempre abençoada pela presença do meu Deus, Seus mandamentos estarão diante dos meus olhos e eles me guiarão por todo o meu caminhar. Serei herdeiro das promissoras e ricas bênçãos do meu Deus por ser cumpridor de Suas palavras. Onde eu for elas me acompanharão e prosperarei em tudo que fizer. Nenhuma maldição se chegará a mim, nem a minha casa, pois abomino a idolatria e não terei nada melhor que Deus em minha vida. Os caminhos de Deus são para mim caminhos de vitória e alegria, portanto, jamais irei me desviar deles.

Anotações

Deuteronômio 16.19-20

"Não torcerás a justiça, nem farás acepção de pessoas. Não tomarás suborno, pois o suborno cega os olhos dos sábios, e perverte as palavras dos justos. Segue a justiça, e só a justiça, para que vivas e possuas a terra que o SENHOR teu Deus te dá" (EC).

29
JAN

29. O CAMINHO PARA VIVER NAS BÊNÇÃOS DE DEUS

Lição de fé para a minha vida

Quando Deus começou a conduzir Seu povo pelo deserto rumo à Terra da Promessa, fez para eles leis que deveriam ser rigorosamente obedecidas. Essas leis tinham valores religiosos, espirituais e sociais. O objetivo era fazer com que o povo vivesse em unidade, tanto na adoração e serviço a um só Deus, quanto nas leis que os organizaria de forma padronizada na vida social. Por isso era de se esperar que a bênção de Deus só acontecesse mediante a observação do padrão de vida e comportamento que Ele prescreveu em Suas leis. Como a maioria dos casos que envolviam as pessoas eram resolvidos mediante testemunhas, não era difícil alguém ser tentado a dar ou receber suborno para resolver questões a seu próprio favor. Contra essa prática a lei tinha punição severa e Deus garantia que o homem que usasse desse artifício cometeria pecado e não habitaria na Terra da Promessa. Ser justo é colocado pelo próprio Deus como uma questão de vida ou morte; o homem não poderia trocar a justiça por nenhum tipo de suborno ou acepção de pessoas. Como servos de Deus não podemos deixar de amar a justiça. Não podemos nos deixar envolver em situações que comprometam a e herança de Deus para nós.

Declarando a promessa

Declaro que tenho em Deus uma vida abundante e recompensada na fidelidade de Suas promessas sobre mim. Jamais torcerei a justiça e nunca buscarei agradar ao homem para receber seu favor. Minha recompensa está na fidelidade ao meu Deus, por isso o suborno não comprará minha integridade e não porá palavras em minha boca. Amo a verdade e a justiça, pois tenho a promessa de viver em boa terra na provisão de Deus por praticar e amar a Sua justiça.

Anotações

30
JAN

Deuteronômio 20.4

"Pois o Senhor, o seu Deus, os acompanhará e lutará por vocês contra os seus inimigos, para lhes dar a vitória" (NVI).

30. CORAGEM E VITÓRIA GARANTIDA

Lição de fé para a minha vida

A nação de Israel sempre fora uma nação de pastores e suas conquistas ao longo caminho do deserto não fizeram dela uma nação guerreira. Alguns povos deveriam ser expulsos da Terra da Promessa, mas esses povos, diferentes de outros que habitavam no deserto, eram chegados à guerra e possuíam aparatos pesados para um confronto. Além disso, eram povos bem numerosos e alguns possuíam guerreiros gigantes, homens valentes daquela época. Diante desse quadro alarmante, Deus garante que a vitória será conseguida. Já em outras oportunidades Deus havia se manifestado e garantido a vitória para Israel; agora, diante de inimigos tão mais poderosos, Israel poderia avançar sem medo, pois a companhia de Deus asseguraria a vitória para o Seu povo. Em nossas vidas algumas lutas parecem estar perdidas, nossos inimigos nos parecem fortes demais, nossas forças são sufocadas, vão desaparecendo e por fim quase desistimos de lutar. Aí está exatamente o momento em que o andar com Deus faz a diferença, Ele se coloca ao nosso lado dando-nos força, coragem e lutando por e para nós. A vitória que parecia tão difícil e distante para nós, acontece naturalmente. Com o Senhor Deus ao seu lado nunca em toda a sua vida você será derrotado, porque Ele é que luta por você.

Declarando a promessa

Meus inimigos não ficarão de pé quando se levantarem contra mim. Deus é minha companhia e vai sempre à minha frente aplainando meu caminho, limpando e desfazendo todos os laços do inimigo. Sei que para tomar posse das promessas de Deus terei que passar por terras difíceis, terrenos inseguros que trarão dificuldades para a minha jornada, mas não temerei a nenhuma situação nem oposições que me vierem assaltar, porque sei que nunca estarei só. Confio na companhia do meu Senhor, ela é suficiente para derrotar tudo que se opuser em meu caminho e me garantir a vitória. Minhas conquistas já estão seguras, pois a companhia do meu Deus me garante o cumprimento de todas as Suas promessas.

Anotações

31
JAN

Deuteronômio 30.2-5

"Se nessa ocasião vocês quiserem voltar ao Senhor nosso Deus, e vocês e seus filhos começarem a obedecer a todos os mandamentos que transmito hoje, o Senhor nosso Deus resgatará Israel do cativeiro! Terá misericórdia e reunirá vocês de todas as nações entre as quais ele havia espalhado o nosso povo. Ainda que vocês estejam nos confins da terra, Ele irá, encontrará e trará vocês de volta à terra dos seus antigos pais! Vocês tomarão posse da terra outra vez, e o Senhor fará bem a vocês. E abençoará vocês até mais do que abençoou os seus pais!" (VIVA).

31. ARREPENDIMENTO E RESTAURAÇÃO

Lição de fé para a minha vida

A boa terra que Deus dava à nação de Israel era o cumprimento de uma promessa feita a Abraão. Toda conquista da terra fora feita pelo poder de Deus e a manutenção dessa conquista só seria possível se a nação permanecesse fiel a Deus. Isso implicava em ter devoção e adoração somente a Ele, obedecendo fielmente todos os Seus mandamentos. A quebra desse pacto retirava a proteção de Deus da nação deixando-a à mercê de Seus inimigos que a atacaria e a levaria cativa para fora da Terra Prometida. Mas esse castigo seria para fazer Israel voltar-se para o Senhor seu Deus, uma disciplina necessária para que a nação entendesse que não haveria vitória sem obediência a Deus. Assim também Ele age conosco, nos disciplina quando erramos, mas não nos abandona; diante do nosso coração arrependido nos protege e nos põe em lugar de honra. Portanto, quando errar não fique prostrado, erga para Deus suas mãos em profundo arrependimento e comece a tomar posse de Suas promessas.

Declarando a promessa

Eu tenho sobre a minha vida a vitória de receber toda a promessa de Deus e nunca perder nada do que Ele tem me dado. Mesmo quando eu errar a disciplina de Deus não durará para sempre, mas me levará ao arrependimento e me fará prosperar em Suas promessas. Onde eu estiver a mão poderosa do meu Deus me buscará e me trará para o lugar da promessa estabelecida para minha vida. Nada poderá roubar o que Deus tem para mim, mesmo os meus pecados serão vencidos pelo meu arrependimento e Deus me amparará para restituir Suas bênçãos em minha vida.

Anotações

FEVEREIRO

Temos Que Tomar Posse Daquilo Que Deus Tem Prometido

O que Deus promete para nós também depende da nossa parte. Não podemos ser displicentes ou preguiçosos; ao contrário, temos que perseverar com fé e avançar com ousadia, crendo que receberemos o que Deus nos prometeu.

Gary Haynes

“Assim, não se tornarão displicentes, mas seguirão o exemplo daqueles que, por causa de sua fé e perseverança, herdarão as promessas.”

Hebreus 6:12 (NVT)

Deuteronômio 30.19

"Hoje eu tomo o céu e a terra como testemunhas contra vocês: eu propus a vida ou a morte, a bênção ou a maldição. Escolha, portanto, a vida, para que você e seus descendentes possam viver" (EP).

01
FEV

32. OBEDIÊNCIA QUE CONDUZ À BÊNÇÃO E À ETERNIDADE

Lição de fé para a minha vida

Após colocar Seus mandamentos diante da nação de Israel para que fossem obedecidos, o céu e a terra são postos como testemunhas contra Israel; a obediência aos mandamentos traria vida e prosperidade para toda a nação, enquanto que o não cumprimento dos mandamentos quebrava a aliança com Deus e traria maldição sobre a nação e a terra onde ela habitava. A escolha cabia à nação e por si mesma traria uma sentença de bênção ou maldição. A instrução de Deus é um forte apelo para que Israel escolhesse a obediência que traria a vida para a nação. Todos os dias fazemos escolhas e cada uma delas terá influência em nossa vida. Mas quando se trata de obediência a Deus, as consequências são duras demais para serem negligenciadas e dizem respeito à vida ou morte. O homem emprega todo esforço para tentar viver melhor e não tem aprendido que a melhor opção de vida é obedecer a Deus, pois somente Ele pode proporcionar uma vida de vitória, tanto aqui na terra quanto na eternidade do céu. Deus está colocando diante de você a sua escolha e o incentiva a escolher a vida, com extensão da promessa de vida aos seus descendentes e também acompanhada de bênçãos para você e os seus.

Declarando a promessa

Eu escolho ser um servo obediente e cumpridor dos mandamentos do meu Deus, pois sei que eles me trarão vida, paz e prosperidade em meus caminhos. Eu rejeito todo o engano maligno que tentará me afastar da presença de Deus, toda a paixão carnal que deseja corromper meu coração. Deus me ajudará a quebrar todo o vínculo com qualquer pecado, me afastará dos falsos amigos e me porá em um lugar alto, um refúgio seguro, onde buscarei a Sua face. Na presença do meu Deus viverei e comerei o melhor desta terra, nenhuma bênção de Deus faltará à minha casa.

Anotações

Deuteronômio 32.10-12

"Achou-o numa terra deserta e num ermo solitário povoado de uivos; rodeou-o e cuidou dele, guardou-o como a menina dos olhos. Como a águia desperta a sua ninhada e voeja sobre os seus filhotes, estende as asas e, tomando-os, os leva sobre elas, assim, só o Senhor o guiou, e não havia com ele deus estranho" (ARA).

02
FEV

33. O CUIDADO DE DEUS EM NOSSA JORNADA

Lição de fé para a minha vida

Deus havia escolhido os descendentes de Jacó como Seu povo, Sua herança. Esse privilégio fora outorgado por Deus, não havendo qualquer mérito humano nessa escolha, ela é produto do amor de Deus. Atravessar com esse povo numeroso pelo deserto e levá-lo a uma terra deleitosa era a promessa que Deus fizera a Abraão. As intempéries do deserto e os perigos encontrados não foram problemas para Israel; Deus o cercou de proteção e o levou com segurança à Terra da Promessa. Essa glória pertence somente ao Deus único e poderoso, pois os deuses das nações foram envergonhados diante do Seu poder. Isso por si só deveria atrair o amor e a fidelidade da nação para si. Às vezes ficamos a pensar no que Deus teria visto em nós e descobrimos que somente o Seu grande amor pode explicar tal relacionamento. Não desista de sonhar, nunca veja as dificuldades como barreiras intransponíveis e veja sempre as possibilidades que o Senhor tem colocado à sua frente. Assim fazendo, tais barreiras se tornarão apenas em oportunidade para o seu crescimento. Nunca se sinta desamparado, Deus é o mesmo e de forma maravilhosa cercará você, o conduzindo ao lugar de Suas promessas.

Declarando a promessa

Sou um escolhido de Deus, liberto dos pecados e herdeiro de uma promessa maravilhosa de redenção. A proteção de Deus está sobre mim, para me livrar de toda sorte de seta maligna. Como uma cerca viva, o Senhor me rodeia, defendendo a minha vida e guardando meus passos. Mais vivos que os olhos da águia os Seus olhos contemplam a minha vida e me dão proteção. A minha confiança está no Deus que cuida de mim, o meu refúgio e a minha salvação. A Ele renderei louvores e adoração, pois não há ninguém como o meu Deus.

Anotações

Deuteronômio 33.29

"Israel repousa em segurança; a fonte de Jacó fica separada, numa terra de trigo e vinho, sob um céu que destila orvalho. Feliz de você, Israel! Quem é como você, povo salvo por Javé? Ele é o escudo que o protege e a espada que o conduz à vitória. Seus inimigos vão querer adular você, mas você lhes pisará nas costas" (EP).

03 FEV

34. PROTEÇÃO E VITÓRIA INCOMPARÁVEIS

Lição de fé para a minha vida

A proteção de Deus sobre a nação de Israel a elevou a um lugar de destaque. Para os povos conquistados ficou evidente que a mão de Deus estava sobre ela, para os povos que haveriam de ser expulsos de Canaã a sensação de impotência estava no ar; afinal, quem poderia lutar contra o poderoso Deus de Israel? É natural que diante disso alguns povos tentassem fazer aliança com Israel; outros poderiam tentar comprar o favor da nação com prata, ouro e tesouros. Mas a ordem de Deus era para não haver nenhum contato com as nações idólatras que seriam destruídas. Aceitar qualquer tipo de adulação era desobedecer a Deus e incorrer em maldições. Qualquer tesouro que as nações pudessem dar não poderia ser comparado à salvação que Javé lhes dava. Não se negocia uma ordem de Deus e não podemos trocar as Suas ricas promessas por nenhum tesouro que o mundo possa nos ofertar. Assim também as bênçãos que Deus tem para você não podem ser compradas, mas são conquistadas gratuitamente mediante sua obediência a Ele. Só Deus pode nos garantir a completa vitória. Nunca negocie as promessas de Deus sobre sua vida!

Declarando a promessa

A minha maior alegria é ser escolhido de Deus e viver sob a Sua proteção. Posso enfrentar qualquer tipo de perigo, mas não me esquecerei da minha aliança com o Senhor. Na adversidade, Ele lutará por mim, a Sua mão afugentará meus inimigos mais ferozes. Suas promessas estarão firmes em meu coração, não as trocarei por nenhum bem desse mundo, nem a prata, nem o mais precioso ouro poderá afastar-me das bênçãos do meu Deus. Minha aliança é com o Senhor, a Ele obedecerei e Dele receberei o cumprimento de cada promessa em minha vida.

Anotações

Josué 1.3,5

"Como prometi a Moisés, todo lugar onde puserem os pés eu darei a vocês. Ninguém conseguirá resistir a você todos os dias da sua vida. Assim como estive com Moisés, estarei com você; nunca o deixarei, nem o abandonarei" (NVI).

04
FEV

35. CAMINHANDO COM DEUS PARA CONQUISTAR

Lição de fé para a minha vida

Com a morte de Moisés, o seu servo, Josué, é designado por Deus para liderar a nação de Israel nas guerras que haveriam de acontecer para a conquista da Terra da Promessa. Josué viu bem de perto o poder de Deus manifestado na liderança de Moisés e agora ele experimentaria esse poder em sua própria vida como líder de um povo muito numeroso. É claro que substituir Moisés traria temor a qualquer homem de Israel, mas é o chamado acompanhado da promessa de ter a companhia de Deus ininterruptamente que irá garantir todo o sucesso. Embora fosse necessária a coragem de Josué, para enfrentar a árdua tarefa, Deus deixa claro que a vitória seria dada pelo Seu poder; a força de Josué estava na companhia do poderoso Senhor dos Exércitos de Israel. Às vezes chegamos a pensar que algumas pessoas são insubstituíveis e que algumas tarefas para as quais somos chamados nos trazem temor ao coração, mas nada disso não significa que fracassaremos. O que fará diferença é a companhia de Deus; tem-se a Sua promessa de que sempre estará conosco sem nunca nos abandonar, então poderemos caminhar com segurança e sem temor, pois as conquistas acontecerão.

Declarando a promessa

Estarei firme diante do chamado de Deus para realizar Sua vontade. Minha capacitação vem de Deus e Sua bênção sobre mim me fará superar qualquer obstáculo e ser um vencedor. As promessas de Deus não são apagadas pelo tempo nem morrem com o homem, mas permanecem para serem cumpridas. Portanto, minha vida será conduzida por Deus para cumprir a Sua Palavra.. Não me importam as guerras que terei que enfrentar ou oposições que tentarem me conter; o amparo e a proteção do meu Deus me fará em tudo um vencedor. Aquieto o meu coração na certeza de que o Senhor está comigo; nunca me deixará e jamais irá me abandonar!

Anotações

05
FEV

Josué 3.7

"Javé disse a Josué: 'Hoje eu vou começar a engrandecer você aos olhos de todo o Israel, para que saibam que eu estou com você, assim como estive com Moisés'" (EP).

36. DEUS HONRA OS CHAMADOS

Lição de fé para a minha vida

Tanto aos olhos da nação de Israel como aos de Josué, substituir Moisés era uma tarefa muito difícil. O ex-líder havia provado em várias situações que Deus o guiava em cada passo pelo deserto; opor-se a ele era opor-se ao próprio Deus. Josué, que participou de tudo como auxiliar de Moisés, estava agora ouvindo a promessa de que Deus o honraria da mesma forma que honrou a Moisés. Isso deixou o coração do novo líder mais descansado, pois Deus se encarregaria de honrá-lo diante da grande nação de Israel. Que confortante é para o nosso coração saber que Deus honra aqueles que buscam fazer a Sua vontade e têm Nele Sua dependência. Mesmo quando Deus nos colocar em situações onde os alvos sejam difíceis de serem alcançados, tenha a certeza que Ele se encarregará de nos abençoar, que a honra é Dele e que Sua palavra se cumprirá em nós. De fato, a promessa se cumpriu: "Nesse dia, Javé engrandeceu a Josué diante de todo o Israel, para que fosse respeitado, da mesma forma que haviam respeitado a Moisés enquanto viveu" (Josué 4.14). Nunca tenha medo de avançar para cumprir um propósito de Deus, pois Ele jamais deixará de honrar a promessa que se estabelecerá sobre sua vida.

Declarando a promessa

Recebendo de Deus um chamado ou uma posição, não recearei em avançar para conquistar o meu espaço. Não me preocuparei com os olhares dos homens nem o que possam pensar de mim. Sei que Deus me honrará diante de todos, que por mais que eu tenha capacidade, a honra virá sempre de Deus, pois é Ele quem me capacitará a vencer todos os obstáculos. Sei que nenhuma tarefa será impossível de ser cumprida; nenhum alvo é inatingível quando Deus está à minha frente. Não me retirarei da posição que Deus me colocou, o medo não me vencerá; tampouco um homem ou nação me amedrontará. A fidelidade de Deus fará com que eu seja próspero e Sua honra virá sobre mim, em cumprimento às Suas promessas.

Anotações

06

FEV

Josué 3.13

"Assim que a planta dos pés dos sacerdotes que levam a arca do Senhor, o Senhor de toda a terra, pousarem nas águas do Jordão, serão elas cortadas, as águas que vêm de cima pararão, e se amontoarão" (EC).

37. CONFIANÇA E OBEDIÊNCIA PARA VER O MILAGRE

Lição de fé para a minha vida

Debaixo da promessa que Deus o honraria diante de Israel, Josué precisava do respeito do seu povo, tendo a oportunidade de experimentar a mesma honra que Deus havia atribuído a Moisés e a certeza que sua vida representava a liderança de Deus para a nação. A grande ocasião para o acontecimento que transformaria Josué é a passagem, a seco, pelo rio Jordão. No passado, Deus havia aberto o mar Vermelho e honrado Moisés; agora o Jordão seria contido para a nação de Israel atravessá-lo. Sem dúvidas seria um feito maravilhoso de Deus, mas a ordem para Josué é que não esperasse pelo milagre, mas confiasse nas instruções de Deus, mandando os sacerdotes pisarem nas águas do rio; para então, o milagre acontecer. Deus tem nos dado instruções corretas, mas queremos ver primeiro o milagre acontecer para começar a caminhar. Diante de uma promessa, hesitar em obedecer à ordem divina é evitar o seu cumprimento. É como se Deus dissesse a Josué, caminhe para o rio e faça o milagre acontecer, molhe os pés e contemple as águas se amontoando para você caminhar seguro por todo o percurso. Obedeça às ordens de Deus e veja como Ele moverá as águas em seu favor.

Declarando a promessa

Eu acredito e tomo posse para minha vida de todas as promessas de Deus. Elas me alcançarão quando eu der o primeiro passo em obediência à Sua voz. Sei que Deus abre todas as portas e me ilumina mediante minha obediência. Não terei medo de dar o primeiro passo; confiarei sempre na Palavra de Deus. Em cada passo Deus fará meus olhos contemplarem o cumprimento de Suas promessas. Aqueles que olharem para mim poderão ver que é Deus quem me sustenta e me honra por onde caminho. Sei que a vitória me espera, nunca hesitarei em andar na direção das promessas do Senhor, elas sempre acompanharão meus passos.

Anotações

07
FEV

Josué 23.4-5

"Vede aqui que vos fiz cair em sorte às vossas tribos estas nações que restam, juntamente com todas as nações que tenho eliminado, umas e outras, desde o Jordão até ao mar Grande, para o pôr-do-sol. O SENHOR, vosso Deus, as afastará de vós e as expulsará de vossa presença; e vós possuireis a sua terra, como o SENHOR, vosso Deus, vos prometeu" (ARA).

38. PERSEVERANÇA PARA POSSUIR AS PROMESSAS

Lição de fé para a minha vida

Desde a chamada de Abraão, passara-se muito tempo até o momento de repartir a terra conquistada por promessa de Deus. A promessa passou por Seus filhos, por um tempo de escravidão no Egito, passou por Moisés, que livrou o povo do cativeiro egípcio e o fez chegar à Terra da Promessa e, finalmente, a Josué coube entrar com a nação em Canaã e tomar posse da promessa. Contemplar a posse de uma promessa feita há tantos anos foi algo maravilhoso aos olhos das gerações que sempre creram e nunca desistiram de alcançá-la. Às vezes desistimos com facilidade das promessas de Deus; os obstáculos que aparecem nos trazem um desânimo que vem desmotivar os nossos sonhos. Precisamos aprender que o tempo é um aliado de Deus no cumprimento de Suas promessas. Nunca ache que o tempo da conquista passou e que a época certa de suas realizações ficou para trás. Não desista nunca de caminhar nos sonhos que Deus colocou em seu coração. Pois, quando a promessa se estabelecer em sua vida, finalmente você saberá que esse é o tempo certo, o tempo de Deus.

Declarando a promessa

O tempo não me fará desistir de alcançar as ricas promessas que Deus estabeleceu sobre a minha vida. Sei que nada pode mudar ou apagar o que Deus tem para mim. Os desafios que o tempo me impor serão todos vencidos. Não conhecerei o desânimo e nem permitirei que minha fé esmoreça. Meus ouvidos se fecharam para aqueles que dizem que o tempo já passou, que é tarde para recomeçar ou conquistar. O tempo da minha espera será grandemente recompensado pela vitória que Deus já me tem assegurado. A cada manhã despertarei o sonho no meu coração de por mais um dia viver na proteção de Deus, até que finalmente, toda Sua promessa se cumpra sobre minha vida.

Anotações

08
FEV

Josué 23.10

"Um só homem dentre vós perseguirá a mil, pois o SENHOR vosso Deus é quem peleja por vós, como já vos prometeu" (ARA).

39. VIGILÂNCIA E FORÇA EM TEMPOS DE PAZ

Lição de fé para a minha vida

A promessa de Deus na vida de Israel já havia sido cumprida, a Terra da Promessa foi conquistada e a nação gozava de paz. Mas o tempo de paz não poderia trazer relaxamento da obediência às leis de Deus, pois a aparente tranquilidade era fruto da proteção de Deus contra os inimigos que estavam ao redor. Já bem idoso, Josué lembra ao seu povo que nações poderosas foram expulsas daquela terra porque Deus era quem fazia um só homem de Israel valer por mil, e que o mesmo Deus ainda o faria novamente caso alguém tentasse penetrar em seu território. Às vezes costumamos relaxar em tempos de paz, baixamos a nossa guarda e somos surpreendidos pelo inimigo. Se nos acomodarmos à situação de paz e tranquilidade, poderemos ser levados à apostasia da nossa fé e consequentemente ao despreparo para qualquer batalha que se apresentar a nós. Tempo de paz deve ser um tempo de preparo para a guerra, pois se o inimigo quiser roubar a terra de nossa promessa, novamente o Senhor virá em nosso auxílio e há de nos erguer com forças multiplicadas para afugentar o inimigo. Não se esqueça que principalmente em tempo de paz e tranquilidade você deve estar sempre preparado para enfrentar toda e qualquer investida contra a sua herança.

Declarando a promessa

O que eu tenho recebido do Senhor jamais me será tirado pelo inimigo. Irei conservar a minha herança e minha paz na certeza de que Deus guarda minha vida. Usarei o meu tempo de paz para adorar e aprender do meu Deus. Minhas bênçãos jamais me serão tiradas com o Senhor ao meu lado. Ainda que o inimigo se levante, tentando roubar ou frustrar o que tenho recebido por promessa, o Senhor me erguerá como um forte valente para derrotar toda força contrária. Eu sou um guerreiro que tem a unção de Deus para repelir todo ataque do inimigo e conservar em paz a promessa estabelecida sobre a minha vida. É Deus, o Senhor, que me garante a vitória!

Anotações

09
FEV

Juízes 1.12-13

"Disse Calebe: A quem derrotar Quiriate-Sefer e a tomar, darei minha filha Acsa por mulher. Tomou-a, pois, Otniel, filho de Quenaz, o irmão de Calebe, mais novo do que ele; e Calebe lhe deu sua filha Acsa por mulher" (ARA).

40. LUTANDO PARA ALCANÇAR AS PROMESSAS

Lição de fé para a minha vida

Na conquista da terra de Canaã muitas guerras aconteceram, cidades e povos foram destruídos, para que Israel tomasse posse de uma promessa feita a Abraão. Calebe está conquistando aquilo que lhe era por direito e prometeu dar a sua linda filha Acsa ao homem que tomasse a cidade de Quiriate-Sefer. Destemidamente e, cheio de amor pela bela mulher, Otniel parte para a guerra e volta vitorioso. A promessa de Calebe foi cumprida, Acsa lhe fora dada por mulher. Muitas vezes o que Deus tem para nos abençoar pode vir de uma forma diferente daquela que imaginamos. Afinal, Deus não usa os meios que pensamos ou queremos, ou que julgamos serem os corretos. Portanto, nem sempre acontecerá em calmarias, mas poderá ser necessário enfrentar uma guerra para conquistá-la. Se o que desejamos é algo que Deus tem aprovado, precisamos então buscar com diligência o nosso alvo. Podemos imaginar que, em cada lance da sangrenta guerra, os olhos de Otniel estavam fixados em sua recompensa - a bela Acsa. Mesmo que você tenha que enfrentar fortes inimigos, mantenha seus olhos firmes, focados em seu alvo, de modo a receber o prêmio de sua vitória.

Declarando a promessa

Nada irá me impedir de alcançar uma promessa de Deus. As minhas conquistas acontecerão porque não desistirei de meus objetivos, pois sei que Deus sempre estará ao meu lado e jamais me abandonará, por isso meus adversários serão derrotados. Não vou permitir que as dificuldades, ainda que pareçam intransponíveis, tirem meu foco e ofusquem a minha mente, me fazendo perder o meu alvo. Não permitirei que haja barreiras que possam me deter, pois estou direcionado pelo Senhor, com o coração firmado no meu Deus, para alcançar todas as bênçãos que Ele tem para mim. Persistir e alcançar é a certeza que tem meu coração de que Deus já me tem reservado o prêmio da vitória.

Anotações

10 FEV

Juízes 6.12-14

"Virou-se o Senhor para ele e lhe disse: 'Vai nesta tua força, e livra Israel da mão de Midiã; porventura não te envio eu?' Replicou-lhe Gideão: 'Ai, Senhor meu, com que livrarei a Israel? Eis que a minha família é a mais pobre em Manassés, e eu o menor na casa de meu pai'. Tornou-lhe o Senhor: 'Porquanto eu hei de ser contigo, tu ferirás aos midianitas como a um só homem'" (VR-MTHG).

41. FORÇA NA PRESENÇA DE DEUS

Lição de fé para a minha vida

Debaixo de uma forte opressão do inimigo, Israel clama pelo socorro divino. Gideão é o homem escolhido por Deus para realizar a tarefa de libertar sua nação da opressão e humilhação imposta pelos midianitas. No entanto, ele se achava muito pequeno para realizar tarefa tão grande e perigosa. Seu medo consistia em não ser ouvido como líder por ser de uma família sem expressão em Israel, mas Deus enche-lhe o coração de confiança e garante o sucesso da missão com a promessa de sua companhia: "Eu hei de ser contigo." Quando ouvir um chamado de Deus ou estiver enfrentando uma oposição mais forte que você, não avalie a situação pela força que você tem ou pelo que você poderá fazer. Olhe com os olhos de Deus e contemple o que Deus irá fazer. Nunca se julgue incapaz de realizar uma tarefa se Deus o chamou para fazer, pois esta não dependerá de você para ser concluída. Tendo pouca ou muita força, sendo pouco ou muito influente, aprenda que Deus o fará vencedor.

Declarando a promessa

Não vou me intimidar diante de tarefas que pareçam impossíveis de serem realizadas, e nem deixarei de cumprir a vontade de Deus para a minha vida. Eu sei que na força do Senhor Deus eu posso fazer proezas. Nunca direi que sou pequeno ou fraco para alcançar os meus sonhos e conquistar as promessas de Deus para a minha vida. Ainda que todas as possibilidades estejam contra mim, não vou desfalecer, sei que a companhia constante de Deus é suficiente para mudar toda circunstância contrária. Sobre mim Deus tem um chamado para muitas conquistas e o meu sucesso está na Sua presença sempre ao meu lado e, assim, nada poderá me impedir de alcançá-las; devo apenas confiar Nele.

Anotações

______

______

______

Juízes 13.2-5

"Certo homem de Zorá, chamado Manoá, do clã da tribo de Dã, tinha mulher estéril. Certo dia o Anjo do Senhor apareceu a ela e lhe disse: 'Você é estéril, não tem filhos, mas engravidará e dará à luz um filho. Todavia, tenha cuidado, não beba vinho nem outra bebida fermentada, e não coma nada impuro; e não se passará navalha na cabeça do filho que você vai ter, porque o menino será nazireu, consagrado a Deus desde o nascimento; ele iniciará a libertação de Israel das mãos dos filisteus'" (NVI).

11
FEV

42. FÉ QUE TRANSFORMA O IMPOSSÍVEL

Lição de fé para a minha vida

Uma mulher estéril era considerada desprovida da graça de Deus na cultura hebreia, ao passo que ter filhos trazia felicidade ao seu coração e a colocava em situação honrosa. O Anjo do Senhor aparece à mulher de Manoá, estéril, e lhe promete um filho. Um menino que nasceria com propósito definido: Livrar Israel da servidão dos filisteus. Caberia à sua mãe consagrá-lo ao Senhor e educá-lo de maneira apropriada até o dia do cumprimento da promessa na vida dele. Deus levantá-lo-ia como líder para libertar Israel. Cumpriu-se a promessa: "A mulher deu à luz um menino e pôs-lhe o nome de Sansão. Ele cresceu e o Senhor o abençoou" (v. 24). Às vezes é difícil acreditar no mover de Deus quando não vemos nenhuma luz.. Esta história nos ensina a ver soluções além das dificuldades. Nem sequer sabemos o nome dessa mulher, mas seu exemplo de fé e de obediência à voz de Deus nos ensinam que não existe nada que pode deter os planos de Deus em nossas vidas, porque do nada Deus faz o impossível acontecer.

Declarando a promessa

Ainda que as possibilidades de realizar meus sonhos e objetivos estejam fora do alcance de minhas mãos, jamais deixarei de acreditar e persegui-los. As promessas de Deus para a minha vida não dependem da minha força, mas da manifestação do poder de Deus a meu favor. Acredito que do nada Deus pode criar o impossível e me colocar em situação de honra. Sou um instrumento vivo e poderoso de Deus, e nada poderá me impedir de realizar meus sonhos e contemplar a realização de Suas promessas em minha vida.

Anotações

Rute 4.11-12

"Todo o povo que estava na porta e os anciãos disseram: 'Somos testemunhas; o Senhor faça a esta mulher, que entra na tua casa, como a Raquel e como a Lia, que ambas edificaram a casa de Israel; e tu, Boaz, há-te valorosamente em Efrata e faze-te nome afamado em Belém. Seja a tua casa como a casa de Perez, que Tamar teve de Judá, pela prole que o Senhor te der desta jovem'" (ARA).

12
FEV

43. RESGATE PELA FÉ

Lição de fé para a minha vida

Rute era uma mulher destemida e ousada. Mesmo estando viúva e em tempos difíceis ficou ao lado de sua sogra Noemi. A vida que tiveram longe de Belém, nas terras de Moabe, fora desastrosa para ambas. Mais tarde Noemi volta a Belém para recomeçar a vida, e com ela sua nora Rute. Sem marido e nenhum descendente elas precisavam ser resgatadas. O resgate consistia em dar descendente àquele que não deixou herdeiro do seu nome. Boaz sendo um parente de posses e um homem de bem, toma Rute por esposa para suscitar descendentes. A bênção dos líderes da cidade caiu em forma de promessa na vida de Boaz e Rute. Sua prole seria honrada em Israel e marcaria a história do seu povo. Desse casamento nasce Obede, o avô de Davi, que se tornaria o maior dos reis de Israel. Em toda a história vemos a direção de Deus naquele que confia Nele. De uma moabita, viúva e pobre, Deus suscita uma das maiores lideranças mencionadas na Bíblia, Davi. Portanto, não tenha por perdida qualquer situação se você acredita nas promessas de Deus. Creia que seu resgate já foi feito em Jesus. Viva pela fé!

Declarando a promessa

Eu sei que Deus tem preparado um caminho de vitória para mim. Não me deixarei vencer pelos obstáculos que encontrarei, pois sei que a cada passo o Senhor me conduzirá para a realização dos Seus propósitos em minha vida. Deus já me garantiu a vida eterna pelo sacrifício de Jesus, e nada pode ser mais precioso do que isto. Ainda que no momento meu caminho se torne complicado e não haja aos olhos humanos nenhuma possibilidade de vitória, olharei pelos olhos da fé e encontrarei nas provisões de Deus o caminho do sucesso.

Anotações

1 Samuel 2.8

"Levanta do pó o necessitado e do monte de cinzas ergue o pobre; ele os faz sentar-se com príncipes e lhes dá lugar de honra. Pois os alicerces da terra são do SENHOR; sobre eles estabeleceu o mundo" (NVI).

13
FEV

44. O DEUS QUE TRANSFORMA HISTÓRIAS

Lição de fé para a minha vida

Ana viveu infeliz por algum tempo em seu casamento; seu marido a amava muito, mas o fato de não poder gerar filhos a tornava uma mulher triste, tomada de um sentimento de inferioridade em relação às outras mulheres. Certa vez, quando foram a Siló, ela estava suplicando a Deus de tal modo que o sacerdote Eli chegou a pensar que ela estava bêbada. Quando então as súplicas de Ana foram ouvidas por Deus, todos os sentimentos ruins que tomavam conta de sua vida se dispersaram dando lugar a alegria de gerar um filho, um menino que nasceria para ser um dos grandes personagens que constam da Bíblia Sagrada, o qual ela colocou o nome de Samuel. Diante da grande alegria pelo nascimento do menino, Ana pôde louvar a Deus, reconhecendo que Ele mudou a sua história e deu-lhe um lugar de honra. Deus a tirou de "um monte de cinzas de tristezas e humilhações para colocá-la com príncipes". Na vida de Ana, ou mesmo na sua vida, os dias de tristezas sempre irão existir, mas não deixe que esses dias roubem seus sonhos. Em todo tempo Deus sempre está no controle, suas orações não serão em vão e, quando você menos esperar, Deus lhe colocará em um lugar de honra.

Declarando a promessa

Quando eu for surpreendido pelos dias de tristeza não deixarei de acreditar que Deus pode mudar a minha história. Sei que o Senhor não me deixará prostrado; pó e cinzas são estágios passageiros em minha vida, que me ajudarão a ver o milagre de Deus sobre mim. Nesses dias buscarei a face do meu Deus, não me encurvarei à derrota nem me sentirei fracassado, pois sei que um lugar de honra já está preparado para mim. Hoje, eu declaro que cada lágrima derramada o meu Deus irá recolher e a transformará em rios de bênçãos sobre minha vida.

Anotações

1 Samuel 2.35

"E eu suscitarei para mim um sacerdote fiel, que fará segundo o que está no meu coração e na minha mente. Edificar-lhe-ei uma casa duradoura, e ele andará sempre diante do meu ungido" (VR-MTHG).

14
FEV

45. A FIDELIDADE QUE MARCA GERAÇÕES

Lição de fé para a minha vida

Diante da infidelidade dos filhos de Eli, sacerdote de Israel, Deus pronuncia uma sentença contra a sua família. O descaso com o serviço sacerdotal fez com que Deus cortasse para sempre o nome dos descendentes de Eli para a ocupação de tão nobre função. Mas o amor e cuidado de Deus para com Israel não deixaria de levantar outro sacerdote para representá-lo diante do seu povo amado. Deus preparou e ungiu a Samuel para ser esse sacerdote especial, que marcou a sua história por sua fidelidade e santidade em representá-lo em Israel. Muitas promessas de Deus escapam de nossa vida por falta de fé, perseverança, santidade e também por infidelidade. Foram essas coisas que marcaram a vida fracassada da família de Eli, mas a fidelidade e o zelo pelas coisas de Deus marcaram a geração de Samuel e perpetuou na história de seu povo. De que maneira você está marcando sua geração? Quais são os valores que você tem deixado como marcas em sua vida? Não perca as oportunidades que Deus tem dado para que O sirva, faça sempre o melhor para Deus, pois no devido tempo sua honra aparecerá e gerações inteiras serão alcançadas pela sua fidelidade a Deus.

Declarando a promessa

Deus tem me chamado para uma vida de fidelidade, pois sobre mim há uma unção para abençoar as nações. Deus tem me escolhido para ser bênção na minha geração e marcar a história do meu povo. Não me deixarei corromper pelos valores deste mundo, mas buscarei a santidade de Deus para marcar a minha vida e influenciar os que vivem à minha volta. Quero me levantar como um sacerdote fiel, aquele a quem Deus tem prazer de olhar por honrar Seu nome entre Seu povo. Eu sei que muitas barreiras poderão se levantar, mas estou disposto a marcar a minha geração por cumprir os propósitos de Deus. Declaro hoje que minha vida é um marco na história de minha geração e nada poderá apagar as marcas de Deus em minha vida!

Anotações

1 Samuel 12.22

"Pois o Senhor não desamparará o seu povo, por causa do seu grande nome; porque aprouve ao Senhor fazer-vos o seu povo" (ARC).

15
FEV

46. O AMOR INCONDICIONAL DE DEUS

Lição de fé para a minha vida

Israel fez questão de ter um rei como as outras nações tinham. Samuel, que até então guiava e julgava a causa do povo, estava se despedindo do ofício que tão fielmente vinha desenvolvendo. Suas palavras falam do grande amor de Deus pela nação que Ele escolhera para amar e se manifestar como o Deus Todo-poderoso. Por mais que a nação estivesse rejeitando a Sua direção e escolhendo um rei, Ele estaria sempre cuidando e abençoando o Seu povo. Mesmo no caso de pecarem, Ele os abençoaria mediante o arrependimento. Que Deus maravilhoso é o nosso Deus! Um Deus poderoso e rico em perdoar, que tem prazer em cuidar de Seus filhos e não nunca os desampara. Mesmo quando erramos Deus está sempre pronto a nos ajudar e proteger, não deixa de nos amar e aguarda pacientemente pelo nosso arrependimento, nos acolhendo em Seus braços de amor. O Senhor nos escolheu para sermos o Seu povo, o povo santo, pelo qual Ele trabalha sem cessar e incansavelmente; portanto nunca se esqueça que onde você estiver está também um Deus que ama você, que cuida de você, e que jamais lhe deixa só!

Declarando a promessa

O meu Deus jamais me desamparará! Estou seguro e confiante por onde quer que eu ande, pois sei que Deus está guardando a minha vida. Ainda que eu não mereça, Ele me fará o bem; e o Seu nome Ele tem colocado sobre a minha vida. Deus me escolheu para ser Seu filho amado e nada poderá mudar o Seu amor por mim. Quando eu errar não serei abandonado, esquecido ou maltratado, pois Deus virá em meu socorro, e eu, reconhecido, inclinarei o meu coração arrependido para receber o Seu perdão. A minha confiança está na promessa da restauração do Senhor, ainda que muitas vezes eu venha a cair, o meu Deus me erguerá e como um amigo fiel, Ele nunca irá me abandonar. Eu pertenço ao Senhor. Eu sou um do Seu povo, o povo santo!

Anotações

16
FEV

1 Samuel 15.22-23

"Porém Samuel respondeu: 'Tem o Senhor tanto prazer em holocaustos e sacrifícios, como em que se obedeça à sua palavra? Obedecer é melhor do que sacrificar e atender é melhor do que a gordura de carneiros'" (EC).

47. O SACRIFÍCIO QUE AGRADA A DEUS

Lição de fé para a minha vida

Saul havia infligido uma ordem de Deus e tentou justificar oferecendo sacrifício ao Senhor. A resposta do sacerdote Samuel é firme: Deus se agrada mais de obediência do que de sacrifícios. Não adiantava prestar culto ao Senhor oferecendo o melhor do gado ou das ovelhas para holocausto se a Sua Palavra foi desobedecida. Por causa desse ato Saul perdeu o seu reinado e Deus foi implacável em Sua sentença. Precisamos tomar cuidado em como nos conduzimos diante de Deus; muitas vezes nos esforçamos para fazer as coisas e não nos preocupamos em obedecer à Sua Palavra. A obediência é o sacrifício que agrada a Deus; ser atento às Suas palavras e colocá-las em prática é o que mais agrada ao Seu coração. As bênçãos que colhemos em nossas vidas não são pelo esforço das coisas que fazemos, mas da renúncia, ou seja, do que não fazemos, para obedecermos a Ele. Uma vida de sacrifícios pode trazer a impressão de dedicação e santidade, mas uma vida de obediência traz a convicção da aprovação de Deus naquilo que se faz. Portanto, nunca se esqueça que é na Bíblia que descobrimos os princípios que Deus estabeleceu para reger a nossa vida neste mundo.

Declarando a promessa

Minha vida está alicerçada na obediência à Palavra de Deus. Da Sua Palavra não me desviarei, não me esquecerei, e nem deixarei de meditar todos os dias da minha vida. O meu sacrifício não será em vão quando oferecido a Deus, pois farei sempre o que a Sua santa Palavra diz. Serei agradado do meu Senhor, as Suas leis orientarão os meus atos e cada passo que eu der terá a direção certa na Sua vontade. O meu Deus terá prazer na minha vida, pois a obediência à Sua Palavra será o meu maior prazer e minha grande vitória.

Anotações

2 Samuel 5.19-20

"Davi consultou ao Senhor, dizendo: 'Subirei contra os filisteus? Entregar-mos-ás nas mãos?' Respondeu-lhe o Senhor: 'Sobe, porque, certamente, entregarei os filisteus nas tuas mãos'. Então, veio Davi a Baal-Perazim e os derrotou ali; e disse: 'Rompeu o Senhor as fileiras inimigas diante de mim, como quem rompe águas'. Por isso, chamou o nome daquele lugar Baal-Perazim" (ARA).

17
FEV

48. CONSULTANDO A DEUS: O SEGREDO DA VITÓRIA

Lição de fé para a minha vida

A notícia da coroação de Davi como rei de Israel chegou até os filisteus que se reuniram para prender Davi e subjugar a Israel. O jovem rei já havia aprendido que a dependência de Deus era a única forma de obter vitória sobre seus inimigos. Em nome de Deus ele já havia matado o gigante Golias. Após orar e obter a resposta de Deus, ele reúne suas tropas e parte para a guerra na certeza da vitória. E o rei reconheceu que Deus fora o autor da vitória quando chamou o lugar da batalha de Baal-Perazim, ou O Senhor que destrói. O sucesso desta campanha começou quando Davi consultou ao Senhor acerca da Sua vontade; a partir daí seu esforço em derrotar o inimigo foi recompensado. Davi está nos ensinando que a vontade de Deus precisa ser conhecida antes de entrarmos numa batalha. As lutas que temos em nosso dia a dia não podem ser resolvidas somente na força do nosso braço. Precisamos mostrar dependência de Deus, ouvir a sua voz, conhecer sua vontade e deixá-lo romper nossos inimigos para nos dar a vitória. Não haja por instinto ou astúcia contra o seu opositor, lute com as armas e da maneira que Deus lhe dirigir.

Declarando a promessa

Sobre minha vida está decretada a vitória do Senhor, o meu Deus. Sei que os Seus cuidados estão sobre mim e que toda oposição será colocada por terra pelo poder de Sua forte mão. Ainda que meus inimigos venham com fúria sobre mim, cerquem a minha vida com astúcia e fortes armas, eu esperarei no Senhor. Não apressarei meus pés para andar por mim mesmo, não irei buscar ajuda fora do Senhor. Com paciência aguardarei Sua vontade, pois creio que meus inimigos não permanecerão de pé contra mim. Adiante de mim estará meu Deus, e Ele, o Senhor, irá entregar todos em minhas mãos.

Anotações

2 Samuel 7.12-15

"Quando a sua vida chegar ao fim e você descansar com os seus antepassados, escolherei um dos seus filhos para sucedê-lo, um fruto do seu próprio corpo, e eu estabelecerei o reino dele. Será ele quem construirá um templo em honra ao meu nome, e eu firmarei o trono dele para sempre. Eu serei seu pai, e ele será meu filho. Quando ele cometer algum erro, eu o punirei com o castigo dos homens, com açoites aplicados por homens. Mas nunca retirarei dele o meu amor, como retirei de Saul, a quem tirei do seu caminho" (NVI).

18
FEV

49. SONHOS QUE TRANSCENDEM GERAÇÕES

Lição de fé para a minha vida

A Arca da Aliança simbolizava a presença de Deus no meio do Seu povo. Davi desejou em seu coração fazer um templo para o Senhor, lugar para adoração, sacrifícios e guardar a Arca. Deus agradou-se disso, mas respondeu que um sucessor faria tal obra e prometeu que este firmaria o trono de sua descendência e muito o amaria. Davi morreu e seu filho Salomão ocupou o trono, construindo o templo; tornou-se um rei próspero e abençoado. Aprendemos que nossos sonhos podem ser da vontade de Deus, mas nem sempre o tempo de seu cumprimento é o que está em nosso coração e que as Suas promessas nunca falham, embora erremos, Ele nos corrigirá para firmar em nossa vida Sua vontade. Salomão errou como homem, mas a promessa de Deus permaneceu sobre ele, e a descendência de Davi garantida no trono de Israel. Portanto, nunca deixe de plantar sonhos e acreditar no cumprimento das palavras de Deus sobre sua vida.

Declarando a promessa

Sou filho de Deus por herança através de Jesus Cristo. Sobre minha vida já existe a promessa de prosperidade e abundante vida. Os desejos do meu coração, meus sonhos e projetos estão nas mãos de Deus. Tudo o que semeio hoje são bênçãos que colherei em minha vida e o que não alcançar será bênção para a minha descendência. O amor de Deus que guarda a minha vida será abundante naqueles que descenderem de mim. O cuidado de Deus me corrigirá quando eu errar. Nenhuma palavra de Deus sobre mim falhará. Eu nasci para reinar debaixo do amor e glória de Deus.

Anotações

2 Samuel 22.33-37

19
FEV

"Deus é a minha fortaleza e a minha força, e ele perfeitamente desembaraça o meu caminho. Faz ele os meus pés como os das cervas, e me põe sobre as minhas alturas. Instrui as minhas mãos para a peleja, de maneira que um arco de cobre se quebra pelos meus braços" (ARC).

50. DEUS, A FORTALEZA QUE GUIA À VITÓRIA

Lição de fé para a minha vida

No fim de sua vida o rei Davi tem muitas histórias para contar. Desde que fora escolhido rei de Israel, sucessivas guerras foram enfrentadas, seu domínio fora ampliado e seu reino teve paz. Olhando para tudo que Deus fizera em sua vida, ele reconhece que o Senhor continuamente guiava seus passos. Sua confiança permanecia inabalável no seu Deus. A sua convicção de derrota dos seus inimigos pelo poder de Deus e o fortalecimento dos seus braços a ponto de quebrar um arco de cobre, soa aos nossos ouvidos como uma grande promessa do cuidado de Deus nas lutas que enfrentamos em nossa vida. Tal é a confiança que necessitamos quando estivermos diante de situações embaraçosas – Deus desembaraçará nosso caminho. Não importa o tipo de embaraço, seja uma porta fechada, enfermidade ou oposição dentro de casa. Deus está pronto a nos ajudar e fortalecer-nos os braços para destruirmos as armas do inimigo. Não ceda nem perca a esperança diante das dificuldades, confie que Deus está guiando os seus passos e caminhe na direção da sua vitória. Tenha plena convicção que Deus sustentará seus braços para anular as armas inimigas.

Declarando a promessa

Sobre minha vida está a promessa de Deus de clarear meu caminho e me sustentar na conquista dos meus objetivos. Mesmo que uma negra nuvem paire sobre mim, tentando impedir minha visão ou que um inimigo se levante para me deter, não temerei, nenhuma afronta me impedirá de conquistar minha vitória. Tenho a promessa de Deus que serei escondido nas alturas, onde nada me amedrontará; correrei de maneira veloz e nada me alcançará. É Deus quem prepara meus braços para lutar; na força do meu Senhor fortalecerei minha casa e ampliarei meu território. A prosperidade e a segurança me seguirão, pois caminho debaixo do poder de Deus que me garante sucesso nas minhas batalhas. Na força de Deus os meus braços alcançarão a vitória!

Anotações

2 Samuel 23.3-5

"Deus, a Rocha de Israel me disse: 'Um virá para governar com justiça, para reinar no temor de Deus. Ele será como a luz da manhã; como um amanhecer claro, sem nuvens, que faz brotar na terra a grama verde e macia. Como o sol que brilha depois de uma chuva. E a minha família foi a escolhida! Sim, Deus fez um trato comigo; o seu acordo é eterno, final e selado. Ele cuidará constantemente da minha segurança e do meu sucesso'" (VIVA).

20
FEV

51. PROMESSAS QUE VENCEM O TEMPO

Lição de fé para a minha vida

Deus fez uma promessa ao rei Davi de perpetuar sua descendência no trono de Israel através de Salomão, seu filho. Porém essa promessa também diz respeito a Cristo que, nascido da mesma raiz de Davi, inaugurou um reinado eterno quando venceu a morte. A promessa que Deus fez a Davi venceu o tempo e toda oposição que veio contra ela, tendo prevalecido. Quando Deus nos dá uma promessa não há nada que possa impedi-lo de cumpri-la. O tempo pode apagar e mudar muitas coisas, mas não muda o que Deus falou nem apaga Suas promessas. Às vezes temos que passar no teste do tempo enquanto aguardamos a promessa. O que precisamos entender é que quando Deus libera uma promessa, ela já aconteceu, nós apenas aguardamos o tempo de Sua manifestação; afinal a palavra de Deus não torna atrás. Não tenha dúvidas sobre o cumprimento do que Deus tem lhe prometido, ainda que existam dificuldades é Ele quem cuidará da sua segurança e do seu sucesso. Nunca desista de uma promessa, pois nem o tempo pode detê-la.

Declarando a promessa

Não desistirei das promessas que Deus tem para mim. O meu Deus é quem governa todas as coisas, tudo está sob Seu controle; por isso nem o tempo pode apagar as marcas das Suas promessas em minha vida. Sei que através de mim a minha casa e meus descendentes alcançarão as riquezas das promessas de Deus em minha vida. Avanço a cada dia para conquistar minhas vitórias e sei que já sou um vencedor. Não existirão adversários e nem o tempo para roubar o que Deus tem para mim, pois é Ele quem me prepara um caminho de segurança e sucesso.

Anotações

1 Reis 3.13-14

"Eu lhe darei também o que você não pediu: riqueza e fama, de modo que não haverá nenhum rei que se iguale a você, durante toda a sua vida. E se você andar nos meus caminhos, observando meus estatutos e mandamentos, como fez o seu pai Davi, eu lhe darei vida longa" (EP).

21 FEV

52. O CAMINHO PARA A PLENITUDE DAS PROMESSAS

Lição de fé para a minha vida

Diante da tarefa tão difícil e nobre de guiar a nação de Israel como seu novo rei, Salomão ganha de Deus uma sabedoria inigualável para reinar. Como o coração do rei se inclinou a pedir sabedoria para conduzir o povo, ao invés de pedir para si riquezas e bens, Deus, junto com a sabedoria lhe promete acrescentar riqueza e fama ao seu reinado. Outra promessa surge quando Deus lhe garante longevidade caso ele se mantenha fiel aos Seus mandamentos. Salomão foi o rei mais sábio e de maior fama e riqueza que Israel teve, porém a promessa de longa vida não alcançou, porque seu coração não obedeceu aos mandamentos do Senhor. O sábio rei nos deixa preciosas lições de vida, quando buscou sabedoria visando ser um bom rei para Israel. Todas as vezes que o Reino de Deus tem prioridade em nossa vida, Deus nos dá condições de suprir todas as necessidades e muito mais do que precisamos. Também aprendemos com Salomão que a desobediência a Deus rouba-nos a manifestação de Suas promessas em nossa vida. Não permita que as bênçãos de Deus se tornem laços em sua vida, nem troque nenhum prazer temporário pelo Deus que é o único que pode lhe dar a vida eterna.

Declarando a promessa

Declaro que minha vida alcançará longevidade nesse mundo, que as bênçãos do Senhor me acompanharão durante todos os meus dias e que meu coração estará inclinado a buscar o Reino de Deus em obediência sincera à Sua Palavra. Os caminhos do Senhor serão conhecidos pelos meus pés e deles não vou me desviar jamais; ainda que os prazeres desse mundo tentem confundir meu coração, não trocarei a fidelidade ao meu Deus. Sou um vencedor, escolhido para reinar em obediência, e sobre mim retenho a promessa de viver longos dias na presença do meu Deus.

Anotações

1 Reis 17.14

"Porque o SENHOR Deus de Israel diz que sempre haverá bastante farinha e bastante óleo em suas vasilhas, até a ocasião em que o SENHOR enviar chuva e as colheitas crescerem de novo" (VIVA).

22
FEV

53. FÉ E OBEDIÊNCIA QUE GERAM MILAGRES

Lição de fé para a minha vida

Um tempo de seca trouxe muita fome e doenças para a nação de Israel e territórios fronteiriços. Uma pobre viúva de Sarepta, em Sidom, tem um punhado de farinha e um pouco de azeite para fazer a última refeição com seu filho e morrer. Que prova de fé o profeta Elias submete a pobre viúva, quando lhe ordena fazer para ele um pequeno bolo com os poucos ingredientes que existiam na casa, afirmando que a farinha e o azeite seriam, por Deus, multiplicados. A ordem do profeta foi cumprida e um milagre se fez naquela casa. Esta mulher nos ensina duas grandes lições: uma é que a fé na Palavra de Deus pode mudar a mais terrível história de morte e transformá-la em vida; e que a fé, aliada à obediência, pode gerar o impossível em qualquer circunstância. Viver pela fé não é fácil; depender exclusivamente da provisão de Deus, exige muita determinação no coração. Quando você receber uma ordem de Deus não hesite em cumpri-la, apenas creia e você verá um milagre acontecer. Mesmo que exija de você um alto preço, acredite, muito maior será a bênção de Deus, e cedo você descobrirá que quem dá a primazia em sua vida para Deus, não deixa de colher suas melhores bênçãos.

Declarando a promessa

Em tempos de crise buscarei obedecer à Palavra de Deus, pois eu sei que ela é vitória para a minha vida. Eu confiarei no Senhor, Nele porei minha esperança e meu coração estará seguro em saber que me dará a provisão para cada dia. Uma terrível seca pode me cercar e ao meu redor olhos sem esperança poderão me observar, mas eu não serei intimidado, pois sou determinado a vencer pela palavra do meu Deus. Minha provisão é promessa de Deus e nada irá me faltar. Mesmo em tempo de seca terei para emprestar, ajudar e abençoar a quem necessitar. E quando a chuva de Deus cair sobre mim, colherei com abundância, e me fartarei em Suas bênçãos.

Anotações

2 Reis 3.15-18

"Ora, pois, trazei-me um tangedor. Quando o tangedor tocava, veio o poder de Deus sobre Eliseu. Este disse: 'Assim diz o Senhor: Fazei, neste vale, covas e covas. Porque assim diz o Senhor, não sentireis vento, nem vereis chuva; todavia, este vale se encherá de tanta água, que bebereis vós, e o vosso gado, e os vossos animais. Isto é ainda pouco aos olhos do Senhor; de maneira que também entregará Moabe nas vossas mãos'" (ARA).

23
FEV

54. CAVANDO PARA RECEBER O MILAGRE

Lição de fé para a minha vida

Em perseguição ao povo inimigo, a nação de Israel se viu em grande apuro, atraída para um deserto. Sem água e cansada, parecia que o fim havia chegado. O profeta de Deus, Eliseu, é chamado para consultar ao Senhor acerca desta guerra. A promessa de Deus foi surpreendente para os aflitos guerreiros no deserto, a ordem foi para que cavassem muitas covas, ou cisternas, porque o vale deserto iria se encher de água e o inimigo seria abatido. Mesmo cansados esses homens cavaram buracos no deserto aguardando a promessa de Deus se cumprir. Pela manhã as águas já corriam pelo deserto e enchiam os buracos cavados. A promessa se cumpriu! Que lição maravilhosa podemos aprender nesse deserto, pois quantas vezes deixamos nos abater pelo desânimo. Afinal, cavar poços no deserto depois de um dia exaustivo e com sede, é tarefa para quem tem ânimo e fé. Portanto, não desista de semear mesmo quando estiver em seu deserto, acredite sempre que a provisão de Deus estará ao seu lado e, mesmo contra toda a circunstância, Deus cumprirá Sua promessa.

Declarando a promessa

Deus me sustentará quando eu enfrentar o deserto e não temerei o inimigo, também não recuarei do meu caminho. Sobre a minha vida existe a promessa de abundantes águas de Deus que me saciarão a sede e me darão vigor para derrotar meus adversários. O deserto na minha vida é uma oportunidade para Deus manifestar o Seu poder e eu experimentar de Sua graça e bondade. Não me renderei ao desânimo das circunstâncias, semearei poços e esperarei as ricas bênçãos de Deus. Pela manhã, tenho certeza, elas virão sobre mim, para cumprir Sua promessa e derrotar meu inimigo.

Anotações

2 Reis 19.32-34

"Portanto, assim diz o Senhor acerca do rei da Assíria: 'Não entrará nesta cidade, nem lançará nela flecha alguma; tampouco virá perante ela com escudo, nem contra ela levantará tranqueira. Pelo caminho por onde veio, por esse mesmo voltará, e nesta cidade não entrará', diz o Senhor. 'Porque eu defenderei esta cidade para livrá-la, por amor de mim e por amor do meu servo Davi'" (VR-MTHG).

24
FEV

55. A VITÓRIA QUE VEM DA ORAÇÃO

Lição de fé para a minha vida

Israel vivia um tempo de muita tristeza; a Assíria havia tomado as cidades de Judá e impunha um cerco a Jerusalém. O rei Ezequias havia entrado no templo para orar, sabendo que nada mais poderia fazer contra o forte Império Assírio. Se Deus não o socorresse, Jerusalém estaria perdida. A resposta de Deus para o rei aflito foi a de plena salvação – nenhuma flecha seria atirada contra Jerusalém. Quando o rei da Assíria ameaçou Jerusalém, também o fizera para o Deus que guardava a cidade. Em face dessa arrogância, Deus fere os assírios e salva Jerusalém (v. 35). Aprendemos com isso que ninguém zomba de Deus e permanece impune, que a arrogância tem um preço alto. Deus reprova o homem arrogante e exalta aquele que se humilha. O rei Ezequias, diante de tanta adversidade e sem recurso para deter a fúria do inimigo, prostrou-se em oração esperando o socorro de Deus. Assim ele conseguiu sua vitória, de joelhos no chão, em oração a Deus. Diante de tantas dificuldades que nos cercam, aprendamos com o rei Ezequias que os joelhos no chão ainda são armas poderosas.

Declarando a promessa

Tenho a promessa de ser cuidado por Deus, não vou temer afronta nem me desesperar diante dos inimigos. Buscarei a face de Deus em oração; essa será minha arma de guerra em tempos difíceis, pois Deus tem me prometido vitória sobre meus adversários. Mesmo cercado de dificuldades meus joelhos se renderão ao meu Senhor, me humilharei em Sua presença, esperarei Sua resposta e verei o cerco se desfazendo. A promessa de libertação está sobre mim e nenhuma afronta poderá me impedir de alcançá-la, aos pés do meu Deus está minha grande vitória.

Anotações

1 Crônicas 17.11-14

"Quando a sua vida chegar ao fim e você se juntar aos seus antepassados, escolherei um dos seus filhos para sucedê-lo, e eu estabelecerei o reino dele. É ele que vai construir um templo para mim, e eu firmarei o trono dele para sempre. E eu serei seu pai, e ele será meu filho. Nunca retirarei dele o meu amor, como retirei de Saul. Eu o farei líder do meu povo e do meu reino para sempre; seu reinado será estabelecido para sempre" (NVI).

25
FEV

56. O TEMPO DE DEUS

Lição de fé para a minha vida

Davi havia sentido no coração o desejo de construir um santuário para Deus, onde se guardaria a Arca da Aliança e realizar-se-iam os cultos. Deus aprovou o projeto, mas não lhe deu sinal verde para começar a obra. Em seu filho Salomão não somente a promessa de construção da "casa para Deus" foi confirmada, mas a certeza de que ele e sua descendência perpetuariam o trono em Israel. Como veremos mais tarde na Bíblia, isso significava que o Messias de Israel seria da descendência ou raiz de Davi. Todas essas promessas foram cumpridas e nos deixam preciosas lições. A primeira lição diz respeito ao desejo do rei Davi em construir o templo. Deus não rejeitou seu desejo, mas estabeleceu um tempo para o seu cumprimento. A segunda lição diz respeito à fé de Davi, que creu e, antes de morrer, preparou o ambiente para Salomão construir o templo e confirmar-lhe as promessas de Deus no coração. Aprendamos que o tempo de Deus não é o nosso. Retenhamos toda promessa em nosso coração com fé e passemos com convicção àqueles que nos cercam que elas se cumprirão.

Declarando a promessa

Declaro que nenhuma promessa de Deus se perderá em minha vida, que a certeza de Seu cumprimento me fará andar de maneira a preparar o caminho para que elas aconteçam no tempo estabelecido por Deus. O que Deus semeou no meu coração se perpetuará pelas minhas gerações para glorificar o Seu nome. Sobre minha vida nenhuma palavra de Deus se perderá, ainda que não sejam manifestas nos meus dias, tenho plena fé que Deus a cumprirá por amor ao Seu nome. Nada pode apagar as marcas da promessa de Deus em minha vida!

Anotações

1 Crônicas 28.9-10

"Tu, meu filho Salomão, conhece o Deus de teu pai e serve-o de coração íntegro e alma voluntária; porque o SENHOR esquadrinha todos os corações e penetra todos os desígnios do pensamento. Se o buscares, ele deixará achar-se por ti; se o deixares, ele te rejeitará para sempre. Agora, pois, atende a tudo, porque o SENHOR te escolheu para edificares casa para o santuário; sê forte e faze a obra" (ARA).

57. SERVINDO COM INTEIREZA

Lição de fé para a minha vida

A promessa de Deus já estava bem firmada no coração do jovem rei Salomão. Seu pai, o rei Davi, já lhe havia repetido por diversas vezes como Deus o escolhera para construir o templo; uma "casa dedicada ao Senhor". Porém, mais que a promessa, o Senhor deveria ser exaltado na vida do jovem rei. Ele precisava buscar ao Senhor com "coração íntegro e alma voluntária". Isso implica em ter uma vida de total e espontânea obediência a Deus. Somente assim é que o rei Salomão encontraria a comunhão com Deus e veria o cumprimento das Suas promessas sobre sua vida. Há muita gente que busca Deus por interesse, querem obedecê-lo apenas até alcançarem um favor. No entanto, Deus conhece todas as pessoas, distingue os seus desejos mais íntimos, e só irá abençoá-las se houver sinceridade em seu coração. Mais que as promessas, nós, como o jovem rei, precisamos aprender que amar e obedecer ao Deus de promessa é essencial para alcançarmos a vitória. É a primazia de Deus em nosso coração que nos conduzirá ao encontro de Sua presença.

Declarando a promessa

Sou escolhido de Deus para edificar grandes coisas no Seu reino. No meu coração a vontade de Deus é soberana, nada será capaz de romper meu laço de amor e obediência ao Senhor. Declaro espontaneamente servi-Lo, buscá-Lo e não me desviar dos Seus caminhos. Deus me usará de maneira poderosa para cumprir Seus propósitos e Suas promessas em minha vida acontecerão de maneira natural, pois meus passos serão sempre guiados pelo meu Senhor. De Deus vem a minha força para realizar os Seus planos, em Deus eu sou um vencedor!

Anotações

2 Crônicas 7.14-15

"Se o meu povo, que se chama pelo meu nome, se humilhar, e orar, e me buscar, e se converter dos seus maus caminhos, então, eu ouvirei dos céus, e perdoarei os seus pecados, e sararei a sua terra. Agora estarão abertos os meus olhos e atentos os meus ouvidos à oração deste lugar" (ARC).

27
FEV

58. ARREPENDIMENTO E RESTAURAÇÃO

Lição de fé para a minha vida

Salomão, rei de Israel, faz sacrifícios ao Senhor e mostra total dependência Dele para governar a nação. Satisfeito com a posição do rei, Deus, que conhece o coração do homem, sabe que algumas circunstâncias podem levá-lo à desobediência e, como consequência, atrair um castigo dos céus. Diante dessa realidade uma promessa de restauração é dada por Deus, pois a nação de Israel é um povo que leva o Seu nome, é Sua herança, um povo escolhido que experimenta o milagre do perdão e prosperidade mediante confissão e arrependimento dos seus erros. Quantas vezes você já se sentiu desanimado pelo peso dos pecados que insistem em dizer que você é um fracassado? Levante a cabeça e alegre o seu coração, Deus tem colocado o nome Dele sobre sua vida e não irá lhe abandonar. O que Ele espera de você é arrependimento e confissão para inaugurar em sua vida um tempo de restauração e prosperidade. Nós pertencemos a Deus e isto significa que não estamos sozinhos diante das dificuldades. Ele nos ama e tem interesse por nós e porque Lhe pertencemos, o nosso bem Lhe faz bem. Então, viva o melhor que o Senhor da Terra tem para você hoje!

Declarando a promessa

Não me prostrarei diante dos erros e não me deixarei vencer pelo fracasso. Tenho sobre mim a excelência de um nome poderoso; Deus selou Seu nome em minha vida e me honrará quando eu o chamar. Do céu Ele virá em meu socorro e me erguerá vitorioso para prosperar sobre a terra. A Ele confessarei meus erros e Ele me livrará da acusação do inimigo. Sou filho de um Deus poderoso e grande em perdoar, que cura minhas feridas e me capacita a vencer qualquer barreira, que cessa toda acusação contra mim e sara a minha terra, para que em tudo eu seja próspero e tenha sua vitória.

Anotações

2 Crônicas 7.17-18

"E se você andar segundo a minha vontade, como fez seu pai Davi, e fizer tudo que eu lhe ordeno, obedecendo aos meus decretos e às minhas leis, firmarei o seu trono, conforme a aliança que fiz com Davi, seu pai, quando eu lhe disse: Você nunca deixará de ter um descendente para governar em Israel" (NVI).

28 FEV

59. O ALICERCE DAS PROMESSAS DE DEUS

Lição de fé para a minha vida

A maioria das promessas de Deus que encontramos nas Escrituras está atrelada à obediência ou acontece por consequência de uma ação do homem em relação a Deus. A obediência e devoção de Davi fizeram dele um rei que agradou o coração de Deus, e uma promessa de governo sobre o trono da nação de Israel foi estabelecida em sua família. Com sua morte e ascensão de seu filho ao trono, Deus lembra a Salomão a importância da obediência de seu pai e confirma-lhe a promessa feita a ele. A Salomão competia manter uma vida de obediência para ter o mesmo sucesso e a mesma promessa sobre sua vida e descendentes. Também hoje as promessas de Deus são manifestas em nossa vida pela obediência à Sua Palavra. Aquele que crê deve encontrar forças para manter-se fiel e não perder de vista a promessa de Deus. O grande exemplo para Salomão foi a vida de Davi; Deus atribuiu o sucesso de Davi à obediência. Até hoje a vida desses homens fala ao nosso coração. Que nossa vida seja de obediência, para trazer a manifestação das promessas e para exemplo daqueles que buscam alcançá-las.

Declarando a promessa

Serei fiel à Palavra de Deus e buscarei guardar todas as Suas leis. Delas não me desviarei um só dia, pois sei que Suas promessas serão manifestas em minha vida. As promessas de Deus sobre mim são seguras e acontecerão nos meus dias, porém durarão sobre minha descendência e farão surgir gerações fiéis a Deus. Decido hoje por minha vida como marco na história de minha casa e minha geração não esquecerá as vitórias que Deus me dá. Pela obediência e fidelidade ao meu Senhor trarei sobre mim e minha casa a manifestação das promessas de Deus, e, assim como Davi, deixarei as marcas na história, reconhecido e honrado, como um homem de vitórias. Deus já me fez um vencedor!

Anotações

29
FEV

2 Crônicas 16.9a

"Pois os olhos do Senhor estão atentos sobre toda a terra para fortalecer aqueles que lhe dedicam totalmente o coração" (NVI).

60. O SENHOR, NOSSO ALIADO

Lição de fé para a minha vida

No final do seu reinado em Judá, o rei Asa, teve seus territórios invadidos pelo rei de Israel, Baasa. Na busca de uma solução imediata, juntou tudo, a prata e o ouro do tesouro do templo do Senhor, e enviou ao rei da Síria para comprar a sua ajuda. Para um rei que já tinha experimentado o poder maravilhoso do Deus de Israel e conhecia as suas leis, tal atitude consequentemente só podia ser reprovada aos olhos do Senhor. Asa, na tentativa de resolver logo o problema não consultou a Deus, rebelou-se e preferiu fazer aliança com os homens, se esquecendo que o seu Deus era o Deus que sempre trouxe a vitória ao Seu povo e sempre esteve disposto a fazer aliança com ele. Os olhos de Deus estão sobre toda a terra; nada que acontece foge ao Seu controle, e Ele está sempre pronto a satisfazer as necessidades daqueles que O buscam; essa foi a mensagem de Deus para o rei Asa. Tenhamos cuidado para não agir como o rei Asa. Precisamos buscar a Deus para então discernirmos os "maus caminhos" que nos afastam de Deus. Na sua luta não esqueça que seu melhor aliado é o Senhor Deus; antes de procurar qualquer recurso para solucionar seus problemas, chame por Aquele que tem total poder para fazer coisas grandiosas e insondáveis e lhe dar gratuitamente a vitória.

Declarando a promessa

Sobre a minha vida estão os olhos do meu Senhor Deus, velando por mim, contemplando as minhas necessidades e realizando os desejos do meu coração. Minhas vontades serão sempre conhecidas pelo meu Senhor, Nele eu busco socorro e me alegro com as Suas vitórias. Quando oponentes se levantarem contra mim não me preocuparei em planejar a sua derrota, pois ao meu Deus levantarei a minha oração e súplica e Ele virá em meu socorro. O meu coração é firme no Senhor e os Seus olhos me acharão e me darão larga vitória. Antes que eu seja atingido, meus inimigos se calarão e cairão, pois o meu Senhor e Deus faz da minha vida uma fortaleza segura.

Anotações

MARÇO

As Promessas de Deus Trazem Esperança em Tempos Difíceis

As promessas encontradas na Palavra do Senhor servem como uma âncora, mantendo nosso barco no lugar quando enfrentamos as tempestades da vida.

Gary Haynes

"Essa esperança é uma âncora firme e
confiável para nossa alma. Ela nos conduz
até o outro lado da cortina,
para o santuário interior."

Hebreus 6:19 (NVT)

2 Crônicas 30.8-9

"Não endureçais, agora, a vossa cerviz, como vossos pais; confiai-vos ao SENHOR, e vinde ao seu santuário que ele santificou para sempre, e servi ao SENHOR, vosso Deus, para que o ardor da sua ira se desvie de vós. Porque, se vós vos converterdes ao SENHOR, vossos irmãos e vossos filhos acharão misericórdia perante os que os levaram cativos e tornarão a esta terra; porque o SENHOR, vosso Deus, é misericordioso e compassivo e não desviará de vós o rosto, se vos converterdes a ele" (ARA).

01
MAR

61. ARREPENDIMENTO E MISERICÓRDIA

Lição de fé para a minha vida

O abandono das leis de Deus sempre traz consequências desastrosas para o homem. Por um período, o rei de Judá, Acaz, virou as costas para o Senhor. Foi desobediente aos mandamentos que tanto o Senhor ordenou que fossem observados por todos. A prosperidade do seu reino estava em obedecer fielmente às leis de Deus, mas ele em negligência as rejeitou. Sua atitude custou caro para a nação, que foi invadida por outros povos, e teve sua gente levada cativa para outras terras. A promessa de Deus era de restauração com o regresso dos cativos, caso a nação se voltasse para Ele e fosse obediente às Suas leis. Quando estiver sofrendo por desobedecer a Deus, você não deve ficar prostrado com um sentimento de derrota preso ao coração. Pelo contrário, o que você precisa é voltar o seu coração para o Deus perdoador em arrependimento, pois a misericórdia do Senhor o alcançará e Sua restituição acontecerá em sua vida. Ainda que a restituição tenha que vir de um lugar distante, não se preocupe, é Deus quem fará acontecer.

Declarando a promessa

Sei que em minha vida nada está perdido. Ainda que por um breve tempo possa ter perdas por desobedecer a Deus, sei que Ele se levantará em meu socorro e me abençoará grandemente, mediante o meu arrependimento. O Senhor me cobrirá de misericórdia e Suas bênçãos estarão sobre minha vida. A fartura das bênçãos de Deus sobre mim será tanta que até minha família e meus amigos se alegrarão nelas. Minha derrota será apenas aparente, pois o Senhor multiplicará a bênção da restituição sobre minha vida.

Anotações

Esdras 7.28b

"Assim, me animei, segundo a boa mão do Senhor, meu Deus, sobre mim" (ARA).

62. O FRUTO DE UMA VIDA ALINHADA À SUA PALAVRA

Lição de fé para a minha vida

Na época de Esdras havia muitos escribas em Israel com o mesmo chamado para estudar e explicar as Escrituras ao povo, porém Deus destacou Esdras dos outros. Deus teve uma boa razão para colocar a Sua mão sobre Esdras, incumbindo-lhe de reconstruir Jerusalém. Esdras decidiu ser um estudioso das Escrituras e agir de acordo com o que nelas lesse. Acima de tudo, ele estava determinado a buscar a Palavra de Deus e obedecê-La incondicionalmente. E não se desviou de maneira nenhuma dessa decisão! Não há registro na Bíblia de que Esdras teve uma experiência sobrenatural que lhe deu amor pelas Escrituras. Muito antes de Deus pôr Suas mãos sobre ele, Esdras já era diligente em buscar as Escrituras. Já se permitia ser examinado por elas, purificado e lavado de toda imundície do corpo e do espírito. Ele tinha fome das Escrituras e se alegrava nelas. Deus viu em Esdras um homem impregnado por Sua Palavra e pôs Suas mãos sobre ele e o ungiu. Sim, a unção de Deus é sobrenatural. Mas o Senhor Deus coloca Suas mãos apenas sobre aqueles que se entregam inteiramente a conhecer e obedecer a Sua Palavra. Não se pode esperar o toque de Deus na vida se não estiver faminto e desejoso de ser saciado pela Sua Palavra, determinado a viver da e na Palavra, e com dedicada sujeição a ela.

Declarando a promessa

As lembranças dos meus erros não me farão estacionar no caminho, e nem me farão desistir dos meus projetos. Declaro que estou decidido a buscar a Palavra de Deus, acima de tudo, e a obedecê-La incondicionalmente. Permitirei que ela prepare meu coração para qualquer obra que Deus escolher para eu realizar. Lutarei diariamente para não me desviar dessa decisão. Serei encorajado pelo Senhor a vencer todos os obstáculos para viver na Palavra. A mão poderosa do meu Deus estará sobre mim. Eu tenho a unção!

Anotações

03
MAR

Neemias 8.10

"Vão agora para casa e façam uma festa. Repartam a sua comida e o seu vinho com quem não tiver nada preparado. Este dia é sagrado para o nosso Deus; portanto, não fiquem tristes. A alegria que o Deus Eterno dá fará que vocês fiquem fortes" (BLH).

63. A ALEGRIA DO SENHOR

Lição de fé para a minha vida

Os judeus que voltaram do cativeiro para Jerusalém com Neemias e Esdras, choram quando ouvem a leitura da Lei. As palavras da Lei são entendidas por todos os que a ouvem e sua resposta se demonstra em suas mentes, suas emoções e suas vontades. Um sentimento misto de arrependimento por desobedecer a Deus e alegria por estarem de volta à sua terra, faz daquele dia um marco na vida de cada israelita novamente repatriado. Cada um deles trazia no corpo e na alma as marcas de um tempo vivido fora de sua terra, sua humilhação e tristeza, mas certamente também tinha no coração a lembrança da promessa de que um dia seria resgatado. Mas o sofrimento agora deveria ficar para trás; o momento era de alegria e celebração pela restauração que o Senhor estava dando ao Seu povo. Quando nos afastamos de Deus colhemos muitas tristezas; várias delas serão manifestadas em nossa vida quando somos confrontados com a Palavra de Deus. Mediante o arrependimento encontramos a restauração de Deus, e isso proporciona alegria que nos fortalece para seguirmos em frente. Se alegre na restauração de Deus e prossiga na sua força para alcançar suas promessas.

Declarando a promessa

As lembranças dos meus erros não me farão estacionar no caminho, e nem me farão desistir dos meus projetos. O perdão de Deus sobre mim apagou meus pecados e eles já não fazem parte de minha vida. A alegria do perdão de Deus e de Sua restauração me fortalece para enfrentar novos desafios e conquistar as promessas do Senhor para a minha vida. A cada dia eu me alegrarei nas vitórias de Deus, pois eu sei que Ele tem prazer em me abençoar. Movido pela força da alegria que Suas promessas me proporcionam, viverei plenamente todas as Suas bênçãos e serei sempre um vencedor.

Anotações

Ester 4.14

"Se você se calar agora, a salvação e a libertação dos judeus virá de outro lugar, mas você e sua família morrerão. Quem sabe se você não se tornou rainha exatamente para esta ocasião?" [EP].

04
MAR

64. POSICIONADOS PARA FAZER A DIFERENÇA

Lição de fé para a minha vida

Ester havia se tornado rainha e a mulher mais desejada do seu rei. Por ocasião de sua escolha para ser rainha, seu tio, Mardoqueu, julgou melhor esconder a sua origem, pois os judeus viviam sob forte pressão e oposição no reinado de Assuero, na Pérsia. Com o passar do tempo a opressão contra os judeus aumentou e ganhou um aliado forte. Hamã, o segundo no reino de Assuero, homem de confiança do rei, odiava os judeus e o fez assinar um edito que dava direito de perseguição e morte aos judeus em um dia pré-estabelecido. O pavor tomou conta dos judeus, e sua proximidade trazia mais terror entre os judeus. Ester ainda mantinha sua identidade em segredo, mas era questão de tempo até que fosse descoberta. Mardoqueu confiava que Deus providenciaria a libertação dos judeus, mas alerta Ester: Não seria para essa ocasião que Deus a colocou como rainha? Deus conduziu a história de Ester que creu e interveio a favor dos judeus livrando-os de seus inimigos. É certo que Deus conduz a história, protege Seu povo e tem propósitos, e seja qual for a posição que venhamos a ocupar, somos sempre servos a serviço Dele. Oposições sempre irão existir para aqueles que são fiéis a Deus, mas a libertação virá de algum lugar, pois Deus já a preparou.

Declarando a promessa

Não vou temer as oposições contra minha vida, pois no tempo certo Deus se manifestará para me garantir a vitória e colocar-me num lugar de honra. A minha vida pertence ao Senhor e onde eu estiver representarei Seu grande nome e o servirei com integridade de coração. Meus opressores podem armar ciladas contra mim e minha casa, e meus olhos podem não ver uma saída, mas confiarei sempre na provisão do meu Deus. Sei que de algum lugar me virá a libertação, pois Deus é o mesmo, Ele ainda move reis e rainhas para abençoar aqueles que são fiéis. Sobre minha vida existe a garantia de vitória pela misericórdia do meu Deus.

Anotações

Jó 5.8-11

"Vou lhes dar um conselho: 'procure a Deus e confesse a Ele os seus pecados, pois Ele faz maravilhas, milagres que nem se podem explicar. Ele manda a chuva cair sobre a terra e regar os campos, para dar alimento e alegria aos pobres e necessitados'" (VIVA).

05
MAR

65. PERDÃO, MILAGRES E SUSTENTO PARA A VIDA

Lição de fé para a minha vida

Embora o sofrimento de Jó não fosse pelos seus pecados, seu amigo, Elifaz, expõe em seu conselho a bondade de Deus em relação ao homem. Primeiro ele diz que Deus está pronto a perdoar os pecados mediante confissão e arrependimento. Isso mostra que pecados são rejeitados e odiados por Deus, mas o Seu grande amor pelo homem o faz perdoar quando o pecado é confessado. Deus rejeita o pecado, mas aceita o pecador arrependido. Segundo, ele vê Deus como aquele que faz milagres, ou seja, ele é o Deus que desconhece a impossibilidade, pois Nele tudo é possível. Aquilo que é inexplicável encontra em Deus resposta; Ele pode e sabe todas as coisas. Terceiro, Deus não desampara os necessitados. Ele rega a terra com chuva para frutificar aqueles que dependem dela. O homem pode fazer a semeadura, mas somente Deus pode dar a colheita. Nisto todos os homens da terra se igualam, ricos e pobres, todos dependem de Deus para regar e suprir a terra. Podemos resumir o conselho de Elifaz em uma frase: "Viver em comunhão com Deus é o melhor que o homem pode ter na terra". É o amor de Deus que nos garante sucesso nesse mundo.

Declarando a promessa

Declaro que meus pecados não me separarão da comunhão com o Senhor, pois eu os confessarei todos; citarei seus nomes e me voltarei em arrependimento para os braços de Deus. O pecado existirá na minha vida como um acidente, e como aquele que cai, eu não me prostrarei, mas me erguerei para estar de pé diante de Deus. O meu Deus é o Deus dos milagres, maravilhas, das causas impossíveis; nada está oculto aos Seus olhos. Ele me sustentará no dia mau e não me deixará em abatimento. A minha firmeza está em Deus e na Sua companhia sou próspero e vencedor.

Anotações

Jó 5.15-16

“Deus salva os órfãos e necessitados dos maus e poderosos. Sim, há esperança para o pobre porque os perversos serão destruídos pela sua própria maldade” (VIVA).

06
MAR

66. O AMPARO AOS NECESSITADOS

Lição de fé para a minha vida

Na vida enfrentamos dificuldades que nem sempre semeamos. É o caso das tragédias causadas pelos fenômenos naturais, das enfermidades e situações que o pecado gera no coração do homem; sua própria maldade e ambição. O fato é que a vida iguala todos nós. Somos vulneráveis a tragédias, alegrias e tristezas; tudo isso é produto da vida. O órfão não tem ninguém por ele; suas perdas o fizeram sofrer e o tornaram solitário. Sem ter em que se apegar, seu pensamento pode voltar-se para Deus, onde encontrará consolo. O necessitado é o que sofre por não ter recursos, sejam quais forem, para resolver o seu problema; mas ele pode encontrar em Deus o que precisa para ser vitorioso. A promessa, revelada ao órfão e necessitado, é sobre um apelo feito a Deus pelos que não podem apelar para ninguém. A estes, Deus não deixará de ouvir e abençoar, enquanto os arrogantes e perversos serão vítimas dos seus próprios caminhos. Jó teve sua vida destruída, perdeu seus filhos e bens, sua mulher não o apoiava e seus amigos o acusavam. Quem poderia ouvir as orações que esse homem necessitado fazia? Quem poderia ser sua companhia? Sua fé em Deus o fazia acreditar que seu Redentor ainda lhe restauraria e, como ele creu, assim aconteceu.

Declarando a promessa

Sou vitorioso porque Deus olha para minha vida e cuida dos meus passos para me fazer vencedor. Não tenho medo das armadilhas dos homens maus, nem temerei quando estiver caminhando na solidão. Deus estará sempre comigo, me conduzirá com Seu poder para um lugar de segurança e derrotará os meus adversários. Minhas necessidades serão satisfeitas pelo Senhor; Ele me dará o sustento certo para cada momento de minha vida. Não desfalecerei em tempo algum, pois sei que a promessa de Deus me trará prosperidade e vitória por onde eu andar. Deus é quem cuida de mim!

Anotações

Jó 8.5-7

"Mas, se você procurar a Deus e implorar junto ao Todo-poderoso, se você for íntegro e puro, ele se levantará agora mesmo em seu favor e o restabelecerá no seu lugar que por justiça cabe a você. O seu começo parecerá modesto, mas o seu futuro será de grande prosperidade" (NVI).

07
MAR

67. O CAMINHO PARA A PROSPERIDADE

Lição de fé para a minha vida

Sem saber que as provações de Jó eram controladas por Deus, seus amigos começaram a achar explicações para tamanho sofrimento. Um de seus amigos, Bildade, lembra que Deus sempre se levanta em favor dos justos para recompensá-los. Na sua aflição, não saber o porquê do mal que atingiu sua vida, talvez fosse a maior dor de Jó. Mas ele jamais deixou de crer que Deus controlava todas as coisas e de confiar na sua justiça. Nem sempre é fácil aguardar uma resposta de Deus, esperar sua justiça se manifestar. Sempre achamos que o sofrimento é causado por alguma falha nossa ou pensamos que Deus deixou de nos abençoar. Na verdade, somos provados nas dificuldades e diante das aflições podemos nos conhecer um pouco melhor; nossa fé, atitude, perseverança, tudo se mostra mais claro nas dificuldades. Mas, o homem que busca a Deus e permanece íntegro, recebe o socorro e a provisão do Senhor. De fato, Deus se levantou em favor de Jó e lhe restituiu mais do que ele havia perdido. E como prova da promessa, seus últimos anos foram de maior prosperidade ainda que seus primeiros anos. Deus é fiel!

Declarando a promessa

Eu buscarei sempre a Deus e receberei Dele o socorro certo para me erguer em qualquer dificuldade. As provas não apagarão minha fé nem roubarão a retidão do meu coração. Sei que os ouvidos de Deus sempre estão prontos para ouvir o meu clamor e Seus olhos jamais deixarão de acompanhar os meus passos. Deus me erguerá e me colocará em lugares altos e seguros, onde a prosperidade e a paz serão minhas companheiras. Ainda que me sejam furtados sonhos, vontades e posições, o meu socorro virá de Deus. Ele me sarará e me restituirá; me fará mais forte e mais honrado a cada dia, tornando o meu futuro de grande prosperidade.

Anotações

Jó 11.17-18

"Sua vida brilhará como o sol do meio-dia, e a escuridão será para você como a aurora. Você terá tranquilidade na esperança e, olhando ao redor, se deitará tranquilo" (EP).

08
MAR

68. CAMINHANDO NA LUZ DE DEUS

Lição de fé para a minha vida

Zofar era um dos principais amigos de Jó, e veio visitá-lo em seu estado de miséria e depressão. O conselho que ele trouxe é que "devia haver confissão e abandono de pecados por parte de Jó para que ele pudesse voltar a ser próspero como era antes". Embora esse não fosse exatamente o problema de Jó, as palavras de Zofar tornaram-se sábias e proféticas, trazendo uma grande promessa àqueles que estão abandonando os seus pecados e passando a confiar somente em Deus: "Sua vida irá brilhar como o sol". Que bom é ter uma vida iluminada como o sol. Viver sem sombras, sem dúvidas de onde andar, onde pisar, aonde ir, o que escolher etc. Dúvidas que invadem as nossas vidas, quando acabamos sendo confundidos pelo pecado, e verdadeiras trevas que nos cegam os olhos e o entendimento, não nos permitindo trilhar o nosso verdadeiro caminho. Não tenha nunca hesitações em romper totalmente com o pecado; essa é a única maneira de conseguir tornar planos e claros todos os seus passos na vida, de caminhar vivendo em plena luz de Deus, alcançando e usufruindo as bênçãos do Senhor em toda a sua existência.

Declarando a promessa

Os meus passos estão sempre iluminados pelo Senhor Deus, por isso não irei temer nada que estiver obstruindo o meu caminho. Em cada uma das etapas da minha vida estarei sentindo a glória maravilhosa de Deus sobre mim, pois não irei me embaraçar com nenhum pecado e nem me deixarei convencer por sequer um de vários enganos. Meus passos serão sempre certos e seguros na luz de Deus e nada poderá me impedir na minha caminhada. Tudo o que se opor a mim será derrotado; meus inimigos se confundirão, e cilada alguma irá me apanhar de surpresa; antes o que está oculto irá se revelar a mim e o poder de Deus sobre minha vida me fará repousar em plena e total segurança.

Anotações

Jó 22.23-27

"Se você voltar para o Todo-poderoso, voltará ao seu lugar. Se afastar da sua tenda a injustiça, lançar ao pó as suas pepitas, o seu ouro puro de Ofir às rochas dos vales, o Todo-poderoso será o teu ouro, será para você prata seleta. É certo que você achará prazer no Todo-poderoso e erguerá o rosto para Deus. A ele orará, e ele o ouvirá, e você cumprirá os seus votos" (NVI).

09
MAR

69. A BENÇÃO DA COMUNHÃO VERDADEIRA

Lição de fé para a minha vida

As promessas de Deus estavam presentes nos discursos dos amigos de Jó, embora não soubessem que o motivo da sua enfermidade era uma prova de Deus, e não por causa de pecados que Jó houvesse cometido, eles sempre relacionavam uma promessa de Deus ao arrependimento do homem. Voltar para Deus é experimentar todas as Suas bênçãos, é viver debaixo de Seus cuidados, mas também é tê-Lo como primazia em Sua vida. Isso faz com que coloquemos toda a nossa vida em ordem para agradá-Lo; nossa conduta e atitudes devem atrair o poder de Deus e mostrar aos outros que Ele conduz a nossa vida. Deus tem muitos tesouros, ou bênçãos, para dar ao homem, mas Ele deve ser nossa grande bênção e nosso maior tesouro. Quando um homem se achega a Deus deve querer comunhão com Ele, e não as bênçãos que Ele pode dar. Quando voltar o seu coração para Deus, volte-o por inteiro, com sinceridade; assim alcançará Dele o perdão. Suas orações serão ouvidas e Suas promessas se estabelecerão em sua vida, pois os ouvidos de Deus estão prontos para ouvir a sua voz.

Declarando a promessa

O Senhor é o meu maior tesouro. Ele está sempre pronto a escutar a minha oração, pois minha vida está diante Dele para servi-Lo com alegria. Não tenho bem mais precioso que o Senhor; Ele me abençoa com Sua forte mão, me dá vitória sobre meus adversários e enfraquece os meus inimigos. Os tesouros da terra estão à minha disposição; pertencem ao Deus a quem sirvo. Não me esquecerei de nenhuma promessa de Deus sobre a minha vida, também não esquecerei de nenhuma promessa que fiz ao meu Deus. Cumprirei com fidelidade os meus votos ao Senhor e me alegrarei quando o Seu poder se manifestar sobre mim. O meu Deus tem prazer em ouvir a minha oração.

Anotações

10
MAR

Jó 28.28

"E disse ao homem: 'Eis que o temor do Senhor é a sabedoria, e o apartar-se do mal é o entendimento'" (ARA).

70. PROTEÇÃO CONTRA O MAL

Lição de fé para a minha vida

As leis de Deus são boas e exatas em cada uma de Suas palavras, e desobedecê-las é sair de um caminho reto e seguro para uma estrada sombria de pavor e sofrimento. Quando o homem teme a Deus encontra o equilíbrio para a sua vida, a sua conduta tem como regra principal agradar ao Senhor Deus. Essa atitude traz benefícios para a sua própria vida, pois os cuidados de Deus estarão sobre ele para sempre abençoar e proteger. O conhecimento da lei de Deus faz com que ele se afaste e repudie o que é mau e se livre das armadilhas ferozes e ardilosas de satanás. Às vezes nos deixamos iludir por conversas e ideias de homens fraudulentos, que tentam invalidar as leis de Deus, dizendo que isso ou aquilo não tem "nada a ver". Ao olhar para trás, quantas coisas você pode lembrar que não deveria ter feito e acabou fazendo, por ser convencido momentaneamente que elas não influenciariam em nada a sua vida? Quando tiver dúvidas em fazer algo que pode não ser do agrado de Deus, lembre-se que temer ao Senhor é a primeira qualidade daquele que busca a sabedoria, e um grande sinal de inteligência é não andar no caminho do mal.

Declarando a promessa

O temor do Senhor estará sempre em meu coração e me ajudará a desviar de todo caminho mau. As palavras do meu Deus irão me indicar qual o caminho que devo seguir; na dúvida irei esperar a resposta do Senhor. Não serei derrotado pelo conselho do homem enganoso, nem me arriscarei a quebrar a minha aliança de fidelidade com o Senhor. Sou um vencedor por temer ao Senhor; Ele vem ao meu socorro quando clamo e suplico pelo Seu nome, por isso não entrarei no caminho da maldade. A minha vida será conhecida pela sabedoria de Deus em mim e no caminho traçado por Deus andarei e as Suas bênçãos me seguirão todos os dias da minha existência.

Anotações

Salmo 1.1-3

"Bem-aventurado o homem que não anda no conselho dos ímpios, não se detém no caminho dos pecadores, nem se assenta na roda dos escarnecedores. Antes, o seu prazer está na lei do Senhor, e na sua lei medita de dia e de noite. Ele é como árvore plantada junto a corrente de águas, que, no devido tempo, dá o seu fruto, e cuja folhagem não murcha; e tudo quanto ele faz será bem-sucedido" (ARA).

11
MAR

71. A FELICIDADE VERDADEIRA

Lição de fé para a minha vida

Ser bem-aventurado é ser feliz. Não se trata de ter momentos de felicidade, mas de ter uma vida com motivos para ser feliz, mesmo que as dificuldades venham fazer parte do nosso caminho. Essa vida de felicidade está associada ao prazer que as leis de Deus proporcionam à pessoa que as obedece e confia nelas. No entanto, uma vida dentro das leis de Deus não pode estar relacionada de nenhuma forma aos maus desejos humanos encontrados no "conselho dos ímpios", que aponta sempre para uma solução que não glorifica a Deus; no "caminho dos pecadores", que é uma porta larga que tem a morte como seu fim; e na "roda dos escarnecedores", que é um lugar de zombaria, onde Deus não é temido e nem respeitado. A pessoa que busca a felicidade é aquela que busca aprovação de Deus, por isso medita em Sua lei de dia e de noite. E por isso ela tem a promessa de que seus frutos aparecerão na hora certa e será bem-sucedida. Oh, glória a Deus! A sua obediência e busca da vontade Deus o farão prosperar em tudo que você fizer.

Declarando a promessa

Declaro que sou bem-aventurado, pois não ando no conselho dos ímpios, mas medito na Palavra de Deus e busco Nele a resposta para minha vida. A Palavra revela a vontade de Deus para minha vida e essa vontade sempre será "boa, agradável e perfeita". Pautarei sempre a minha vida nos ensinos do Senhor. Sei que estou plantado junto a um rio, o rio do Espírito, que gera a vida de Cristo em mim, através de Suas águas que penetram no meu ser fazendo-me nova criatura. Sou vencedor através da Palavra!

Anotações

Salmo 4.3

"Sabei, pois, que o SENHOR separou para si aquele que lhe é querido; o SENHOR ouvirá quando eu clamar a ele" (ARC).

72. CONFIANÇA NA RESPOSTA DO SENHOR

Lição de fé para a minha vida

Ao olharmos as coisas que acontecem ao nosso redor, podemos pensar que o Senhor está inerte aos fatos ou que Ele não se importa. Temos muitas vezes a falsa noção que, para o Senhor, todos estão no mesmo pé de igualdade, pois pecadores e justos sofrem o mesmo nessa vida. Mas este verso nos mostra que Ele "distingue para Si", ou seja, que Ele separa, que está atento para a vida daqueles que se entregam a Ele de forma especial, que o piedoso é propriedade Dele. Devemos resistir à tendência da comparação com aqueles que não são piedosos, pois a vida dessas pessoas pode ter a aparência de tranquilidade, mas estão totalmente desprovidas de Deus. Precisamos entender que o Senhor, tendo o controle de todas as coisas, sabe o melhor tempo para a resposta. Às vezes nossa impaciência, nosso sentido de urgência, abala de forma grave a nossa fé. Queremos resolver as questões do nosso jeito, usando a nossa capacidade humana e limitada, até que descobrimos que o Senhor é que tem o melhor jeito de fazer todas as coisas. Por isso esperar – ou descansar no Senhor – é o melhor que podemos fazer. Quando tomamos a atitude de crer, o Senhor pode trabalhar ao nosso favor. Deus escolheu lhe amar e o separou com olhos de ternura; não despreze esse amor se achando inferior.

Declarando a promessa

Declaro que, independentemente das circunstâncias, confiarei sempre no Senhor, crendo que sempre sou ouvido mesmo que as respostas não venham no meu tempo, pois sei que Ele me separou para Si. Permanecerei firme nesta promessa mesmo que tudo diga o contrário, pois qualquer situação dessa vida por mais avessa que pareça não foge ao controle do meu Senhor. Não sou apenas mais um no meio de uma multidão; sou separado e sei que os olhos do meu Deus estão sobre mim.

Anotações

Salmo 9.9-10

"No Senhor podem encontrar alívio todos os que passam por perseguições e sofrimentos. Ele é um abrigo seguro nas horas de dificuldade! Por isso, Senhor, quem te conhece confia em Ti porque não abandonas quem Te procura sinceramente" (VIVA).

13
MAR

73. A FÉ QUE TRANSFORMA A ANGÚSTIA EM VITÓRIA

Lição de fé para a minha vida

Nestes versos Davi conta a certeza de alívio e segurança que ele tinha em seu Senhor, pois já havia experimentado da salvação que o Senhor dá em momentos de perseguição e sofrimento. E quantos de nós já nos encontramos nessas condições? Onde a esperança de nosso coração já se esvaiu nos levando à angústia; onde tudo que vemos em nosso caminho é sofrimento e inimigos prontos a nos derrotar? Deus, então, é o nosso alívio, é onde podemos encontrar refrigério, paz e segurança. Em Deus podemos nos esconder das dificuldades, pois Ele é um abrigo seguro quando estamos sem forças, cercados por adversidades que não encontramos solução. E quando buscamos ao Senhor com o coração derramado aos Seus pés, Ele nos toma em Suas mãos e nos leva à completa segurança e certeza de salvação. Nossos inimigos tornam-se pequenos e as dificuldades que antes nos assolavam agora não trazem mais angústia e sofrimento, pois sabemos que Deus age em nosso favor. Confiar em Deus fez a diferença na vida do rei Davi, e quando se encontrava em dificuldade, sempre vinha à sua memória os feitos que Deus havia realizado, dando-lhe esperança e confiança no Deus forte e Todo-poderoso.

Declarando a promessa

Declaro que confiarei no Senhor buscando Sua face, mesmo em meio a dificuldades e perseguições. Não deixarei minha alma se afogar no mar da angústia, pois me lembrarei sempre dos Seus grandes feitos, e assim erguerei minhas mãos aos céus e clamarei ao meu Senhor certo de que Ele virá e me livrará dos inimigos e das dificuldades que vierem sobre mim. Deus sempre será quem buscarei, pois sei que Ele não recusará o clamor sincero de um filho Seu, e transformará meu sofrimento em alívio. O meu Deus nunca me abandonará!

Anotações

14
MAR

Salmo 10.17-18

"Tens ouvido, Senhor, o desejo dos humildes; tu lhes fortalecerás o coração e lhes acudirás, para fazeres justiça ao órfão e ao oprimido, a fim de que o homem, que é da terra, já não infunda terror" (ARA).

74. ESPERANÇA E JUSTIÇA PARA OS HUMILDES E OPRIMIDOS

Lição de fé para a minha vida

O homem humilde coloca sãs necessidades diante de Deus; ele não tem condições de realizar seus mais íntimos desejos por ser necessitado. Seu coração precisa ser reanimado, fortalecido, para, com ânimo, conquistar cada uma de suas necessidades. Sua oração é atendida por Deus, que está atento àqueles que sofrem e pronto para vir socorrê-los. A opressão sofrida por viúvas e órfãos era a sua vida necessitada, sem amparo; os homens não ouviam seus gemidos e não estavam prontos para ajudá-los. Esse quadro de abandono humano, não é comum somente ao órfão e à viúva. Quantas vezes nos sentimos solitários durante as lutas? Quantas vezes nos sentimos abandonados? Quantas vezes somos assaltados pelo sentimento de desprezo pelos que nos cercam? O resultado prático do sofrimento de solidão e necessidade que passam os órfãos e as viúvas têm chegado às nossas vidas, mesmo rodeados de pessoas, somos sempre sobressaltados por esses sentimentos. A boa notícia é que ninguém, nem mesmo órfão ou viúva, deve ficar sem esperança; o Senhor está atento às nossas necessidades e fortalecerá o nosso coração para prosseguirmos e vencermos.

Declarando a promessa

Declaro que o Senhor me fortalecerá o coração diante da opressão dos homens e me concederá forças para vencer todas as minhas necessidades. Não duvidarei do auxílio do meu Deus e, mesmo que o sentimento de solidão e incapacidade venha me afligir, não me deixarei abalar. Sei que o Senhor virá ao meu socorro e me honrará diante dos meus opositores. O Senhor me fará justiça em todos os meus caminhos e me dará um coração pronto para vencer os obstáculos em minha vida.

Anotações

15
MAR

Salmo 16.11

"Tu me farás conhecer a vereda da vida, a alegria plena da tua presença, eterno prazer à tua direita" (NVI).

75. A ALEGRIA DE ANDAR NOS CAMINHOS DE DEUS

Lição de fé para a minha vida

Andar com Deus é uma aventura fascinante, pois Seus caminhos são diferentes do que qualquer pessoa poderia sequer imaginar. Quem poderia supor que passar pelo mar Vermelho fosse a rota escolhida por Deus para Israel chegar à Terra da Promessa? Ou que um jovem chamado Davi, encarregado de cuidar do rebanho de ovelhas do seu pai, fosse escolhido por Deus para reinar sobre o Seu povo? Os caminhos de Deus são cheios de surpresas, os Seus pensamentos são altos demais para a compreensão humana. Percorremos alguns caminhos que se estreitam tanto que pensamos não haver saída, mas quem abre a porta é o Senhor. Esta é a segurança daqueles que confiam em Deus; Ele não se limita a nenhum tempo ou espaço, mas faz o próprio caminho e nos faz andar em segurança nele. Quando o salmista fala que o Senhor lhe fará conhecer a vereda da vida está expressando sua confiança de que Deus construirá e lhe mostrará um caminho que o fará conhecer a verdadeira vida. Mas esse caminho e essa vida só possuem sentido porque a presença do Senhor é constante nele e por isso produz alegria e prazer. Deus não lhe traça um caminho para que ande só, mas tem prazer em lhe conduzir passo a passo por essa estrada que não termina aqui, mas o conduz para as delícias eternas que Ele já preparou.

Declarando a promessa

Declaro que confiarei no Senhor e me deixarei guiar por Ele. Sei que o meu Senhor me conduzirá por um caminho de excelência e paz; mesmo que se estreite, sei que Ele tem poder para abrir novos horizontes para a minha vida e me fazer andar alegremente em Sua presença. Não buscarei prazer em nenhum outro lugar fora da presença do meu Senhor, pois somente Ele poderá me levar a desfrutar das delícias eternas preparadas para mim. O Senhor me fará conhecer o caminho da vitória enquanto eu aqui viver!

Anotações

16
MAR

Salmo 17.15

"Mas eu te verei, pois tenho vivido corretamente, e, quando acordar, a tua presença me encherá de alegria" (BLH).

76. A ALEGRIA NA PRESENÇA DE DEUS

Lição de fé para a minha vida

Viver corretamente não é fácil para o ser humano; afinal a Bíblia diz que ele é mau, que coisas más procedem de seu coração e que ele se encontra cheio de desejos carnais que o levam para longe da presença de Deus. Para vivermos corretamente é necessário que trilhemos um caminho segundo as Leis de Deus, procurando um viver reto e um agir com justiça, o que infelizmente nem sempre conseguimos fazer. O salmista Davi buscava obedecer as Leis de Deus e meditava de dia e de noite nos mandamentos do seu Senhor, procurando agir com justiça com todos os que lhe cercavam. Isso lhe garantia uma vida cheia de bênçãos, pois sabia que em tempos de dificuldades o Senhor agiria em seu favor, dando-lhe um novo dia onde seus sonhos e expectativas seriam renovados. Buscar uma vida correta no Senhor é difícil sim! Porém, não é algo impossível de se fazer. Temos em mãos a Palavra de Deus que nos indica como devemos viver uma vida reta, agindo em justiça e santidade, pois dessa forma sempre estaremos salvos no dia mau, porque o Senhor nos dará um amanhecer diferente, renovando nossas forças, para que um dia após o outro seja de conquistas e vitórias surpreendentes. Lembre-se que as Leis do Senhor foram feitas para nos abençoar e nos manter em um caminho de justiça.

Declarando a promessa

Declaro que buscarei agir de forma correta, procurando ter uma vida segundo os preceitos do meu Deus. Não seguirei os valores do mundo e com toda a força lutarei contra minha carne para viver na presença do Senhor. Ele me dará um novo amanhecer e, então, depois de lutas e tribulações, verei a face do meu Senhor e saberei que minha salvação veio Dele. O meu coração sempre encontrará alegria por estar em Sua presença.

Anotações

17
MAR

Salmo 18.25

"Para com o benigno, benigno te mostras; com o íntegro, também íntegro" (ARA).

77. VIVER SEGUNDO A VONTADE DE DEUS

Lição de fé para a minha vida

A benignidade é uma qualidade divina e somente por obra de Deus, através do Espírito Santo, ela poderá ter eficácia na vida do ser humano. Ser benigno é agir com amor e bondade para com aquele que é merecedor de um castigo, por ser culpado de um ato injusto. É como se alguém nos ofendesse e, mesmo tendo o direito de puni-lo, nós decidíssemos abençoá-lo. Isso é benignidade; quem poderá exercê-la com o coração puro? No entanto a promessa diz que o homem que busca agir de forma benigna alcançará a benignidade do Senhor. Que maravilha poder semear bondade na vida de outros e saber que há em Deus uma recompensa sobre todos esses nossos atos bondosos! Quantas vezes nos fechamos para o perdão àqueles que nos ofenderam e nem percebemos que estamos nos privando de ser abençoados por Deus! A pessoa íntegra é uma pessoa correta em todas as suas ações, que jamais procura tirar vantagens de qualquer situação e não se afasta do padrão de justiça ensinado por Deus. É claro que nenhum ser humano pode ser totalmente justo, mas ele pode buscar esse padrão em Cristo para a sua vida. O resultado disso é a integridade de Deus a seu favor, ou seja, por mais que os adversários tentem, inventem e armem ciladas, o Senhor lhe dará proteção e lhe fará justiça.

Declarando a promessa

Declaro que a benignidade do Senhor estará sobre minha vida e me abençoará todos os dias em que eu viver. Agirei de forma justa e procurarei ser uma bênção para aqueles que me aborrecem. A eles irei declarar o meu perdão e terei puro o meu coração. Buscarei continuamente uma vida de integridade e retidão, não me deixando vencer pelos desejos maus do coração humano. Submeto a minha vida ao padrão de Deus e serei largamente por Ele abençoado. Deus me honrará e me fará sobressair diante de todos os homens!

Anotações

Salmo 18.30

"O caminho de Deus é perfeito; a palavra de Javé é comprovada. Ele é um escudo para os que nele se abrigam" (EP).

78. CONFIANÇA E SEGURANÇA NA SUA PALAVRA

Lição de fé para a minha vida

Em nossa vida sempre estamos fazendo escolhas. Escolhemos o que vestir, com quem casar, que profissão seguir, entre outras. Porém muitas dessas escolhas que fazemos nos levam a caminhos tortuosos e difíceis, onde só há engano, decepção e a certeza de uma alegria que em pouco tempo se finda. Diferentemente, o caminho do Senhor é perfeito e sempre nos leva a lugares tranquilos onde a paz e a alegria duram para sempre em nossos corações. Escolher o caminho de Deus é andar de acordo com Suas palavras e desfrutar de Suas promessas; é escolher o melhor, não pelo que nossos olhos veem, mas pela obediência à Sua Palavra. O salmista declara a confiança que tinha na Palavra do Senhor e assegura a Sua veracidade. Pois ele mesmo já contemplara com os seus próprios olhos as promessas que o Senhor fez se cumprirem em sua vida. Seu povo fora alvo dessas promessas infalíveis contadas de geração a geração. O que Deus fala o tempo não pode apagar, nenhuma circunstância pode impedir a Sua ação. As promessas que Deus faz em nossas vidas serão cumpridas; precisamos acreditar no que a boca do Senhor diz. Davi encerra o verso declarando a segurança que sente por estar abrigado no Senhor: Ele é um escudo! Que bom saber que o Senhor está à nossa volta como um escudo impenetrável.

Declarando a promessa

Declaro que buscarei sempre os caminhos do Senhor mesmo que, aos meus olhos, não sejam caminhos fáceis. Confiarei em Sua Palavra, certo de que no tempo oportuno ela irá se cumprir em minha vida. Buscarei me abrigar em Deus; Ele será meu escudo onde me protegerei de toda adversidade. As armas de meus inimigos não me atingirão e não temerei mal algum, pois o meu Senhor me protegerá onde eu estiver.

Anotações

Salmo 22.28-29

"Pois o Deus Eterno é Rei e governa todas as nações. Todos os orgulhosos se curvarão na sua presença; todos os mortais o adorarão, sim, todos os que um dia vão morrer" (BLH).

19
MAR

79. CONFIANÇA E SEGURANÇA NA SUA PALAVRA

Lição de fé para a minha vida

Davi foi o maior rei que a nação de Israel teve. Ele sabia quanto poder um rei possuía e como o orgulho poderia influenciar a vida dele. Lidar com o poder não é nada fácil; muitos homens perdem seus valores morais, éticos e espirituais quando chegam perto dele. Na época de Davi, como em tantos outros tempos, os reis viviam de suas guerras e conquistas. Muitas vezes essas conquistas eram dedicadas aos seus deuses e eram relacionadas ao poder que o deus de um povo tinha sobre o que fora conquistado. Desde pequeno, Davi aprendera que o Senhor era aquele que tinha sob Seu poder o domínio de todos os povos. Foi em nome do seu Deus que se opôs ao temido gigante Golias e o derrotou. Portanto ele pode afirmar categoricamente que "o Deus Eterno é Rei e governa todas as nações". E mesmo os mais temidos e poderosos dos governantes do mundo terão que prestar contas a Ele, e diante Dele, se curvarão para prestar-Lhe honra. Isso significa que por mais poderoso que seja o ser humano, todos terão que prestar contas a Deus. Não importa se grandes governantes ou pequenos servos. Eu e você estaremos diante do Senhor, um dia, de joelhos dobrados e prontos para ouvir da Sua boca a sentença final para o que praticamos nesta vida.

Declarando a promessa

Declaro que a soberba e o orgulho não encontrarão lugar em meu coração; eu me despojo de toda arrogância e me humilho diante do Senhor, que tem todo poder. Deus me honrará e me levará a lugares altos e caminhos de prosperidade, mas não deixarei o meu coração se apegar aos valores desse mundo. O Senhor é o meu maior tesouro e minha maior riqueza. Diante Dele estarei com alegria e prostrado prestarei contas dos meus atos. O Senhor me fará prosperar, pois meu coração é totalmente Dele.

Anotações

Salmo 23.1-3

"O Senhor é o meu pastor; nada me faltará. Ele me faz repousar em pastos verdejantes. Leva-me para junto das águas de descanso; refrigera-me a alma. Guia-me pelas veredas da justiça por amor do seu nome" (ARA).

20 MAR

80. O SENHOR É O MEU PASTOR

Lição de fé para a minha vida

Este é um dos versos bíblicos mais conhecidos no mundo, um texto onde Davi compara os cuidados de Deus aos de um pastor que cuida do seu rebanho. Antes de ser rei de Israel Davi foi pastor de ovelhas e conhecia bem a tarefa de apascentar. A caminhada bem cedo para junto do rebanho, a sua contagem na ida e vinda dos pastos, seus olhos atentos às constantes ameaças por parte dos predadores à noite; tudo isso fazia do pastor um vigia sempre atento nas horas escuras. Havia ainda a necessidade de conduzir as ovelhas para um lugar de segurança, onde pudessem encontrar pastos verdes e água fresca. Todas eram tarefas de um pastor, que por anos Davi realizou enquanto cuidava do rebanho do seu pai. Seu grande cuidado com as frágeis e dependentes ovelhas o fizeram sentir-se ovelha que confiava em Deus como seu sublime pastor. Embora sempre se exalte os cuidados do pastor, não se pode esquecer a condição humilde e dependente da ovelha. As expressões "Ele me faz repousar", "leva-me" e "guia-me", mostram que a ovelha está condicionada à direção do seu pastor. O Senhor é um pastor sem igual, maravilhoso, mas como ovelhas, precisamos ser obedientes à Sua voz.

Declarando a promessa

Declaro que o Senhor Jesus é o meu pastor e não permitirá que nada venha me faltar. O Senhor suprirá todas as minhas necessidades e conduzirá minha vida por caminhos de bênçãos e prosperidade. O meu divino pastor guardará a minha vida do inimigo perverso, não dormirá enquanto vigiar a minha vida. Meu coração se dobrará a ouvir e obedecer sempre à Sua voz. O Senhor é o meu pastor, Ele me fará caminhar em caminhos de alegria e paz!

Anotações

Salmo 24.3-5

"Quem subirá ao monte do Senhor? Quem há de permanecer no seu santo lugar? O que é limpo de mãos e puro de coração, que não entrega a sua alma à falsidade, nem jura dolosamente. Este obterá do Senhor a bênção e a justiça do Deus da sua salvação" (ARA).

21
MAR

81. A ADORAÇÃO VERDADEIRA

Lição de fé para a minha vida

Apesar de toda a terra ser do Senhor e Ele estar em toda parte, pois é um Deus onipresente, no tempo de Davi havia um lugar especial, o monte Sião, onde a presença de Deus permanecia através da Arca da Aliança. Esse lugar estava santificado pela presença de Deus e ali Ele era adorado: "mas quem vai subir ao monte do Senhor? Quem há de permanecer no seu santo lugar?" O texto responde mostrando a necessidade do ser humano preparar-se para adorá-Lo em Sião. E ainda revela alguns requisitos para aquele que deseja estar na presença de Deus em adoração: "O que é limpo de mãos e puro de coração...". Ter o coração puro é um estado de santidade que a pessoa deve manter-se, para ser digna de entrar na presença do Senhor. Deve ser sincera no seu agir, procurando manter seus lábios puros, pois se eles louvam a Deus, não podem estar contaminados com juras dolosas. Nossa vida é um instrumento para adoração ao Senhor, porém esse instrumento deve estar sempre afinado buscando a pureza no seu som. Esteja sempre se apresentando puro e santo na presença de Deus, e assim você se tornará um verdadeiro adorador.

Declarando a promessa

Declaro que andarei em um caminho de busca por santidade, me desviando do mal e afastando meu coração dos desejos carnais. Terei uma vida íntegra, estarei na presença do meu Senhor adorando e exaltando o Seu nome. Obterei do meu Deus as Suas bênçãos e experimentarei Seus cuidados sobre mim; com isso, terei alegria no meu coração. A justiça do Senhor em minha vida me trará paz, alegria e me fará prosperar abundantemente!

Anotações

22
MAR

Salmo 25.3

"Nenhum dos que esperam em ti ficará decepcionado; decepcionados ficarão aqueles que, sem motivo, agem traiçoeiramente" (NVI).

82. A CONFIANÇA QUE NUNCA NOS DECEPCIONA

Lição de fé para a minha vida

O tempo da espera é sempre muito difícil, embora a nossa natureza e tudo à nossa volta seja administrado pelo tempo, esperar é um ato que nos deixa aflitos. Mesmo sabendo que todas as construções começam nos projetos e demoram até se tornarem edifícios, ou que cada semente plantada tem um tempo determinado para brotar, crescer e dar frutos, somos impacientes e exigimos imediatismo em tudo o que precisamos ou queremos. Esse fato se torna mais agravante quando esperamos alguma coisa da parte de Deus, afinal Deus pode tudo e nada resiste ao Seu poder. Então, o simples fato de não haver resposta ou ela demorar, abala nossas convicções e fé. Todavia, esperar no Senhor é confiar que Ele não nos deixará sem resposta e, seja o que for, cumprirá a Sua palavra. Aqueles que depositam no Senhor a sua confiança não ficarão desapontados. Não há um só ser humano na história que, confiando e obedecendo à voz de Deus, foi por Ele decepcionado. Até mesmo os mártires, homens que entregaram suas vidas o fizeram com um coração dominado pela confiança em Deus. Talvez estejamos vivendo um momento de espera; sabemos que esse tempo é difícil demais para nós, porém temos a promessa de que jamais o Senhor nosso Deus irá nos decepcionar.

Declarando a promessa

Declaro que confio no Senhor e esperarei Sua resposta para minhas ansiedades. O Senhor é um Deus fiel, jamais me decepcionará; antes cumprirá cada promessa em minha vida. Não agirei pela minha própria força nem usarei de astúcia e esperteza para conseguir realizar os meus sonhos. Confiarei e esperarei no Senhor; no tempo certo Sua mão se manifestará a meu favor e Ele me fará sobressair sobre meus inimigos. Meu Deus é fiel e nunca me decepcionará!

Anotações

23
MAR

Salmo 27.1

"O Senhor é a minha luz e a minha salvação; de quem terei medo? O Senhor é a fortaleza da minha vida; a quem temerei?" (ARA).

83. A CONFIANÇA QUE VENCE O MEDO

Lição de fé para a minha vida

Este verso é uma introdução do salmo que fala de inimigos e perseguições. Esses inimigos são comparados a feras selvagens que querem uma presa, com a finalidade de destruí-la. É nessa condição de presa que o salmista declara que anda na luz do Senhor e, por isso, não há porque ter medo. Ele declara também que Deus é sua fortaleza, por isso pode descansar e esquecer todo temor. Luz e fortaleza promovem na vida do salmista a sua salvação, e por mais feroz que possa ser o inimigo, não conseguirá prevalecer contra o seu Senhor. "De quem terei medo?" e "a quem temerei?" são perguntas desafiadoras de um homem que não confia mais em suas próprias forças, mas se fortalece na confiança de seu Deus. A luz do Senhor é quem guiará os seus passos em qualquer caminho; ela o impedirá de cair num abismo e livrará seus pés de uma queda. A salvação do Senhor é sua segurança, pois salvar significa livrar; no Senhor ele tem certeza de experimentar os mais difíceis livramentos, e como fortaleza, o Senhor é seu escudo e proteção, seu refúgio na hora da angústia. Confiante da presença do Senhor, então, ele pode perguntar: "De quem terei medo? A quem temerei?" Muitos homens na história fizeram uso dessa confiança para vencer seus obstáculos e permanecer em pé.

Declarando a promessa

Declaro que o Senhor é a minha luz; não tropeçarei no caminho nem serei surpreendido pelo inimigo. O Senhor é a minha salvação; Ele me livrará do homem mau e quebrará os laços feitos contra mim. O Senhor é a minha fortaleza; Nele me refugiarei na hora da tempestade e da angústia. O medo não chegará ao meu coração e não me abaterei pela presença dos meus adversários. O Senhor me livrará de toda sorte de maldade e me fará habitar em segurança. Sobre minha vida está a luz e salvação do meu Deus, Ele me fará mais que vencedor em minhas batalhas!

Anotações

Salmo 27.5

"Pois no dia da adversidade ele me guardará protegido em sua habitação; no seu tabernáculo me esconderá e me porá em segurança sobre um rochedo" (NVI).

24
MAR

84. REFÚGIO NA PRESENÇA DE DEUS

Lição de fé para a minha vida

O tabernáculo era o lugar onde Deus se manifestava para receber os sacrifícios que Lhe eram feitos, e onde muitas vezes falava com o Seu povo por intermédio do sacerdote que O servia. Logo, o tabernáculo era um lugar santo, dedicado somente a Deus e ao Seu serviço. No caso de um erro do sacerdote em prestar-Lhe seu serviço, isso lhe custava a vida. A santidade de Deus poderia causar pavor para muitos, mas para Davi era o melhor lugar para se habitar, pois ali existia segurança plena por causa da presença do Senhor, por isso o lugar onde estava posto o tabernáculo era chamado de lugar da habitação de Deus. O confortante pensamento do salmista é que no, dia da adversidade, Deus o levará para o lugar onde habita, e isso pode significar que no dia da adversidade a presença de Deus o protegerá de tal forma, como se ele estivesse no lugar da habitação do próprio Deus. Enquanto muitos na hora do perigo confiam em suas próprias forças, aquele que crê em Deus espera Dele o socorro e proteção e não se deixa abalar pelas dificuldades. Os momentos de adversidades são apenas oportunidades para se achegar mais perto de Deus. Deus tem interesse em nos proteger, pois é iniciativa Dele vir ao socorro daqueles que Nele confiam.

Declarando a promessa

Declaro que o Senhor é o meu protetor e debaixo dos Seus cuidados eu conhecerei a vitória sobre os meus inimigos. Serei atraído pela santidade do meu Deus, andarei em Sua casa e Sua glória será sempre minha alegria. O Senhor é minha rocha segura e não permitirá que eu seja subjugado por meus adversários, Ele me conduzirá em plena segurança por onde quer que eu ande. Vivo seguro e não temo o mal, pois o Senhor me acolhe em Sua presença nas horas difíceis e me fará prevalecer diante dos meus adversários.

Anotações

25 MAR

Salmo 27.14

"Espera no SENHOR, anima-te, e ele fortalecerá o teu coração; espera, pois, no SENHOR" (ARC).

85. ESPERANÇA NA PROMESSA DA VITÓRIA

Lição de fé para a minha vida

Todo o Salmo 27 expressa a confiança do salmista em Deus. Mesmo diante de fortes inimigos e circunstâncias desfavoráveis, ele devota sua confiança no braço forte do seu Senhor que pode, num piscar de olhos, mudar o quadro e lhe dar a vitória. Então, diante de tanta confiança porque devemos animar o coração e fazê-lo forte? A resposta está no tempo de espera da manifestação do poder do Senhor. Confiar que Deus pode mudar tudo repentinamente não significa que isso irá acontecer todas as vezes que clamarmos a Ele. O tempo da manifestação de Deus pode ir além do que imaginamos, uma vez que não significa ser o mesmo tempo que o nosso, e há necessidade de termos confiança de que o Senhor virá nos socorrer. É provável que o salmista já tivesse visto esse acontecimento no campo de batalha. Enquanto o socorro não chegava, como fortes guerreiros, ficavam firmes em suas posições até que a chegada da cavalaria de auxílio pudesse dar fim à batalha, fazendo o inimigo bater em retirada. Nas muitas batalhas que travamos dependemos do socorro e provisão do Senhor. O medo da derrota muitas vezes chega ao nosso coração e desfalecemos antes do desfecho da batalha. Quando esperamos confiantemente no Senhor, o nosso coração é fortalecido nas Suas promessas fiéis.

Declarando a promessa

Declaro que esperarei confiantemente no Senhor e não deixarei meu coração se enfraquecer diante das adversidades. Sei que o meu Senhor não me deixará sem socorro e me sustentará enquanto passar pelos momentos difíceis. O Senhor é meu ajudador fiel e não permitirá que eu passe por caminhos que não possa suportar; antes Ele me dará força e sabedoria para vencer todos os obstáculos e aguardar a Sua salvação. O meu Senhor não me deixará sem resposta e me sustentará com vitória diante das minhas necessidades!

Anotações

26
MAR

Salmo 30.5

"Pois a sua ira só dura um instante, mas o seu favor dura a vida toda; o choro pode persistir uma noite, mas de manhã irrompe a alegria" (NVI).

86. A PROMESSA DO FAVOR DURADOURO

Lição de fé para a minha vida

Estes são versos que refletem a satisfação do salmista em ter sua vida salva dos seus inimigos. Diante da opressão do inimigo ele pode clamar e experimentar o livramento do seu Senhor. Embora em algumas circunstâncias Deus pareça estar longe e uma sensação de abandono nos invada o coração, precisamos continuar a confiar que Ele se levantará em nosso favor. Algumas vezes chegamos a questionar se o momento mau que vivemos não foi devido a alguma coisa errada que fizemos. Mas, com o passar do tempo, entendemos que embora sempre colhamos os frutos dos nossos erros, os tempos de dificuldades batem na porta de qualquer um. A certeza do salmista em relação ao socorro de Deus é tão grande que ele ameniza o tempo de ira de Deus em contraste com a Sua bênção que é muito mais duradoura. O amor de Deus é tão grande em nosso favor que Sua ira logo é aplacada; Ele volta-se favoravelmente a nós, e concede-nos as bênçãos mais duradouras que possam existir. Se há algo que conforta o coração nas dificuldades é a certeza que elas passarão. Por isso, ainda que as tristezas, decepções e perdas nos façam gemer com lágrimas uma noite inteira, seu tempo está contado, pois em breve o sol brilhará e anunciará um novo dia.

Declarando a promessa

Declaro que o meu Senhor não me deixará perecer diante dos meus inimigos; antes irá à minha frente e me preparará um caminho de vitória. Sei que muitas noites frias e tristes poderão chegar à minha vida, que dificuldades podem bater à minha porta; eu, porém, não me deixarei vencer. Ainda que algumas dificuldades insistam em me afligir, confio que seu fim está determinado pelo meu Senhor. Ele fará o Seu sol brilhar sobre a minha vida e me conduzirá em plena alegria.

Anotações

Salmo 31.23

"Amai o Senhor, vós todos que sois seus santos. Porque o Senhor guarda os fiéis e retribui com abundância aos soberbos" (ARC).

87. A PROMESSA DE PROTEÇÃO

Lição de fé para a minha vida

A honestidade tem perdido o valor em nossos dias; a palavra de alguém pouco vale se não for lavrada e registrada. No que diz respeito à vida religiosa, ser honesto é ser fiel aos princípios religiosos que se abraça e crê. Muitos questionam o quanto vale a pena ser honesto em um país tão corrompido como nosso; outros questionam se a honestidade no casamento tem de fato o seu valor. A cada dia os valores estão mudando e a lei da vantagem está superando os valores morais, éticos e espirituais. O que os homens esquecem é que Deus tem os Seus olhos a vasculhar toda a terra e não há impunidade para o desonesto e infiel. Esta promessa nos convida a manifestarmos nosso amor ao Senhor porque Ele, o Senhor, protege com amor os que Lhe são fiéis e retribui com abundância toda a má obra daqueles que não Lhe dão importância e são soberbos e orgulhosos. Ou seja, que vale a pena ser fiel ao Senhor, mantendo uma vida de honestidade diante dos homens. O homem que busca levar vantagem em tudo, sem se importar com seu próximo e as leis de Deus, terá grande retribuição da parte de Deus pelos seus atos. Às vezes, é difícil permanecermos fiéis ao Senhor diante de tanta sujeira nesse mundo. Confie no Senhor e permaneça fiel a Ele, sua recompensa virá.

Declarando a promessa

Declaro que serei fiel ao Senhor, apesar das circunstâncias, e não deixarei o coração ser levado pelas facilidades dessa vida. Livrarei o meu coração da soberba, pois sei que tudo que tenho e sou é bênção de Deus sobre mim. Buscarei ser honesto para com todos os homens, serei fiel em todos os meus caminhos e o Senhor Deus me protegerá de toda a injustiça.

Anotações

28
MAR

Salmo 32.1-2

"Bem-aventurado aquele cuja iniquidade é perdoada, cujo pecado é coberto. Bem-aventurado o homem a quem o Senhor não atribui iniquidade e em cujo espírito não há dolo" [ARA].

88. O PERDÃO DE DEUS

Lição de fé para a minha vida

Este salmo começa com duas bem-aventuranças sobre a pessoa que tem seus pecados e iniquidades perdoados por Deus. É importante ressaltarmos a diferença entre pecado e iniquidade. Pecado é cometer transgressão, é infringir as leis de Deus por sua própria vontade, é um ato de desobediência, enquanto iniquidade é a perversidade ou corrupção moral; é o que estamos fadados a carregar durante toda nossa vida – o "pecado original". Quando pecamos andamos em um caminho de morte, desgraça e maldição. Diante das bem-aventuranças parece que o perdão de Deus é algo automático, que não é preciso o ser humano fazer nada para que o perdão lhe seja concedido. Precisamos, porém, entender que o ser humano só tem seus pecados cobertos e suas iniquidades perdoadas quando ele, em um ato de arrependimento, decide voltar sua face para Deus, buscando vencer sua natureza pecaminosa, rejeitando o pecado e, encontrando assim, o perdão divino. Essa pessoa é bem-aventurada, não carrega mais o fardo do pecado que trazia condenação para sua vida; suas iniquidades são perdoadas podendo então experimentar uma vida regada pelas bênçãos do Senhor. Você pode andar o novo e vivo caminho em Cristo Jesus! Seja um bem-aventurado de Deus!

Declarando a promessa

Declaro que sou bem-aventurado, pois viverei uma vida de arrependimento, buscando me afastar das práticas pecaminosas, o Senhor concederá perdão para os meus pecados e as minhas iniquidades serão apagadas da Sua face. Não terei o fardo da condenação sobre a minha vida, pois sei que Deus cancelou essa dívida, perdoando todos os meus pecados e me fazendo andar num caminho de vitórias. Eu sou um bem-aventurado!

Anotações

Salmo 32.10-11

"O ímpio tem muitas dores, mas aquele que confia no Senhor a misericórdia o cercará. Alegrai-vos no Senhor, e regozijai-vos, vós os justos; e cantai alegremente, todos vós que sois retos de coração" (ACRF).

29
MAR

89. A RESTAURAÇÃO DA VIDA

Lição de fé para a minha vida

Esta maravilhosa promessa está relacionada às dores que o pecado pode trazer à vida do homem. Enquanto o que confia no Senhor encontra Nele o perdão e a restauração de sua vida, o ímpio mergulha a cada dia em seus pecados. Por não conhecer ou desprezar a correção do Senhor, definha por causa de todas as dores e tragédias que o pecado produz na vida do homem. Por isso, aquele que é justo pode se alegrar e cantar de alegria, pois sua justiça lhe foi feita quando o Senhor cobriu seus pecados com o perdão. Às vezes vemos homens maus prosperando; são arrogantes e desprezam as Leis de Deus. Ficamos pensando até quando ficarão impunes; mas esquecemos que a maior recompensa que um ser humano pode ter é a companhia de Deus. Não há dinheiro nesse mundo que possa comprá-la, mas está disponível àquele que Dele se aproxima com um quebrantado coração. Não olhe para a prosperidade do homem que age fora das Leis de Deus, não tenha inveja dele, pois seu castigo em breve virá e não terá como se livrar dele. Aprenda a confiar e depender do Senhor, mesmo quando pecar contra as Suas Leis e isso lhe furtar do coração a alegria de servi-Lo, volte-se para Ele com todo seu coração.

Declarando a promessa

Declaro minha plena confiança no Senhor; Nele eu encontro alívio para as minhas aflições e perdão para todos os meus pecados. Não ficarei prostrado quando cair; buscarei ao Senhor e Ele restaurará minha vida com o Seu perdão. Buscarei um coração reto diante da presença do meu Deus, é Ele quem porá um cântico de alegria em meus lábios e me fará prosperar abundantemente em meu caminho. O perdão do meu Deus restaurou a minha vida!

Anotações

30
MAR

Salmo 34.7

"O anjo do SENHOR é sentinela ao redor daqueles que o temem, e os livra" (NVI).

90. A PROTEÇÃO DIVINA PARA OS QUE O TEMEM

Lição de fé para a minha vida

Aquele que teme ao Senhor é dependente dos Seus cuidados e proteção, ele busca em Deus o Seu socorro e auxílio ante suas necessidades. Para esse homem o favor de Deus se alarga em cuidados, pois coloca Seu anjo como sentinela a lhe guardar. A ideia de um anjo como sentinela está na figura importante que este tinha nas torres que vigiavam as cidades dos seus invasores. Ao menor sinal de perigo a sentinela dava um sinal de alerta, para que um exército fosse organizado e as entradas da cidade fossem protegidas. Uma sentinela não pode vacilar, não dorme nem se distrai com qualquer coisa; seus olhos estão postos sobre as entradas de sua cidade; se ela falhar é certo que a surpresa do inimigo tomará em assalto a cidade e a dominará. Como uma sentinela o anjo do Senhor se acampa ao redor daquele que teme a Deus; ele está atento a toda cilada do inimigo e tem ordem do próprio Senhor para desbaratar todo inimigo que aparecer. Isso significa que não há melhor proteção que temer ao Senhor; nossa força ou qualquer outra solução não chegam nem perto do poder que um anjo tem. Temer ao Senhor é respeitar as Suas Leis e andar na obediência à Sua Palavra; é saber esperar Nele a resposta para as nossas ansiedades. Em momentos de guerra e grande dificuldade permaneça firme e sinta que não está só.

Declarando a promessa

Ao meu redor está o anjo do Senhor que me protege e me livra de todo mal. O temor do Senhor está em meu coração e não deixarei de acreditar no Seu socorro. Por onde eu andar sei que estou protegido pelo Seu anjo que vela por minha vida dia e noite como uma sentinela infalível. Não me esquecerei do temor do Senhor por todos os dias da minha vida; Ele impedirá os meus pés de vacilarem e não me deixará agir por conta de minha força. É o anjo do Senhor quem me conduzirá em proteção e me livrará dos meus inimigos!

Anotações

Salmo 37.3-5

"Confie no Senhor e faça o bem; assim você habitará na terra e desfrutará segurança. Deleite-se no Senhor, e ele atenderá aos desejos do seu coração. Entregue o seu caminho ao Senhor; confie nele, e ele agirá" (NVI).

31
MAR

91. DESFRUTAR DA SUA PROMESSA

Lição de fé para a minha vida

O salmista nos convida a confiar em Deus e fazer sempre o bem. Por mais difícil que seja a nossa fé, ela deve ser alicerçada no Senhor. O homem que busca a justiça deve viver de fé. Ter fé é ter confiança no Senhor, mesmo quando tudo parecer contrário. Quando realmente a sua confiança é depositada no Senhor Ele muda o seu caminho, embora passe por lugares tortuosos, vales sombrios, situações de morte, estará em paz porque o Senhor passará junto a você. Vivemos em um mundo capitalista onde o que importa é tirar proveito de tudo. Você vale pelo que tem. A melhor roupa, o melhor carro, a melhor casa, entre outras coisas; passamos por cima de tudo para conseguir o melhor. Sacrificamos família, filhos e amigos. Mas o desejo de Deus é que dependamos Dele, pois é do Senhor que vem a perfeita segurança. Por isso a promessa de satisfação do desejo do coração do homem está atrelada a sua capacidade em deleitar-se no Senhor. Isso significa vencer a ansiedade de conquistas e descansar em obediência à Sua Palavra, certo que Ele agirá de forma a nos dar todas as coisas. Entregar o caminho ao Senhor é entregar-Lhe a própria vida, tendo consciência que em tudo dependemos Dele.

Declarando a promessa

Declaro que o Senhor satisfará o desejo de meu coração. Viverei uma vida de acordo com a vontade de Deus e procurarei ser um servo fiel, pois sei que assim fazendo terei uma vida melhor na face da terra. O Senhor concederá paz ao meu coração, em todos os meus caminhos me dará vitória. Não temerei nenhuma afronta humana, nem as investidas do meu pior inimigo. Descansarei no Senhor e verei Seu braço forte agir em meu favor, concedendo o desejo mais secreto do meu coração.

Anotações

ABRIL

As Promessas de Deus São Para Nós de Forma Pessoal

Deus nos dá Suas promessas como dádivas para nossas vidas e nossas famílias. Viver as promessas de Deus nos permite participar da natureza divina.

Gary Haynes

"E, por causa de sua glória e excelência, ele nos deu grandes e preciosas promessas. São elas que permitem a vocês participarem da natureza divina e escapar da corrupção do mundo causada pelos desejos humanos."

2 Pedro 1:4 (NVT)

Salmo 37.7-9b

"Descansa no Senhor e espera nele, não te irrites por causa do homem que prospera em seu caminho, por causa do que leva a cabo os seus maus desígnios. Deixa a ira, abandona o furor; não te impacientes; certamente, isso acabará mal. Mas os que esperam no Senhor possuirão a terra" (ARA).

01
ABR

92. DESCANSAR NO SENHOR

Lição de fé para a minha vida

Descansar em Deus é muito difícil, porque queremos solucionar nossos problemas por nós mesmos; a tendência do ser humano é agir por conta própria. Na verdade só dependemos de Deus quando não encontramos mais solução e o nosso pequeno barco está naufragando no meio da tempestade que nos atingiu. Devemos descansar no Senhor, isto é, ter paciência e esperar o Seu agir e Sua direção. É difícil proceder de tal maneira; por natureza somos impulsivos e arrogantes, sempre acabamos "trocando os pés pelas mãos" e pagamos um alto preço pela impaciência. Outro fator que nos impulsiona agir é o fato de o ímpio prosperar, mesmo errado e sem temor a Deus. Isso nos traz incertezas e começamos a questionar a razão. Afinal são os que temem ao Senhor que devem desfrutar do melhor desta terra. Porém o melhor desta terra não é comida, bebida ou bens, mas sim a presença de Deus e a garantia de uma vida eterna ao Seu lado. Tudo que os ímpios conseguem fica aqui; é uma herança sem futuro e muitos perdem suas vidas pelos bens que são perecíveis. Mas o que confia no Senhor e descansa Nele tem futuro e segurança.

Declarando a promessa

Declaro que o meu Senhor me fará sobressair diante dos malfeitores; não me irritarei com o crescimento de nenhum ímpio. O meu Senhor é meu maior tesouro e a Sua companhia minha maior alegria. Sei que o Senhor tem o melhor desta terra para mim e sobre minha vida as Suas bênçãos cairão abundantemente. Descansarei no Senhor, pois Ele é minha garantia de prosperidade.

Anotações

02
ABR

Salmo 37.37

"Nota o homem sincero, e considera o que é reto, porque o futuro desse homem será de paz" (ARC).

93. O FUTURO DE PAZ DOS JUSTOS

Lição de fé para a minha vida

Todo este salmo é uma comparação entre a vida do justo e o ímpio, entre o que serve a Deus e o que não O serve. O salmista chega a nos exortar a não nos indignarmos com o ímpio que alcança prosperidade em seu caminho injusto, enquanto nos esmeramos em agradar a Deus, andando em justiça sem, aparentemente, nada conseguir. A recompensa dos ímpios é somente o que conseguem nesta vida, mas os justos herdarão uma vida eterna com o seu Senhor e Pai celeste. Além disso, sobra aos justos os cuidados de Deus nesta vida, enquanto o ímpio vive semeando morte em seus caminhos. Diante disto o conselho do salmista surge em tom de promessa, sua expressão parafraseada é a seguinte: "observe o homem que é sincero e correto, e veja que o seu futuro é uma vida de paz!" Ao dizer isso e garantir uma promessa de paz, é claro que ele está afirmando que vale a pena ser correto e justo. O nosso "moderno mundo" vive uma escassez terrível de honestidade, o que mais ouvimos e vemos nos meios de comunicação é a falta de justiça, honestidade e caráter das pessoas. Mas somente os que andam em retidão alcançarão de Deus a bênção de uma vida de paz. O Senhor Deus tem nos chamado não apenas para andar no caminho reto e de paz, mas para sermos exemplos de homens que andam em sinceridade.

Declarando a promessa

Declaro que serei um referencial de justiça e retidão, para que todos vejam em minha vida a paz que só o Senhor Deus pode dar. Observarei os passos daqueles que alegraram o coração de Deus com suas vidas corretas, andando em obediência à Palavra do meu Deus. O Senhor me dará um futuro de paz e prosperidade, pois eu buscarei uma vida justa e reta na Sua presença. Eu serei uma referência como servo de Deus, para aqueles que buscam conhecer um caminho de paz!

Anotações

Salmo 46.1-3

"Deus é o nosso refúgio e fortaleza, socorro bem presente nas tribulações. Portanto, não temeremos ainda que a terra se transtorne e os montes se abalem no meio dos mares; ainda que as águas tumultuem e espumejem e na sua fúria os montes se estremeçam" (ARA).

03
ABR

94. DEUS, NOSSO REFÚGIO E FORTALEZA

Lição de fé para a minha vida

Tribulações são as adversidades que passamos. Elas podem ser passageiras ou perdurar por muito tempo; chegar de mansinho e nos derrotar com o tempo, ou podem num instante destruir toda a nossa vida. Seja como for, todo ser humano passa por momentos de dificuldades e precisa de equilíbrio e fé para superar e vencer. A tribulação de que fala o salmista é descrita como extrema, demonstrada figuradamente no abalo da terra, e isso nos remete a grandes adversidades que poderão vir, tornando-a insignificante diante de um caos. No entanto, é diante dessa situação que ele pode experimentar a proteção do seu Deus. "Ainda" que a terra se transtorne, ele fala de suposição, mas o Deus que nos socorre é o criador e sustentador da terra. Ele é maior que qualquer tribulação, por isso pode nos dar proteção e segurança. Algumas situações nos deixam tão assustados que chegamos a pensar que Deus está ausente, que estamos sozinhos e desamparados. Outras nos fazem duvidar que Deus poderá intervir e mudar o quadro. No entanto a segurança de uma fé perfeita em Deus, não duvida que Ele pode sustentar e como uma fortaleza proteger no dia da adversidade.

Declarando a promessa

Declaro que a minha vida está segura nas mãos de Deus e o mal não poderá derrotá-la. O meu Deus é Senhor de todas as coisas e não há tempestade que Ele não possa deter. Ele me colocará num lugar de segurança, dar-me-á paz ao coração e me fará viver em segurança. Não temerei adversidade alguma, pois meu Senhor me garante proteção e vitória sobre as tribulações. Nada me deterá de fazer a vontade do meu Deus e servi-Lo de todo o meu coração.

Anotações

Salmo 50.23

"Aquele que me oferece sacrifício de louvor me glorificará; e aquele que bem ordena o seu caminho eu mostrarei a salvação de Deus" (ARC).

95. A PROMESSA DA SALVAÇÃO

Lição de fé para a minha vida

O sacrifício de louvor constitui sacrifícios de ações de graças e atribui a Deus gratidão por Seus feitos, por Seu amor, Sua graça, misericórdia e todas as dádivas da vida. Isso é exaltação ao nome de Deus, não apenas pelo seu próprio reconhecimento, mas pelo anúncio que você faz às pessoas acerca de sua fé. Quando agradecemos a Deus testemunhamos para as pessoas que cremos Nele e Lhe obedecemos. Isso glorifica o Seu nome. Por isso precisamos testemunhar das coisas tremendas que Deus faz em nossas vidas, das nossas orações respondidas, e principalmente, do amor que Ele tem por todos os homens, sem distinção, a ponto de enviar Jesus Cristo para morrer por nós na cruz. Muitas pessoas não sabem o quanto Deus as ama; vivem sem saber que são especiais e alvos de um propósito redentor por parte de Deus. Passam por esta vida e experimentam todos os prazeres possíveis, conquistam grandes vitórias, mas perdem a salvação eterna por desconhecerem o amor de Deus. É por isso que a salvação do Senhor se apresenta ao homem que põe seu caminho em ordem. Esse é o homem que prepara o seu caminho de acordo com a orientação de Deus. Na hora do perigo, Deus lhe protegerá e salvará.

Declarando a promessa

Declaro que glorificarei ao Senhor e a Ele renderei graças por Seus feitos em minha vida. Reconheço que nada sou sem o meu Senhor; é Ele que me faz ter segurança e prosperar diante das dificuldades. O meu caminho será preparado segundo a palavra do meu Senhor, e não me desviarei dos Seus ensinamentos, pois sei que Neles eu encontrarei a verdadeira paz e salvação. O Senhor, o Deus Altíssimo, é a razão do meu viver e me conduzirá salvo até Sua presença.

Anotações

05
ABR

Salmo 51.17

"Sacrifícios agradáveis a Deus são o espírito quebrantado; coração compungido e contrito, não o desprezarás, ó Deus" (ARA).

96. O SACRIFÍCIO AGRADÁVEL A DEUS

Lição de fé para a minha vida

Há uma diferença entre sacrifício na descrição do salmista e no que entendemos hoje. O sacrifício ao Senhor que a Bíblia fala no Antigo Testamento se refere a ofertas colocadas no altar, como cereais, líquidos e animais, que eram oferecidos como forma de agradar a Deus e fazer pagamento de pecados. Como isso se tornara uma necessidade do ser humano, por causa das leis e dos seus muitos pecados, a obrigação tomou o lugar do culto voluntário e de honra a Deus. Todavia, Deus sonda e conhece o coração do homem e não aceita o que é feito por obrigação, sem voluntariedade e sinceridade de coração. Por isso que o salmista retrata a verdadeira oferta como o "espírito quebrantado", pois Deus se importa com o coração do ofertante mais que a oferta que ele possa dar. Uma oferta pode não alcançar o coração de Deus. Se não for de um coração dependente Dele, não chegará à Sua presença e não verá a bênção do Senhor. Às vezes envolvemos nossa vida com muitos sacrifícios para Deus, não aquele sacrifício que era feito no Antigo Testamento, mas atos de sacrifício sobre a nossa própria vida, família, trabalho, amigos e lazer. Você deve sempre se lembrar que o Senhor nosso Deus conhece a verdadeira intenção do seu coração e lhe dará vitórias quando achá-lo dependente e grato a Ele.

Declarando a promessa

Declaro que alcançarei todas as bênçãos de Deus para a minha vida, pois o meu coração estará firme em Sua presença, em atitude de arrependimento e dedicação ao Seu grande nome. Minha maior oferta ao meu Senhor é meu coração ponto para servi-Lo; não esquecerei dos Seus feitos e de quanto sou dependente do Seu amor. Minha vida será sempre abençoada, minha casa prosperará e terei vitória contra toda oposição e pecado, pois o Senhor sondará toda intenção do meu coração e me fará vencedor!

Anotações

06
ABR

Salmo 55.22

"Entrega suas preocupações ao Senhor, e ele o susterá; jamais permitirá que o justo venha a cair" (NVI).

97. A PROMESSA DE SUSTENTO E VITÓRIA PARA OS JUSTOS

Lição de fé para a minha vida

Por natureza somos ansiosos e, no mundo moderno, onde tudo exige ativismo e rapidez, tentar fazer as coisas acontecerem é uma tendência que tem nos dominado. O ser humano por sua própria natureza gosta de fazer as coisas acontecerem. Ao entregarmos qualquer coisa nas mãos do Senhor nos desprendemos do nosso eu, da nossa força, da nossa vontade e passamos a confiar totalmente Dele. Isso não significa deixarmos de agir completamente; antes precisamos fazer a nossa parte, orar e caminhar até onde for possível, e deixar Deus fazer aquilo que compete a Ele. A promessa que está relacionada a essa confiança é de um sustento pleno do Senhor em face às lutas que vivemos; embora haja forte oposição, Ele nos protegerá. Somos chamados, nós que confiamos em Deus, de homens justos, pois andamos nos caminhos de Deus. Por confiarmos no Deus da nossa Salvação, jamais Ele nos decepcionará e nunca nos deixará cair para a morte diante do inimigo. É claro que as pessoas corretas também sofrem, mas o seu Deus não as deixarão prostradas; antes tais pessoas serão levantadas e exaltadas diante de suas maiores adversidades para a glória de Deus. Não deixemos de entregar ao Senhor as nossas preocupações e andemos continuamente em Seus justos caminhos.

Declarando a promessa

Declaro que não serei derrotado pelos meus inimigos, pois a minha confiança está no meu Senhor, que tudo fará para me abençoar. O Senhor é meu guarda fiel, não deixará meus adversários prevalecerem sobre mim. Ao meu Senhor entrego todas as minhas preocupações; meus temores estão em Suas mãos, não agirei por minha força nem farei planos por meus próprios conhecimentos. Esperarei a resposta do meu Senhor e Ele me concederá vitória e prosperidade sobre meus adversários.

Anotações

07
ABR

Salmo 57.2-3

"Clamarei ao Deus Altíssimo, ao Deus que por mim tudo executa. Ele dos céus me envia o seu auxílio e me livra; cobre de vergonha os que me ferem. Envia a sua misericórdia e a sua fidelidade" (ARA).

98. A FIDELIDADE QUE NOS SUSTENTA E NOS LIBERTA

Lição de fé para a minha vida

Deus em tudo que faz tem propósitos, embora não consigamos entender algumas situações permissivas de Deus, não deixamos de acreditar que a nossa vida está bem guardada e protegida por Ele. Por muito tempo Davi fugiu do rei Saul que, com muita fúria, tentou várias vezes matá-lo. Todavia Davi cria nos propósitos de Deus, sabia que já era o rei escolhido e ungido pelo Senhor para ocupar o trono de Israel; tudo era uma questão de tempo, de propósito do seu Deus. E é na fuga de Saul que ele confirma sua crença nos propósitos de Deus sobre a sua vida, não importava se o momento era de perseguição, de viver escondido em cavernas, esse era um tempo que iria em breve se findar e seu destino era o trono de Israel. Precisamos aprender com Davi como é importante confiar nos propósitos de Deus quando tudo parece indicar o contrário. Quantas vezes deixamos de alcançar as promessas de Deus porque desistimos no meio do caminho, fugimos das lutas, nos deixamos abater pela voz dos inimigos, nos acovardamos na hora de mostrar convicção e firmeza! Davi sabia que ao seu clamor Deus viria em seu socorro porque tinha propósitos em sua vida, e os seus inimigos não prevaleceriam sobre ele, pois a fidelidade de Deus cumpriria nele a promessa estabelecida.

Declarando a promessa

Eu tenho a proteção do meu Deus e nenhum inimigo se susterá em meu caminho. O Senhor me dará vitória e executará em minha vida todos os Seus propósitos. Meus adversários serão envergonhados pelo meu Deus; Ele abrirá um caminho seguro para que eu passe em meio às dificuldades e não me desamparará quando eu clamar pelo Seu nome. A fidelidade do meu Senhor me colocará de pé para ver a derrota dos meus inimigos e cumprirá em mim Seus ricos propósitos.

Anotações

Salmo 60.11-12

"Dá-nos auxílio na angústia, porque vão é o socorro do homem. Em Deus faremos proezas; porque ele é que pisará os nossos inimigos" (ARC).

08
ABR

99. SUPERANDO AS ANGÚSTIAS COM SUA FORÇA E PODER

Lição de fé para a minha vida

É muito bom contarmos com os nossos amigos em momentos difíceis da vida. Quem nunca precisou de um ombro amigo, de uma palavra de encorajamento, ou de uma companhia para suportar um determinado tempo de angústia? Há momentos que não conseguimos segurança, e por melhor que sejam os nossos amigos eles não conseguem nos proteger das tempestades que enfrentamos nesta vida. Este salmo é em referência a um tempo de guerra onde os homens contam sempre uns com os outros, para manterem sua retaguarda coberta e conseguirem avançar contra o inimigo em combate. Por muitas vezes Davi socorreu e foi socorrido com sua tropa de inimigos poderosos, mas ele sabia que em determinados momentos somente a mão poderosa do seu Senhor e Deus poderia livrá-lo. O auxílio do ser humano é limitado, enquanto Deus tem todo o poder em Suas mãos. Assim como na guerra, também acontece conosco na angústia e nas feridas que temos na alma. Por melhor que seja a companhia, somente a palavra e a companhia do nosso Senhor e Deus poderá nos proporcionar segurança e vitória. Não hesite em confiar em Deus em suas angústias; abra o seu coração por inteiro para o Senhor e experimente a verdadeira cura para as suas feridas.

Declarando a promessa

Declaro que farei proezas nesta vida com o meu Deus. Ele me concederá a cura para todas as minhas angústias, derrotará e pisoteará os meus inimigos e me dará larga vitória para que eu possa continuar seguindo em segurança. Não confiarei mais nos meus amigos do que em Deus, pois Ele é o meu melhor amigo e companheiro, colocará a Sua mão sobre mim e me protegerá em minha caminhada. Farei coisas sobrenaturais com o meu Senhor nesta vida e nada me impedirá de caminhar com Ele até chegarmos ao céu.

Anotações

09
ABR

Salmo 62.11-12

"Uma coisa disse Deus, duas vezes a ouvi: que o poder pertence a Deus. A ti também, SENHOR, pertence a misericórdia; pois retribuirás a cada um segundo a sua obra" (NVI).

100. A RECOMPENSA DE CONFIAR NELE

Lição de fé para a minha vida

A dependência de Deus é citada muitas vezes neste salmo. O salmista tem em Deus a confiança de ser salvo no momento de perigo, de ser honrado por Deus quando os inimigos tramarem contra o seu caráter, de ser protegido quando eles planejarem atacá-lo; enfim, a confiança em Deus é sempre exaltada e comparada à falibilidade de quem deposita a sua confiança no homem. A lógica, como em tantas outras citações dos salmos, está baseada em pontos muito importantes. O primeiro deles fala acerca do poder de Deus. Enquanto Deus é absoluto e retém em Suas mãos todo o poder e autoridade, o ser humano é falho e mortal, fraco e vulnerável. Ele já havia ouvido mais de uma vez que o poder pertence a Deus, uma forma de dizer que esse era um pensamento que passava por gerações sem poder ser contestado. O segundo ponto, e não menos importante, descreve Seu amor. Em forma de misericórdia ou graça, favor imerecido, o amor tal como o poder, jorra da mesma fonte. O poder e a misericórdia pertencem ao Senhor, por isso podemos confiar Nele. Além de não falhar conosco como as pessoas falham, Ele nos tratará com grande misericórdia e nos recompensará de acordo com o que fizermos.

Declarando a promessa

Declaro que receberei do Senhor toda sorte de bênçãos e prosperarei sobre a face da terra. A minha confiança está no Senhor, no Seu poder e na Sua misericórdia. Ele me auxiliará e falará ao meu coração durante minha vida na terra. Semearei nesta vida bondade e obediência ao meu Deus, pois sei que Ele me honrará e serei abençoado por onde eu andar, pois Suas bênçãos certamente me seguirão. Eu tenho a promessa de grandes colheitas sobre a minha vida!

Anotações

10
ABR

Salmo 68.35

"Ó Deus, tu és tremendo desde os teus santuários; o Deus de Israel é o que dá fortaleza e poder ao seu povo. Bendito seja Deus!" (ARC).

101. O PODER PARA O SEU POVO

Lição de fé para a minha vida

A Tenda do tabernáculo era o lugar da habitação de Deus, a qual foi substituída pelo templo que Salomão erigiu para o Deus de Israel. Desde o tempo de Moisés as histórias sobre as manifestações de Deus enchiam de temor e ao mesmo tempo de alegria o coração de qualquer hebreu. O Senhor, que era o seu Deus, lhes concedeu vitórias sobre todos os povos de Canaã, lhes deu a Terra da Promessa e Sua segurança em Suas terras. No tabernáculo era mantida somente a Arca da Aliança no tempo de Davi; e nada era mais santo e tremendo que aquele lugar. Ali, a presença de Deus poderia ser adorada, sentida e buscada por todo aquele que voltasse para Ele o seu coração. A força de muitas nações estava no seu poder de guerra, na defesa de suas cidades, em seus exércitos, mas Israel tinha sua confiança e fortaleza depositada na presença de Deus. Com Deus no meio deles sabiam que todo inimigo seria derrotado, que suas colheitas seriam abundantes, que as chuvas viriam nas estações certas, pois não havia um deus como o Deus de Israel. Deus continua dando poder ao Seu povo, a mim e a você; a nossa força também não está no que possuímos, ou no que nossos bens possam fazer a nosso favor. A nossa força, esperança e poder está em Deus.

Declarando a promessa

O meu Deus é a minha fortaleza, o meu poder para vencer todas as tempestades que venham sobre mim. Declaro que sobre minha vida nenhuma derrota virá, pois o meu Deus me fará triunfar sobre meus adversários. Em Deus eu tenho forças para superar as angústias dessa vida, tenho paz para discernir e tomar decisões, tenho alegria para enfrentar e vencer a rotina dos meus dias. O meu Deus é onde me escondo, me alegro e venço minhas dificuldades!

Anotações

11 ABR

Salmo 69.33

"O Senhor ouve o pobre e não despreza o seu povo aprisionado" (NVI).

102. O SENHOR QUE SOCORRE E LIBERTA

Lição de fé para a minha vida

Estamos diante de uma promessa de socorro, onde o pobre tem a garantia de ser ajudado e o prisioneiro de ser liberto. Para entendermos a realidade dessa promessa é necessário descortinarmos a vida daquele que é chamado de pobre e do que é prisioneiro. O pobre é sem recursos, diferente do abastado, ele não pode usar seus bens a seu favor; é dependente do favor dos outros. Ele não pode agradar ninguém com ostentação ou presentes, o que alguém faz pelo pobre o faz por amor, ou por reconhecer em sua vida um caráter admirável. Logo, ser pobre é ser desprovido de recursos, é ter que implorar aos homens pelo seu favor sem nada ter de garantia, pois a voz do pobre dificilmente era ouvida. De forma semelhante, a vida de um prisioneiro era ingrata, totalmente dependente dos seus algozes. Aquele que está em prisão paga por algum ato cometido, embora aqui o fato seja mais associado à desobediência a Deus, que tem como consequência cair nas mãos de um inimigo. Dizer que o Senhor não despreza o Seu povo aprisionado é garantir que Deus não ficará irado para sempre, que Ele não abandonará Seu povo nas mãos do inimigo. O Senhor está atento às nossas necessidades e nos dará socorro; confie no Deus que como promessa lhe garante resposta e libertação. Não deixe de acreditar!

Declarando a promessa

Declaro que minhas necessidades serão atendidas pelo Senhor; o meu Deus não deixará de me ouvir e me concederá libertação diante dos problemas que tentam me aprisionar. Eu sou cheio da graça e do amor de Deus; não posso me considerar pobre, pois o Senhor me sustenta com o melhor dessa terra. Ele faz vir em minhas mãos todos os recursos que eu precisar. Tenho sobre a minha vida a promessa de socorro e libertação e não serei derrotado; o Senhor me garante a vitória e me fará sobressair sobre meus adversários!

Anotações

Salmo 72.2-4

"Julgue ele com justiça o teu povo e os teus aflitos, com equidade. Os montes trarão paz ao povo, também as colinas a trarão, com justiça. Julgue ele os aflitos do povo, salve os filhos dos necessitados e esmague ao opressor" (ARA).

12
ABR

103. A PROMESSA DE SOCORRO

Lição de fé para a minha vida

Salomão foi o rei que mais se destacou em Israel, por causa da sabedoria que pediu a Deus para guiar a nação judaica. Por isso o seu julgamento de questões humanas era sempre acertado. Embora esses versos falem da sabedoria e justiça de um rei terreno, sem dúvida alguma, também apontam para o reino do Messias que haveria de vir a Israel, Jesus Cristo. Na vida monárquica de Israel o rei ouvia e fazia o julgamento dos seus súditos; todos dependiam da palavra do rei ou de alguém que ele designasse para resolver as questões que os envolvia. Nós temos um Rei que é muito mais sábio e justo que Salomão; Ele é o Messias que todos aguardavam, já firmou o seu Reino e nós somos os Seus servos. Jesus está sempre pronto a ouvir a nossa queixa. Não faz distinção entre pobre ou rico, aflito ou animado, e julga as nossas causas com justiça. A nossa audiência com esse Rei não tem hora marcada, nem temos que passar por guardas para irmos ao Seu trono, mas podemos nos achegar a Ele com autoridade de servos amados que foram resgatados através de Sua morte na cruz. Confie na justiça e no julgamento do Senhor; entregue-Lhe suas ansiedades e experimente a vida debaixo dos Seus cuidados.

Declarando a promessa

Eu sou guardado pelo Rei dos reis e Senhor dos senhores, por isso não temerei nenhum tipo de afronta nem me porei debaixo de opressão dos meus adversários. O meu Rei me faz andar em segurança e está sempre pronto a ouvir as minhas queixas. Ele me atende quando eu chamo por Ele, sem demora vem ao meu socorro para julgar as minhas causas. Não temerei nenhuma adversidade, pois sei que o justo juiz está comigo para fazer prevalecer na minha vida a Sua perfeita justiça.

Anotações

13
ABR

Salmo 72.17

"O seu nome permanecerá eternamente, o seu nome se irá propagando de pais a filhos, enquanto o sol durar, e os homens serão abençoados nele; todas as nações lhe chamarão bem-aventurado" (ARC).

104. A DEPENDÊNCIA DE DEUS PARA FAZER A DIFERENÇA

Lição de fé para a minha vida

A sabedoria de Salomão ultrapassou as fronteiras de Israel e alcançou, no seu tempo, todas as partes da terra. De longe vinham caravanas para lhe prestar homenagens e conhecerem um pouco de sua sabedoria. Salomão foi um homem que marcou o seu tempo, embora no fim de sua vida tenha pecado contra Deus adorando ídolos. Embora esse texto também se relacione profeticamente a Jesus como o Messias, é admirável o que um homem como Salomão pode fazer no seu tempo. Quero me deter em sua vida para desafiá-lo a marcar o seu tempo, sua história, a fazer diferença enquanto Deus lhe der oportunidade para estar nesse mundo. Quando Salomão nasceu, a Bíblia diz que Deus o amou. Até aqui nada demais, pois Deus ama a todos, e por isso, enviou Jesus para que morresse pela humanidade. A unção de Deus veio para a vida do jovem Salomão quando ele pediu ao Senhor sabedoria, para não errar ao guiar o povo de Israel como seu rei. Desafio você a marcar o seu tempo como alguém que depende de Deus para realizar todas as coisas de maneira justa, verdadeira e bondosa. Não é na própria força ou sabedoria, mas na dependência de Deus que conseguiremos marcar nosso tempo e mudar nossa história.

Declarando a promessa

Declaro que a marcarei o meu tempo, a minha geração e sua posteridade. Mudarei a minha história e influenciarei a todos que estiverem à minha volta pelo poder e força do meu Deus. Meu nome será conhecido de todos, serei referência por onde eu andar, pois o Senhor me ungiu para ser um vencedor. A minha vida será um marco na história desse mundo; nenhum homem conseguirá apagar a chama de influência que deixarei por onde passar. O Senhor me ungiu para prosperar sobre a terra!

Anotações

Salmo 85.12-13

"Também o Senhor dará o que é bom, e a nossa terra produzirá o seu fruto. A justiça irá adiante dele, cujas pegadas ela transforma em caminhos" (ARA).

14
ABR

105. A PROMESSA DE VITÓRIA E PROSPERIDADE

Lição de fé para a minha vida

A terra onde Israel habitava lhe fora dada em promessa por Deus. Nações que ali habitavam foram expulsas, a fim de que eles pudessem tomar posse dessas terras. No entanto as guerras ao redor eram constantes e também os envolvia. Em todo o percurso de conquista de Canaã foi o Senhor quem deu a vitória a Israel, pois um povo que vinha peregrinando pelo deserto não possuía exércitos e carros de guerras como as nações já estabelecidas na terra. Tudo que Israel conquistou era creditado ao poder do seu poderoso Deus. Foi Deus quem deu a promessa, conduziu Seu povo pelo deserto, derrubou cidades fortificadas e desbaratou exércitos poderosos. Era, então, natural que em tempos de crises o nome do Senhor fosse invocado e Suas promessas lembradas. Ele é quem abre o caminho com Seus passos e nos faz andar seguros pisando em Suas pegadas. Que maravilhosa promessa saber que Deus não nos desampara, mas podemos contar com Ele nos momentos difíceis da vida. Ele se prontifica a ir à nossa frente e onde não vemos nada, Ele abre uma porta, faz nascer um caminho e nos dá soltura dos nossos problemas. Não desanime diante de algumas situações que parecem sem saída; lembre-se do Deus maravilhoso a quem você serve.

Declarando a promessa

Declaro todas as portas abertas em minha vida, pela autoridade do meu Deus! Não recuarei diante dos problemas que parecem não ter saída, pois sei que a chave está na autoridade do meu Senhor. O meu Deus não me abandonará, mas abrirá todos os caminhos para que eu seja vitorioso em todos os meus passos. O Senhor me tem concedido uma herança farta por promessa, serei sempre próspero e frutífero seguindo os passos da Sua justiça. O Senhor estabeleceu a prosperidade e a conquista sobre a minha vida!

Anotações

15
ABR

Salmo 86.5-7

"Meu Senhor, Tu és bondoso, cheio de amor e sempre pronto a perdoar; Tu sempre ajudas todos os que Te procuram. Ó Senhor, ouve a minha oração! Escuta com atenção meus insistentes pedidos por misericórdia. Sempre que eu estiver com problemas pedirei a tua ajuda, porque Tu sempre me respondes!" (VIVA).

106. O REFÚGIO DO PERDÃO E DO RECOMEÇO

Lição de fé para a minha vida

A bondade de Deus pode ser vista nos Seus atos de misericórdia sobre a vida dos homens. A todo instante nós pecamos contra Deus, ofendemos a Sua santidade; isso traz sobre nossa vida Sua ira e consequentemente Seu castigo. Mas o que seria de nós, pobres mortais e pecadores, se a cada pecado recebêssemos um castigo? Certamente estaríamos todos mortos e a terra desolada. Embora Deus odeie o pecado, o Seu amor por nós é sem limites. Mesmo quando merecemos uma punição por nossos atos pecaminosos, Ele nos trata com amor e Sua benignidade afasta de nós o Seu furor. Benignidade diz respeito a tratar com amor por abrir mão do direito de punir. Por isso não há motivos para não buscarmos a Sua presença; Ele está sempre pronto a nos perdoar os pecados e nos dá a chance de um recomeço. Em Deus podemos recomeçar quantas vezes Sua benignidade e perdão permitirem; e isso é infinito! Não fique se culpando pelos seus erros. Busque arrependimento em seu coração e corra para a presença do Senhor, que é benigno para com quem O invoque. Ele terá prazer em acolher você nos Seus braços e o colocar no caminho certo.

Declarando a promessa

O Senhor me ouvirá quando eu clamar por Seu socorro; Ele perdoará os meus pecados e me socorrerá no dia da angústia. Não ficarei derrotado por causa das minhas falhas, nem deixarei o sentimento de culpa roubar a alegria do meu coração. O meu Deus perdoará as minhas falhas e me concederá uma nova chance de caminhar ao Seu lado. A benignidade do meu Deus fará com que os meus pés se firmem em Sua presença e não me deixará sucumbir diante dos meus pecados. O Senhor me ouvirá no dia da angústia e me fará vencedor diante de todos os problemas. Ele é o meu Deus!

Anotações

Salmo 91.3-6

"Pois ele te livrará do laço do passarinheiro e da peste perniciosa. Cobrir-te-á com as suas penas, e, sob suas asas, estarás seguro; a sua verdade é pavês e escudo. Não te assustarás do terror noturno, nem da seta que voa de dia, nem da peste que se propaga nas trevas, nem da mortandade que assola ao meio-dia" (ARA).

16
ABR

107. REFÚGIO SEGURO NAS ADVERSIDADES

Lição de fé para a minha vida

Aquele que confia em Deus tem na sua vida a proteção para passar com segurança pelas adversidades. Esta promessa de livramento está associada à vida daquele que habita à sombra do Onipotente. É para todo aquele que busca refúgio em Deus que sua proteção guardará dos males da vida. Algumas figuras são usadas a fim de ilustrar os perigos que nos cercam todos os dias. O laço do passarinheiro era armadilha usada para apanhar pássaros; consistia em atraí-lo com algum tipo de comida, a fim de envolvê-lo numa prisão. Outra figura é a da peste que mata sem avisar, doenças contagiosas que aparecem e destroem sem que haja defesa de suas vítimas. E ainda, a seta que voa de dia pode ser comparada a uma flecha que atinge ao homem sem que ele veja; sem defesa ele é ferido e morto. Todas essas figuras ilustram a fragilidade do homem em meio às dificuldades da vida; no entanto aqueles que confiam em Deus têm livramento. A menção de ser coberto "com as suas penas e estar seguro debaixo de suas asas" lembra uma galinha cobrindo seus pintinhos, ao passo que os esconde ela também está atenta para defendê-los de qualquer ataque.

Declarando a promessa

Não temerei as afrontas dos meus inimigos, nem as dificuldades causadas por qualquer fato nesse mundo. A minha vida está escondida no Senhor do universo; Ele me protegerá dos laços dos meus adversários, da língua difamadora, das doenças perniciosas, do inimigo que em oculto arma ciladas para minha vida. O Senhor me preparará para vencer os obstáculos que surgirem em meu caminho, ele me conduzirá em vitória sobre as adversidades e não permitirá que o inimigo prevaleça sobre mim.

Anotações

Salmo 91.7-12

"Caiam mil ao teu lado, e dez mil, à tua direita; tu não serás atingido. Somente com os teus olhos contemplarás e verás o castigo dos ímpios. Pois disseste: O Senhor é o meu refúgio. Fizeste do Altíssimo a tua morada. Nenhum mal te sucederá, praga nenhuma chegará à tua tenda. Porque aos seus anjos dará ordens a teu respeito, para que te guardem em todos os teus caminhos. Eles te sustentarão nas suas mãos, para não tropeçares nalguma pedra" (ARA).

17
ABR

108. A PROMESSA DE PROTEÇÃO

Lição de fé para a minha vida

Toda promessa tem uma base; aquilo que a sustenta e faz acontecer. A promessa está relacionada àquele que confia em Deus a ponto de esperar pacientemente a Sua ação, Sua proteção. Podemos ver claramente isso na linguagem que o salmista usa relatando a reação do homem justo: "Somente com os teus olhos contemplarás e verás o castigo dos ímpios. Pois disseste: O Senhor é o meu refúgio". O homem que confia em Deus não agirá pelo seu próprio punho, mas aguardará a ação do seu Senhor, enquanto o Senhor trabalha e destrói Seus adversários, Ele apenas observa que mil e dez mil estão caindo ao seu lado. Sua tarefa é confiar e contemplar a ação do seu Deus. Talvez esse seja o nosso grande desafio para usufruirmos dessa tão magnífica promessa: Aguardar, esperar Deus agir. Deus não sofre a ação do tempo como nós; Ele tem tudo sob Seu controle e saberá a hora certa de nos defender. Confiar é descansar no poder de Deus, certamente se o fizer você irá desfrutar dessa magnífica promessa sobre sua vida.

Declarando a promessa

Eu tenho a proteção do meu Deus para me livrar dos meus adversários e fazer-me vencedor em todas as batalhas da minha vida. Declaro que minha confiança está posta no meu Senhor; não agirei por minha conta e guardarei meu coração da ansiedade de Sua resposta. Estou seguro e esperarei com paciência a resposta e ação do meu Deus. Meus olhos contemplarão e glorificarão ao meu Senhor e Deus pela derrota de todos os meus inimigos.

Anotações

18
ABR

Salmo 94.12

"Bem-aventurado é o homem a quem tu repreendes, ó Senhor, e a quem ensinas a tua lei, para lhe dares descanso dos dias maus, até que se abra a cova para o ímpio" (ARC).

109. A FELICIDADE DA CORREÇÃO DIVINA

Lição de fé para a minha vida

Bem-aventurado é um estado de felicidade completa. Não se trata de momentos de alegria, mas de realizações que nos tornam completos e livres do mal. Aqueles a quem Deus repreende e, consequentemente aprendem a obedecer às Suas leis, vão alcançar tal felicidade. Ninguém gosta de ser repreendido; ser corrigido nos coloca numa posição de humilhação e impotência. Contudo, a correção de Deus vem para nos colocar num caminho melhor e nos livrar de quedas e sofrimentos futuros. A pessoa que entende a correção de Deus e segue os Seus conselhos é feliz porque deixará de comprometer os seus dias futuros com sofrimentos. Embora muitas vezes não consigamos enxergar a bondade de Deus na correção, precisamos entender que não sabemos nada do resultado das coisas que queremos ou fazemos, o que ao contrário de nós, nosso Deus conhece. O nosso coração tem desejos enganosos e nos deixamos levar por ele. O freio de Deus em nossa vida, através de Sua correção, privação e negação, é apenas uma proteção de nós mesmos, dos impulsos que nos levarão a uma vida de sofrimentos e derrotas. Oh, que bênção sermos corrigidos pelo Senhor nosso Deus! Só assim a nossa mente ficará em paz!

Declarando a promessa

Eu não terei meu futuro comprometido pelos impulsos do meu coração, pois ouvirei com alegria as correções do meu Deus e serei obediente aos Seus mandamentos. Minha vida será sempre equilibrada pela presença do meu Deus e a felicidade andará ao meu lado. O homem que traçar planos maus contra a minha vida será frustrado, pois o Senhor me impedirá de errar e me concederá um futuro de prosperidade e plena felicidade.

Anotações

Salmo 97.10-11

"Vocês, que amam o Senhor, devem odiar o pecado! E fiquem tranquilos, pois Ele protege a vida dos seus escolhidos e livra os que O amam da mão dos perversos. A luz se espalha na vida dos justos, e a alegria encherá a alma de quem têm coração sincero para com Deus" (VIVA).

19
ABR

110. A ALEGRIA PARA OS JUSTOS

Lição de fé para a minha vida

Uma vida de comprometimento com as Leis de Deus é necessária para gozarmos das Suas bênçãos, mas não podemos esquecer que fazer a vontade de Deus requer forte oposição ao mal. Aquele que ama ao Senhor precisa aprender a não suportar tudo o que tem procedência maligna. Muitas vezes as vozes daqueles que dizem amar a Deus se calam diante da injustiça, do pecado, da injúria, da calúnia, da mentira, da fofoca e de tantas coisas que preferimos nos omitir, a fim de evitar qualquer tipo de comprometimento. Aquele que está envolvido com Deus também está comprometido em clamar contra toda forma de injustiça e maldade nesse mundo. Não podemos ter medo de expressar a vontade e o zelo de Deus em relação à maldade humana. Se amamos ao Senhor jamais deixaremos de fazer o bem; sempre aprendemos essa necessidade, mas não vamos deixar de ser uma voz que clama contra o pecado do homem, pois não existe obediência pela metade. Deus tem nos dado promessas, a fim de que nossa voz não se cale diante da impiedade desse mundo. Não tenha medo de confrontar o ímpio; o Senhor o guardará e lhe fará um caminho de luz e alegria.

Declarando a promessa

O Senhor me guardará de toda armadilha ímpia; não me deixará ser confundido pelos homens que praticam a maldade. Minha boca nunca deixará de clamar contra o pecado que escraviza os homens e os afasta da presença de Deus. Eu sou a voz de Deus nesse mundo de pecados e não cessarei de anunciar a Sua salvação; meu caminho de luz e alegria está sendo preparado pelo meu Senhor e Sua promessa já se estabeleceu em minha vida.

Anotações

Salmo 106.3

"Felizes são aqueles que vivem uma vida correta, aqueles que sempre fazem o que é certo!" (NTLH).

111. A PROMESSA DE BÊNÇÃOS PARA OS JUSTOS

Lição de fé para a minha vida

Durante a jornada de Israel no deserto até a Terra da Promessa aconteceram muitas rebeliões contra Deus. Mesmo depois de tomar posse de todo território de Canaã e experimentar as bênçãos e provisões, vitórias e manifestações poderosas de Deus, eles continuaram a pecar e a se rebelar contra as Leis do Senhor. As consequências eram inevitáveis, pois andavam em seus próprios caminhos e acabavam por encontrar sua própria desgraça. No entanto, sempre houve um remanescente fiel ao Altíssimo, e estes são os que não se deixavam levar ou influenciar por aqueles que abandonavam as Leis de Deus, para viver em conformidade com os padrões abomináveis de outras nações. Eles eram os fiéis que moviam o coração de Deus para não destruir a nação, mas preservá-la sob os Seus cuidados. Enquanto os rebeldes colhiam os frutos tristes de sua rebelião, os que confiavam no Senhor aguardavam Sua manifestação para satisfazer-lhes os mais profundos anseios. Estes colhiam suas bênçãos do Senhor, pois apesar das situações difíceis, permaneciam praticando o que era justo e reto. Perseverar na retidão é não se deixar mover pelas facilidades da vida nem recuar diante das dificuldades do seu caminho. Esteja certo de que há muitas bênçãos lhe aguardando.

Declarando a promessa

Declaro que a felicidade me cercará todos os dias, pois meu coração está voltado para obedecer ao Senhor meu Deus e praticar a justiça. As bênçãos de Deus me seguirão e a felicidade será minha companheira de todos os dias. Amo a retidão e a justiça e não deixarei de praticar o que é correto; nenhuma circunstância ou adversidade mudará os meus passos. Serei sempre feliz fazendo o que é certo e vivendo justamente.

Anotações

21
ABR

Salmo 117.1-2

"Louvem o Senhor, todas as nações; exaltem-no todos os povos! Porque imenso é o seu amor leal por nós, e a fidelidade do Senhor dura para sempre" (NVI).

112. O AMOR LEAL DE DEUS

Lição de fé para a minha vida

Somos convidados a louvar a Deus por causa da Sua fidelidade em amar. Aliás, não se pode separar amor de fidelidade, mas no caso de Deus é uma maneira do salmista dizer que Ele ainda nos ama, apesar de errarmos e ferirmos a Sua santidade. Mesmo quando quebramos Seus mandamentos e O abandonamos, Ele continua a nos amar e espera nosso regresso como um pai espera ansioso pela volta do filho querido que deixou a proteção e conforto do seu lar. O amor de Deus é leal, não é movido por momentos nem pode ser medido por gestos, Deus nos ama e, apesar dos nossos fracassos, continua nos amando. Os seres humanos são por natureza estimulados a amar aqueles que lhe agradam, que lhe dão presentes e atenção; talvez por isso tenhamos dificuldade para entender um amor que não requer nada em troca, que se dá e se compraz em abençoar mais que receber. Em algumas situações de nossa vida, sentimos a presença desse amor incondicional de Deus, quando O buscamos com o coração marcado pelos tropeços do caminho errado que escolhemos e sentimos Seu perdão acolhedor, mostrando que há um novo caminho, que a segunda chance é verdadeira, que os deslizes poderão ser apagados para nunca mais serem lembrados.

Declarando a promessa

Sou amado por Deus e nada pode mudar o Seu amor por mim. Quando eu errar não terei receio em correr para os braços do meu Senhor, pois sei que Ele anseia estar perto de mim. O amor de Deus não muda, por isso estou seguro na proteção desse amor; Ele é fiel e, ainda que eu seja infiel para com Ele, não me deixará nas mãos dos meus adversários, mas me livrará e me conduzirá em paz no Seu fiel amor. Sou amado do meu Deus e nenhuma adversidade poderá me afastar desse amor!

Anotações

Salmo 118.5-7

"Cercado por terríveis problemas pedi ajuda ao SENHOR. Ele me ouviu e me livrou do aperto. Tenho certeza de que o SENHOR está comigo. Por isso não tenho medo do que os homens planejam fazer contra mim. O SENHOR é o meu melhor amigo! Ele me ajudará, e por isso eu vencerei todos os meus inimigos" (VIVA).

22
ABR

113. O SENHOR, NOSSO SOCORRO

Lição de fé para a minha vida

O termo tribulação enfatiza toda situação que nos traz aperto, um beco sem saída ou uma situação de guerra em que o inimigo cerca-nos de todos os lados. É no meio desse turbilhão de sofrimento e ansiedade que a busca pelo Senhor é vista como única saída possível. Sua intervenção nos traz folga, o aperto é desfeito e podemos ver mais claramente uma saída. É provável que o salmista tenha experimentado essa intervenção do Senhor em algumas guerras que enfrentou. Diante de tamanho livramento se percebe que o Senhor está perto daqueles que O invocam e já não há motivos para temer as ameaças dos homens. Outra face dessa promessa está no fato de haver socorro também através da vida daqueles que são amigos ou que, em determinados casos, se unem para nos ajudar. Por isso podemos ver a ação do Senhor entre aqueles que nos ajudam, a fim de realizar o desejo do nosso coração. Como é bom saber que o Senhor Deus está pronto a atender em nossas tribulações, que pode usar nossos amigos para manifestar em nossa vida o Seu livramento. Não deixe de erguer sua voz ao Senhor quando estiver em aperto, pois sobre a sua vida há promessa de livramento.

Declarando a promessa

Eu tenho a vitória garantida de toda tribulação que vier sobre a minha vida, pois o meu Deus está atento ao meu clamor. Ele ouvirá a minha voz e me dará saída e livramento diante dos meus inimigos. Os homens que armarem ciladas contra mim irão sucumbir diante do poder do meu Deus. Sobre minha vida está alicerçada a promessa de livramento e derrota dos meus adversários, o Senhor me fará prosperar e ter vitória por onde quer que eu andar!

Anotações

Salmo 119.165

"Os que amam a tua lei desfrutam paz, e nada há que os faça tropeçar" (NVI).

114. ESCOLHENDO SEGUIR A LEI DE DEUS

Lição de fé para a minha vida

Quando conhecemos a vontade de Deus e sabemos quais caminhos apontam para ela, também aprendemos as direções que são opostas e contra sua vontade. Ou seja, os mandamentos de Deus nos dão consciência do que é certo e errado e a escolha passa a ser responsabilidade nossa. A obediência às Leis de Deus deixa o coração do homem em paz; ele sabe que seus passos estão na direção certa e que as bênçãos de Deus o seguirão sempre, pois a recompensa da obediência é a presença constante de Deus em sua vida. Aquele que escolheu desprezar as Leis de Deus irá colher, no decorrer de seus caminhos, todo infortúnio e castigo causados pela desobediência e má escolha. A promessa que todo aquele que ama a Lei de Deus vai desfrutar da paz e não irá tropeçar, está relacionada à escolha que todo homem pode fazer acerca dos seus caminhos, quando conhece a vontade de Deus. Ele só irá tropeçar se escolher ignorar a Lei de Deus e se lançar em seus próprios rumos. Na vida fazemos escolhas todos os dias, desde coisas simples até necessidades sérias; estamos sempre escolhendo. Embora em algumas situações sejamos pressionados a agir por nós mesmos, vale a pena pagar o preço da obediência e agir conforme a Palavra de Deus, pois a recompensa virá e Deus honrará a sua vida.

Declarando a promessa

Declaro que não tropeçarei nem cairei nas ciladas que o adversário me preparar. Eu decido servir ao Senhor e andar conforme os Seus mandamentos; minha vida será sempre de paz e o meu caminho será aplainado pela Palavra do meu Deus. O melhor dessa vida está na obediência a Deus; essa é a minha escolha, e nada me impedirá de ser fiel a Ele. Eu desfrutarei da paz e não tropeçarei nas armadilhas desse mundo, pois a Palavra do meu Deus ilumina os meus passos e me dá vitória.

Anotações

Salmo 121.1-5

"Elevo os olhos para os montes: de onde me virá o socorro? O meu socorro vem do SENHOR, que fez o céu e a terra. Ele não permitirá que os teus pés vacilem; não dormitará aquele que te guarda. É certo que não dormita, nem dorme o guarda de Israel. O SENHOR é quem te guarda; o SENHOR é a tua sombra à tua direita" (SHEDD).

24 ABR

115. O SOCORRO DO SENHOR

Lição de fé para a minha vida

Elevar os olhos para o monte retrata a busca por uma saída, um socorro que precisa aparecer. É como estar cercado num vale, vendo os inimigos à volta, descendo das montanhas para nos arrebatar. Não há muito que fazer a não ser esperar que por trás das fileiras do inimigo, surja um exército poderoso para nos livrar. Assim o salmista espera em Deus quando cercado de inimigos, passando por tempestades, sem perspectivas, ele se indaga: "De onde me virá o socorro?" Mas sua confiança o coloca de pé e a fé em seu coração o faz bradar: "O meu socorro vem do Senhor que fez os céus e a terra!" Que maravilhosa promessa! Ter a Deus como aliado é certeza de vitória, pois Ele está sempre alerta aos nossos passos para nos impedir de cair, Sua atenção à nossa vida está em todo o tempo. Como sombra nos protege e está sempre ao nosso lado. Esta promessa deve afastar do nosso coração todo medo que nos atinge quando nos sentimos afrontados por adversidades que passamos. Na busca por solução e socorro muitas vezes corremos ao monte, aos amigos, aos parentes, mas o Senhor é quem tem a nossa salvação. Não se deixe amedrontar pelas dificuldades!

Declarando a promessa

Tenho o socorro de Deus sobre a minha vida; nada poderá me derrotar. O Senhor me guardará por onde eu andar, Sua companhia constante me protegerá de todo mal. Ele é meu escudo contra as investidas dos meus adversários e socorro presente na hora da angústia. Não estou sozinho em minhas dificuldades, o protetor está sempre ao meu lado para me consolar na aflição e me dá largueza nas dificuldades. Terei uma vida vitoriosa, pois não há melhor protetor que meu Senhor, criador dos céus e da terra!

Anotações

Salmo 126.5-6

"Que aqueles que semeiam chorando façam a colheita com alegria! Aqueles que saíram chorando, levando a semente para semear, voltarão cantando, cheios de alegria, trazendo nos braços os feixes da colheita" (BLH).

25
ABR

116. COLHENDO ALEGRIA MESMO NAS DIFICULDADES

Lição de fé para a minha vida

Para cada um de nós Deus preparou um caminho a ser trilhado; embora o resultado de nossas ações produza em nossas vidas bênçãos ou maldições, Deus está acima de tudo isso e tem soberania para nos traçar um caminho. Isso não quer dizer que há um destino traçado por Deus em nossa vida, que nada que façamos poderá mudá-lo, antes significa que Deus tem propósitos em nossas vidas e nos vai capacitando para exercê-los, à medida que vamos aprendendo com as regras, limitações e situações que a vida nos apresenta. O fato é que o fruto do nosso investimento irá aparecer; a vida é uma semeadura muito frutífera e tudo que plantamos um dia iremos colher. Muitos de nós têm semeado em meio a lutas; apesar das dificuldades não desistimos de semear. Outros simplesmente param diante das adversidades e sucumbem diante da sua própria tristeza. O que encontramos nesse salmo é a promessa de que a semeadura irá dar o seu fruto, que o tempo da colheita trará tanta alegria que os dias tristes serão esquecidos. Não deixe de semear no tempo da tristeza, pois aqueles que confiam no Senhor podem sair com a cesta de sementes chorando, que sem dúvida, voltarão carregados de feixes de espigas.

Declarando a promessa

Sobre a minha vida está a promessa de colheitas abençoadas que me trarão grandes alegrias. Posso semear em tempos de dificuldades, pois sei que o meu Deus honrará a minha colheita. Não desistirei de fazer a minha parte no Reino de Deus, mesmo na tristeza, decepcionado ou confrontado pelo inimigo, não desistirei de semear a semente dos meus sonhos, do amor, da paz, do perdão e da salvação do meu Deus. Eu vivo a promessa de colher abundantemente tudo o que eu puder semear!

Anotações

Salmo 130.3-5

"Se tu, soberano Senhor, registrasses os pecados, quem escaparia? Mas contigo está o perdão para que sejas temido. Espero no Senhor com todo o meu ser, e na sua palavra ponho a minha esperança" (NVI).

26
ABR

117. A PROMESSA DE RESTAURAÇÃO

Lição de fé para a minha vida

A santidade de Deus é ofendida pelos nossos pecados, logo manter comunhão com Ele torna-se impossível se não houver perdão para os nossos pecados. Por isso, tem disposição em nos dar Seu perdão, tem Seus braços estendidos para nos receber em arrependimento. A oferta de perdão de Deus não tem como base nenhuma obra humana, é simplesmente por amor e graça que Ele nos recebe e restaura. Isso não significa que Ele ignore os nossos pecados, nem tão pouco que Sua graça não leva em conta o que fazemos. Como diz o salmista, se o Senhor registrasse os pecados, quem escaparia? A questão é que o Seu perdão apaga os pecados quando nos arrependemos deles; a dívida é de fato cancelada, e podemos recomeçar. Um pecado não confessado traz consequências trágicas para a vida do homem, o perdão que Deus dá elimina o pecado e suspende toda a maldição. Por isso, aquele que pode perdoar pecados deve ser temido, pois sem o Seu perdão estamos fadados à condenação eterna. Muitos deixaram a presença de Deus envolvidos em culpas e fracassos dos seus erros. Deus lhe dá nova oportunidade e o ajuda a recomeçar se diante Dele abrir seu coração em arrependimento.

Declarando a promessa

Eu tenho a garantia do perdão dos meus pecados e não ficarei mergulhado em nenhum tipo de culpa, pois o perdão de Deus restaura a minha vida e os meus sonhos fazem realizar. Quando errar não encobrirei o meu pecado, mas buscarei a presença do meu Senhor, em arrependimento sincero, e obterei o Seu perdão. Minha confiança está na Palavra do meu Deus; é Sua Palavra que me ensina o caminho da verdade e guarda os meus pés de vacilarem. Ela me garante a vitória pelo perdão de Deus sobre a minha vida!

Anotações

27
ABR

Salmo 138.7-8

"Se ando em meio à tribulação, tu me refazes a vida; estendes a mão contra a ira dos meus inimigos; a tua destra me salva. O que a mim me concerne o SENHOR levará a bom termo; a tua misericórdia, ó SENHOR, dura para sempre; não desampares as obras das tuas mãos" (ARA).

118. REFAZENDO A VIDA NAS TRIBULAÇÕES

Lição de fé para a minha vida

Na vida passamos por situações que, se fôssemos escolher, as descartaríamos sem qualquer dúvida. É claro que boa parte das situações indesejadas nos faz crescer, moldam nosso temperamento e conduta, mas, se dependesse de nós, as evitaríamos. No entanto, aqueles que servem a Deus experimentam nessas situações a Sua graça, Seu poder e conforto. O salmista expressa o cuidado de Deus em meio à tribulação dizendo que nela Ele refaz a vida, uma maneira de dizer que nos momentos de aperto Deus preserva a nova vida, seja por proteção ou restaurando as forças, Ele está ao nosso lado para nos auxiliar contra toda sorte de adversidade. Embora não entendamos boa parte das aflições que passamos temos a garantia que Deus cumprirá em nós o Seu propósito, isto é o significado da expressão "o que a mim me concerne o Senhor levará a bom termo". Ou seja, nenhuma aflição por maior que seja, pode impedir o Senhor realizar em nós o Seu querer. Essa capacidade de amar que está em Deus não depende dos nossos atos, é a misericórdia Dele que O faz olhar para cada um de nós e gerar bênçãos em nossas vidas.

Declarando a promessa

Todos os meus inimigos serão abatidos pela poderosa mão do Senhor que se erguerá em minha defesa quando eu for afrontado. Não temerei os momentos turbulentos que se chegarem à minha vida, sei que o meu Deus está ao meu lado para me proteger e realizar na minha vida o Seu propósito. Tenho sobre a minha vida a bênção de ser guardado pelo meu Senhor; pela Sua misericórdia viverei seguro e verei a derrota de todos os meus inimigos. Deus me dará a Sua vitória e me fará prosperar!

Anotações

Salmo 140.12-13

"Sei que o Senhor defenderá a causa do necessitado e fará justiça aos pobres. Com certeza os justos darão graças ao teu nome, e os homens íntegros viverão na tua presença" (NVI).

28
ABR

119. A RECOMPENSA PARA OS JUSTOS

Lição de fé para a minha vida

A opressão que vemos no mundo de hoje, em que países ricos e poderosos oprimem e exploram aqueles que são mais pobres, pode também ser vista na cidade ou no campo, onde os maiores e mais fortes exploram os menores e mais fracos. Essa luta frenética do homem pelo poder e riqueza faz o mundo viver um verdadeiro caos e por mais que algumas entidades, governamentais ou não, façam alguma coisa, nunca é o bastante para frear a injustiça nesse mundo. O pobre e necessitado a que se refere o salmista é esse tipo de gente que não tem como lutar contra a injustiça, não possui prata ou poder para negociar suas necessidades e direitos. Porém, o que os homens esquecem é que Deus não faz acepção de pessoas; por não tolerar a injustiça se levantará em favor daqueles que são oprimidos, atenderá suas necessidades e não deixará os opressores impunes. Nessa ação de Deus os justos se alegrarão e exaltarão o Seu nome, pois a justiça que eles tinham forças para executar Deus a tomou e fez. Aprendemos nessa promessa que devemos buscar sempre o que é justo, pois é ao lado de Deus que os justos viverão, e que Deus não ignora as necessidades dos pobres e oprimidos; antes no tempo certo se levantará em seu favor para lhes fazer justiça.

Declarando a promessa

Eu me alegrarei na justiça do meu Deus e glorificarei o Seu nome na restauração dos oprimidos e necessitados. Ponho a minha vida à disposição do meu Senhor para clamar contra toda sorte de injustiça e não fechar meus olhos para a necessidade do pobre. Minha alegria é fazer a vontade do meu Senhor e estar ao Seu lado sendo usado como instrumento na pregação da Sua Palavra, que restaura as nações e dá vida eterna a todos os homens. Eu sou a voz de Deus nesse mundo injusto clamando contra toda sorte de injustiça!

Anotações

29
ABR

Salmo 145.8-10

"Benigno e misericordioso é o SENHOR, tardio em irar-se e de grande clemência. O SENHOR é bom para todos, e as suas ternas misericórdias permeiam todas as suas obras. Todas as tuas obras te renderão graças, SENHOR; e os teus santos te bendirão" (ARA).

120. RESTAURAÇÃO PARA OS QUE SE ARREPENDEM

Lição de fé para a minha vida

Misericórdia é um ato de amor que não pede nada em troca; sua grande característica é favorecer a quem não merece nada. Se a cada transgressão que fizéssemos recebêssemos um castigo, estaríamos mortos e o mundo não teria mais habitantes; por isso o Senhor é tardio em irar-se, mas também paciente, aguardando o tempo de arrependimento dos nossos erros. Percebemos, então, que a bondade do Senhor não faz distinção de pessoas, Ele é bom para todos e Sua misericórdia pode ser vista em todas as Suas obras. Toda criação de Deus foi feita pensando no homem; o que existe na terra é para o seu bem-estar; doenças, pestes e espinhos são consequências dos seus pecados, mas na criação tudo Deus fez perfeito para o homem. Não é exagero dizer que a misericórdia é a razão de estarmos respirando, de termos sonhos e planos para o nosso futuro. Aqueles que conhecem a Deus e O servem de coração se alegram em Sua misericórdia, pois sabem que são alvos do Seu amor. Muitas pessoas não conseguem perdoar os seus próprios erros e vivem presas à culpa, a não aceitação de si mesmas e se esquecem que Deus tem perdão para livrar toda culpa e grande interesse em nos ver começar uma nova vida.

Declarando a promessa

A misericórdia do Senhor me dará nova esperança a cada manhã para eu começar a conquistar novos sonhos. O Senhor não me rejeitará por causa dos meus erros nem me privará de Sua proteção, antes me perdoará qualquer pecado e restaurará a minha vida. Eu tenho a compreensão e a compaixão de Deus sobre mim. Ele não me deixará quando eu vacilar e cair; não ficarei prostrado, pois Sua misericórdia firmará os meus passos e me conduzirá para uma vida de vitórias.

Anotações

30 ABR

Salmo 147.6

"O Senhor sustém o oprimido, mas lança por terra o ímpio" (NVI).

121. O SENHOR SUSTENTA OS OPRIMIDOS

Lição de fé para a minha vida

A busca gananciosa por bens, poder e luxúria, faz com que as necessidades dos homens estejam acima de valores superiores como a vida do próximo, o amor, a paz e a necessidade de Deus. A humanidade anda na contramão do que ensinou Jesus, pois tem amado a si mesmo mais do que a Deus e mantém alguma afeição ao próximo quando este pode lhe render vantagens. A roda da vida é tão intensa que vivemos sendo oprimidos em diversas esferas e muitas vezes oprimimos sem saber que o fazemos. Quando a Palavra de Deus entra em nossa vida, nos ensina a curar nossas próprias feridas e a nos livrar de nós mesmos. Passamos a ter melhor compreensão do mundo e avançamos de opressores a cooperadores de Deus. Mas durante o tempo de nossa opressão foi Deus quem sempre esteve nos amparando. Nos bastidores da vida tivemos sempre uma mão amiga, dirigida ou sustentada por Ele, para nos defender. Nossa própria história é o cumprimento dessa promessa do Senhor, basta dar uma olhada para trás e percebermos o quanto fomos e somos amparados nas dificuldades. Em contrapartida, aqueles que praticam a injustiça têm o fim dos seus dias como uma noite sombria, sem amparo e ninguém para ajudar. Por isso, vale a pena confiar no Senhor e esperar a manifestação do Seu socorro.

Declarando a promessa

O Senhor é o meu amparo e a minha justiça. Não temerei o homem que pratica a impiedade, que trama astutamente contra a minha vida. O Senhor me sustentará e me conduzirá num caminho de paz e vitória. Não invejarei o ímpio por sua falsa prosperidade; cedo a sua vida será ceifada, mas habitarei com segurança na presença do meu Deus e por Ele serei amparado por onde eu andar. O Senhor é a minha justiça e amparo; não temerei o homem ímpio, mas sobre ele terei plena vitória.

Anotações

MAIO

Nenhuma Promessa de Deus Falha

Cada palavra que sai da boca de Deus sempre cumpre Seu propósito. Nada do que Deus promete voltará vazio. Precisamos confiar na fidelidade de Deus, e Ele agirá a nosso favor.

Gary Haynes

"Assim ocorre com a palavra que sai da
minha boca: ela não voltará para mim vazia,
mas fará o que desejo e atingirá o
propósito para o qual a enviei."

Isaías 55:11 (NVI)

01
MAI

Provérbios 1.7

"O temor de Javé é o princípio do saber, porém os idiotas desprezam a sabedoria e a disciplina" (EP).

122. O TEMOR DE DEUS: O PRINCÍPIO DA SABEDORIA

Lição de fé para a minha vida

Ser sábio não significa ter um vasto conhecimento nos segmentos da vida humana, mas ter a maturidade espiritual para discernir entre o certo e o errado. Somente conhecendo as leis de Deus e respeitando-as que a pessoa pode adquirir sabedoria. O temor a Deus é revelado na obediência que o homem lhe dá, e isso não pode ser de outra forma se não pela observação dos Seus mandamentos. Isso não significa que o conhecimento adquirido de maneira científica ou similar não tenha valor algum, mas sim que somente o temor às leis de Deus pode conduzir o homem a um caminho de paz e segurança. Os idiotas são caracterizados como aqueles que desprezam este tipo de sabedoria e consequentemente não aderem à disciplina. Isso pode ser entendido, pois as leis de Deus nos impõem uma disciplina natural de não agradarmos a nós mesmos, mas a Deus. Então, o princípio do saber é negarmos toda nossa vontade para fazermos a vontade de Deus e recebermos a satisfação para as nossas mais profundas necessidades que só Ele pode dar. A leitura da Bíblia nos proporciona um coração mais sábio que qualquer outro livro possa fazer, pois ela nos revela a vontade de Deus para nossa vida e nos ensina a dependermos Dele. Temer a Deus é impossível sem o conhecimento de quem Ele é.

Declarando a promessa

Eu temerei ao Senhor e não deixarei o conhecimento humano sobrepujar a excelência da Palavra de Deus sobre a minha vida. O meu sucesso e prosperidade estão no meu temor e respeito à soberana vontade de Deus. Não serei como um tolo que despreza a correção e os ensinos da Palavra de Deus. Em minha vida esses preceitos me guiarão para o caminho de sucesso, me impedirão de cair, conduzirão com perfeição para alcançar as minhas bênçãos do Senhor e me farão um homem sábio, capaz de conquistar toda vitória e prosperidade que Deus tem para mim.

Anotações

02
MAI

Provérbios 1.23

"Atentai para a minha repreensão, pois eis que vos derramarei abundantemente do meu espírito e vos farei saber as minhas palavras" (ACRF).

123. A REPREENSÃO DE DEUS

Lição de fé para a minha vida

Um malabarista só anda na corda bamba depois de muito se preparar e experimentar várias quedas até conseguir o equilíbrio perfeito. Deus a todo o momento está nos treinando para alcançarmos o perfeito equilíbrio para recebermos mais do Seu Espírito e conhecermos Sua vontade. Nossa dedicação ao ensino de Deus não está atrelada somente aos momentos bons que a vida nos proporciona, mas também àqueles de dificuldades e, principalmente, as repreensões que recebemos Dele quando erramos. Por isso estar atento é observar com estudo cada advertência ou conselho que vem da parte de Deus. Esse pode ser o momento que Ele nos ensina a ter equilíbrio, mansidão, fé, ânimo, coragem ou outra coisa necessária para recebermos o que Ele nos tem preparado. O pecado nos fez seres desprovidos de muitas qualidades boas, mas Deus quer trabalhar em nós com a finalidade de derramar mais do Seu Espírito poderoso sobre nossa vida. Não deixe de ouvir a voz de Deus no momento de repreensão, quando a sua vontade entrar em choque com a Dele, não tenha medo de ceder e obedecê-Lo. É a Palavra de Deus que irá lhe dar o conselho certo para alcançar um coração preparado para receber a manifestação de Sua vontade sobre você.

Declarando a promessa

Em todo o tempo atentarei para os conselhos de Deus e a Sua repreensão moldará o meu coração, para ser perfeito e receber Suas promessas e vitórias. O caminho da vitória está na Palavra de Deus que a mim é revelada; ela contém as mais ricas bênçãos e promessas que Deus me fará herdar quando meu coração estiver pronto para recebê-las. Portanto não deixarei de ouvir Suas palavras de repreensão, nem me desviarei dos Seus ensinamentos. O derramar do Espírito de Deus sobre mim me dará a conhecer Sua verdade e prosperar no meu caminho.

Anotações

Provérbios 2.1-5

"Filho meu, se aceitares as minhas palavras, e esconderes contigo os meus mandamentos, para fazeres atento à sabedoria o teu ouvido, e para inclinares o teu coração ao entendimento, e se clamares por entendimento, e por inteligência alçares a tua voz, se como a prata buscares e como a tesouros escondidos a procurares, então entenderás o temor do SENHOR, e acharás o conhecimento de Deus" (ARC).

03
MAI

124. O TESOURO DE DEUS EM NOSSO CORAÇÃO

Lição de fé para a minha vida

Em todo instante tomamos decisões, algumas são triviais e outras são tão importantes que poderão mudar a nossa vida. A decisão acertada traz muitos benefícios, mas tomá-la nem sempre é muito fácil. O que pesa em nossas decisões e atitudes são a sabedoria e o discernimento, ou o entendimento correto, para que a atitude certa seja tomada e faça seu efeito. O entendimento correto de todas as coisas só Deus tem, mas está sendo facultada a quem O busca com intensidade de coração, e essa busca começa com a valorização da Palavra de Deus. O que dá continuidade a essa busca é o desejo de entender a relação das leis de Deus para a vida da pessoa e quem alcança entendimento pode discernir entre o certo e o errado. Não é fácil seguir esse caminho, por isso desejá-lo mais do que o ouro, deve ser o alvo daquele que busca discernimento e maturidade. A sabedoria não é um tesouro humano, mas divino, colocado à disposição daquele que quer agradar a Deus, portanto quem encontra a sabedoria e o entendimento encontra o próprio Senhor.

Declarando a promessa

Alcançarei a sabedoria e o entendimento, e nenhum discernimento me faltará nos momentos decisivos de minha vida, pois a Palavra do meu Deus está guardada em meu coração. Nenhum valor desse mundo me impedirá de buscar a preciosidade do conhecimento de Deus; buscarei nessa fonte inesgotável, em observação e obediência, todo discernimento para a minha vida. O temor do Senhor é o que busco para mim, pois Nele reside a vontade de Deus e a conquista de Suas promessas para minha vida. O meu tesouro está em conhecer o coração do meu Deus.

Anotações

04
MAI

Provérbios 3.1-2

"Meu filho, nunca se esqueça das coisas que eu lhe ensinei. Guarda sempre na memória as minhas instruções. Se você seguir essas instruções bem de perto terá uma vida longa e tranquila" (VIVA).

125. A PROMESSA DE VIDA LONGA E PAZ

Lição de fé para a minha vida

Como um pai ensina ao filho o caminho para o sucesso, assim Deus tem a preocupação de nos ensinar a andar de maneira que conquistemos o sucesso de uma vida longa e de paz. Às vezes as dificuldades que enfrentamos no caminho nos trazem desespero e tentamos agir por nossas forças, conceitos e ideias. Esquecemos de buscar na memória os ensinos que nos foram passados pela experiência daqueles que viveram situações iguais ou parecidas com as que enfrentamos. Ainda que esses ensinos não façam parte da vida de pessoas que conhecemos, podemos muito aprender na Palavra de Deus com homens e mulheres que ouviram a Sua voz em situações difíceis e venceram. A Palavra de Deus precisa estar viva em nossa mente, pois nas horas de aperto elas nos ensinarão o caminho certo. Um caminho sempre leva para algum lugar e quando se caminha ouvindo as instruções de Deus o lugar é de prosperidade e paz. Nem sempre é fácil seguir as instruções de Deus, muitas vezes elas vêm de encontro ao que queremos ou sonhamos, mas quando abrimos mão de nós mesmos para segui-las, encontraremos o melhor para nossa vida. Ainda que seja difícil e tenha um preço a se pagar, não deixe de seguir de perto o que Deus tem lhe instruído.

Declarando a promessa

Terei uma vida próspera e de muita paz, pois manterei vivas as palavras de Deus em meu coração. Seguirei os conselhos de Deus, os Seus mandamentos, não me apartarei deles jamais. Nos dias de muita dificuldade eles me ensinarão o caminho da paz e serão para mim como um escudo protetor. A Palavra de Deus é minha conselheira todos os dias; nela eu meditarei e manterei a confiança de que tenho sobre mim a promessa de uma vida longa, cheia de paz e prosperidade. Confio na promessa que Deus já estabeleceu sobre mim e desde agora até o fim dos meus dias, viverei abundantemente e descansarei na paz do meu Senhor.

Anotações

Provérbios 3.11-14

"Meu filho, não despreze a disciplina do Senhor nem se magoe com a sua repreensão, pois o Senhor disciplina a quem ama, assim como o pai faz ao filho de quem deseja o bem. Como é feliz o homem que acha a sabedoria, o homem que obtém entendimento, pois a sabedoria é mais proveitosa do que a prata e rende mais do que o ouro" (NVI).

05
MAI

126. AMOR QUE NOS CONDUZ À SABEDORIA

Lição de fé para a minha vida

Nem sempre entendemos disciplina como amor. Ela às vezes machuca, causa dores e exige de nós uma resposta positiva ao Seu ensino. Deus constantemente nos disciplina. Embora não saibamos ou nem percebamos, muitas situações que passamos na vida é uma forma de Deus nos ensinar e preparar para receber o que Ele tem a dar-nos ou fortalecer-nos para enfrentar o que a vida nos trará. Outra forma de disciplina aplicada é a corretiva, essa é mais dolorosa, pois implica em sofrer as consequências dos nossos próprios erros. É nesse aspecto que um pai disciplina o seu filho, corrige seus erros com repreensão, com o fim de que ele cresça e seja alguém respeitável, ou seja, preparado para uma vida adulta. Como filhos de Deus precisamos crescer espiritualmente, alcançar maturidade e santidade. Quando o Senhor nos disciplina está nos preparando para algo melhor. Então, quando entendemos a disciplina como amor, alcançamos um coração sábio. Quando passar pela correção de Deus busque encontrar o caminho do arrependimento, pois assim você encontrará o maior tesouro do mundo, a sabedoria.

Declarando a promessa

Declaro que a disciplina de Deus sobre minha vida me conduzirá ao arrependimento e Seu amor me fará prosperar em maturidade e entendimento. O amor que Deus sente por mim não me deixará caminhar no erro e nem que a transgressão me passe despercebida. Meu Senhor me guiará em disciplina para que Seus propósitos sejam realizados em minha vida. Seu amor me levará ao arrependimento e me fará encontrar o caminho da sabedoria. Sou feliz, pois o Senhor fez-me encontrar o entendimento e me pôs a sabedoria como companheira. Tenho a sabedoria como minha amiga, ela conduzir-me-á os passos no caminho de Deus.

Anotações

Provérbios 3.21-24

"Meu filho, guarde consigo a sensatez e o equilíbrio, nunca os perca de vista; trarão vida a você e serão um enfeite para o seu pescoço. Então você seguirá o seu caminho em segurança, e não tropeçará; quando se deitar, não terá medo, e o seu sono será tranquilo" (NVI).

06
MAI

127. BUSCANDO A VERDADEIRA SABEDORIA EM DEUS

Lição de fé para a minha vida

A pessoa sensata é aquela que reflete, pensa antes de agir; não se deixa levar pela aparência nem pelas pressões que lhe são infligidas. Da mesma forma quem tem equilíbrio age com prudência e não perde o seu bom senso pelos impulsos que afloram à sua pele. Tais características distinguem uma pessoa que é honrada e protegida pela sua conduta, pois os seus atos a livram de inimigos e conduzem-na para um caminho irrepreensível. Ao contrário da sensata e equilibrada, a pessoa sem bom senso não mede seus atos e suas ações trazem-lhe inimizades que roubam sua tranquilidade, pois não alcançará paz pelo medo de um inimigo sempre à espreita para retribuir-lhe o mal. Às vezes agimos de forma insensata e perdemos o equilíbrio; e além de nos causar mal-estar, parece que uma sombra de pavor nos segue, o nosso sono é perturbado e o coração não consegue paz. Podemos ter motivo de tristeza e desapontamento com alguém, mas perdemos a razão quando agimos de forma insensata e deixamos o desequilíbrio guiar nossas palavras e ações. Busque sempre agir de forma sensata e equilibrada, que é honra para sua vida, repouso para seu sono e paz para seu coração.

Declarando a promessa

Tomo posse da sensatez e do equilíbrio que Deus gerará em minha vida, não os perderei de vista e sob eles guiarei meus atos. Minha conduta trará a proteção do Senhor sobre mim e onde eu estiver as pessoas me terão por companhia segura e confiante. Dormirei com tranquilidade, pois nenhum pensamento de pavor se achegará a mim, não conhecerei o medo e a paz guardará meu coração. Declaro sobre minha vida o poder libertador de Deus para retirar qualquer vínculo com a insensatez e desequilíbrio em meu coração, pois recebo a promessa da prosperidade e vitória com atos guiados e equilibrados pelo poder de Deus em minha vida.

Anotações

Provérbios 3.34-35

"Certamente ele escarnecerá dos escarnecedores, mas dá graça aos mansos. Os sábios herdarão honra, mas os loucos tomam sobre si confusão" (ARC).

128. A PROMESSA DE HONRA E REALIZAÇÃO DOS SONHOS

Lição de fé para a minha vida

A proteção de Deus para o homem que é justo e busca entendimento é mencionada por muitas vezes como sinal de prosperidade em contraste com os insucessos dos que são ímpios. Diante de tamanha promessa em toda a Bíblia soma-se a isso o fato dos ímpios procurarem suas próprias ruínas, é como se Deus lhe desse a ignorância como paga de sua afronta contra Ele. Deus escarnece dos escarnecedores, ou melhor, Ele zomba dos zombadores. Enquanto o homem temente a Deus esmera seu caminho na obediência e vai tornando-se sábio, o ímpio zomba de sua conduta e a sua imprudência vai atraindo confusão sobre sua vida; como um louco ele vai cavando sua própria sepultura. O coração humilde daquele que teme a Deus põe toda sua expectativa na provisão de Deus, o ímpio acredita no seu próprio braço e zomba do humilde. Mas Deus dá garantia de que o homem humilde poderá realizar os seus sonhos mediante Sua graça. É Deus quem vai gerar condições para que Ele realize o que parece impossível. Se o ímpio é considerado louco, o homem que teme a Deus é chamado de sábio, pois "o temor ao Senhor é o princípio da sabedoria". Não tenha medo dos zombadores nem fique preocupado com sua aparente falta de poder para realizar os seus sonhos.

Declarando a promessa

Deus é o meu ajudador, Nele eu confio. Não importa o que os homens possam pensar, suas zombarias, suas maldições e afrontas não me atingirão. Estou seguro nos braços do meu Senhor e Deus, não serei abatido pela afronta do ímpio. Buscarei a humildade de coração, não me deleitarei na arrogância nem confiarei na força dos meus braços, no Senhor eu ponho toda minha confiança, pois sei que Ele me honrará e concederá a realização de todos os meus sonhos. A minha herança por promessa de Deus é uma vida de honra e dela eu tomo posse hoje!

Anotações

Provérbios 4.18-19

"Mas a senda dos justos brilha como a aurora, e vai alumiando até que se faça o dia: o caminho dos ímpios é tenebroso, e não sabem onde tropeçam" (BJ).

129. A VITÓRIA NO CAMINHO DE DEUS

Lição de fé para a minha vida

A vida é comparada a uma estrada que para o homem que pratica a justiça é sempre muito clara, mesmo à noite ele sabe onde está pisando, é capaz de prosseguir até que o dia amanheça. O fundamento disso está na conduta do homem justo que na prática da justiça nunca buscou a maldade para a vida do próximo, sendo assim ele não teme inimigo e segue sem temer o mal. Sua vida justa traz brilho para o seu caminho. Em contraste ao homem justo está o ímpio que, mesmo sendo em dia claro, seu caminho é tenebroso. Ele pratica tanta maldade que é incapaz de saber em que vai tropeçar. Construir uma estrada de justiça não é fácil, requer muita obediência à Palavra de Deus, por nós mesmos não conseguiremos nenhuma justiça. O coração do homem é inclinado para fazer o que é ruim aos olhos de Senhor; somente com o quebrantamento é que iremos nos submeter aos Seus mandamentos e poderemos construir um caminho de justiça. Foi para nos mostrar esse caminho que Jesus veio ao mundo; são os Seus ensinos que nos conduzirão à verdadeira justiça. Ser justo é ser sem culpa, andar no caminho de justiça. Seria impossível construir esse caminho se Jesus não morresse para nos perdoar os pecados.

Declarando a promessa

A estrada da minha vida é iluminada pela luz da justiça que Jesus conquistou na cruz por mim. Ainda que trevas venham sobre meu caminho, não temerei a escuridão, pois Deus me conduzirá com poder em todo o percurso, não tropeçarei nem vacilarei os meus pés, o Senhor me guiará até que passe o tempo de sombras. Eu sou um filho da luz e as trevas não prevalecerão em minha vida, nem por um instante a luz de Jesus deixará de brilhar em mim. Mesmo na sombra da noite ando em segurança, o meu caminho é feito de luz!

Anotações

09
MAI

Provérbios 6.20-23

"Meu filho, obedeça aos mandamentos de seu pai e não abandone o ensino de sua mãe. Amarre-os sempre junto ao coração; ate-os ao redor do pescoço. Quando você andar, eles o guiarão; quando dormir, o estarão protegendo; quando acordar, falarão com você. Pois o mandamento é lâmpada, a instrução é luz, e as advertências da disciplina são os caminhos que conduz à vida" (NVI).

130. OBEDIÊNCIA E LUZ PARA A VIDA

Lição de fé para a minha vida

O pai não nasceu pai, ele passou pelos estágios e processos naturais que todo ser humano passa, de criança à maturidade de um adulto. Esse trajeto percorrido foi de perdas e ganhos, tropeços e quedas, vitórias e derrotas. Ao olhar para seu filho o pai sabe que ele passará pelos mesmos processos e procura ensinar-lhe a desviar-se dos caminhos e ações que possam levá-lo ao fracasso, visando prepará-lo para a vida, não querendo que seus erros se repitam na vida dele. Soma-se a isso a experiência e maturidade adquirida pelo tempo que os torna naturalmente mais sábio. A disciplina dos pais é uma disciplina aceitável por se tratar de pessoas que amam seus filhos, tudo o que fazem é para que cresçam de maneira honrosa. A promessa em questão abrange a obediência aos conselhos e disciplinas que os pais impõem a seus filhos, como recompensa de um caminho que conduz à vida. Mas retrata também a obediência aos mandamentos de Deus que é o Pai mais amoroso que se pode ter. Não permita que ensinos que não têm respaldo na Palavra de Deus tomem o lugar no seu coração.

Declarando a promessa

Declaro andar na luz dos ensinos da Palavra de Deus e ser bem-sucedido em tudo que eu fizer. A obediência e a disciplina dos meus pais serão sempre absorvidas pelo meu coração, não deixarei de ouvir e guardar os ensinamentos que produzirão um caminho de retidão na minha vida. Não me apegarei a nenhum ensino ou filosofia humana, mas a Palavra de Deus me encherá de vida e me iluminará os passos.

Anotações

Provérbios 10.3-7

"O Senhor não deixa ter fome o justo, mas rechaça a avidez dos perversos. O que trabalha com mão remissa empobrece, mas a mão dos diligentes vem a enriquecer-se. O que ajunta no verão é filho sábio, mas o que dorme na sega é filho que envergonha. Sobre a cabeça do justo há bênçãos, mas na boca dos perversos mora a violência. A memória do justo é abençoada, mas o nome dos perversos cai em podridão" (ARA).

10
MAI

131. PROVISÃO E PROSPERIDADE

Lição de fé para a minha vida

O padrão de vida que Deus tem para os que Lhe são fiéis é contrastado com a vida ímpia da pessoa perversa. Enquanto Sua mão sustenta o justo em tempos de fome, o homem mau tem a sua ambição como laço para sua vida. Embora haja uma promessa de ajuda para os que agem com justiça, também há uma cobrança de Deus para que aprendamos a semear e colher o fruto do nosso trabalho. Ele não permite que o justo passe fome, mas não deixa de ajudar as mãos que se aplicam ao trabalho. O senso de justiça apresentado aqui é completo, a pessoa justa tem que ser por natureza sensata, diferindo da perversa em todas as formas, até na morte a sua memória será abençoadora. Precisamos estar atentos ao que pedimos a Deus, muitas bênçãos que esperamos cair do céu estão à nossa disposição se trabalharmos arduamente. Obedeça a Deus e confie sempre em Sua provisão, mas nunca deixe de usar a força e capacidade que Ele lhe deu.

Declarando a promessa

Eu tenho o sustento de Deus como garantia para a minha vida e sei que nas privações Ele me socorrerá. Não passarei necessidade além do necessário para entender que Deus é o provedor da minha vida. Nas lutas que enfrentarei o meu Senhor me dará forças para eu conquistar os meus sonhos e realizar os desejos do meu coração. Sei que Deus tem Seus olhos em mim, que não me deixará trabalhar em vão, mas honrará o fruto do meu trabalho. Minha posteridade verá na minha vida a fé na provisão de Deus e a força de quem incansavelmente trabalhou para realizar todos os seus sonhos. Deus honrará a minha fé e o meu árduo trabalho.

Anotações

11
MAI

Provérbios 10.22

"A bênção do Senhor traz riqueza, e não inclui dor alguma" (NVI).

132. PROSPERIDADE E FELICIDADE

Lição de fé para a minha vida

Vivemos sempre correndo atrás de algum objetivo, trabalhamos, semeamos aqui e ali, nos desgastamos, estudamos, nos damos em nossos relacionamentos e, de forma muito clara, tudo o que queremos é alcançar a felicidade. E felicidade é a riqueza que Deus tem para nos dar. Quando a promessa fala de riqueza não a limita a dinheiro e bens materiais, mas trata-se de uma prosperidade completa, a única que pode satisfazer por inteiro todas as ansiedades do homem. Essa é a bênção que o Senhor tem para dar! Ela não pode ser comprada, porque não é vendida, não pode ser tomada a força, pois quem a detém é o Todo-poderoso, mas pode ser doada ao homem que ama a Deus. Às vezes lutamos tanto para conseguir o que Deus tem para nos dar de graça. Ferimo-nos em aventuras e intrigas, andamos em caminhos tortuosos que conduzem a verdadeiros abismos e, quando conseguimos alguma coisa, o preço que se pagou foi de muitas dores, e quase sempre essas dores nos fazem dependentes de coisas fúteis ou permanecem como uma lembrança ruim em nossas mentes. A riqueza de Deus não traz dores, não estressa a nossa alma, não traz tristezas, e se recebe com amor. Em tudo que aplicar seu coração e suas forças para conquistar, não perca de vista alcançar o coração de Deus.

Declarando a promessa

Sou próspero, pois tenho a bênção de Deus sobre mim. Sei que em qualquer área da minha vida haverá uma bênção especial de Deus para me fazer feliz e alcançar Suas promessas. A riqueza que vem de Deus me é dada de graça, mas o meu coração está inclinado a servi-Lo e em obediência seguir os Seus mandamentos. Sei que posso sonhar e investir em meus sonhos, pois o Senhor me dará a Sua bênção para que minhas realizações sejam concretas. Nenhum esforço me será em vão, pois tenho a promessa da honra e da prosperidade de Deus em tudo o que eu fizer, sem fadigas ou dores.

Anotações

Provérbios 10.29-30

"O caminho do Senhor é refúgio para os retos, mas é ruína para os que praticam a iniquidade. O justo nunca será abalado, mas o ímpio não habitará a terra" (EC).

12
MAI

133. REFÚGIO, PROTEÇÃO E PROSPERIDADE

Lição de fé para a minha vida

Tudo que o homem precisa saber sobre sua conduta e consequências de seus atos ele encontra nas leis de Deus, e essas leis são expressões exatas da vontade Dele. Logo, andar no caminho do Senhor é andar em conformidade com as Suas leis, sem desvio algum de qualquer uma delas. Quando estabelecemos a nossa vida sobre a vontade de Deus vivemos de maneira digna e íntegra, o que agrada ao Seu coração e traz como consequência Sua proteção e bênção para nós. Nesse aspecto estamos protegidos contra qualquer acusação de inimigos como também da ira de Deus que permanece sobre aquele que age de maneira contrária aos Seus mandamentos. O homem que pratica a iniquidade é aquele que vive na prática da maldade, segue os desígnios maus do seu coração e não se inclina para o arrependimento. É comum termos dificuldades em ver o homem que pratica iniquidades sair impune de algumas situações; nosso coração tem o impulso de dar uma resposta a essa maldade, de fazer justiça com as próprias mãos. Mas se andamos no caminho do Senhor, precisamos acreditar que Ele é o nosso refúgio, nossa proteção, e que da mesma forma que a promessa de proteção nos alcança, a maldição e a ruína também chegarão à pessoa perversa.

Declarando a promessa

Por onde eu andar serei protegido pela mão poderosa do meu Senhor, pois escolhi andar nos Seus caminhos e ser obediente à Sua vontade. Renuncio os desejos do meu coração para conhecer os planos que Deus tem separado para a minha vida. Não temerei o homem mau nem terei inveja daqueles que praticam a maldade, minha confiança está no Senhor e minha recompensa está assegurada em Suas promessas. Serei próspero nessa terra, não sofrerei a derrota do ímpio e a mão do Senhor será o meu refúgio.

Anotações

13
MAI

Provérbios 11.1

"Balança enganosa é abominação para o SENHOR, mas o peso justo é o seu prazer" (ARC).

134. PROSPERIDADE E JUSTIÇA

Lição de fé para a minha vida

A balança é um instrumento para medida de peso muito antigo. Seu sistema consistia em equilibrar com pesos o que se queria comprar ou vender, mas o homem desonesto adulterava os pesos para que a balança sempre lhe fosse favorável. Essa esperteza maléfica é detestada pelo Senhor, que não deixa a desonestidade ficar sem punição, pois tudo que é abominação ao Senhor está contra Suas leis e princípios que trazem vida para o homem. Por isso, o Senhor tem prazer nos pesos que são justos, exatos, que não furtam a medida e o peso alheio. O homem desonesto busca os seus próprios interesses, não pensa no próximo nem em suas necessidades e a custas de outros ele faz seus negócios. Tal homem não tem de Deus aprovação nem ficará impune, pois é ao que usa o peso justo que Ele abençoará. Vivemos em um mundo onde a lei da esperteza e de levar vantagens ainda impera, por todos os lados se vê desonestidade, mas não podemos nos deixar levar pela falta de justiça à nossa volta. O que buscamos é agradar a Deus e não podemos fazê-lo buscando o nosso próprio interesse com prática de atos desonestos, nem da esperteza da vantagem levada a qualquer custo. Não tenha inveja nem se deixe levar por aqueles que crescem desonestamente; de forma justa a bênção de Deus chegará para sua vida.

Declarando a promessa

Viverei de forma honesta e não me deixarei levar pelas oportunidades de crescer injustamente, levando vantagens à custa de perdas do meu próximo ou por burlar as leis estabelecidas para meu governo. O fruto do meu trabalho é a justiça, o peso e a medida certa não se afastarão do meu coração. O Senhor me dará forças para viver justamente sem praticar qualquer ato desonesto. Alcançarei o prazer do Senhor sobre os meus atos e receberei sua recompensa. A bênção da justiça do Senhor me fará prosperar em tudo o que eu fizer!

Anotações

14
MAI

Provérbios 11.18

"O ímpio faz um trabalho enganador, quem semeia justiça tem paga segura" (BJ).

135. A ABUNDANTE RECOMPENSA DE DEUS

Lição de fé para a minha vida

A promessa descrita aqui é a recompensa enganosa da vida que leva a pessoa ímpia em contraste com a recompensa certa e segura que terá a pessoa que vive uma vida justa. Isso porque o ímpio é descrito como aquele que não age de maneira honesta e honrosa para obter os seus ganhos. Seus lucros tornam-se laços quando provenientes de atos ilícitos. O justo por sua vez sofre para permanecer diante do que é bom e honesto. Ele não troca seus princípios de fé e moral para obter nenhum tipo de lucro. Seus valores são inegociáveis sob qualquer circunstância. Vivemos em um mundo de oportunidades, mas nem sempre elas podem ser agarradas sem que coloquemos em risco os princípios morais e de fé que norteiam a nossa vida. Algumas oportunidades aparecem como ciladas do inimigo para nos corromper, e quando isso acontece, deixamos de esperar a recompensa do que é correto e seguro que vem das mãos de Deus, para agirmos como ímpios que têm um lucro enganoso do que semeou. Às vezes é difícil ver o ímpio conquistando por ser um enganador, enquanto sofremos permanecendo numa posição de justiça, aguardando em Deus. Não se deixe abater por essa ilusão, os ímpios cedo serão desmascarados, mas a recompensa que o Senhor tem para você é segura, pois já existe como promessa.

Declarando a promessa

Tenho sobre a minha vida a já estabelecida recompensa de Deus, pois não negociarei os princípios de fé e integridade moral que a Sua Palavra tem ensinado. Não terei inveja daquele que realiza suas conquistas através do engano e da injustiça. Sei que a semente da desonestidade traz o juízo de Deus, mas a semente de justiça me trará fiel a sua recompensa. Não me deixarei levar por oportunidades que possam corromper os valores que o Senhor ministrou à minha vida. Sou galardoador de uma paga segura que Deus já me tem dado por promessa. Verei na minha vida a recompensa do meu Deus!

Anotações

15
MAI

Provérbios 11.24-25

"A quem dá liberalmente, ainda se lhe acrescenta mais e mais; ao que retém mais do que é justo, ser-lhe-á em pura perda. A alma generosa prosperará, e quem dá a beber será dessedentado" (ARA).

136. RECOMPENSA GARANTIDA POR DEUS

Lição de fé para a minha vida

O coração liberal é um coração generoso para dar. Ele não espera ser constrangido para ajudar ou se manifesta quando há uma necessidade de morte para alguém. Ele é disposto a ajudar por bondade, não espera ser rico para isso acontecer, mas sabe repartir com quem tem carência. A sua liberalidade atrai a bênção de Deus sobre suas finanças, pois a gratidão do coração ajudado é uma oração que chega a Deus por Sua provisão através de alguém que se dispôs a dar. Por isso a promessa para quem é generoso é de aumento de suas riquezas, ele não empobrecerá por que doou, mas receberá de Deus segundo a generosidade do seu coração. A generosidade é uma semeadura que encontra em Deus o melhor de seus frutos, por isso que quem abençoa é abençoado, quem dá de beber será dessedentado e quem usa de misericórdia alcançará a misericórdia. Constantemente levamos a Deus nossas necessidades, mas pouco nos comprometemos com as necessidades daqueles que vivem à nossa volta. Essa promessa de Deus nos desafia a repartirmos o que temos com aqueles que menos têm, a usar de generosidade com quem em silêncio vive seu drama sem gritar por socorro. Viva, creia e reparta!

Declarando a promessa

Eu declaro que a prosperidade chegará aos meus celeiros e que o meu coração não se apegará às riquezas que Deus manifestar sobre a minha vida. Meus olhos buscarão atentamente àqueles que poderei ajudar e de todo o meu coração usarei de bondade, segundo a sua necessidade. Tudo o que eu semear terei de Deus a recompensa certa, não esperarei receber nada de homem algum, a minha generosidade é fruto da bondade de Deus sobre mim. Eu creio na promessa de Deus sobre a minha vida e o meu coração e sei que receberei Dele a justa recompensa.

Anotações

Provérbios 11.30-31

"Uma pessoa correta traz bênçãos para a vida dos outros; quem aumenta o número de amigos é sábio. Assim como os bons são recompensados aqui na terra, também os pecadores e os maus são castigados" (BLH).

16
MAI

137. O CAMINHO DE VITÓRIA

Lição de fé para a minha vida

É bom ser abençoado e ver em nossa vida os frutos dessa bênção acontecer. O que esquecemos e pouco notamos é que o fato da bênção de Deus estar sobre nós, aqueles que estão à nossa volta acabam por participar direta ou indiretamente da mesma bênção. Se Deus me abençoou com riquezas e eu sou uma pessoa justa, é claro que o que eu tenho poderá abençoar outras vidas. Por isso, de uma maneira lógica e clara, a pessoa que é abençoada possui muitos amigos. Conquistar e preservar uma boa amizade é ter um aliado em tempos de dificuldades. A vida de uma pessoa correta consequentemente abençoa a vida de outros e isso também é uma recompensa por sua vida de justiça. Enquanto aquele que pratica injustiça não ganha amigos sinceros e tem o castigo como recompensa pelos seus atos de maldade, o justo continua a trilhar um caminho de sucesso. Quando orar a Deus pedindo para ser abençoado em qualquer área de sua vida, pense em como você também poderá ser bênção para aqueles que estão à sua volta. É muito recompensador receber de Deus, mas não se esqueça que a verdadeira bênção de Deus tem pleno sentido quando pode, através da nossa vida, alcançar outros.

Declarando a promessa

A minha vida é uma bênção para todos os que se encontram em meu caminho. Os frutos que a justiça está gerando em mim mostrarão aos outros que o caminho da retidão na Palavra de Deus traz paz, prosperidade e vitória. O engano do caminho perverso não alcançará o meu coração, pois são as leis do meu Deus que o conduz para viver na justiça de Suas leis. Sei que além de atrair pessoas leais para serem meus amigos, o caminho da retidão me conduzirá para as mais honrosas bênçãos que Deus dará para os Seus fiéis. Minha recompensa é assegurada pelo meu Senhor, Ele me conduz no caminho da Sua justiça, por isso irei prosperar!

Anotações

Provérbios 12.2-3

17
MAI

"O homem de bem alcança o favor do Senhor, mas ao homem de perversos desígnios, ele o condena. O homem não se estabelece pela perversidade, mas a raiz dos justos não será removida" (ARA).

138. O CAMINHO SEGURO

Lição de fé para a minha vida

Desde tempos antigos a usurpação e conquista pela força impulsionam o ser humano a ter o que sua alma desejar. Com o passar do tempo o coração do ser humano não amadureceu, mas endureceu; e continua a agir de forma arrogante e violenta, tentando a todo custo realizar os seus desejos sem se importar com as Leis de Deus. Alguns há que questionam a existência de Deus ou sua ação quanto à conduta humana. Mas a promessa que temos diz que é o homem de bem, o homem bom, que alcança o favor do Senhor. O favor do Senhor é a sua concessão aos anseios e desejos do nosso coração que lhe são expostos, para que através do Seu poder nos sejam concedidos. Enquanto a semente de impiedade é arrancada, para não prosperar, a raiz de tudo que foi plantado pela justiça se firma na terra para nunca ser removida. Embora muito do que se planta com justiça demore a crescer, a promessa diz que crescerá pelo simples fato de permanecer plantado. O que se semeia com impiedade pode até crescer rápido e notável, mas cairá da mesma forma que cresceu. Não tenha medo de semear em justiça, ainda que o fruto do seu trabalho não haja se manifestado, espere e creia por promessa de Deus que no tempo certo você os verá.

Declarando a promessa

Sobre mim está o favor e a bênção do meu Senhor, pois os meus passos seguem os Seus mandamentos e me conduzem para um caminho de justiça e vitória. Sou um homem de bem que encontrou no Senhor a alegria de uma vida de retidão. O que eu tenho plantado são sementes de justiça e honestidade; embora possa demorar a dar seus frutos, eu sei que eles virão e ninguém poderá tirá-los de mim. Espero confiantemente no Senhor e não me inclino a fazer nada desonesto, o que Deus tem preparado para minha vida são frutos que permanecerão para sempre. Nada pode deter a raiz de justiça que está firmada em minha vida, seus frutos são a minha vitória!

Anotações

18
MAI

Provérbios 12.7

"Os ímpios são derrubados e desaparecem, mas a casa dos justos permanece firme" (NVI).

139. A PROMESSA PARA A CASA DOS JUSTOS

Lição de fé para a minha vida

Embora possamos contemplar a impiedade em todos os lugares do mundo, não podemos esquecer que Deus ainda tem o controle de todo o universo em Suas mãos. De tanto ver a violência, guerras e o crescimento da maldade nos corações dos homens, chegamos a pensar que o mundo foi abandonado à crueldade humana. Mas não é assim. Nós colhemos os frutos do que plantamos, mas a misericórdia de Deus nos dá chances infinitas de reconhecermos o erro e voltarmos ao caminho certo. Diante de tantas maldades que nos cercam, perguntamos sempre: até quando isso ou aquilo continuará a acontecer? Deus tem dado oportunidades para que os ímpios se arrependam, mas chegará um tempo em que essa oportunidade passará e virá o tempo de destruir-lhes e acabar com suas maldades. A promessa diz que os ímpios serão derrubados e desaparecerão. Isso transmite a ideia de uma árvore que após o corte cai ao chão para ser cortada em pedaços e queimada como lenha. De uma árvore imponente a cinzas em questão de horas. Mas com o justo é diferente, a sua casa não é atingida, permanece firme, ramificada na justiça, a sua família e descendência crescem e dão muitos frutos. Sua casa precisa ser construída dentro dos padrões corretos de Deus, isso é justiça.

Declarando a promessa

Minha família não sofrerá o dano de ser desamparada ou cortada da face da terra. Deus a sustentará e dará toda provisão necessária para sua vitória sobre os obstáculos e tempestades que vierem. Estou plantando hoje a semente de justiça para que como uma árvore forte e frutífera minha descendência seja enraizada para trazer frutos de justiça sobre a terra. Opor-me-ei aos caminhos fáceis da impiedade e desonestidade, esperarei em Deus e verei o fim de todos os que praticam a injustiça. Sobre minha casa existe a promessa de prosperidade e vitória acima de qualquer temporal. Eu tenho a promessa de ser preservado no dia em que Deus visitar a impiedade no mundo, a Sua justiça me preservará e far-me-á prosperar.

Anotações

19
MAI

Provérbios 12.11

"O que lavra a sua terra se fartará de pão, mas o que segue os ociosos está falto de juízo" (ARC).

140. A RECOMPENSA DE DEUS PARA O ESFORÇO DILIGENTE

Lição de fé para a minha vida

Em tudo que fazemos na vida devemos ser dependentes de Deus. Isso não significa cruzarmos os braços e esperar Deus fazer o trabalho que nos compete, mas sim trabalharmos confiantes de que muitos homens que não conhecem o temor de Deus prosperam em suas vidas pelo simples fato de serem incansáveis no trabalho de suas mãos. A promessa de fartura na terra não é para o justo ou para o injusto, mas para aquele que trabalha empregando suas forças no arado e cuidados que requerem uma plantação para dar boa colheita. Deus não se agrada do homem que segue a prática dos ociosos. Tal homem é comparado a alguém sem juízo, um imprudente. Se quisermos agradar a Deus precisamos estar dispostos a trabalhar o que Ele nos tem dado e não reparar o que o outro tem. Se o nosso terreno não tem sido fértil, dobremos nossa força para arar melhor a terra. Se insetos têm consumido as plantações, vamos impedi-los de chegar até elas. Mas não podemos tratar com desânimo o que Deus tem colocado em nossas mãos, pois o trabalho nos pertence, assim como a sua promessa de nos fazer prosperar pela honra do nosso empenho. Não tenha medo de trabalhar o que Deus tem dado a você; ainda que seja pouco, trabalhe animadamente, pois o Senhor lhe dará vitória!

Declarando a promessa

Não terei medo de trabalhar e empregar minhas forças no que Deus tem me dado, ainda que aparentemente sejam terras áridas, trabalharei e esperarei a chuva de Deus para completar o que eu não posso fazer. Em tudo o que eu fizer terei a fé daquele que espera o milagre de Deus e o ânimo daquele que luta acreditando no poder do seu próprio trabalho. Não serei como um homem ocioso e preguiçoso, mas como um sonhador que vê no poder de Deus e nas forças que Ele me tem dado a capacidade de prosperar em todo o trabalho. O que Deus colocou em minhas mãos foi para eu ser próspero e nada poderá impedir o meu sucesso.

Anotações

20
MAI

Provérbios 13.3

"Quem guarda a sua boca guarda a sua vida, mas quem fala demais acaba se arruinando" (NVI).

141. COMO A BOCA PODE GERAR VIDA

Lição de fé para a minha vida

A língua é um pequeno órgão do corpo humano, mas tem poder de proporções gigantescas em relação ao seu tamanho. Uma palavra colocada no tempo certo pode gerar muitas coisas boas, mas no momento errado pode atrair uma catástrofe. Sem contar que com a língua podemos maldizer ou bendizer, incentivar ao erro ou reprová-lo, ter um discurso de paz ou de guerra; ela é um instrumento perigoso quando usado de maneira insensata. Portanto, ter cuidado com o que se fala é um conselho que encontramos em toda a Bíblia sagrada, pois o que fala demais pode se comprometer a ponto de colocar sua vida em risco. O silêncio é sempre amigo do homem prudente, e o homem prudente é sábio. Falar demais e sem pensar é atrair para si maldições tão incontroláveis como a própria língua. Tome muito cuidado com o que sai da sua boca, não deixe escapar comentários que não edificam a vida do seu próximo, evite as conversas tolas que para nada são aproveitadas, nem se apresse a comentar uma novidade que não seja a pura verdade e, ao invés de falar dos erros das pessoas, fale de suas virtudes. Não seja como o falastrão que tanto se compromete ao soltar suas palavras que acaba conhecendo a ruína da inimizade e desconfiança. Seja aonde for, que sua boca seja a voz de Deus!

Declarando a promessa

A minha boca será sempre usada como voz profética para salvar e edificar vidas. Não comprometerei a minha vida nem os valores do reino do meu Deus usando de maneira insensata a minha boca. Longe dos meus lábios esteja a calúnia, a maldição e a conversa de tolos. Guardarei a minha língua da maldade das pessoas, do engano e da falsidade, pois a mentira não se encontrará nos meus lábios. Serei boca de Deus onde eu estiver, uma voz profética para edificar vidas e proclamar a vitória de Deus sobre as nações!

Anotações

21
MAI

Provérbios 13.13

"O que despreza a palavra perecerá, mas o que teme o mandamento será galardoado" (ARC).

142. A RECOMPENSA DO TEMOR AO SENHOR

Lição de fé para a minha vida

As leis de Deus nos preservam da morte, pois ensinam a santidade de Deus em contraste com o caminho do pecado e da ruína. Tanto as leis de Deus como as leis humanas constituem limites para que a pessoa não ultrapasse; ultrapassar significa errar e todo erro tem uma sentença de justiça sobre si. Desprezar a palavra é uma referência a não dar valor a qualquer ensino que visa evitar erro. Assim como uma moeda tem duas faces, a desobediência aos mandamentos traz ruína, mas a obediência, temor e respeito, produzem na vida do homem uma recompensa, o que o sábio escritor chama de galardão. O temor aos mandamentos nos preserva dos erros e consequentemente das sanções que lhe cabem quando cometidos. Por si só isso já é uma grande recompensa entender que a obediência aos mandamentos nos livra de sofrimentos. Não é fácil viver de forma a cumprir todas as leis, mas é necessário. Há muita gente que não respeita os mandamentos de Deus nem as leis humanas; vivem como se fossem ficar impunes por toda a vida, como se Deus não existisse. A ruína para quem despreza as leis chegará e da mesma forma a recompensa virá para os que temem os mandamentos. Nunca perca o temor, a obediência, e aguarde sua recompensa, ela virá.

Declarando a promessa

Tenho sobre minha vida a recompensa de Deus por obedecer aos mandamentos e não desprezar nenhuma de Suas leis. Não deixarei de esforçar-me para cumprir com fidelidade os preceitos de Deus e as leis que disciplinam a minha vida para ser uma pessoa honrada. Estabeleço hoje que vencerei pela obediência e disciplina aos mandamentos e desprezarei os valores contrários aos ensinos de Deus. Prosperarei nesta terra pela obediência e temor aos mandamentos, pois sobre mim Deus estabeleceu essa promessa.

Anotações

22
MAI

Provérbios 13.20

"Quem caminha com os Sábios torna-se sábio, quem se ajunta aos insensatos torna-se mau" (BJ).

143. A INFLUÊNCIA DAS BOAS COMPANHIAS

Lição de fé para a minha vida

Quando caminhamos com alguém estamos dispostos a passar pelos mesmos problemas, enfrentar as mesmas dificuldades, e, embora tenhamos pensamentos e atitudes diferentes, a maior influência vencerá a menor e nos tornaremos à semelhança daquele a quem seguimos. Esse princípio é como um discipulado, o discípulo tende a ficar igual ao seu discipulador. Quando um homem comum caminha junto de um homem sábio irá aprender com ele. Em cada situação ele terá um espelho no homem sábio para enfrentar do mesmo modo suas adversidades, adquirirá o mesmo gosto por coisas e terá seu comportamento moldado pelo comportamento do seu mentor. Então é natural que, andando com um sábio, um homem torne-se sábio. Mas esse trabalho discipulador pode funcionar para o mal quando um homem começa a andar com quem não conheceu a disciplina e vive de atitudes insensatas. O homem insensato é desprovido de sabedoria, não mede as consequências dos seus atos e a maldade o domina porque ele não reconhece a disciplina. As pessoas com as quais nós andamos podem determinar o nosso comportamento. Cuide de suas amizades, pois a promessas sobre sua vida são de sabedoria, tanto você receber como ser doador da maior palavra sábia que o homem pode ter, a Palavra de Deus.

Declarando a promessa

Eu tenho a verdadeira sabedoria em minha vida que é a Palavra de Deus, Seus conselhos, ensinos e mandamentos. Não me deixarei conduzir por nenhum tipo de sabedoria humana nem me ajuntarei com os insensatos para aprender os seus caminhos. É a sabedoria da Palavra do meu Deus que me ensinará a tomar decisões e me conduzirá para a vitória em tudo o que eu fizer. Vou a cada dia aprendendo com o meu Senhor como me conduzir em Sua presença e ensinar a outros o caminho do melhor conhecimento do mundo, a Palavra do meu Deus.

Anotações

23
MAI

Provérbios 14.1

"A mulher sábia constrói o seu lar; a insensata o destrói com as próprias mãos" (EP).

144. O PAPEL FUNDAMENTAL DA MULHER SÁBIA

Lição de fé para a minha vida

Construir um lar é torná-lo alicerçado para resistir a todo tipo de ataque e permanecer firme. Isso envolve paciência, persistência, renúncia e muito amor. A visão do passado, com raras variações, é a mesma de hoje, no homem se vê a capacidade de dirigir e preparar a sua casa como aquele que tem toda responsabilidade de fazê-la funcionar. De fato, Deus o constituiu cabeça do lar e a mulher, sua ajudadora. Uma mulher sábia pode fazer o seu lar forte e equilibrado, tanto na ajuda das decisões com o seu marido como nas realizações quando ele se omite. Como a sabedoria perfeita vem de Deus, não é exagero dizer que a mulher temente a Deus tem na sua fé a força para vencer as dificuldades e fazer do seu lar um lugar de paz e prosperidade. Ao contrário da insensata que não pensa nas consequências do que faz, a sábia usa de prudência para semear a felicidade e fertilidade no alicerce do seu lar. Como servo de Deus nunca deixe de reconhecer a mulher que o Senhor colocou ao seu lado como fiel ajudadora; como serva, nunca deixe de agir de maneira prudente e sensata na edificação do seu lar. A promessa da edificação de um lar está para a mulher que usa de sabedoria, isso não é astúcia, esperteza, mentiras ou arranjos, mas confiança na Palavra de Deus, a verdadeira fonte de sabedoria.

Declarando a promessa

O meu lar está edificado na sabedoria que vem de Deus. Mesmo que as tempestades venham, ele permanecerá inabalável, pois a força do seu alicerce está na Palavra do meu Senhor. Tenho a sabedoria que vem de Deus e nada pode dar mais equilíbrio e poder na estrutura de minha família, portanto o meu lar será sempre um lugar de paz e prosperidade. Mesmo que o inimigo venha com suas setas para entrar em minha casa, não conseguirá atingi-la nem permanecerá a afrontá-la. A sabedoria da Palavra do meu Deus virá ao meu auxílio para derrotar o inimigo e retirar toda afronta. Meu lar está edificado para prosperar em unidade, paz e serviço ao meu Senhor.

Anotações

Provérbios 14.26

"No temor ao Deus Eterno, o homem encontra um forte apoio e também segurança para a sua família" (BLH).

145. PROTEÇÃO E SEGURANÇA PARA A FAMÍLIA

Lição de fé para a minha vida

Vivemos em um mundo tão cruel que a todo instante corremos perigos que envolvem todas as áreas da nossa vida. Confiar em alguém está cada vez mais difícil porque não sabemos que reações as pessoas terão diante das adversidades. Uns se esquecem com facilidade de suas melhores amizades por causa de dinheiro, outros são levados a ignorar anos de companheirismo por causa do poder investido em um cargo ou função. São em nossos momentos de crises e dificuldades que precisamos contar com o apoio, solidariedade e proteção de alguém; e com tanta desconfiança, em quem confiar em tempos assim? Mas aquele que teme ao Senhor possui uma fortaleza segura, ele encontra apoio porque as leis e a bondade de Deus preservam a sua vida, pois o que teme ao Senhor é aquele que deposita Nele toda sua confiança e alcança o Seu favor no dia da tribulação. Deus não é como o homem, vulnerável às paixões e aos prazeres desse mundo; pelo contrário, nada agrada mais o coração de Deus do que estar ao nosso lado como um amigo muito achegado. O temor a Deus nos faz íntimos Dele e não necessitamos de buscar em outro lugar melhor conforto, amizade e proteção. Aprenda a confiar no Senhor seu Deus, observe com cuidado Suas leis, pois o que teme respeita, acredita e obedece.

Declarando a promessa

O meu Senhor é minha fortaleza segura, o meu protetor e amigo no dia da angústia. Eu temo ao Senhor porque Ele é bondoso e Suas palavras são refúgio para a minha vida. O meu temor me faz andar nas Suas leis e meditar em Seus mandamentos para não errar os meus passos, pois sei que o caminho do Senhor me colocará em um refúgio quando a tempestade chegar. Minha casa receberá a proteção do Senhor, meus filhos encontrarão descanso nela, pois a promessa do meu Deus se cumprirá e me dará paz na tribulação. O temor do Senhor é a minha vitória!

Anotações

25
MAI

Provérbios 14.32

"Quando chega a calamidade, os ímpios são derrubados; os justos, porém, até em face da morte encontram refúgio" (NVI).

146. A SEGURANÇA DOS JUSTOS EM TEMPOS DE CALAMIDADE

Lição de fé para a minha vida

A calamidade é a descrição de algo ruim que acontece de modo repentino. É o tipo de acontecimento que tira o nosso chão, desmonta a nossa vida e como um vendaval destrói uma plantação. Se o coração não tiver onde se apoiar, ficamos ao sabor da correnteza de pavor que nos cerca. Essa é condição do ímpio face ao inesperado, ele não tem em que se apoiar e sua vida é desfeita. O ímpio põe sua confiança em si mesmo e não em Deus, por isso o seu caminho é de injustiça e sua confiança é roubada quando a tempestade chega sem avisar. Para o justo tudo é mais fácil no dia da calamidade, mesmo que seja doloroso ou perturbador, ele consegue se aprumar. Sua justiça tem implicações na vida de temor a Deus, pois o justo é descrito como aquele que confia no caminho de Deus para ser justo e não em sua própria justiça. Mesmo quando surpreendido pela morte ele tem paz pelo conforto de Deus, ele tem para quem correr ou em que se apegar, pois nem a morte pode sobrepor-se ao poder do Seu protetor. Por isso o justo diante da morte pode encontrar refúgio. O caminho da justiça requer obediência a Deus, ao Seu governo, enquanto que o do ímpio é direcionado pelo seu próprio coração. O resultado é que somente o caminho guiado por Deus pode garantir o refrigério no dia da calamidade.

Declarando a promessa

Declaro que estou seguro no caminho da justiça de Deus e nenhuma calamidade me roubará a fé nem me fará desesperar o coração. Minha fortaleza é o meu Senhor e nada me abalará, pois Ele tem o controle sobre todas as coisas e a minha vida pertence a Ele. Eu encontrarei descanso no caminho do Senhor, Nele não há tropeço ou algo que possa me derrubar. O homem ímpio olhará para a minha vida e desejará seguir o caminho da justiça, para encontrar em Deus o refrigério e verdadeira segurança que só o Senhor pode dar.

Anotações

26
MAI

Provérbios 15.25

"O Senhor arrancará a casa dos soberbos, mas firmará a herança da viúva" (ARC).

147. A JUSTIÇA DE DEUS

Lição de fé para a minha vida

O soberbo é o homem cheio de si mesmo e orgulhoso, que faz dos seus pensamentos as suas próprias leis. As suas atitudes se contrastam com as de uma viúva, que na dependência da bondade e favor de outros, vive sem a proteção de seu marido. A tendência do soberbo é investir contra os mais fracos e se firmar sobre a necessidade do outro. Literalmente a promessa diz que Deus cuidará de firmar o marco das terras que pertencem à viúva. Enquanto a sua justiça não deixa a casa desonesta do soberbo sem castigo, protege e guarda o direito da viúva para que não seja usurpado. O coração do homem sempre foi voltado para os seus próprios interesses. Quando ele acredita ficar impune e toca no direito que é do necessitado, Deus entra em cena para defender os que nada podem fazer contra a desonestidade do homem arrogante. Por temor ao Senhor devemos deixar que ele dê a justa medida aos gananciosos e soberbos, tudo o que eles construíram com usurpação cairá em ruínas. Confiemos na promessa de Deus, ele não deixará de defender a nossa causa contra os homens que praticam a maldade; ainda que estes sejam poderosos e arrogantes não poderão permanecer de pé quando Deus os visitar. O que recebemos por herança, é território marcado por Deus e nada pode nos tirar esta vitória.

Declarando a promessa

A minha herança é assegurada pelo poder do meu Deus. Ele me dará segurança e me fará prosperar na presença dos orgulhosos e soberbos. Não temerei diante da opressão e ameaças de homens que não conhecem o poder do Senhor e confiam em suas próprias forças. Deus virá em meu socorro e me protegerá da ação perversa, sem permitir que nenhuma bênção me seja tirada. Eu confio na justiça do Senhor e não moverei minhas mãos para defender a minha causa; aguardo com confiança que a fidelidade do meu Deus destruirá o que os soberbos construíram a custo de opressão e protegerá o que tenho recebido como herança.

Anotações

27
MAI

Provérbios 16.3

"Confie a Javé o que você faz, e seus projetos se realizarão" (EP).

148. ENTREGANDO NOSSOS PLANOS

Lição de fé para a minha vida

Confiar algo a alguém é deixar sob sua proteção e cuidado, enquanto entregar aos cuidados de Deus é consagrar-Lhe. Essa é a confiança com que entregamos a Deus o que fazemos, nossos planos, sonhos, todos os nossos projetos serão governados por Ele, pois confiar ou consagrar a Deus é deixar tudo debaixo do Seu poderoso domínio. Quando agimos dessa maneira podemos descansar acerca dos planos mais audaciosos do nosso coração, todos estão nas mãos de Deus, não fracassarão nem se frustrarão, mas serão segundo a vontade Dele. No entanto, confiar a Deus nossos planos é também conhecer qual a vontade Dele para suas realizações, muitos dos planos que temos podem nos trazer transtornos; como Deus sabe o que vamos enfrentar, Ele pode não permitir que alguns dos nossos projetos saiam da gaveta até que estejamos preparados. Por isso tenha o cuidado de apresentar a Deus todas as ansiedades do seu coração, os seus desejos e planos, crendo que Ele é capaz de realizá-los de forma sobrenatural, e essa é mais uma razão para confiarmos Nele. Deus faz acontecer qualquer projeto do nada, ele realiza verdadeiros milagres quando nos deixamos ser guiados por Ele. Sobre a sua vida existe uma promessa de grandes realizações pelas mãos do Deus do impossível, volte a sonhar!

Declarando a promessa

Meus projetos jamais ficarão engavetados e frustrados, eles acontecerão de forma sobrenatural pelo poder do meu maravilhoso Deus, pois lhe consagro a minha vida, cada sonho, planos e tudo o que minhas mãos forem fazer. Sei que na minha força nada posso fazer, mas o meu Deus concederá o desejo do meu coração, Ele abrirá todas as portas, aprontará os recursos e me fortalecerá as mãos para fazer o que precisar. Eu recebo a promessa e entrego ao Senhor meus sonhos e planos, e louvo ao Seu nome, pois pela fé já posso contemplá-los realizados.

Anotações

28
MAI

Provérbios 17.2

"O servo prudente dominará sobre o filho que procede indignamente; e entre os irmãos repartirá a herança" (ARC).

149. COMO DEUS HONRA AS AÇÕES JUSTAS

Lição de fé para a minha vida

Esse provérbio trata de uma situação em que o dono de uma herdade tem no seu empregado mais confiança do que no seu próprio filho que, de forma natural, será seu herdeiro. A conduta do seu filho é vergonhosa, o que o desqualifica para administrar sua herança. Um servo prudente é aquele que age de maneira sensata em todas as coisas, ele é sábio e não age loucamente. Sua posição o torna apto aos olhos do pai para ser um dos herdeiros com melhor qualificação que o seu filho. O pai, que é prudente, deixa-o com parte da herdade por saber que será próspera e bem cuidada. O servo deixa de ser empregado e passa a ser dono, assim, também, deixou de ser servo para ser como um filho. O que é claro nesse ensino é a promessa de recompensa ao homem que age de forma prudente em oposição àquele que tem uma conduta vergonhosa. Pessoas que agem prudentemente pensam nos seus atos, medem suas palavras e aprendem os mandamentos de Deus; nada traz mais prudência a um homem do que o conhecimento da Palavra de Deus. A vida de um servo de Deus precisa ser pautada pela prudência; a todo instante recebemos propostas e vivemos situações que podem nos causar muito embaraço e arrependimento se não agirmos com prudência.

Declarando a promessa

Deus me faz andar prudentemente em Seus caminhos e sobre mim derramou uma bênção de prosperidade e governo. Não deixarei que propostas de injustiça e vergonhosas entrem no meu coração; não trocarei a consciência que o Senhor me tem dado por nenhum bem ou sugestão ilícita. Andarei de maneira prudente e esperarei o tempo da bênção de Deus, sei que ela virá e me colocará em lugar de honra, para vergonha dos meus adversários e alegria dos que são justos.

Anotações

29
MAI

Provérbios 18.10

"O nome de Iahweh é torre forte: aí acorre o justo e estará protegido" (BJ).

150. REFÚGIO SEGURO

Lição de fé para a minha vida

Iahweh é como os hebreus chamavam Deus e ele sempre se manifestou como o Deus supridor de toda necessidade humana. Em tempos de libertação Iahweh era o Senhor dos Exércitos de Israel, em tempos de doenças era O Senhor que Cura, e assim para toda situação Deus era sempre um Deus presente. O nome de Deus diz quem de fato Ele é e fazer menção ao Seu nome é invocar o próprio Deus. Esta é a promessa que ora nos alcança, que Deus é como uma torre forte, capaz de nos proteger em tempos difíceis. Aliás, esse era o papel das torres em cima dos muros das cidades, elas serviam de proteção contra os inimigos invasores, nelas consistia a verdadeira proteção de uma cidade. É bom dizer que todo ser humano está sujeito a essas intempéries, são problemas e situações, muitas vezes inesperadas, como um ataque de um inimigo feroz que nos pega desprevenidos. Como ninguém está livre das surpresas da vida, a diferença está em que tipo de refúgio se tem para suportar essas setas inesperadas. O justo pode descansar em paz, pois Iahweh é como uma torre de proteção e não deixará que sua vida seja atingida. Nas dificuldades que enfrentar tenha segurança em correr para os braços do Senhor, guarde-se nos cuidados Dele e permita que seu coração tenha paz.

Declarando a promessa

O nome do Senhor estará continuamente em meus lábios, a Ele invocarei quando for surpreendido no dia mau. Posso correr para Sua proteção e Ele me acolherá, tem prazer em proteger a minha vida e julgar as minhas causas. Deus é fiel e poderoso, jamais me deixará em perigo. Sei que muitos obstáculos existem em meu caminho, mas não temerei nenhum inimigo repentino nem quem me assalte pela noite; o Senhor é minha torre segura, confiado Nele olharei e contemplarei a tempestade passar totalmente guardado em Seus braços.

Anotações

30
MAI

Provérbios 19.17

"Quem trata bem os pobres empresta ao Senhor, e ele o recompensará" (NVI).

151. INVESTINDO NO BEM

Lição de fé para a minha vida

Tratar bem ao pobre é estar atento as suas carências e ajudá-lo, literalmente é fazer caridade. Essa bondade é aqui descrita como investimento, pois a recompensa mais tarde virá por intermédio do Senhor. Não se trata somente de dar algum tipo de esmolas a quem precisa, a caridade não é completa se não houver amor e compaixão de quem a pratica; não pode ser vista como uma obrigação, mas um dever de um coração impulsionado por bondade. É esse sentimento que impulsiona a ação, que Deus vê e se agrada. O que deve ser observado é que tratar bem os pobres implica em respeito, nem sempre eles se ajustam a um padrão imposto pela sociedade que os ignora por causa do falar, vestir e andar, e sempre os avaliando pela aparência e não pelo que possuem no coração. Não se iluda, há muita riqueza no coração de um homem, mesmo que seja pobre. Assim, não despreze o pobre e necessitado, aprenda a olhá-lo com os olhos do Criador, pois somos todos os homens pecadores que precisam de sua graça para sobreviver. Não recue sua mão diante da possibilidade de ajudar alguém, faça com prazer e amor no coração. Quem estende a mão e trata bem alguém, certamente terá uma mão estendida e será bem tratado quando precisar, ainda que essa mão estendida seja a do próprio Deus, a recompensa virá.

Declarando a promessa

Deus me dará condições de ajudar a quem precisar e não fechar os olhos para a necessidade do pobre. Meu coração conhecerá o valor das pessoas pelo que elas representam para Deus e não pelo que possuem diante dos homens. Não terei medo ou dúvidas em ajudar e tratar com bondade, sem discriminação alguma aquele que é menos favorecido nessa vida. Ajudarei com alegria sem esperar nada receber em troca; somente aguardo a fidelidade de Deus em me honrar na hora de minha necessidade. Posso investir em qualquer vida sem medo, pois Deus me recompensará e serei farto no que eu precisar.

Anotações

31
MAI

Provérbios 19.23

"O temor de Javé conduz para a vida, e a pessoa dorme tranquila e sem pesadelos" (EP).

152. CAMINHANDO EM PAZ

Lição de fé para a minha vida

O tempo de nossa vida é curto, mesmo assim fazemos muitas escolhas nesse período e uma má escolha pode nos trazer transtornos que parecerão uma eternidade de sofrimento. Então, fazer a escolha certa é tarefa essencial se quisermos evitar os erros que trazem tristeza e a maneira de evitá-los é temendo ao Senhor. Temer a Deus é respeitar as Suas leis; assim teremos a certeza de não errar o caminho que conduz para a vida, ou o caminho para se viver melhor. São as nossas escolhas e atitudes que definirão o tipo de vida que iremos ter. A segurança que tem aquele que é guiado pelas leis de Deus está na perfeição dos caminhos Dele. Andar nesse caminho de temor é ter a consciência tranquila de que nenhuma lei foi quebrada, é ficar de cabeça erguida sem ter nenhuma acusação sobre seus atos e não temer o mal, pois aquele que teme ao Senhor é guardado por Ele. Como é difícil dormir quando uma dívida nos preocupa ou a insegurança da violência nos amedronta. Ainda que muitos homens percam o sono por medo do próprio homem, dificilmente alguém perde o sono por estar em dívida com Deus. Mas o que teme ao Senhor pode dormir em paz, está livre de ambas as dívidas. Sua consciência está tranquila por não dever nada ao homem e tem paz por temer ao Senhor.

Declarando a promessa

Dormirei em paz e terei tranquilidade nos meus dias, pois escolhi andar no temor do Senhor e o meu caminho é esquadrinhado pelas leis do meu Deus. Não terei medo do que possam tramar contra a minha vida nem me assustarei com os obstáculos no meu caminho. O Senhor me conduzirá com os meus passos e com poder me sustentará contra toda adversidade. Escolhi andar nos caminhos de vida, pois são os mandamentos do Senhor que trazem a verdadeira paz e me conduzem para a vitória. Terei a consciência em paz nos meus dias e nada perturbará o meu sono, pois o temor ao Senhor me conduz à verdadeira vida.

Anotações

JUNHO

As Promessas Estimulam a Nossa Fé

Para receber as promessas de Deus, precisamos reagir com fé e acreditar que Deus fará o que Ele prometeu. Isso faz nossa fé crescer e se firmar.

Gary Haynes

"Sem fé é impossível agradar a Deus.
Quem deseja se aproximar de Deus deve
crer que ele existe e que recompensa
aqueles que o buscam."

Hebreus 11:6 (NVT)

Provérbios 28.13-14

01
JUN

"O que encobre as suas transgressões jamais prosperará; mas o que as confessa e deixa alcançará misericórdia. Feliz o homem constante no temor de Deus; mas o que endurece o coração cairá no mal" (ARA).

153. O PODER DO ARREPENDIMENTO

Lição de fé para a minha vida

Nenhum ser humano, por melhor que seja sua fé e seu caráter, está livre de errar. O erro é parte do crescimento e amadurecimento do ser humano; e é através de erros e acertos que conhecemos nossa própria capacidade, limites e fraquezas. Porém, isso não significa que podemos permanecer no erro; pelo contrário, aprendemos com os nossos erros quando não os praticamos mais. Em relação a Deus o nosso erro chama-se pecado, transgressão, pois erramos quando transgredimos qualquer uma de Suas leis. Manter um erro encoberto é viver de forma mentirosa. Mas quando o reconhecemos e confessamos a Deus a Sua misericórdia nos alcança, somos perdoados e libertos de toda maldição que vem como consequência de qualquer lei transgredida. Embora estejamos sujeitos ao erro não podemos permanecer nele, isso seria endurecer o coração para o arrependimento e ser laçado pelo mal. Confessar e deixar o erro pode ser muito difícil, mas a misericórdia de Deus, que nos traz o perdão, só é alcançada se houver arrependimento e consequentemente o abandono do pecado cometido. Quando errar não tenha medo de levantar a cabeça e começar de novo, apenas e tão somente confie no perdão de Deus.

Declarando a promessa

Ao Senhor confessarei os meus erros e não me deixarei dominar pelo pecado. Sei que encontro no Senhor perdão e misericórdia para me fazer levantar de qualquer transgressão que eu cometer. Ele me erguerá a cabeça e não me abandonará, a Sua misericórdia me fará prosperar e me dará vitória. Meus acusadores não poderão falar coisa alguma, pois o meu juiz é o Senhor. Ele me fará andar no Seu temor e recompensará o meu arrependimento com o Seu perdão e a Sua restauração.

Anotações

Eclesiastes 8.12

"Ainda que o pecador faça o mal cem vezes, e os dias se lhe prolonguem, eu sei com certeza que bem sucede aos que temem a Deus. Mas o perverso não irá bem, nem prolongará os seus dias; será como a sombra, visto que não teme diante de Deus" (ARA).

02
JUN

154. CONFIANÇA NA JUSTIÇA DE DEUS

Lição de fé para a minha vida

Aquele que procura fazer a vontade de Deus andando em justiça tem uma recompensa certa para receber pela Sua promessa. Isso é muito confortador, mas a nossa alma fica inquieta ao perceber que quem não anda nos caminhos de Deus continua a prosperar sem castigo, enquanto o justo sofre inúmeras adversidades andando firmemente nos caminhos do Senhor. Dois fatores precisam ser considerados: o primeiro diz respeito ao pecador, ele é o homem que não conhece a Deus e está inclinado a fazer o mal; é a sua natureza. A este homem Deus está dando oportunidades de arrependimento de seus pecados, as quais um dia findarão e o castigo virá tão certo como o bem virá para os que O temem. Segundo, devemos considerar que o perverso escolheu um caminho de erro, rejeitando a Deus, e mesmo que pareça bem, sua vida é como uma sombra, breve como um dia que termina ao pôr-do-sol. Não podemos esquecer das promessas de Deus ao passar pelas mesmas tribulações, pois o perverso terá a recompensa de seus atos no decorrer ou no fim de sua vida ela virá, mas o justo receberá sempre o bem do Senhor.

Declarando a promessa

O Senhor me concederá Sua bondade e prolongará os meus dias sobre a face da terra, pois andarei nos Seus caminhos com temor no coração, observando e cumprindo as Suas leis. Não olharei para a prosperidade do pecador nem terei inveja daquele que prospera no caminho da perversidade. Sei que o fim daqueles que praticam a injustiça e não temem ao Senhor é a morte. Colherão os frutos de suas injustiças nessa vida e não terão esperança na sua morte. Quanto a mim o Senhor me abençoará e me fará prosperar, concedendo-me vitória sobre as adversidades, firmando os meus pés em Seus caminhos. Sei que minha recompensa já está assegurada no Senhor, eu a receberei por promessa ainda nessa vida.

Anotações

Eclesiastes 11.1-2

"Lança o teu pão sobre as águas, porque depois de muitos dias o acharás. Reparte com sete, e ainda até com oito, porque não sabes que mal haverá sobre a terra" (ARC).

03
JUN

155. INVESTINDO COM FÉ

Lição de fé para a minha vida

Lançar o pão sobre as águas é um desafio ao investimento. Claro que essa metáfora fora tirada de algum princípio conhecido pelo escritor, talvez pelo sistema de plantio usado por muito tempo no Egito, onde as sementes eram lançadas no rio Nilo, um pouco acima do seu delta, que transbordava em tempo de cheias. Quando as águas baixavam, dava para ver as sementes nascendo na terra fértil. Nem todas as sementes brotavam; no meio do caminho e na correnteza do rio muita coisa poderia acontecer. Mas as que permaneciam germinavam e produziam seus frutos. Como toda semeadura tem o seu risco, lançar o pão sobre as águas também tem. Todo investimento possui imprevistos e devemos estar prontos a lidar com eles. A diferença é que a fé nos leva a crer na intervenção de Deus a nosso favor. Mesmo quando não sabemos o que vai acontecer, que tipo de mal chegará sobre a terra, podemos descansar em Deus. Nele está toda força para mover e reverter as situações que sejam contrárias. O que não podemos fazer é ter medo de investir, de arriscar, medo de crer no sobrenatural. Porque lançar o pão é apenas um ato de audácia, coragem que espera Deus trabalhar nas águas para fazer o que o homem não pode, multiplicar o pão.

Declarando a promessa

Não terei medo de investir nas oportunidades que Deus abrir em minha vida. Serei audacioso e farei tudo que compete a mim como homem fazer e esperarei fielmente ser recompensado pela ação de Deus. Sei que Deus me dará forças para agir com sabedoria e não permitirá que minha semente se perca em terra improdutiva, mas a levará para uma terra fértil e bem regada, preparada por ele. Declaro que nenhum investimento meu deixará de prosperar. Repartirei com alegria os meus frutos e na minha mesa muitos se fartarão.

Anotações

Cântico 8.6-7

"Põe-me como selo sobre o teu coração, como selo sobre o teu braço, porque o amor é forte como a morte, e duro como a sepultura o ciúme; as suas brasas são brasas de fogo, com veementes labaredas. As muitas águas não podem apagar este amor, nem os rios afogá-lo; ainda que alguém desse todos os bens de sua casa pelo amor, certamente o desprezariam" (ACRF).

04
JUN

156. O AMOR ETERNO DE DEUS: INCOMPARÁVEL E IMUTÁVEL

Lição de fé para a minha vida

As palavras contidas no livro de Cânticos vão além da cena romântica entre o noivo e a noiva; antes retratam com fortes palavras o amor de Cristo pela igreja. A Bíblia apresenta Jesus como o noivo que buscará a noiva, a igreja, para estar com ele no céu. O amor descrito como impossível de ser levado pela correnteza de um rio é também um amor sem preço, pois nada pode comprá-lo. Mas o fulgor desse amor não está em seu valor, está na sua força; nada pode destruí-lo porque não é vencido pelo tempo; ele é eterno. Por mais belo e forte que seja o amor humano ele é apagado pelo tempo, mas o amor de Deus transcende o tempo e espaço. Onde estivermos seremos achados por Deus e amados por ele; ainda que pequemos, pelo nosso clamor e arrependimento, ele virá ao nosso encontro com amor. Diante de tamanho amor não há como não nos render, entregar e viver toda sua intensidade na comunhão com o Senhor. Lembre-se disso onde estiver, quando for humilhado pelo homem, quando os amigos faltarem, quando o desprezo o machucar, lembre-se que você é amado como a noiva preciosa de Jesus, a menina dos Seus olhos.

Declarando a promessa

Sei que o amor de Deus por mim é incomparável e eterno. Ainda que eu venha a errar e meus amigos me abandonarem, sei que Deus me sustentará com Seu amor, não me deixará, mas me conduzirá em Seus braços para um caminho de retidão. O amor de Deus por mim é fiel e imutável. Rendo-me ao amor do meu Deus, a ele me entrego para ser somente Dele, usado por Ele no Seu reino, pois reinarei com Ele em Sua glória.

Anotações

Isaías 1.17-19

"Aprendei a fazer o bem; atendei à justiça, repreendei ao opressor; defendei o direito do órfão, pleiteai a causa das viúvas. Vinde, pois, e arrazoemos, diz o Senhor; ainda que os vossos pecados sejam como a escarlata, eles se tornarão brancos como a neve; ainda que sejam vermelhos como o carmesim, se tornarão como a lã. Se quiserdes e me ouvirdes, comereis o melhor desta terra" (ARA).

05
JUN

157. O CHAMADO AO ARREPENDIMENTO

Lição de fé para a minha vida

Quando Deus trouxe Israel para a terra de Canaã deu-lhe mandamentos que conduziriam a nação, a fim de que fossem abençoados na terra. Constantemente a nação se desviava dos mandamentos e sofria as consequências dos seus pecados. A terra que era tão frutífera deixava de produzir, e esta carência trazia a fome, doenças e até morte. Alguns mandamentos quebrados diziam respeito a justiça com o próximo, esta repreensão profética acerca da opressão sofridas pelos mais pobres, principalmente os órfãos e as viúvas. Todavia Deus não rejeita o Seu povo, antes o chama a refletir em seus atos para o arrependimento, para que pudessem experimentar o melhor da terra. As cores vivas como a escarlata e o carmesim denotam o pecado que pode ser grave, mas encontra em Deus o perdão e a purificação. Deus não mudou, Ele continua a ter o melhor da terra para nos dar, mas precisamos ouvir a Sua Palavra e sermos fiéis a Ele. E se a nossa condição de pecador tem impedido as conquistas, o Senhor continua a nos chamar para o arrependimento, em Seu coração ainda está o desejo de nos fazer herdar o melhor desta terra.

Declarando a promessa

A voz do Senhor encontrará refúgio em meu coração e eu me alegrarei em fazer a Sua vontade. Recebo do Senhor a promessa de possuir o melhor da terra, do lugar onde Ele tem me colocado. Ainda que por um momento o pecado ache lugar em mim, não ficarei prostrado, correrei para o Senhor que me purificará de todo mal. Sei que Deus tem o melhor para mim e ninguém poderá tirar o que Ele já me tem dado como promessa. Guardarei os meus pés no caminho do Senhor e esperarei a colheita de Suas bênçãos; como chuva elas regarão a minha vida.

Anotações

Isaías 25.8-9

"Ele fez desaparecer a morte para sempre. O SENHOR Iahweh enxuga as lágrimas de todos os rostos; ele removerá de toda a terra o opróbrio do seu povo, porque Iahweh o disse. Nesse dia se dirá: 'Vede, este é o nosso Deus, nele esperávamos, certos de que nos salvaria; este é Iahweh, em quem esperávamos. Exultemos, alegremo-nos na sua salvação'" (BJ).

06
JUN

158. A PROMESSA DE SALVAÇÃO ETERNA

Lição de fé para a minha vida

Foi Jesus que cumpriu essa promessa quando morreu na cruz e ressuscitou no terceiro dia; venceu a morte e garantiu a vida eterna. Mas a aniquilação total da morte acontecerá quando, de posse da vida eterna, ouvirmos de Deus, no juízo final, a sentença para a renovação de tudo que foi criado, um novo céu e uma nova terra, e a condenação de satanás com seus anjos para o lago de fogo eterno. Todavia, celebramos essa vitória porque já foi conquistada, apenas esperamos o tempo de sua manifestação. Tudo que conquistarmos nessa vida ficará por aqui, tudo aqui é temporário e corrompido, mas as riquezas celestiais duram eternamente e já nos são asseguradas por Jesus. Na época que a nação de Israel recebeu essa promessa os tempos não eram bons. A voz de Isaías soou como um refrigério para os que criam nas promessas, pois a bênção e a proteção de Deus iriam livrá-los do sofrimento e da morte e, embora eles experimentassem isso naquele tempo acerca de seus inimigos, a promessa iria se cumprir definitivamente na vida de Jesus e alcançá-los na eternidade.

Declarando a promessa

Eu sei que o meu Deus me protegerá de todo inimigo que vir afligir a minha vida. Ainda que os dias sejam de luta e muitos abandonem a fé, eu continuarei firme e esperarei o socorro do meu Senhor. Ele virá e me libertará, enxugará as minhas lágrimas e me porá em segurança. Sou abençoado de forma sem igual, pois tenho a presença de Deus para meu consolo, conforto e proteção enquanto viver nesse mundo e a terei eternamente no céu, quando nada poderá me afligir, as lágrimas não existirão mais e a morte terá o seu fim. Eu tenho uma vida eterna de gozo e alegria que me foi garantida pela ressurreição do meu Jesus.

Anotações

Isaías 26-3-4

"O Senhor dará uma paz perfeita a todos que confiam nele, aos que concentram seus pensamentos nele. Confiem para sempre no Senhor, porque no Senhor Deus vocês encontrarão a força que nunca se acaba" (VIVA).

07
JUN

159. A PAZ PERFEITA

Lição de fé para a minha vida

A paz é uma necessidade que buscamos para que a vida seja experimentada com toda sua beleza e alegria. Sem paz não há felicidade em se conquistar, em se plantar, em sonhar, pois tudo perde seu valor. Por paz não podemos somente entender a ausência de guerras, mas também a tranquilidade no coração para se viver, produto de uma mente fortalecida e equilibrada. Podemos viver longe da violência e da guerra e mesmo assim não estar em paz. A pior ausência de paz é a do coração, pois não há como fugir dela, você pode mudar de lugar, de cidade e até de país, mas não mudará nada se o seu coração não encontrá-la. Há muita gente que se fecha para a vida, morre no desgosto e na depressão por causa da falta de paz em seu interior. Essa é a paz que o Senhor está nos dando como promessa, a paz perfeita que nos dá segurança em meio as maiores dificuldades, diante da própria guerra ou violência. Quando estiver vivendo dias turbulentos não deixe que sua mente vague pelo terror, firme-a no Senhor, concentre seu pensamento no Deus que é proteção e ajuda para todo o sempre. Ele o fará conhecer a paz verdadeira, lhe dará forças e você conhecerá a alegria e consolo que só a paz de Deus pode dar.

Declarando a promessa

Sobre mim está estabelecida a paz do Senhor, minha mente está confiante no poder do meu Deus. Ele me protegerá e dará forças ao meu coração para não se intimidar com as aflições deste mundo. Por onde eu for estarei seguro e sem medo, pois tenho a paz que vai além da capacidade humana de ser entendida, ela me dá tranquilidade e conforto até em tempo de guerra, a paz do meu Senhor está dentro de mim, me sustentará e me fará viver em alegria. Não serei derrotado pelo medo e nunca perderei a esperança, enquanto viver serei consolado pela magnífica paz do meu Deus.

Anotações

Isaías 30.18

"No entanto o Deus Eterno continua esperando porque ele quer ser bondoso e ter compaixão de vocês; pois ele é Deus que faz o que é direito. Felizes são aqueles que põem a sua esperança nele" (VIVA).

08
JUN

160. A MISERICÓRDIA DE DEUS QUE NOS LEVANTA

Lição de fé para a minha vida

Quando pecamos contra Deus semeamos o mal que depois desencadeará em nossa vida o seu fruto. Essa é a lei sobre a qual o homem existe: Tudo que semear, ele colherá. É claro que o pecado também conhece o perdão e a restauração de Deus, mas isso não elimina suas consequências. O perdão nos restaura espiritualmente, nos faz ter comunhão com Deus, mas colhemos na carne as consequências dos nossos atos. Por muitas vezes a nação de Israel sofreu pelos seus pecados, embora debaixo de forte opressão de povos inimigos, ou de pestes e fome provocadas pela seca, mas não reconhecia seus erros para arrepender-se dos seus pecados. Deus, todavia, aguardava o tempo de arrependimento para restaurar a sorte do seu povo e dar vitória sobre os seus inimigos. O nosso Deus é amoroso, grande em misericórdia; não desiste de nos abençoar, não nos abandona com nossas ofensas a Sua santidade, mas aguarda o nosso arrependimento para restaurar-nos e colocar-nos em lugar de honra. Quando pecar contra Deus não pense que Ele o abandonou, que nunca mais vai olhar para você, nem tenha vergonha de buscar a Sua face em oração e voltar a buscar Sua presença.

Declarando a promessa

Não ficarei prostrado diante dos meus pecados e não sofrerei suas consequências para sempre em minha vida. Alcançarei as bênçãos de Deus e serei por Ele restaurado, mediante o arrependimento sincero do meu coração. Deus é justo, sei que todo pecado requer punição, mas tenho a promessa que todo arrependimento tem redenção, pois Deus espera, e não desiste, ver meu coração rendido em arrependimento para ser restaurado. O meu Deus não desiste de mim, por isso minha vida tem esperança, pois ainda que eu venha falhar, minha vitória está na misericórdia do Senhor, Ele me restaurará.

Anotações

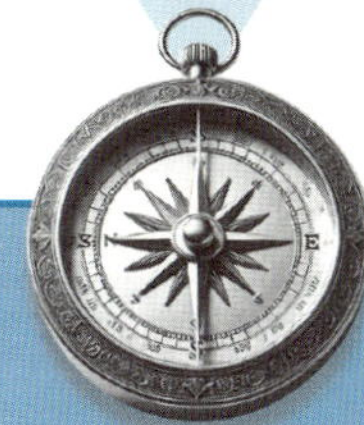

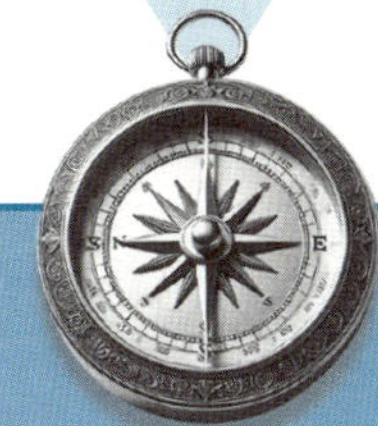

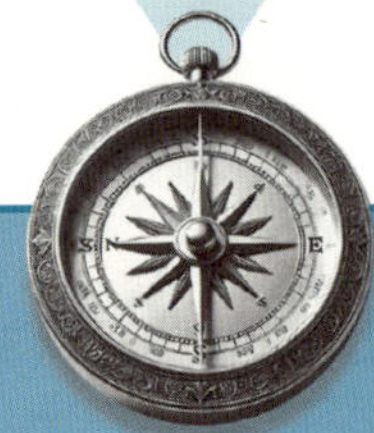

09
JUL

Ezequiel 11.17

"Portanto, dize: 'Assim diz o SENHOR Deus: Eu vos ajuntarei do meio dos povos, e vos recolherei das terras para onde fostes lançados, e vos darei a terra de Israel'" (EC).

191. A PROMESSA DE RESTITUIÇÃO

Lição de fé para a minha vida

A nação de Israel foi espalhada entre vários povos, quer seja por fuga, por causa das guerras, fomes, pestes, ou por se tornarem prisioneiros de guerra. A terra de Israel era uma possessão dada por Deus e a perda era momentânea, consequência do seu afastamento de Deus, mas seria novamente lugar de sua habitação, assim que o castigo por causa dos seus pecados encontrasse arrependimento em seus corações, todas as perdas seriam restituídas por Deus. À nação cabia um arrependimento sincero dos seus pecados e à Deus, a restituição do que fora perdido. Essa é uma promessa que mexe com nosso interior, pois da mesma forma temos perdas em nossas vidas, por causa dos nossos pecados e afastamento da vontade de Deus. Algumas perdas parecem impossíveis de serem reparadas, mas o que nos cabe é um coração arrependido; todo o processo de restituição vem da provisão de Deus. É Ele que tem o poder na mão para reverter toda tragédia em bênção e derrotas em grandes vitórias. Pode ser que algumas das suas terras tenham sido saqueadas pelo inimigo ou seus pecados o levaram a um abandono dos seus mais preciosos sonhos. Não se deixe vencer, confie no poder do Senhor; Ele irá reverter sua história e das mãos do inimigo resgatará o que lhe foi tirado.

Declarando a promessa

Eu tenho uma promessa e uma herança de prosperidade nessa terra que o Senhor conquistou para mim. Ainda que meus adversários venham contra mim e meus pecados me afastem das bênçãos do Senhor, não permanecerei na derrota nem serei deixado pelo meu Deus. Tenho sobre minha vida a promessa de restauração e restituição do que o inimigo tirar de mim. O Senhor me colocou nessa terra para prosperar em vitória e nenhum adversário poderá impedir os Seus planos de se cumprirem na minha vida. Ele guardará a minha vida para nela cumprir o Seu propósito.

Anotações

Ezequiel 18.32

"Eu não quero que ninguém morra - diz o SENHOR Eterno. Portanto, parem de pecar e vivam" (BLH).

192. PAREM DE PECAR E VIVAM

Lição de fé para a minha vida

Diante de perdas e afastamento das bênçãos de Deus, Israel sofre os reveses provocados pelos seus pecados. A vida que contava com a proteção de Deus, torna-se agora desagradável, rodeada de inimigos. É sempre assim que acontece, quando nos afastamos da presença do Senhor; nem sempre imaginamos quanta tristeza poderá chegar à nós. O pecado pode ser um acidente no percurso da vida, mas pode também ser um ato deliberado, uma opção calculada e planejada. Por muitas vezes os profetas tinham avisado do perigo do afastamento da vontade de Deus, as suas implicações e consequências, mas foi em vão; a rebeldia havia dominado o coração de um povo obstinado para o erro. O desejo de Deus era vê-los arrependidos, desfrutando de Suas bênçãos e proteção, mas o coração do homem às vezes não entende que seus pecados são os causadores de suas perdas e tragédias. Enquanto essa compreensão não chegar ao seu coração ele não encontrará arrependimento sincero e voltará para Deus. Ao ver seus filhos morrendo, mergulhados em seus pecados, a voz de Deus brada pelos lábios do profeta: "parem de pecar e vivam". Seja qual for seu pecado, não se abata por causa dele, volte-se para o Senhor, Ele sarará sua ferida, o acolherá em Seus ternos braços e lhe dará vida vitoriosa.

Declarando a promessa

O Senhor fez de mim um vencedor e tem separado para mim uma terra fértil, um lugar onde prosperarei em segurança. Não permitirei que o pecado me separe da vontade do meu Deus e roube as promessas semeadas para a minha vida. O Senhor se alegrará na minha vida, terá sempre prazer em conhecer os meus passos e me conduzirá para um caminho de vida. Ainda que eu venha a pecar contra Sua vontade, não ficarei prostrado, voltarei à Sua presença pelo caminho do arrependimento e serei recompensado por Ele. Meu Senhor me dará vida e sustentará a minha vitória!

Anotações

11

JUL

Ezequiel 33.18-19

"Desviando-se o justo da sua justiça, e praticando iniquidade, morrerá nela. E, convertendo-se o ímpio da sua impiedade, praticando o juízo e justiça, ele viverá por eles" (ACRF).

193. A JUSTIÇA QUE RESTAURA VIDAS

Lição de fé para a minha vida

Procuramos sempre achar justificativas para os nossos erros; aceitar uma correção não é tão fácil como aplicá-la. Quando Deus expôs Suas leis para Israel deixou claro que a observação de cada mandamento representava escolher a Sua bênção; a desobediência, atrairia morte para os infiéis. O problema é que o homem precisa negar suas paixões carnais, se anular para o pecado, para manter sua vida de comunhão com Deus. Por causa dessa fraqueza, Deus dá tempo ao homem para arrependimento, livrando-o assim de um castigo mortal. Às vezes não entendemos o perdão de Deus; custamos a acreditar que pessoas tão rebeldes possam ter seus corações modificados e serem obedientes a Deus. A promessa diz que um coração convertido, praticando a justiça, terá recompensa pela nova vida. Ou seja, o seu passado não importa mais para Deus. Seu direito às bênçãos é igual àquele que dedicou toda sua vida obedecendo a Deus. Mas se o homem justo vacilar, ele é réu para sofrer as mesmas punições de um homem que nunca serviu a Deus. A promessa coloca em juízo quem se desvia da justiça e dá chance ao ímpio de ser digno da bênção de Deus. Não permita que fracassos do passado tirem de sua vida o privilégio de ser abençoado por Deus.

Declarando a promessa

Sobre minha vida estão as bênçãos de Deus, pois o meu coração foi mudado pelo seu grande amor e perdão. Tenho alegria em servir ao Senhor pela Sua bondade e fidelidade. Sou mais que vencedor servindo ao meu Senhor, e da Sua presença não sairei jamais. O amor de Deus amparou meu coração quando andava em trevas, hoje eu sou liberto e experimento uma vida vitoriosa debaixo dos Seus cuidados. A justiça que pratico está nas leis do meu Deus, Ele me livrará da queda e me conduzirá a vitória.

Anotações

Ezequiel 36.33-36

"Assim diz o Senhor Deus: 'No dia em que eu vos purificar de todas as vossas iniquidades, então, farei que sejam habitadas as cidades e sejam edificados os lugares desertos. Lavrar-se-á a terra deserta, em vez de estar desolada aos olhos de todos os que passam. Dir-se-á – Esta terra desolada ficou como o jardim do Éden; as cidades desertas, desoladas e em ruínas estão fortificadas e habitadas. Então, as nações que tiverem restado ao redor de vós saberão que eu, o Senhor, reedifiquei as cidades destruídas e replantei o que estava abandonado. Eu, o Senhor, o disse e o farei'" (ARA).

12
JUL

194. A RESTAURAÇÃO DE UM JARDIM PROMETIDO

Lição de fé para a minha vida

Quando Israel deixou de adorar a Deus, caindo nas práticas pagãs, a sua sentença já estava lançada. Por algumas vezes sofreram sítio dos povos inimigos e terminaram como escravos em terras distantes. As muralhas de Jerusalém foram derrubadas, os seus portões queimados e arrancados. A terra desolada parecia nunca se recuperar, tamanha foi a violência. Mas a bondade de Deus vai além da arrogância humana. Não deixaria seu povo em miséria e ruínas. O profeta anunciou que o Senhor iria restaurar a sorte do Seu povo. Isso me faz pensar em quanta terra de nossa vida o inimigo já destruiu. Das coisas que olhamos para trás e achamos impossíveis de serem recuperadas. Quanta coisa deixada em desolação! Mas o Senhor tem anunciado um tempo de restauração do que foi destruído, de retorno ao melhor da terra. Isso é promessa para sua vida, não perca a esperança. Se hoje as terras estão destruídas, aguarde a restauração e veja a bênção de Deus florescer nos frutos de sua terra.

Declarando a promessa

Declaro que todas as áreas da minha vida serão visitadas pelo Senhor e restauradas para a Sua glória. O que os meus olhos veem agora são apenas sombras da prosperidade que o Senhor trará sobre mim; não me deixarei abater pelo que diz o inimigo e a afronta não achará lugar em meu coração. Vivo as promessas de Deus e sei que elas me alcançarão e todos saberão quem é o Senhor, pois Sua glória estará sobre mim. Não tardará a visitação de Deus em minha vida!

Anotações

Daniel 2.21-22

"É ele quem faz mudar os tempos e as estações, é ele quem põe os reis no poder e os derruba; é ele quem dá sabedoria aos sábios e inteligência aos inteligentes. Ele explica mistérios e segredos e conhece o que está escondido na escuridão, pois com ele mora a luz" (BLH).

13
JUL

195. DEUS REVELA SEGREDOS E GUIA EM SEGURANÇA

Lição de fé para a minha vida

Um pesadelo terrível havia tirado o sono e a alegria do rei da Babilônia, Nabucodonosor. Tamanha foi sua agonia que o tormento do sonho permanecia em seu coração, embora sua mente não guardasse a lembrança dos fatos que o fizeram tremer. Preocupado e atormentado, ele busca nos sábios do seu reino alguém que pudesse trazer de volta o sonho e a sua interpretação. Como sua agonia continuasse, o rei, que não obteve resposta dos seus sábios, deu ordens para que todos fossem mortos. Daniel era um dos sábios, e diante do perigo de morte busca uma resposta em Deus, e o Senhor lhe revela o sonho e a sua interpretação. O que Daniel declara sobre Deus nesses versos é promessa que se cumpre em sua vida em todo o seu ministério. Deus revela os segredos mais profundos, pois com Ele está a luz. Algumas situações nos causam muito embaraço, desânimo e roubam a nossa paz. O desconhecido assusta e nos deixa acuados, sem liberdade. Mas o nosso Deus é Senhor de todas as coisas, não há nada oculto para Ele. Não devemos ter medo do que virá, seja o que for, pois Deus tem o controle e não nos deixará sem proteção. .

Declarando a promessa

Eu não temerei o futuro, nem palavras ou pensamentos que venham roubar a minha paz quanto ao que virá acontecer na minha vida. Deus me conduzirá por um lugar seguro e me mostrará onde devo pisar. Ele não deixará nada oculto aos meus olhos e me dará conforto para eu passar pelos vales e sombras que estejam por vir. O meu Deus é fiel, tirará toda angústia do meu coração e me fará sobressair aos meus adversários. Não temo nenhum sonho ruim, pois é Deus quem prepara o meu caminho; Ele me fará prosperar por onde eu andar!

Anotações

14
JUL

Daniel 7.18

"Os que receberão o reino são os santos do Altíssimo, e eles conservarão o reino para sempre, de eternidade em eternidade" (BJ).

196. O REINO ETERNO DOS SANTOS

Lição de fé para a minha vida

Daniel recebeu da parte de Deus uma revelação em sonhos e visões do que estava para acontecer nos próximos anos acerca dos reinos que governavam sobre a terra. Em meio a essas visões pode contemplar um reino diferente, de governo eterno, dado a homens separados por Deus. Embora ele não soubesse sua interpretação, um anjo lhe confirmou a chegada de um reino eterno que seria estabelecido por Deus. Essa promessa apontava para o reino conquistado por Jesus em sua morte e ressurreição. Os santos são aqueles que entendendo a salvação de Deus, a aceitaram pela fé, e viverão eternamente com o seu Senhor. Que promessa confortadora saber que a vida na terra é uma oportunidade para entendermos a existência de uma vida melhor, e que a morte não é o fim, mas o começo de uma vida eterna. Deus vem falando ao coração do homem para que ele possa entender a razão verdadeira da vida, que a legítima herança não está aqui no que fazemos ou construímos com nossas próprias mãos, mas está no céu, o que Jesus conquistou com sangue; o pagamento dos nossos pecados para que pudéssemos ter uma vida eterna com Ele. Não deixe que os valores terrenos tomem o lugar de Deus em seu coração, pois você já foi chamado para reinar em glória com o Senhor Jesus.

Declarando a promessa

Declaro que sou herdeiro da vida eterna pela morte e ressurreição de Jesus na cruz do Calvário. Não abrirei mão da minha fé alicerçada na promessa de Deus cumprida em Jesus Cristo. Aguardarei com fidelidade o desfecho dessa promessa em minha vida, quando finalmente encontrar com o meu Senhor no céu. Sou chamado para governa eternamente com Cristo e Ele me concederá vitória sobre os meus inimigos até que, enfim, chegue aquele grande e glorioso dia. O Senhor já me fez vencedor!

Anotações

15
JUL

Oseias 6.1

"Vinde, e tornemos para o Senhor, porque ele despedaçou, e nos sarará; fez a ferida, e a ligará" (ARC).

197. VOLTEMOS AO SENHOR, O DEUS QUE SARA

Lição de fé para a minha vida

As muitas transgressões de Israel levaram a nação ao afastamento de Deus e, consequentemente, a sofrer as punições prescritas em Suas leis. Uma constante na vida do povo era pecar e depois se arrepender, buscando a face de Deus, reatando a aliança quebrada. Tornar para o Senhor é uma expressão que denota esse arrependimento, que depois de declarado ao Senhor, aguardava a Sua intervenção para sarar-lhes todas as feridas causadas pelos pecados. Estava claro na vida da nação de Israel que não haveria cura se não voltassem à comunhão com Deus. O afastamento de Deus, quer seja no passado ou mesmo hoje, e o será no futuro, nos deixa à mercê do pecado, nos tornamos culpados por deixarmos a Sua vontade. O resultado é que são muitas as feridas que marcam a nossa alma e nos desestimulam para a vida. Algumas são tão profundas que geram culpas tão fortes, a ponto de acharmos que não há mais nenhum jeito. Algumas coisas que fazemos podemos desfazer, como escrever uma frase e apagá-la com uma borracha, mas não temos como apagar um pecado, uma vez feito está fora do nosso alcance. Não adianta nos martirizarmos, nem mergulhar numa depressão por causa da culpa. É nessa hora que o Senhor pode nos restaurar sarando as nossas feridas.

Declarando a promessa

Eu encontrei no Senhor a cura para os meus pecados. Ele me livrou de todas as marcas do meu passado e o pecado não tem domínio sobre a minha vida. O Senhor vasculhou meu coração com Seus olhos de amor e tirou toda a culpa que poderia cobrar meus erros do passado. O meu Deus me fez livre com Seu perdão e devolveu-me a alegria de viver. Tenho a bênção da restauração sobre mim, e a minha casa está segura nas mão do meu Senhor, o Deus que sara todas as minhas feridas e me faz andar em alegria sobre a terra.

Anotações

16
JUL

Joel 2.18-19

"Então, o Senhor se mostrou zeloso da sua terra, compadeceu-se do seu povo e, respondendo, lhe disse: 'Eis que vos envio o cereal, e o vinho, e o óleo, e deles sereis fartos, e vos não entregarei mais ao opróbrio entre as nações'" (ARA).

198. A FARTURA PROMETIDA AO POVO FIEL

Lição de fé para a minha vida

Joel exerceu seu oficio profético em um tempo desconhecido, mas sua palavra impactou a nação de Israel, pois ele é citado nas páginas do Novo Testamento. Como profeta ele está levantando sua voz e conclamando seu povo para uma ação coletiva de súplicas e jejum a Deus. A terra estava perto de ser consumida por gafanhotos, uma ilustração dos inimigos que estavam por vir. Somente a intervenção do Senhor poderia mudar a história de Israel; mas Deus não viria socorrer o Seu povo se ele não tivesse seu coração totalmente voltado para Sua presença. A ação de Deus tem como promessa Seu zelo pela terra e fartura na semeadura do Seu povo. Mais que uma promessa, este texto nos ensina um caminho para alcançar o coração de Deus e transformar sinais de tragédias em grandes vitórias. Pois face ao mal que estava vindo, a situação foi contornada por Deus por causa do clamor e do jejum do Seu povo. Grandes viradas foram dadas e ainda são dadas na vida dos que servem a Deus, através de oração e jejum. Diante de rumores e situações adversas, faça prova dessas duas armas que, com toda a certeza, movem o coração de Deus e O faz vir em nosso socorro, dando-nos a vitória.

Declarando a promessa

O Senhor ouvirá as minhas orações e virá ao meu socorro quando eu clamar por Ele. Fará desaparecer toda afronta contra mim e destruirá os meus inimigos. Apresentarei ao Senhor jejuns e orações, alcançarei o Seu coração, por isso me responderá e não me deixará sob a opressão do inimigo. Tenho encontrado segurança no Senhor e tudo que fizer, prosperarei. A terra que o Senhor tem me dado está debaixo de Suas bênçãos, o que eu plantar colherei em abundância.

Anotações

Amós 3.7

"Certamente o Senhor Deus não fará coisa alguma, sem ter revelado o seu segredo aos seus servos, os profetas. Rugiu o leão, quem não temerá? Falou o Senhor Deus, quem não profetizará?" (EC).

17
JUL

199. O AVISO PROFÉTICO DE DEUS

Lição de fé para a minha vida

Os profetas eram homens que se distinguiam dos demais por serem usados por Deus para falar ao povo. A mensagem profética nem sempre agradava, pois em sua maior parte eram avisos de Deus contra o pecado do povo. Ninguém poderia se queixar de não ter sido avisado, esse é o significado do texto quando diz "que o Senhor Deus não fará coisa alguma, sem ter revelado". A revelação aqui é o anúncio da sentença de castigo por causa dos pecados. É claro que esse aviso de Deus esperava alcançar o coração dos Seus filhos, para que se arrependessem e o castigo fosse suspenso. Essa promessa nos garante que não há castigo sem aviso, que todas as vezes que pecamos Deus falará de uma forma clara para nos alertar das consequências dos nossos erros. Isso é mais uma prova do seu bondoso amor; afinal um bom pai sempre avisa ao seu filho dos caminhos que são passíveis de disciplina para que eles se desviem deles. Quando ouvir a voz de Deus não tarde em obedecê-La, ainda que tenha que renunciar suas vontades e deixar de lado algo que lhe seja de valor. O caminho de Deus é o melhor e o mais perfeito, não nos deixará em aflição, mas nos conduzirá para uma vida melhor, pois o castigo dos que O abandonam não pode ser comparado com as bênçãos para aqueles que O seguem.

Declarando a promessa

Declaro ser obediente à voz de Deus e seguir os Seus retos caminhos. Quando eu pecar não hesitarei em ouvir a repreensão do meu Deus, estarei atento aos Seus avisos e não ultrapassarei os limites colocados por Ele. As leis de Deus são justas e perfeitas e me protegerão de andar no caminho do erro e da perdição. Sei que nada virá sobre mim, nenhum castigo, nenhuma punição, antes que me cheguem os conselhos de Deus. Ando num caminho de vitórias e bênçãos, pois não endureço o meu coração para a voz profética do Senhor.

Anotações

Obadias 1.17

"Mas Jerusalém se tornará um refúgio, um lugar de livramento. O povo de Israel voltará a ocupar a terra prometida" (VIVA).

18

JUL

200. JERUSALÉM: REFÚGIO E LIVRAMENTO

Lição de fé para a minha vida

O território que Israel tomou posse foi sendo diminuído com o passar do tempo. Teve consolidação e crescimento no tempo do rei Davi e de seu filho Salomão. Mas com a quebra da aliança que o povo fez com Deus, vários povos vizinhos atacaram Israel com guerras e saques, até que surge o cativeiro da nação que já estava dividida em dois reinos, Judá ao sul, e o restante das tribos misturadas ao norte, que permaneceram debaixo da bandeira de Israel. Israel foi disperso e boa parte do povo foi cativo para a Assíria. Mais tarde foi a vez de Judá ser dispersa e levada cativa para a Babilônia. O lugar de culto, onde o templo fora erigido por Salomão, era Jerusalém. Uma cidade fortificada por muros que também fora destruída. Tanto os seus muros como o santuário caíram à destruição pelos inimigos. A promessa diz respeito a sua restauração como cidade fortificada e protegida, própria para se viver e para se refugiar contra o inimigo. Sua restauração significava dar nova vida ao coração da nação despedaçada. De maneira bem singela a promessa também aponta para Jesus Cristo, que em Jerusalém pagou o preço dos nossos pecados nos dando refúgio e livramento da morte eterna. A promessa nos garante voltar ao lugar de origem em segurança e bem guardados.

Declarando a promessa

O meu refúgio e a minha segurança é o Senhor; Ele me resgatou do cativeiro de pecados e me fez conhecer o Seu grande amor. Declaro que essa herança está segura em minha vida, guardada no meu coração, sou filho de Deus pela obra de restauração e perdão realizada por Jesus Cristo na cruz. Ainda que fortes ventos venham sobre mim, não me afastarei dos caminhos de Deus, pois só Nele eu tenho refúgio e proteção. Sei que um dia verei a Jerusalém celestial, e lá estarei com o meu Senhor para sempre. A promessa do meu Senhor se cumprirá fielmente em minha vida.

Anotações

Jonas 4.2

"E orou ao Senhor e disse: 'Ah! Senhor! Não foi isso o que eu disse, estando ainda na minha terra? Por isso, me adiantei, fugindo para Társis, pois sabia que és Deus clemente, e misericordioso, e tardio em irar-se, e grande em benignidade, e que te arrependes do mal'" (ARA).

19
JUL

201. A MISERICÓRDIA QUE ALCANÇA ATÉ OS REBELDES

Lição de fé para a minha vida

Jonas é um profeta que se destacou, não apenas por fazer uma obra excepcional, mas por se negar a fazer a vontade de Deus. Sua missão era pregar uma mensagem de arrependimento à cidade de Nínive, capital da Assíria. Como era um povo hostil ao seu povo, Jonas tentou fugir da presença de Deus embarcando em um navio para um lugar oposto a Nínive. O resultado da fuga foi uma tempestade que quase afundou o navio onde estava, se os marinheiros não o jogassem ao mar bravio, que logo se aquietou. Foi no ventre de um grande peixe que Jonas orou ao Senhor e decidiu atender ao chamado. Sua mensagem, conclamando o povo ao arrependimento foi ouvida, o rei de Nínive decretou jejum para toda a nação, se humilhando diante de Deus, que lhe retirou a sentença de destruição. Aprendemos com Jonas duas grandes lições: A primeira é que não podemos fugir do chamado que Deus nos dá, Ele irá nos alcançar mesmo no mais profundo abismo. A segunda é que a bondade de Deus nos poupa quando nos arrependemos dos nossos erros. Que nos humilharmos na presença de Deus seja uma constante em nossas vidas.

Declarando a promessa

Sou submisso à vontade de Deus. Não deixarei de cumprir os Seus propósitos e anunciar a Sua misericórdia e bondade a todos. Não excluirei nenhum ser humano da minha missão; amarei e terei compaixão daqueles que me perseguem por não conhecer o amor de Deus. Sei que através da minha vida muitos pecadores serão libertos e salvos da morte eterna. Sou um profeta de Deus, erguido para levar a mensagem de salvação e mudar a vida de homens, famílias e nações. O Senhor me fará prosperar na Sua vontade!

Anotações

20 JUL

Miqueias 5.2

"Ó Belém Efrata, você é apenas uma pequena vila da Judeia, mas será o lugar onde vai nascer o meu Rei, que vive desde antes do mundo existir!" (VIVA).

202. OS PEQUENOS PARA GRANDES OBRAS

Lição de fé para a minha vida

Belém era uma cidade pequena entre as cidades de Judá e não havia nada em especial que a pudesse destacar das demais cidades. Mas Deus a escolheu como berço do nascimento de Jesus, e estabeleceu sobre ela uma importância que marcaria para sempre o seu nome e território. Essa escolha de Deus nos revela que Ele escolhe os incapazes e fracos para confundir os poderosos e fortes. Deus tem chamado homens e mulheres que nada tem de valor para os olhos do mundo, não são ricos, famosos, influentes ou capacitados. Simplesmente atendem ao chamado de Deus e se deixam ser usados e capacitados por Ele. Não se iluda com homens que ostentam grande aparência, pois nem sempre são esses quem Deus chama, e nunca se ache tão pequeno e incapaz de ser usado por Deus para realizar uma grande obra. Fique atento aos desafios que surgirem em sua vida e esteja sempre pronto para superá-los, não em suas forças e capacidade, mas na sustentação de Deus. Às vezes nos privamos de realizar a obra de Deus porque nos achamos tão pequenos e despreparados, dizemos precisar de tempo para um preparo e capacitação, e não percebemos que estamos rejeitando uma oportunidade de crescimento e verdadeiro preparo na escola de Deus.

Declarando a promessa

Declaro que estou pronto para receber os planos de Deus em minha vida. Não recuarei diante do chamado do Senhor para realizar qualquer serviço no Seu reino. Minha capacidade vem do meu Senhor, Ele me preparará para ter sucesso no que colocar em minhas mãos para fazer. Não sou pequeno para nenhuma obra de Deus, pois Ele me sustentará em todo o caminho e não permitirá que eu seja envergonhado. Coloco-me à disposição do Senhor e farei a missão que Ele me enviar, pois sei que a vitória é o caminho daqueles que confiam em Deus.

Anotações

Naum 1.7

"O Deus Eterno é bom. Em tempos difíceis ele salva o seu povo e cuida dos que procuram a sua proteção" (BLH).

21 JUL

203. A BONDADE DE DEUS NOS DIAS DE ANGÚSTIA

Lição de fé para a minha vida

A bondade de Deus é lembrada pela Sua proteção no dia da angústia. É claro que também podemos ver a bondade de Deus no ar que estamos respirando e em cada obra de Sua maravilhosa criação, mas o profeta está falando de um relacionamento pessoal, onde o cuidado de Deus poderá ser contemplado por todos os que confiam Nele, ou de uma forma mais literal: a bondade de Deus pode ser experimentada pelos que, no dia da angústia, se escondem Nele. Essa é uma promessa que dá segurança à vida daqueles que amam a Deus e buscam o seu conforto quando estão enfrentando momentos de grandes dificuldades. Todos nós passamos por dias angustiosos; são dias em que as más notícias e os fatos inesperados terminam por entrar em nossa vida sem pedir licença, machucando o nosso coração e tirando o nosso chão. Por mais que estejamos cercados de amigos, só nós sabemos o preço da dor que nos aflige. Esse é o momento de experimentarmos a promessa de Deus, de corrermos para os Seus braços e nos escondermos em Seus cuidados; de outra forma como poderemos experimentar tal promessa? Os que procuram a proteção de Deus são por Ele conhecidos e cuidados. Quando o dia da angústia bater à sua porta, não tema em correr para o Senhor e buscar a Sua salvação.

Declarando a promessa

Declaro que o Senhor me amparará e me dará vitória nos tempos difíceis. Quando a tempestade vier sobre minha vida, não trará desespero ao meu coração, pois os braços do Senhor me protegerão e me sustentarão até o dia da minha vitória. O Senhor me confortará de qualquer perda nessa vida, jamais me sentirei desamparado. Sou conhecido do meu Deus, Ele conhecerá a minha voz quando eu clamar, virá em meu socorro e guardará a minha vida até raiar o dia da minha vitória.

Anotações

Habacuque 2.3-4

"O Senhor me respondeu e disse: 'Escreve a visão, grava-a sobre tábuas, para que a possa ler até quem passa correndo. Porque a visão ainda está para cumprir-se no tempo determinado, mas se apressa para o fim e não falhará; se tardar, espera-o, porque, certamente, virá, não tardará. Eis o soberbo! Sua alma não é reta nele; mas o justo viverá pela sua fé'" (ARA).

22
JUL

204. A PROMESSA NO TEMPO CERTO

Lição de fé para a minha vida

Uma promessa de Deus não pode ser esquecida ou negligenciada. É uma sentença que se cumprirá de maneira fiel, no tempo e modo designados por ele. Seu anúncio deve atingir até os que "passam correndo". Essa foi a ordem de Deus dada para o profeta em relação a sua queixa contra a injustiça que reinava no seu tempo, os ímpios que zombavam e exploravam os justos seriam corrigidos e aqueles que permaneceram fiéis encontrariam a vida. Embora Deus já tivesse a resposta, Ele avisa que ela irá acontecer no tempo determinado por Ele. Isso acalmaria o coração dos justos, que estavam agora cientes que Deus tomava conta de suas vidas, mas teriam que enfrentar os sofrimentos no presente e aguardar o tempo de Deus. Esperar não é nada fácil quando se está enfrentando a adversidade; a tendência é que duvidemos do que Deus prometeu. A esse questionamento humano Deus responde: "se tardar, espera-o, porque, certamente, virá". Não se deixe enganar pela situação aparente que envolve a sua vida, mesmo que seja um tempo de dificuldades, cuja saída está obscurecida. O socorro de Deus virá, Ele não falhará.

Declarando a promessa

Declaro que as promessas de Deus se cumprirão fielmente em minha vida. O tempo e qualquer circunstância desfavorável não me impedirão de aguardar o seu cumprimento. No Senhor eu deposito a minha confiança, pois creio no Seu amor e fidelidade para cumprir tudo o que prometeu. Sei que o tempo de Deus não é o meu tempo, pois Ele prepara a minha vida para receber a maior bênção quando estiver melhor preparado. O Senhor cumprirá na minha vida cada promessa destinada a mim, para a glória do seu nome.

Anotações

Sofonias 3.14-17

"Canta, ó filha de Sião; rejubila, ó Israel; regozija-te e, de todo o coração, exulta, ó filha de Jerusalém. O Senhor afastou as sentenças que eram contra ti e lançou fora o teu inimigo. O Rei de Israel, o Senhor, está no meio de ti; tu já não verás mal algum. Naquele dia, se dirá a Jerusalém: 'Não temas, ó Sião, não se afrouxem os teus braços. O Senhor, teu Deus, está no meio de ti, poderoso para salvar-te; ele se deleitará em ti com alegria; renovar-te-á no seu amor, regozijar-se-á em ti com júbilo'" (ARA).

23
JUL

205. DEUS REMOVE O CASTIGO E RESTAURA A ALEGRIA

Lição de fé para a minha vida

Jerusalém não é uma cidade qualquer, mas um local sagrado, onde as questões da cidade estavam sempre relacionadas com a vida de devoção de Israel ao Senhor. Por isso a expressão "O Senhor, teu Deus, está no meio de ti", tinha pleno entendimento na vida de um israelita. Esta é a promessa pronunciada por Sofonias, apesar de um trágico desterro ter acontecido, o Senhor deixou em sua terra um remanescente, para perpetuar a herança de uma terra que um dia traria de volta os seus cativos e experimentaria o governo de Deus em seu meio. Esses dias seriam antecedidos pela retirada do castigo de Deus e a derrota dos inimigos do Seu povo. Só então haveria júbilo. Os planos de Deus não podem ser frustrados; eles podem ser retardados, mas se cumprirão e nada poderá impedi-los de acontecer. Nossos pecados podem nos afastar de Deus, mas Seus planos em nossa vida acontecerão. Lembre-se que o Senhor é quem apaga as nossas transgressões e nos conduz para o caminho da felicidade e alegria, reinando absoluto em nossa vida.

Declarando a promessa

Deus tem o melhor para a minha vida e mesmo que meus erros me afastem de receber as Suas bênçãos, elas não tardarão vir sobre mim. Estou certo que meus pecados encontrarão o perdão do Senhor e nenhuma acusação permanecerá sobre a minha vida. Os meus inimigos serão derrotados pelo Senhor, Ele os envergonhará concedendo a vitória e fazendo minha vida prosperar. Declaro sobre a minha vida a promessa de restauração e restituição dobrada do que foi destruído pela ausência de Deus. O Senhor me fará prosperar com Sua presença reinando em minha vida.

Anotações

24
JUL

Ageu 2.9

"A glória desta última casa será maior do que a da primeira, diz o Senhor dos Exércitos; e neste lugar darei a paz, diz o Senhor dos Exércitos" (ARC).

206. A GLÓRIA DA RESTAURAÇÃO

Lição de fé para a minha vida

No auge da nação de Israel, sob o domínio do rei Salomão, o templo de adoração a Deus fora construído em Jerusalém. Uma obra magnífica onde o ouro abundava em cada parte da construção, pois no tempo de Salomão a prata era metal sem valor. Tamanha riqueza foi perdida diante de ataques das nações que vinham com o objetivo de conquistar Israel. A nação se dobrou diante do império Assírio e depois ao Babilônio, os muros da capital Jerusalém foram derrubados, o templo destruído, toda sua riqueza levada para longe. Com o fim da opressão inimiga e cativeiro do seu povo, restou um profundo lamento ao voltar para Israel e ver suas cidades destruídas e o templo em ruínas. É diante desse quadro que a promessa de Deus é pronunciada, apesar de toda destruição e da impossibilidade de se construir um santuário à semelhança da obra feita por Salomão. A glória manifestada nesse segundo templo seria maior que a glória manifesta sobre o primeiro, ainda que fosse cheio de riquezas. Existem coisas que parecem difíceis de serem edificadas; em nossa própria vida nos deparamos com situações que são tão desastrosas, que não temos esperança de ver algo bom acontecer. Reconstruir em cima de ruínas é muito difícil, mas com a bênção de Deus é tudo mais fácil.

Declarando a promessa

Declaro que os meus dias serão sempre melhores, mais abençoados e com mais vitórias, para a glória do nome de Deus em minha vida. Não terei medo de recomeçar qualquer projeto, ainda que circunstâncias ruins tenham destruído as bases e todas as estruturas não hesitarei em começar de novo, sei que Deus me dará forças para lançar um fundamento melhor e tudo que for construído manifestará a Sua glória. Meus sonhos, meus relacionamentos, meus negócios e tudo que eu possuo está debaixo da promessa de crescimento, para glorificar o nome de Deus!

Anotações

Zacarias 3.7

"Assim diz o Senhor dos Exércitos: 'Se andares nos meus caminhos, e se observares as minhas ordenanças, também tu julgarás a minha casa, e também guardarás os meus átrios, e te darei lugar entre os que estão aqui'" (ARC).

25
JUL

207. VESTES RENOVADAS E PROMESSAS DE OBEDIÊNCIA

Lição de fé para a minha vida

Josué era sumo sacerdote em Jerusalém na época que estava sendo reconstruído o templo do Senhor. A promessa de restauração de sua vida e seu ofício sacerdotal aparece em meio a uma visão do profeta Zacarias em que Satanás o acusava e Deus lhe troca as vestes sujas por vestes novas e limpas. Por isso há uma condição para a promessa ser estabelecida em sua vida; ele teria que andar nos caminhos do Senhor e observar as Suas ordenanças. Toda promessa está condicionada ao cumprimento de alguma coisa, e boa parte delas estão condicionadas à obediência a Deus. Aqueles que experimentaram as promessas sobre as suas vidas, pagaram o preço de obedecer a Deus. Isso requer disciplina, renúncia e perseverança, pois muitos começam na obediência e desistem, ou fracassam, antes do cumprimento da promessa. Se há promessas sobre sua vida, veja quais pontos precisam ser alcançados para seu cumprimento. Mesmo que chegue à conclusão que seus erros o impedem de viver a plenitude das promessas de Deus, não desista. Coloque suas vestes sujas nas mãos do Senhor e deixe que Ele coloque em você vestes novas. Levante-se, conquiste o que Deus determinou para a sua vida!

Declarando a promessa

Declaro que minhas vestes foram trocadas pelo meu Senhor e nenhuma acusação me fará parar nas conquistas de Suas bênçãos para minha vida. Sou herdeiro das promessas de Deus e honrarei o Seu nome em cada passo na busca da perfeita obediência, a fim de alcançar Suas promessas. Deus reservou um lugar de honra para mim e eu o alcançarei, pois não deixarei de observar a Sua Palavra e guiar os meus passos nas Suas leis. Tenho a promessa de vitória e prosperarei para alcançá-la, Deus me honrará e Seu nome será glorificado na minha vida.

Anotações

Malaquias 3.10-12

"Trazei todos os dízimos à casa do Tesouro, para que haja mantimento na minha casa; e provai-me nisto", diz o Senhor dos Exércitos, 'se eu não vos abrir as janelas do céu e não derramar sobre vós bênção sem medida. Por vossa causa, repreenderei o devorador, para que não vos consuma o fruto da terra; a vossa vide no campo não será estéril', diz o Senhor dos Exércitos. 'Todas as nações vos chamarão felizes, porque vós sereis uma terra deleitosa, diz o Senhor dos Exércitos'" (ARA).

26
JUL

208. O TESTE DA FIDELIDADE E A PROMESSA DE PROVISÃO

Lição de fé para a minha vida

O sustento do sacerdócio em Israel dependia dos dízimos e das ofertas entregues aos sacerdotes, uma vez que toda a tribo de Levi ficou incumbida da tarefa sacerdotal, as outras tribos a mantinham e ao templo com esses dízimos e ofertas. A infidelidade do povo trazia infortúnios para os sacerdotes e manutenção do templo, e a ira de Deus se voltava contra Israel. A lei estabelecida por Deus era fácil de ser entendida; o povo cuidava da manutenção do sacerdócio e do templo e Ele cuidava do Seu povo e da produtividade da terra. Até hoje muitos não entendem essa lei de Deus, sonegam o dízimo e a oferta usando variados argumentos; se esquecem que junto à ordem de Deus está a promessa de fazer prova de Sua fidelidade e do Seu poder de abrir as janelas do céu. Dízimo é uma questão de credibilidade na promessa de Deus, logo é uma questão de fé; uma semeadura que se faz na promessa de Deus para experimentar a Sua provisão. Não deixe de dar o que Deus instituiu como forma de experimentar Sua provisão e proteção.

Declarando a promessa

Declaro que as janelas dos céus estarão sempre abertas sobre a minha vida e que nenhum devorador destruirá o que Deus me abençoou em conquistar na terra. A proteção e a provisão de Deus estão sobre mim e minha casa, e Suas bênçãos me cercam todos os dias. Minha fidelidade em dar o dízimo e ofertar ao Senhor, será testemunha dos céus abertos sobre mim e a confirmação da promessa de Deus se cumprindo em minha vida. Deus honrará as ofertas que eu depositar no Seu altar!

Anotações

27
JUL

Mateus 1.21-23

"'Ela dará à luz um filho, e você deverá dar-lhe o nome de Jesus, porque ele salvará o seu povo dos seus pecados'. Tudo isso aconteceu para que se cumprisse o que o SENHOR dissera pelo profeta: 'A virgem ficará grávida e dará à luz um filho, e lhe chamarão Emanuel', que significa 'Deus conosco'" (NVI).

209. O EMANUEL: DEUS CONOSCO

Lição de fé para a minha vida

Deus havia feito a promessa do nascimento do Messias, através do profeta Isaías, à nação de Israel. Esta promessa era um sinal para provar a fidelidade de Deus para com o Seu povo. Assim eles ficaram esperando o seu cumprimento e sempre que se levantava alguém em sua defesa, pensavam ser ele o Messias. Centenas de anos se passaram, eis que o tempo chegou e Deus cumpre a Sua promessa. O povo esperava apenas por um rei que iria lutar com eles e libertá-los, mas a promessa de Deus imensurável era a do Emanuel, o "Deus conosco", que por Seu imenso amor chegava para salvar o Seu povo dos seus pecados e estar presente na vida de cada um. O rei Jesus lutaria, sim, não com armas feitas por mãos, mas com sangue derramado na cruz para salvar da morte espiritual e da escravidão do pecado o Seu povo. Contudo, muitos O rejeitaram. O cumprimento desta promessa trouxe outras promessas para nós. E hoje também Deus quer cumprir esta promessa na sua vida. Ele quer salvar você, livrá-lo de todos os seus pecados. O "Deus Conosco" quer, desde agora e sempre, estar presente em você conduzindo-lhe a fim de alcançar as promessas que Ele tem para sua vida.

Declarando a promessa

Declaro que não rejeitarei a promessa do "Deus conosco" em minha vida. Eu recebo esta promessa de todo o meu coração. Eu creio na fidelidade de Deus para com o Seu povo, pois Ele mandou Seu único Filho, Jesus, para morrer em meu lugar. Eu pertenço a Jesus, que por amor me salvou e limpou todos os meus pecados, e estará sempre comigo, jamais me abandonará. Submeto-me a ser conduzido pelo Senhor na direção de alcançar as Suas promessas para minha vida. O "Deus conosco" me conduzirá para alcançar as promessas que Ele tem para mim.

Anotações

Mateus 3.11

"Eu os batizo com água para mostrar que vocês se arrependeram dos seus pecados, mas aquele que virá depois de mim os batizará com o Espírito Santo e fogo. Ele é mais importante do que eu, e não mereço a honra de carregar as sandálias dele" (NTLH).

28
JUL

210. BATISMO COM O ESPÍRITO SANTO E FOGO

Lição de fé para a minha vida

O fogo era indispensável para intermediar o relacionamento de Israel com Deus. Ele exprimia a santidade de Deus e a sua pureza. João anunciava a vinda do Messias chamando o povo ao arrependimento e batizando com água, símbolo da purificação do pecado. Isso mostrava que o povo de Deus não estava purificado, portanto não participaria no reino do Messias. Ele reconhecia que o Seu batismo não seria bastante para que as pessoas estivessem diante de Deus. Era necessário mais: o batismo "com o Espírito Santo e fogo". Deus faz a promessa através de João: "aquele que virá após mim os batizará com o Espírito Santo e fogo". É através de Cristo que recebemos o Espírito Santo, e este nos purifica retirando a nossa imundícia. Todo aquele que rejeitar Jesus será infligido o castigo do fogo, pois do mesmo modo que acontece com a palha, eles também serão lançados no fogo que nunca se apaga para serem queimados. A promessa do batismo com o Espírito Santo cumpriu-se por ocasião do Pentecostes e Deus a tem confirmado através da história na vida daquele que aceita a Jesus como Salvador. Esta promessa está disponível para todos que desejam se consagrar à obra de Deus e testemunhar com poder e retidão.

Declarando a promessa

Declaro receber a promessa do batismo com o Espírito Santo. Buscarei o seu cumprimento na minha vida. Darei a esta promessa o devido valor, certo que o Senhor tem prazer em concedê-la a todos os que a desejam. Serei purificado dia a dia pelo Espírito Santo e serei guiado por ele em todo o meu viver. Cultivarei um relacionamento contínuo de renovação com o Senhor para, de acordo com a Sua Palavra, testemunhar do que Ele tem feito em mim. Para que esse testemunho tenha efeito nos que ouvem, confiarei no poder do Espírito Santo.

Anotações

29
JUL

Mateus 5.3

"Bem-aventurados os humildes de espírito, porque deles é o Reino dos céus" (SHEDD).

211. A HUMILDADE QUE HERDA O REINO

Lição de fé para a minha vida

Uma característica apresentada por Jesus Cristo, que deve marcar a vida daqueles que O seguem, é ser "pobre em espírito". Os espiritualmente pobres se humilham, suplicando por Sua graça e misericórdia. Eles distinguem que nada têm de bom em si mesmos e que necessitam da Sua graça para receber o perdão dos pecados. Pode parecer estranho a noção que, naquilo que realmente importa, eles são pobres, por mais bens e conhecimento que venham a possuir. Esta característica vem acompanhada da promessa que "deles é o Reino dos céus". Quando Jesus no Seu sermão proferiu esta bem-aventurança, Ele estava convidando os Seus ouvintes a fazerem parte desse reino, que é formado pelos que O recebem, os "pobres em espírito", colocando Deus como centro de sua vida, vivendo em total dependência Dele. Portanto, esse não é como os reinos deste mundo, que sempre prometem e nunca ofertam realizações concretas, porque o objetivo dos reinos deste mundo é enriquecer os reis. Mas o "Reino dos céus" é radicalmente diferente, pois é a morada daqueles que, nada tendo, sabem que o melhor é ter Deus. Por isso, os espiritualmente pobres sabem que raramente as pessoas sofrem com o presente; geralmente padecem com medo do futuro. Mas para eles o controle da vida pertence a Deus.

Declarando a promessa

Declaro que em minha vida buscarei ser "espiritualmente pobre" para que possa experimentar a felicidade dos humildes, dos simples e para que eu me alegre e seja feliz com que o Senhor me tem dado. Conviverei com as limitações em todas as áreas da minha vida para que seja feliz descobrindo o quanto sou rico de Deus e em Deus. Resistirei à tentação de ser autossuficiente. Colocarei Jesus como centro da minha vida. Viverei em total dependência de Deus e de Sua glória. Deus me dará esta felicidade para que eu entre no Reino dos céus.

Anotações

Mateus 5.4

"Bem-aventurados os que choram, pois serão consolados" (NVI).

212. O CONSOLO DOS QUE CHORAM

Lição de fé para a minha vida

Muitos são os motivos pelos quais já choramos, tanto pelas alegrias, quanto pelas coisas que nos entristecem. "Bem-aventurados os que choram" inclui os que choram por reconhecer as suas limitações e por desejar o consolo que vem de Deus. Não é um choro superficial e momentâneo, mas de uma tristeza sincera que brota de um coração arrependido por ter ofendido a Deus com seus pecados. Chorar pelos pecados é uma evidência da verdadeira conversão e deve ser uma atitude contínua na vida do crente. Somente os que nasceram de novo podem reconhecer e chorar profundamente por seus pecados, pois o Espírito Santo que neles habita os leva a tomar esta atitude. E aquele que chora pelos próprios pecados também chorará pelos do próximo, pois estará sensível aos pecados ou problemas dos outros. Os que choram são consolados por experimentarem a maravilhosa sensação de perdão dos seus pecados; por verem a atuação de Deus na vida do próximo por seu intermédio; por verem a resposta de Deus às suas orações, nas quais foram usados como instrumentos de Deus; por perceberem que o genuíno quebrantamento os torna sensíveis às necessidades dos outros; por descobrirem a longanimidade de Deus levando-os a fazerem o mesmo com o próximo; pela alegria de servir e de doar-se.

Declarando a promessa

Declaro que entrego ao Senhor Jesus o controle da minha vida, pois só Ele tem o poder para me consolar com perdão dos meus pecados. Manterei os olhos molhados para que nunca sequem as minhas lágrimas. Que o chorar para mim seja bênção, para que eu experimente a felicidade do consolo do Senhor. Estarei junto e chorarei com os que choram para que eu ganhe a felicidade de ser consolado e consolar. Experimentarei a felicidade da consolação que há em Deus e desfrutarei da obra do Espírito Santo em mim.

Anotações

31
JUL

Mateus 5.6

"Bem-aventurados os que têm fome e sede de justiça, pois serão saciados" (AS21).

213. FOME E SEDE DE JUSTIÇA: UM DESEJO SACIADO

Lição de fé para a minha vida

Todos nós conhecemos a sensação de ter fome e sede, pois Deus nos criou com esta característica – precisamos de alimento e água para permanecermos vivos. Aqui Jesus não está se referindo à fome e sede naturais que todo o ser humano tem, mas de fome e sede espiritual. Ele está falando de uma qualidade espiritual, uma conduta íntegra em conformidade com a Lei de Deus e que O agrada. Ele está enfatizando a santificação, a prática da justiça na vida cristã, um viver reto. Jesus Cristo, mais do que todos e de forma perfeita, teve fome e sede de justiça; portanto praticou a justiça tanto no Seu relacionamento com Deus quanto com as pessoas. Ter fome e sede de justiça significa ter o desejo intenso e contínuo de viver conforme a vontade de Deus revelada em Sua Lei. A fome e a sede precisam ser satisfeitas para continuarmos a viver; de igual modo precisamos buscar intensamente um viver íntegro diante de Deus e dos homens. Jesus promete satisfazer o desejo daqueles que têm fome e sede de justiça. Uma vez que fome e sede de justiça são desejos espirituais, também a satisfação desses desejos é espiritual. Seremos saciados. Deus satisfaz nossa fome e sacia a nossa sede de justiça. Se formos saudáveis, devemos então ter fome e sede de justiça diariamente em nossa vida.

Declarando a promessa

Declaro que me motivarei a ter fome e sede de justiça todos os dias da minha vida. Buscarei intensa e continuamente uma vida justa, tanto no meu relacionamento com Deus quanto no meu relacionamento com o próximo. Terei felicidade em padecer fome e sede por justiça em todo lugar, em todo tempo e para com todos. Minha vida evidenciará a justiça de Deus. Farei da vontade de Deus minha comida e bebida e serei saciado por ver a atuação da justiça de Deus por intermédio da minha vida. Serei farto e abundante desta felicidade!

Anotações

AGOSTO

As Promessas de Deus Nos Renovam

As promessas de Deus nos dão força e renovo quando estamos cansados pela luta. Basta confiar na Palavra de Deus, e veremos momentos de refrigério e restauração vindos do Espírito Santo.

Gary Haynes

"Dá forças aos cansados e vigor aos fracos. Até os jovens perdem as forças e se cansam, e os rapazes tropeçam de tão exaustos. Mas os que confiam no Senhor renovam suas forças; voam alto, como águias. Correm e não se cansam, caminham e não desfalecem."

Isaías 40:29-31 (NVT)

01
AGO

Mateus 5.7

"Bem-aventurados os misericordiosos, porque alcançarão misericórdia" (GENEBRA).

214. BEM-AVENTURADOS OS MISERICORDIOSOS

Lição de fé para a minha vida

Conforme o ensino de Jesus, misericórdia é uma expressão de amor evidenciada por um sentimento de compaixão acompanhado da disposição e ação para ajudar uma pessoa sofrida. A misericórdia nasce no coração de Deus e sintetiza toda a Sua atitude para conosco desde a criação. Ele é rico em misericórdia e ela nunca se esgota. Por Sua misericórdia, o Senhor não nos consome; quando somos misericordiosos, não consumimos nosso próximo. Se não houvesse a misericórdia humana não conviveríamos com os nossos erros e se algumas pessoas não tivessem misericórdia, as vidas de outras seriam miseravelmente insuportáveis. Jesus foi o maior exemplo de prática da misericórdia foi Jesus. A demonstração do amor cristão pelo nosso próximo, através do exercício da misericórdia, envolve os nossos sentimentos e atos, o nosso coração e nossas mãos. Aqui Jesus está falando que a misericórdia é tanto um dever como uma recompensa. Os misericordiosos "alcançarão misericórdia". Esta é a promessa para todos nós. Deus se deleita na misericórdia. As Suas ternas misericórdias estão sobre você. Ele perdoou você. Ele justificou você. Ele adotou e selou você. Quão ricas são as misericórdias de Deus em sua vida. Seja misericordioso. Pratique a misericórdia.

Declarando a promessa

Declaro que serei misericordioso! Desenvolverei a misericórdia em meu viver diário. Para viver, não dependerei da minha misericórdia para com os outros, mas dependerei apenas da misericórdia de Deus para comigo. Exercerei a misericórdia com o meu próximo, em hospitais, prisões e onde a necessidade se apresentar. Buscarei a felicidade da compaixão, do sofrer junto, do amor pela alma daqueles que padecem sem Deus, sem luz, sem nada e sem ninguém. Que o meu coração exploda em misericórdia a cada dia, para que eu seja alcançado pelas misericórdias do Senhor!

Anotações

02
AGO

Mateus 5.9

"Bem-aventurados os pacificadores, pois serão chamados filhos de Deus" (AS21).

215. FILHOS DE DEUS: PACIFICADORES EM AÇÃO

Lição de fé para a minha vida

"Pacificadores" significa literalmente "fazedores da paz". A paz entre o homem e Deus, que existia antes da queda, foi perdida em virtude da desobediência de Adão. O pecado separou a criatura do Criador e fez com que nos tornássemos inimigos de Deus. Todo ser humano é por natureza filho da ira e da desobediência. Ele precisa restabelecer a paz com Deus. Porém, é justamente isso que o homem não pode fazer; mas se ele está impossibilitado de fazer, Deus pode e o fez. Os pacificadores a quem Jesus se refere, são aqueles que já foram reconciliados com Deus por meio de Cristo, são os cidadãos do Reino dos céus que, pela graça de Deus em Cristo, já desfrutam da paz com Deus. Estes "fazedores de paz" se esforçam para promover a paz não em busca de motivos egoístas, mas visando bem-estar do próximo com o propósito de glorificar Deus. Eles promovem uma paz completa que expressa um relacionamento restaurado entre o homem e Deus e consequentemente entre os homens. Essa é a verdadeira paz que Deus oferece ao pecador na Sua Palavra. Os pacificadores são genuinamente felizes, porque somente eles serão chamados filhos de Deus. Deus usa Seus filhos para promover a paz entre os homens, para que outros também se tornem Seus filhos.

Declarando a promessa

Declaro que nenhuma das promessas de Deus se perderá em minha vida; viverei buscando a paz, sendo um pacificador entre os homens. Pedirei a Jesus, que é o príncipe da paz, que derrame a Sua paz em mim e que eu possa, em cada dia de minha existência, declarar e testemunhar dessa paz que recebi Dele, aquela paz que extrapola, que ultrapassa qualquer compreensão. O Senhor me usará como mensageiro de Sua paz por onde eu for e todos verão em mim a natureza de um filho do Seu reino.

Anotações

Mateus 5.19

"Portanto, qualquer um que desobedecer ao menor mandamento e ensinar os outros a fazerem o mesmo será considerado o menor no Reino do Céu. Por outro lado, quem obedecer à Lei e ensinar os outros a fazerem o mesmo será considerado grande no Reino do Céu" (BLH).

03
AGO

216. A GRANDEZA DA OBEDIÊNCIA

Lição de fé para a minha vida

Jesus não veio para acabar com a Lei e os Profetas, mas sim para mostrar o seu verdadeiro sentido e a verdadeira vontade de Deus por trás dos mandamentos. Cristo não admite que ninguém brinque com qualquer dos mandamentos da santa Lei de Deus. Nenhuma pessoa participa da justiça justificadora de Cristo até que se arrependa de suas más obras, dos seus erros, dos seus pecados. A Lei é a regra do dever do servo de Deus, na qual ele se deleita. Quem pretende ser discípulo de Cristo não pode desobedecer à Lei de Deus nem sequer ensinar o próximo a desobedecê-la, qualquer que seja sua situação ou reputação entre os homens; caso contrário não será um verdadeiro discípulo. A pessoa regenerada em Cristo tem a obrigação de testemunhar corretamente a sua fé, compartilhando com amor e mansidão a todos que lhe pedirem o motivo da sua esperança. E agindo assim, será grande no reino dos céus; é a promessa de Jesus para todos nós. Devemos pedir a Deus que nos ajude a compreender e cumprir melhor a Lei, vivendo-a e assumindo com alegria a responsabilidade em ajudar outros a também observá-la, para o bem deles.

Declarando a promessa

Declaro que nenhuma promessa de Deus se perderá em minha vida e que aprenderei com Jesus que há grandeza na obediência. Reconheço a minha fragilidade em cumprir a Lei de Deus no meu dia a dia. Pedirei a Deus que me ajude a entender a Lei e me fortaleça para que possa cumpri-la no meu viver diário. Buscarei desenvolver hábitos da Lei que me ajudem a ensinar aos outros a cumprirem a Lei, pois sei que a medida da minha fidelidade a Deus aqui na terra determinará a medida da minha recompensa no céu. Eu sou um vencedor!

Anotações

Mateus 6.3-4

"Mas você, quando ajudar alguma pessoa necessitada, faça isso de tal modo que nem mesmo o seu amigo mais íntimo fique sabendo o que você fez. Isso deve ficar em segredo; e o seu Pai, que vê o que você faz em segredo, lhe dará a recompensa" (NTLH).

04
AGO

217. A RECOMPENSA DO DAR EM SEGREDO

Lição de fé para a minha vida

Jesus não condena a prática de dar esmolas; ao contrário, está apenas advertindo que este procedimento não deve ser utilizado para demonstrações públicas dos deveres religiosos, pois é a humildade e não a arrogância a base da comunhão com Deus. Jesus ensina que não devemos hesitar sobre a ação de dar, porque isso aumenta o espírito de orgulho; aquele que dá não deve se orgulhar disso e nem ao menos procurar a aprovação alheia em face da sua atitude, mas deve agir exatamente de modo oposto. O dever não é menos necessário nem menos excelente porque existem pessoas que abusam dele para servirem o seu próprio orgulho. O que deve ser feito se deve fazer a partir de um princípio interior, de ser aprovado por Deus somente e não buscando o elogio dos homens. Cristo dita uma promessa, que é a recompensa que Deus, o Pai, dá aos que fazem o bem. Quanto menos percebermos as nossas boas obras, mais Deus as notará e nos recompensará; não como o amo que dá a seu servo o que se ganha, e nada mais, mas sim como um Pai que dá abundantemente a seu filho o que lhe serve. O seu ato de caridade deve escapar a atenção dos homens, mas jamais escapará aos olhos do Pai.

Declarando a promessa

Declaro que nenhuma promessa de Deus se perderá em minha vida, pois praticarei as boas obras no Senhor. Exercerei a caridade em humildade e o amor em obediência aos ensinamentos de Jesus. Servirei a Deus e aos outros com alegria. Rejeitarei a hesitação sobre a ação de dar, para evitar que o espírito de orgulho domine o meu coração. Usarei daquilo que o Senhor me der como bênção para os outros, refletindo assim um relacionamento saudável com Deus. Pedirei forças a Deus para fazer das boas obras uma prática natural na minha vida. Receberei de Deus, o Pai de misericórdia, a recompensa que Ele tem para mim, pois sou um vencedor!

Anotações

Mateus 6.14-15

"Pois se perdoarem as ofensas uns dos outros, o Pai celestial também lhes perdoará. Mas se não perdoarem uns aos outros, o Pai celestial não lhes perdoará as ofensas" (NVI).

05
AGO

218. PERDÃO: O CAMINHO PARA A GRAÇA DIVINA

Lição de fé para a minha vida

Jesus nos revela algo muito importante sobre o perdão: "se perdoarem as ofensas uns dos outros, o Pai celestial também lhes perdoará" e "se não perdoarem uns aos outros, o Pai celestial não lhes perdoará". No seu relacionamento com Deus o perdão vertical somente será alcançado se o perdão horizontal for praticado, no seu relacionamento com os outros, pois Deus deseja que tratemos todos do modo como nos trata. Se não tivermos capacidade de perdoar uns aos outros o Pai não irá nos perdoar; estaremos então afastados Dele pelo pecado e os ressentimentos que estivermos abrigando irão se arraigar cada vez mais. Isto é semelhante a uma árvore que, à medida que se torna mais velha, fica mais difícil de ser arrancada, porque suas raízes se aprofundaram mais. É o que a Bíblia chama de "raiz de amargura". O que temos que fazer é reconhecer a nossa amargura e permitir que o Senhor a retire de nosso coração. Devemos aprender com Seu filho Jesus a perdoar sempre o nosso próximo. E talvez o mais difícil de tudo, seja não esquecer que o perdão é sempre incondicional. Saiba que Deus somente perdoa a pecadores que desejam a graça de Deus. Seja alguém que perdoa e receba a graça de ser perdoado.

Declarando a promessa

Declaro que quero aprender com Jesus a arte de perdoar sempre o meu próximo porque reconheço que necessito da graça do perdão de Deus. Desenvolverei a capacidade de perdoar os que me ofendem e aos que ofendi. Procurarei tornar-me um perdoador incondicional para com todos, assim como Jesus. Recebo a promessa de Deus de ser perdoado assim como perdoarei todos os que me ofenderem. Tomo posse da promessa de perdão na minha vida.

Anotações

Mateus 6.25,32

"Por isso, vos digo: não andeis ansiosos quanto à vossa vida, com o que comereis, ou com o que bebereis; nem, quanto ao vosso corpo, com o que vos vestireis. Não é a vida mais do que o alimento, e o corpo, mais do que o vestuário? Porque vosso Pai celestial sabe que precisais de tudo isso" (AS21).

06
AGO

219. CONFIANÇA NO PAI QUE TUDO PROVERÁ

Lição de fé para a minha vida

A ansiedade é uma característica da natureza humana, resultando em um olhar egoísta da realidade em que vivemos. Quando Jesus nos pede para olhar as aves do céu e as flores do campo, Ele está nos convidando a ter uma atitude de sabedoria e nos ensina a valorizar o que deve ser valorizado. Não vivemos exclusivamente para nossas próprias satisfações, mas para a promoção do Reino de Deus. Ao dizer que o "vosso Pai celestial sabe que precisais de tudo isso", Jesus está nos advertindo de que andar ansioso trará desesperança em nossa existência, e nos dizendo para viver tranquilos como os passarinhos que não se preocupam com nada, pois têm a certeza de que encontrarão todas as coisas que precisam. O Criador de todas as coisas, invisíveis e visíveis, universos, dimensões e criaturas, conhece nossas necessidades e sabe o que é melhor para cada um de nós. Assim Ele tem mais do que o essencial para nos dar e se agrada em dar o melhor. Se o Deus da nossa vida for esse Deus que sabe, que é Pai, o resultado é libertar-nos da ansiedade e inquietação que nos destrói. Acredite no Pai celeste e usufrua o melhor que Ele tem para você.

Declarando a promessa

Declaro que nenhuma promessa de Deus se perderá em minha vida. Renunciarei as preocupações desta existência que me levem a ansiedade e inquietação. Rejeitarei olhar para as coisas que simplesmente me darão satisfação para fixar meus olhos na providência do Pai celestial. Buscarei viver a minha vida com a tranquilidade de um passarinho confiando no cuidado do Pai que sabe todas as minhas necessidades. Desfrutarei da promessa do terno cuidado do meu Deus.

Anotações

Mateus 6.34

07
AGO

"Não vos inquieteis, pois, pelo dia de amanhã; porque o dia de amanhã trará as suas próprias preocupações. Basta a cada dia o seu problema" (AS21).

220. BASTA A CADA DIA O SEU MAL

Lição de fé para a minha vida

Quantas vezes somos tomados pela inquietação, trazendo consequências ruins para as nossas vidas e embaçando os nossos olhos. Jesus nos disse que a nossa vida vale mais do que qualquer outra coisa na Terra, e sendo o bem mais precioso que existe, nós já a temos. Portanto, é preciso vencer esses pensamentos e sentimentos de inquietação para experimentarmos a plenitude da vida de alegria e descanso e entrega que Deus tem para cada um de nós. Assim como uma criança pequena que confia em seu pai, precisamos confiar mais em nosso Pai celeste, entregando todas as nossas inquietações e descansando em Seus braços onipotentes, pois tudo está no Seu controle. Se observarmos na Palavra de Deus, perceberemos que toda promessa requer um compromisso, um posicionamento nosso. Buscar a Deus em primeiro lugar é o remédio eficaz para combater a inquietação. A pessoa que vive inquieta não tem tempo de buscar o Reino de Deus em primeiro lugar. Se você é dominado por esse sentimento, jamais se derramará completamente nos braços do Senhor para viver a vida do filho amado em sua plenitude. Troque a inquietude pela paz de Deus! Deixe as suas inquietações nas mãos do Pai e espere na promessa de Deus.

Declarando a promessa

Reconheço que se a inquietação adentrar a minha existência trará consequências ruins e negativas para a minha vida, embaçará meus olhos e tirará de mim a perspectiva do futuro. Declaro que colocarei as inquietações da minha vida nas mãos do Pai celestial e esperarei na promessa de Deus. Rejeitarei que as preocupações e apreensões dominem os meus pensamentos e o meu coração. Derramar-me-ei completamente nos braços do meu Pai celeste para viver a vida de um filho amado em sua plenitude.

Anotações

Mateus 8.26-27

E ele disse-lhes: "Por que temeis, homens de pequena fé?" Então, levantando-se, repreendeu os ventos e o mar, e seguiu-se uma grande bonança. E aqueles homens se maravilharam, dizendo: "Que homem é este, que até os ventos e o mar lhe obedecem?" (ARC).

08
AGO

221. A FÉ QUE ACALMA AS TEMPESTADES

Lição de fé para a minha vida

Antes de repreender a tempestade, Jesus perguntou aos discípulos: "Por que temeis, homens de pequena fé?" A tempestade não assustou Jesus e nem o vento abalou a Sua fé. Quantas vezes passamos por situações que parecem não ter saída e tudo escapa ao nosso controle; tentamos tudo e não conseguimos sair daquela circunstância; ao contrário, ela piora. Estamos como aqueles discípulos – uma enorme tempestade, fortes rajadas de vento, o barco a ponto de sucumbir. Mas havia uma diferença, como também há em nossas vidas: Jesus estava naquele barco! Quando Jesus está na sua vida, muda toda a história! Você pode perguntar, por que Jesus estava dormindo num momento como aquele? Ou por que Jesus deixou os discípulos passarem por aquela tribulação que os encheu de medo e pavor? Simplesmente porque Jesus queria ensinar algo precioso para eles e também para nós. Esses momentos, quando vencidos, nos enchem de fé! Fé é segurança; não há medo onde existe fé! Foi preciso que o mar quase os tragasse para que os discípulos olhassem para Jesus. O Mestre quer apenas fortalecer sua fé, quer que você clame por Ele, que confie plenamente Nele para ver a bonança e receber do Seu consolo.

Declarando a promessa

Declaro que o Senhor Jesus habita em mim e me sustenta, portanto agradecerei sempre a Deus por quão maravilhoso e fiel o Senhor tem sido na minha vida. Aprenderei a crer no Senhor rejeitando a minha timidez ao agir em Seu nome. Pedirei ao Senhor que aumente a minha fé Nele. Desenvolverei a minha capacidade de crer, diante dos obstáculos que tenho a enfrentar. Buscarei sabedoria e entendimento que vem da fé em Deus e o poder para que eu possa a cada dia confiar mais no Senhor.

Anotações

Mateus 9.13

"Ide, porém, e aprendei o que significa: 'Misericórdia quero e não sacrifício. Porque eu não vim para chamar os justos, mas os pecadores, ao arrependimento'" (ARC).

09
AGO

222. O MÉDICO DOS PECADORES

Lição de fé para a minha vida

Deus estabelecera um sistema de sacrifícios para encorajar Israel a obedecê-Lo com alegria. Esses sacrifícios foram instituídos porque eram um meio de fazer com que o povo reconhecesse os pecados e se voltasse para o Senhor. Com o passar dos anos, o povo continuou a oferecer os sacrifícios fielmente, mas por outro lado se esqueceu da razão pela qual os apresentava, desobedecendo a Deus. O sacrifício era um ritual que demonstrava a comunhão entre o homem e Deus. Mas se o coração da pessoa não estivesse verdadeiramente arrependido ou se ela não amasse realmente o Senhor, o sacrifício não teria significado. Jesus estava dizendo àqueles mestres da Lei, que se achavam íntegros, que precisavam aprender o significado da Lei e o seu propósito – a misericórdia: símbolo da graça de Deus e Seu poder de salvar; pois eles não eram sadios – precisavam de um Médico. Deus quer nossa obediência, o reconhecimento de que é o nosso Deus, o compromisso e o nosso constante serviço durante a vida. Deus quer as pessoas amando a misericórdia e caminhando humildemente com Ele. Jesus nos chama ao arrependimento para mudarmos nosso modo de pensar e nossos caminhos. Deus quer você com o espírito quebrantado e o coração contrito.

Declarando a promessa

Declaro que entendi que a doença mais séria que afeta a humanidade é o pecado e que Jesus Cristo veio trazer a cura. Reconhecerei que minha alma está doente e necessita de cuidados do Médico espiritual, Jesus. Ouvirei o Seu chamado e me arrependerei reconhecendo os meus pecados. Mudarei o curso da minha caminhada e me submeterei às prescrições de Deus. Procurarei viver os meus dias em reconciliação com Deus e não perderei a oportunidade de viver eternamente ao lado do Senhor. A vitória é minha no nome de Jesus.

Anotações

10
AGO

Mateus 10.19-20

"Quando levarem vocês para serem julgados, não fiquem preocupados com o que deverão dizer ou como irão falar. Quando chegar o momento, Deus dará a vocês o que devem falar. Porque as palavras que disserem não serão de vocês mesmos, mas virão do Espírito do Pai de vocês, que fala por meio de vocês" (BLH).

223. PALAVRAS GUIADAS PELO ESPÍRITO SANTO

Lição de fé para a minha vida

Ao mesmo tempo em que Jesus avisava os Seus discípulos que eles iriam encontrar oposição, Ele assegurou que o Espírito do Pai os apoiaria quando eles fossem forçados a situações adversas. Eles deviam ser prudentes no confronto com os adversários. Não se trata de derrotá-los, mas de dar testemunho de fé, na simplicidade. O adversário reagirá com diversas formas de violência. Até no seio da família haverá conflitos. Mas o Espírito Santo iluminará os discípulos e dará forças para eles perseverarem. Jesus nos ensina que devemos abandonar as nossas preocupações, os nossos esforços em querer agir e falar corretamente, segundo os próprios conceitos, para que o Espírito do nosso Pai fale em nós. Quando somos guiados pelo Espírito de Deus, não agimos de acordo com os nossos instintos e emoções, mas em discernimento, inteligência e sabedoria espiritual, segundo a vontade de Deus e para a Sua glória. Se não tivermos a Palavra de Deus revelada em nossos corações e mentes pelo Espírito Santo, de nada adiantará conhecer intelectualmente a Sua Palavra, pois não nos levará a desfrutar do Seu poder. Não podemos viver sem ter a direção do Espírito Santo.

Declarando a promessa

Declaro que esta promessa de Deus não se perderá na minha vida. Reconheço que todos os meus esforços próprios são inúteis para mim em quaisquer circunstâncias sem a ação do Espírito do nosso Pai do céu. Não permitirei que os meus pensamentos sejam dominados pela angústia e confusão. Buscarei manter uma relação de intimidade com o Pai. Abandonarei todas as minhas preocupações, todo o pecado que me assedia e confessarei ao Pai minha fraqueza e fragilidade para que o Seu Espírito flua em minha vida. Experimentarei o fluir do Espírito do Pai sobre minha vida.

Anotações

Mateus 10.28-31

“Não temais os que matam o corpo e não podem matar a alma; temei, antes, aquele que pode fazer perecer no inferno tanto a alma como o corpo. Não se vendem dois pardais por um asse? E nenhum deles cairá em terra sem o consentimento de vosso Pai. E, quanto a vós outros, até os cabelos todos da cabeça estão contados. Não temais, pois! Bem mais valeis vós do que muitos pardais” (ARA).

11
AGO

224. O CUIDADO DETALHADO DO PAI CELESTIAL

Lição de fé para a minha vida

O pior que nossos inimigos podem fazer é destruir a vida física, o que jamais impedirá a nossa ressurreição para a vida eterna, porque somente Deus tem o poder de vida ou morte e com Jesus nunca estaremos sozinhos. Jesus declara aqui que o Pai se interessa, por mais insignificante que pareça, tanto por um simples pardalzinho, como pelos fios de cabelos que temos. Isso nos mostra que o cuidado da providência divina se estende a todas as criaturas sem distinção. Até os nossos cabelos estão todos contados pelo Pai celestial! Jesus afirma que “Vocês valem mais do que muitos pardais”. Esta afirmação serve para silenciar os nossos temores. Deus vê, sabe e cuida de nós; e pode transformar nossas lágrimas de tristezas e desalentos em lágrimas de alegria e paz. É isso que deve nos fazer acordar todas as manhãs com um coração agradecido ao Pai. Ele conhece cada uma de nossas dores, questionamentos e anseios, e vendo a nossa fragilidade, o Senhor Deus, diante das circunstâncias, nos faz sentir seguros por meio de Seu poder e de Sua graça.

Declarando a promessa

Declaro reconhecer que não devo temer o mal que o homem possa me fazer, porque a minha vida pertence a Jesus. Colocarei a minha vida com todas as minhas preocupações nas mãos de meu Pai celestial e usufruirei a Sua paz em meu coração. Deus perceberá a minha fragilidade diante das circunstâncias e me fará sentir segurança. Acordarei todas as manhãs com um coração agradecido ao Pai pelo Seu terno cuidado para comigo. Eu tenho a promessa.

Anotações

Mateus 10.39-42

"Quem acha a sua vida a perderá, e quem perde a sua vida por minha causa a encontrará. Quem recebe vocês, recebe a mim; e quem me recebe, recebe aquele que me enviou. Quem recebe um profeta, porque ele é profeta, receberá a recompensa de profeta, e quem recebe um justo, porque ele é justo, receberá a recompensa de justo. E se alguém der mesmo que seja apenas um copo de água fria a um destes pequeninos, porque ele é meu discípulo, eu lhes asseguro que não perderá a sua recompensa" (NVI).

12
AGO

225. PERDER A VIDA PARA GANHÁ-LA

Lição de fé para a minha vida

O homem vive numa busca incansável para ser feliz, sentir-se realizado e completo pelos seus méritos, esquecendo-se de buscar a verdadeira vida que está em Cristo Jesus. Qualquer coisa que sacrifiquemos por Deus jamais poderá se perder porque nós a acharemos do mesmo modo em Deus. A vida é feita de escolhas e as escolhas feitas num instante irão definir a continuidade ou não de muitas coisas em nossa vida. Somente poderemos ganhar uma vida realmente em abundância se morrermos para este mundo de pecado e renascermos para viver em Cristo. Jesus nos ensina a importância de seguir o Seu exemplo de bondade e mansidão, revelando que quem nos recebe como cristãos recebe a Ele próprio e quem O recebe, assim recebe o Pai. Nós somos testemunhas vivas da vida, morte e ressurreição do Senhor Jesus e dos Seus ensinamentos. Você pode consagrar a sua vida totalmente a Jesus, e tudo o que você é e tem passará a ser do Senhor. Seja uma testemunha viva de Jesus!

Declarando a promessa

Declaro que entrego a minha vida totalmente a Jesus e desenvolverei o meu amor incondicional por Ele, a ponto de estar disposto até a perder a minha vida. Dedicarei tudo o que tenho e tudo o que sou ao Senhor Jesus. Reconhecerei que o meu coração, alma, força e entendimento pertencem somente a Deus. Consagrarei a minha vida integralmente a Jesus, para ser usado como instrumento puro e santificado para honra e glória de Deus Pai. Eu sou uma testemunha viva de Jesus!

Anotações

Mateus 12.50

"Porque qualquer que fizer a vontade de meu Pai celeste, esse é meu irmão, irmã e mãe" (SHEDD).

226. FAZER A VONTADE DE DEUS: A FAMÍLIA CELESTIAL

Lição de fé para a minha vida

Toda a pessoa que obedece a Deus é como um parente próximo de Jesus. Ele leva o Seu nome, possui a Sua natureza e pertence à Sua família. Jesus ama pessoas assim, conversa livremente com elas como se fossem da família, provê suas necessidades e garante que não lhes falte nada do que seja necessário. Este privilégio já é nosso agora; embora não possamos desfrutar da presença corporal de Cristo, não nos é negada Sua presença espiritual. Quando Jesus morreu, deixou-nos uma especial herança; e Ele continua, lá dos céus, uma íntima relação espiritual conosco e esta se dará até que, finalmente, Ele fizer com que sejamos semelhantes a Ele. É animador, aos que são praticantes fiéis da Palavra, ver Cristo reconhecê-los como Seus familiares. Da mesma forma como Jesus, olhemos a todo cristão, em qualquer condição de vida, como irmão, irmã ou mãe do Senhor da glória; amemos e respeitemos a eles, por amor Dele e seguindo Seu exemplo. Jesus de maneira nenhuma desprestigiou, nem por um momento sequer, a santidade das relações familiares. Ele asseverou que os laços que unem espiritualmente a família de Deus são mais seguros e mais preciosos, pois se baseiam na obediência à vontade divina. Jesus está convidando você para unir-se a Ele e, em obediência a Deus Pai, fazer parte dessa nova família.

Declarando a promessa

Reconheço que tenho vivido uma vida de surdez e cegueira espiritual. Declaro que estarei abrindo o meu coração para deixar Cristo falar e agir. Vou abrir os meus ouvidos para ouvir e descerrarei os meus olhos para ver os conhecimentos mais profundos sobre as realidades espirituais. Irei desenvolver as minhas faculdades espirituais – meus ouvidos e os meus olhos, de modo a crescer numa fé perseverante em Jesus. Sou feliz porque agora ouço e vejo!

Anotações

14
AGO

Mateus 13.49

"Assim será na consumação dos séculos: virão os anjos e separarão os maus dentre os justos" (ARC).

227. O JUÍZO FINAL: SEPARAÇÃO DOS JUSTOS E MAUS

Lição de fé para a minha vida

Uma rede enorme, como aquelas usadas nas pescarias de mar profundo, é lançada ao mar e apanha muitos peixes, comestíveis e não comestíveis. Embora a rede cheia seja arrastada até a praia, o valor da pesca está nos peixes bons. Por isso, os demais peixes são cuidadosamente separados e lançados fora. O Reino do céu pode ser assim comparado. O mundo é um mar largo, e em seu estado natural os homens são como peixes. Pregar o evangelho é lançar uma rede neste mar e pescar para glória de Quem tem a soberania sobre ele. No dia final ocorrerá a separação, os fiéis verdadeiros serão separados e calamitosa será a condição daqueles lançados fora, que não se preocuparam com a fé e a salvação. O Reino dos céus só findará a sua ação salvadora quando a sua proclamação estiver completa. No final haverá separação entre "peixes" bons e ruins. O inútil será lançado fora. É possível crer no reino, viver junto com os súditos do reino, mas a nossa entrada ali para sempre exige o novo nascimento em Cristo, ou seja, é preciso ser um "peixe aprovado". Não podemos selecionar agora os "peixes bons e ruins". Tal seleção para a exclusão é uma tarefa determinada por Deus e executada pelos anjos. Só então os espiritualmente doentes serão lançados fora. Você precisa decidir em que grupo estará. Seja um "peixe aprovado".

Declarando a promessa

Declaro que eu sou um súdito do Reino de Deus. Conquistei esse privilégio ao me arrepender dos meus pecados e receber a Jesus Cristo em meu coração. Mas ser súdito traz ainda uma certeza maravilhosa, através da promessa da Palavra do Senhor, que na consumação dos séculos, no dia do juízo, serei separado pelos anjos para viver eternamente com o Senhor nosso Deus, no Reino dos céus. Essa é realmente a promessa que deve nos animar, nos manter e nos conduzir enquanto vivemos neste mundo. Eu sou um "peixe aprovado"!

Anotações

15
AGO

Mateus 15.28

Jesus respondeu: “Mulher, grande é a sua fé! Seja conforme você deseja.” E naquele mesmo instante a sua filha foi curada (NVI).

228. A FÉ PERSEVERANTE QUE CONQUISTA VITÓRIAS

Lição de fé para a minha vida

Embora seja a necessidade que nos empurra a Cristo, contudo, não seremos rejeitados por Ele; quando reconhecemos, dependemos tão somente da Sua misericórdia. De todas as graças, a fé é a que mais honra a Cristo; portanto, de todas as graças, Cristo honra mais a fé. Ele sarou a sua filha. Ele falou e foi feito. Os obstáculos postos no caminho daquela mulher só fizeram aumentar a sua fé. Os que buscam a ajuda do Senhor e não recebem a resposta desejada, precisam aprender a converter ainda sua indignidade e desalento em argumento para validar sua petição, sua súplica de misericórdia. Quando você tiver de enfrentar uma determinada situação, tenha o cuidado de não se aproximar dela com o coração dividido. Encontrar solução para os problemas é o que todos querem. Entretanto, vontade apenas não é o suficiente. A distância entre uma conquista e uma derrota tem menos de um palmo. Portanto, é preciso ação. A atitude dessa mulher nos ensina que é preciso ser humilde, reconhecer a nossa condição e não desanimar; ser perseverante, ter fé, confiar na bondade e graça do nosso Deus, e ser vitorioso. Seja qual for a sua necessidade, a sua dor e o seu sofrer venha para Cristo, achegue-se a Ele, confie Nele, clame por misericórdia e persevere, pois jamais o Senhor rejeitará você.

Declarando a promessa

Declaro que nenhuma promessa de Deus se perderá na minha vida. Reconheço a condição de miséria de minha alma. Achegar-me-ei sem reservas a Cristo e me prostrarei aos Seus pés. Clamarei a Jesus por misericórdia diariamente. Não desanimarei diante dos obstáculos que se apresentarem em meu caminho. Perseverarei na hora da prova, da dúvida. Confiarei sempre na bondade e misericórdia do Senhor. Conquistarei a minha vitória no nome de Jesus.

Anotações

16
AGO

Mateus 16.25

"Porquanto, quem quiser salvar a sua vida perdê-la-á; e quem perder a vida por minha causa achá-la-á" (ARA).

229. RENUNCIANDO AO EU PARA GANHAR A ETERNIDADE

Lição de fé para a minha vida

Jesus revela que o objetivo desta existência consiste em atingir o alvo que Deus determinou para o ser humano, que é a vida espiritual, a vivência no mundo vindouro. Deus ainda tem muitos objetivos a cumprir, e estes conduzirão a pessoa a uma glória indizível e cheia de novas oportunidades para o desenvolvimento. Perder a vida por causa de Jesus garante a misericórdia de Deus e a continuação das Suas obras na vida da pessoa, como também a glória do mundo vindouro. Procurar vencer o nosso eu mediante nossos próprios esforços é batalha perdida, sem esperança. O fato de sermos conduzidos pelo Espírito de Deus é nossa certeza de que somos filhos. Não fomos criados para agir à parte de Deus. Só quando dependemos do Senhor e decidimos seguir a Cristo é que nos tornamos completos e livres para comprovar que a vontade de Deus é boa, agradável e perfeita. Se você quiser salvar sua vida física, na melhor das hipóteses, possuirá no máximo os valores temporais durante a sua vida terrena, mas perderá tudo na eternidade; porque em seus tremendos esforços para conquistar tesouros na terra, você deixará de ganhar tudo quanto poderia pertencer-lhe em Cristo. A escolha é inevitável. Abrace a oportunidade que Deus oferece a você, de permitir que ocupe o lugar de soberano Senhor em sua vida.

Declarando a promessa

Declaro que quero seguir a Jesus durante toda a minha vida. Tomarei um novo rumo na minha vida em direção a Jesus. Renunciarei o prazer da minha vida, do meu eu, para obter o prazer da vida com Jesus. Seguirei a Jesus até a morte, pois sei que com o Senhor eu tenho vida em abundância. Utilizarei os meus dons e habilidades a serviço do Senhor, para alegrar e salvar outras pessoas. Receberei de Deus glória do mundo vindouro!

Anotações

Mateus 18.10

"Cuidado para não desprezarem um só destes pequeninos! Pois eu lhes digo que os anjos deles nos céus estão sempre vendo a face de meu Pai celeste" (ARA).

17
AGO

230. O CUIDADO DE DEUS COM OS PEQUENOS

Lição de fé para a minha vida

Jesus nos assegura que Deus se preocupa com cada filho por "menor" que seja. Aqui Ele se refere não só a crianças, mas também àqueles cuja fé em Cristo é tão singela, e tão sincera, que recebem pouca atenção – os fracos, os indefesos e até os afastados e esquecidos. Há anjos especiais encarregados para o seu serviço. Estes anjos estão confirmados na glória do céu e sempre estão diante de Deus. E eles são delegados ao serviço daqueles que são de Deus, em especial daqueles que são desprezíveis e humildes, tais como as crianças em sua fé e aqueles que não podem cuidar de si mesmos. Deus valoriza as crianças e a fé infantil em grau tão alto e tão enfaticamente adverte contra o desprezo a elas, porque isso certamente as fará tropeçar. Jesus mostra a necessidade de ensinarmos aos pequeninos a orar, a crer e a levá-los conhecer mais de Cristo. Jesus ensina nessa passagem que Deus envia Seus anjos para assistir aos "pequeninos", e que, portanto, nós não devemos desprezar estes "pequeninos". Esse ministério angélico para com os "pequeninos" faz parte do cuidado geral que os anjos desempenham pelo povo de Deus. Deus ama cada filho, independentemente da grandeza do seu ministério ou do tamanho do seu pecado.

Declarando a promessa

Declaro que nenhuma promessa de Deus se perderá em minha vida. Mostrarei as promessas de Deus às crianças, aos fracos e imaturos espiritualmente e como o Senhor ama e dispensa cuidado para com eles. Buscarei fazer a minha parte na tarefa de ensinar aos "pequeninos" a orar, a confiar em Deus, a terem um relacionamento mais profundo com o Senhor. Levá-los-ei a conhecer mais de Cristo e os estimularei a depender do Senhor. Procurarei ser um bom exemplo de servo do Senhor. Eu confio nas promessas do Senhor e, por isso, sou um vencedor.

Anotações

Mateus 19.27-30

Tomando a palavra, Pedro lhe disse: “Eis que nós deixamos tudo e te seguimos. Que recompensa teremos?” Então Jesus lhes disse: “Em verdade digo a vós, que me seguistes, que, na regeneração, quando o Filho do homem se assentar em seu trono glorioso, vós também vos assentareis sobre doze tronos, para julgar as doze tribos de Israel. E todo o que tiver deixado casa, ou irmãos, ou irmãs, ou pai, ou mãe, ou filhos, ou campos, por minha causa, receberá cem vezes mais e herdará a vida eterna. Mas muitos dos primeiros serão últimos, e os últimos serão os primeiros” (AS21).

18
AGO

231. RECOMPENSA PARA OS QUE DEIXAM TUDO POR CRISTO

Lição de fé para a minha vida

O começo e o aperfeiçoamento da obra de salvação dependem inteiramente da onipotência de Deus, para quem todas as coisas são possíveis. “Nós temos deixado tudo.” Pedro, possuía poucos barcos e redes, mas fala como se tivesse entregado grande coisa. Somos excessivamente capazes de dar o valor máximo a nosso sofrimento, nossas perdas e gastos por amor a Cristo. Jesus não o repreende porque era pouco o que ele deixara, mas reconhece que deixara tudo para segui-lo; o Senhor aceita segundo o que tem a pessoa. Jesus ainda promete que qualquer pessoa que tenha deixado casa, possessões ou comodidades por Ele, será cem vezes mais recompensada e herdará a vida eterna. A recompensa, aqui e no mundo vindouro, depende da graça de Deus e da fé em Cristo, e não da qualidade nem da quantidade do serviço feito. Não confiemos em aparências promissoras, nem no serviço externo. Tenha fé para que a sua esperança descanse nesta promessa de Deus.

Declarando a promessa

Declaro que deixarei para trás tudo o que possa interferir na minha caminhada com Jesus. Entendo que a minha decisão poderá afetar as relações de família, os meus planos, a minha vida, o meu trabalho, a minha vocação. Deixarei Deus me conduzir em todas as circunstâncias para colocar-me onde Ele quiser que eu esteja. Serei bem-sucedido e acharei a felicidade verdadeira em Jesus. Tomo posse da promessa.

Anotações

Mateus 20.16

"Assim, os derradeiros serão primeiros, e os primeiros, derradeiros, porque muitos são chamados, mas poucos, escolhidos" (ARC).

232. OS ÚLTIMOS SERÃO OS PRIMEIROS

Lição de fé para a minha vida

Jesus compara o Reino dos céus a um pai de família, dono de uma vinha, que saiu a recrutar trabalhadores. Contratou cedo diversos trabalhadores com salário combinado. Um pouco mais tarde voltou; vendo alguns homens sem trabalho, chamou-os dizendo que pagaria o que fosse justo. E assim o senhor fez por mais três vezes, convocando os ociosos para trabalhar sem acertar o pagamento. Ao final do dia, fez os pagamentos e todos receberam o mesmo salário. Mas aqueles que começaram a trabalhar primeiro reclamaram que não era justo porque trabalharam o dia todo e receberam a mesma paga dos que chegaram mais tarde. Então o senhor respondeu que não era injustiça, porque eles receberam o salário combinado. A entrada no Reino de Deus é privilégio e não mérito; a recompensa de Deus não depende do que fazemos, mas sim porque Ele é bom. Tudo depende da Sua graça e o direito de dar ou de negar como quiser. Não devemos nos considerar superiores por ocupar uma posição melhor; mas sim compartilharmos do anseio divino em oferecer a Sua graça a todos e evitarmos o espírito de inveja com as bênçãos espirituais dos outros. O Senhor nos chama para trabalharmos em Sua vinha com diligência; não há merecimento, mas deve haver gratidão por sermos escolhidos.

Declarando a promessa

Declaro que atenderei prontamente ao chamado do meu Senhor sem me preocupar com o que eu poderei ganhar, quer seja no mundo presente ou quer seja no mundo futuro. Compartilharei do anseio de Deus em oferecer a Sua graça a todos. Procurarei evitar o espírito de inveja com as bênçãos espirituais das outras pessoas. Irei me empenhar em trabalhar para o Senhor em qualquer parte do Seu serviço. Confiarei na Sua promessa de que receberei o que for justo, porque o Senhor Deus nunca falha.

Anotações

Mateus 21.21-22

"Eu afirmo a vocês que isto é verdade: se tiverem fé e não duvidarem, vocês poderão fazer a mesma coisa que eu fiz com esta figueira. E não somente isso, mas vocês poderão dizer a este monte: 'Levante-se e jogue-se no mar', e isso acontecerá. Se crerem, receberão tudo o que pedirem em oração" (NTLH).

20
AGO

233. FÉ QUE MOVE MONTANHAS

Lição de fé para a minha vida

Quando priorizamos nosso relacionamento com Deus e nos mantemos sempre em contato com Ele, estamos ouvindo e buscando respostas para nossas orações. Precisamos manter a confiança em Deus e nos concentrar no exercício da fé, que significa que estamos realmente esperando que nosso Pai celestial supra nossas necessidades. A oração motivada pela fé é a oração que espera resultados. Este é o tipo de oração que move montanhas. Qualquer que seja a montanha em seu caminho, qualquer que seja o obstáculo, qualquer que seja a dificuldade que o imobilize, a oração de fé pode removê-los. Devemos nos submeter humildemente à vontade do Senhor e esperar confiantemente Nele, mantendo nossa mente em Deus, mantendo nosso foco na solução que Ele dá. Não podemos prestar atenção na montanha, mas olhar para Deus. Devemos transferir o nosso olhar do tamanho da montanha para a suficiência daquele que pode movê-la, dando um passo à frente em obediência. À medida que andamos com Deus, nossa fé irá crescer, nossa confiança aumentará e nossa oração terá poder. Eu o desafio a mudar o foco da sua oração.

Declarando a promessa

Reconheço que preciso vencer a minha incredulidade. Declaro que buscarei viver uma comunhão intensa com o Senhor e verei a glória de Deus. Andarei em total dependência do Pai celeste sempre com um ardente desejo de conhecê-lo mais e agradar-lhe. Manterei meus olhos fixos no Deus Todo-poderoso e não nos obstáculos da minha vida. Receberei as promessas do meu Deus e verei a manifestação da Sua glória.

Anotações

21
AGO

Mateus 24.30-33,35

"Então aparecerá no céu o sinal do Filho do homem, e todas as nações da terra se lamentarão e verão o Filho do homem vindo nas nuvens do céu com poder e grande glória. E ele enviará os seus anjos com grande som de trombeta, e estes reunirão os seus eleitos dos quatro ventos, de uma à outra extremidade dos céus. Aprendam a lição da figueira: quando seus ramos se renovam e suas folhas começam a brotar, vocês sabem que o verão está próximo. Assim também, quando verem todas estas coisas saibam que ele está próximo, às portas. Os céus e a terra passarão, mas as minhas palavras jamais passarão" (NVI).

234. O FILHO DO HOMEM VEM EM GLÓRIA

Lição de fé para a minha vida

Jesus nos alerta sobre a vinda do Filho do homem, que todos verão. O sol escurecerá, a lua não brilhará mais, as estrelas cairão do céu e os poderes do espaço serão abalados; é a descrição poética de Jesus do terrível juízo de Deus, do qual nenhum poder, seja real ou suposto, escapará. O Filho do homem está perto, Ele é o sinal, Ele está chegando! Se nós soubéssemos com certeza que todas as coisas terrenas vão passar logo, não colocaríamos tanto nossos olhos e nosso coração nelas como fazemos. Que palavras podem descrever com maior força a súbita chegada de nosso Salvador! As pessoas estarão em suas respectivas ocupações e repentinamente se manifestará o Senhor da glória e nesse momento toda e qualquer obra será deixada de lado e todo o olho O verá. Ninguém terá tempo de voltar seu coração para dentro e se perguntar "Eu estou preparado para encontrar o Senhor? Posso estar diante Dele?"

Declarando a promessa

Declaro que nenhuma promessa de Deus se perderá na minha vida. Eu creio na vinda do Filho do homem e desejo estar preparado para esse dia glorioso. Procurarei viver uma vida na presença do Senhor. Lembrar-me-ei sempre que a minha fé deve estar firmada no Senhor Jesus Cristo e não me desanimarei pela espera. Continuarei a fazer aquilo que agrada a Deus, desejando ansiosamente o breve retorno do Senhor Jesus para levar os Seus escolhidos aos céus.

Anotações

Mateus 25.23

"Disse-lhe o Senhor: 'Muito bem, servo bom e fiel; foste fiel negociando no pouco, sobre o muito te colocarei. Entra no gozo do teu senhor'" (SHEDD).

22
AGO

235. MULTIPLICANDO OS TALENTOS

Lição de fé para a minha vida

Na parábola dos talentos, havia um senhor rico que viajaria para fora do país por muito tempo e responsabilizou três servos para que cuidasse de seus negócios até ele voltar, observamos que os talentos foram entregues a cada servo segundo a sua capacidade. Isto quer dizer que como Deus nos formou, Ele nos conhece melhor do que nós mesmos, e quando nos capacita para algo, Ele sabe perfeitamente o que está fazendo. Então, conforme a nossa capacidade e segundo o Seu próprio critério, os talentos nos foram entregues, confiados a nós por Deus, para a glória de Seu nome, para o aperfeiçoamento do Seu povo, de Sua obra. Assim, os dons e talentos são presentes de Deus, porque Ele gosta de presentear a todos. O Senhor não tem servos para que fiquem ociosos ou contemplativos. Se nós não exercermos o nosso talento, Deus vai tirá-lo de nós e vai dar a alguém que faça bom uso dele. A disposição é uma atitude de fé e se você se julga fraco ou incapaz para obra do Senhor, coloque a sua situação diante Dele que Ele lhe dará força e capacitação, fazendo fluir o Seu poder em você. Se você tem talentos em suas mãos, é porque você pode multiplicá-los! Seja fiel no muito ou no pouco e o poder multiplicador de Deus se manifestará em sua vida.

Declarando a promessa

Declaro que nenhuma promessa de Deus se perderá na minha vida. Receberei do meu Senhor todos os dons e talentos que Ele me presentear e farei bom uso deles de modo a multiplicá-los para o Senhor. Dispor-me-ei a usá-los, quer sejam muitos ou poucos, na obra do Senhor para engrandecimento do Seu reino. Prestarei contas a Deus da multiplicação do bom uso dos meus talentos. Ouvirei do Senhor que fui um servo bom e fiel e serei convidado a festejar com Ele. Eu sou um servo do Senhor!

Anotações

Mateus 25.34-36

"Vinde, benditos de meu Pai, possuí por herança o Reino que vos está preparado desde a fundação do mundo; porque tive fome, e destes-me de comer; tive sede, e destes-me de beber; era estrangeiro, e hospedastes-me; estava nu, e vestistes-me; adoeci, e visitastes-me; estive na prisão, e fostes ver-me" (ARA).

23
AGO

236. HERANÇA DOS JUSTOS: O REINO PREPARADO POR DEUS

Lição de fé para a minha vida

Jesus diz aqui que os justos estarão separados dos demais, colocados à direita do Rei e que a sentença deles será proferida de forma belíssima: "Venham, vocês que são abençoados pelo meu Pai! Venham e recebam o Reino que o meu Pai preparou para vocês desde a criação do mundo." Sim, o Reino de Deus seria nosso desde o princípio, caso a corrupção do ser humano não tivesse acontecido. Através do sacrifício de Jesus na cruz o ser humano reencontrou a sua vocação; a misericórdia, a bondade e o amor, que eram frutos da presença do Espírito de Deus nos corações, voltaram a ser percebidos no ser criado por Deus, tornando-o conhecido como "benditos de Deus Pai". Estamos vivendo dias de desafio do cristão. Vivemos naturalmente na perspectiva do Reino de Deus. Somos salvos pela fé em Jesus. Entretanto, a nossa fé só tem credibilidade se vier acompanhada de obras de amor ao próximo. Deus não aprova uma vida de egoísmos, onde não existe amor ao próximo. Dizer que se ama a Cristo, mas não viver de acordo com Cristo, é incoerência. Se você ama a Cristo como Senhor e Salvador, você é um bendito de Deus e a sua fé é ativa no amor de Jesus.

Declarando a promessa

Reconheço que a vida e a morte, a bênção e a maldição, estão colocadas diante de mim e eu declaro que escolho a vida em Jesus e a bênção de Deus Pai. Tenho os frutos da presença do Espírito de Deus no meu coração, na minha vida. Rejeitarei todo sentimento egoísta e pretensioso em mim vida. Distribuirei ao necessitado e buscarei o bem-estar dos que sofrem. Procurarei viver mostrando as marcas do caráter dos servos feitos santos pelo Espírito de Cristo e os efeitos da graça concedida a mim. Tomo posse em Cristo do que é meu. Eu sou bendito de Deus Pai!

Anotações

Mateus 26.28-29

"Porque isto é o meu sangue, o sangue da aliança, derramado em favor de muitos, para remissão de pecados. E digo-vos que, desta hora em diante, não beberei deste fruto da videira, até aquele dia em que o hei de beber, novo, convosco no reino de meu Pai" [GENEBRA].

24
AGO

237. O SANGUE DA NOVA ALIANÇA

Lição de fé para a minha vida

Jesus Cristo declarou o fato fundamental de que mesmo Ele, como o Filho do Pai que veio restaurar-nos a vida perdida, não poderia fazer isso de nenhuma outra forma senão morrendo por nós, derramando Seu sangue e, só então, tornando-nos participantes do poder que o sangue derramado oferece. A primeira aliança foi estabelecida pelo sangue aspergido de animais sacrificados e a nova aliança tornou-se válida através do sangue vertido do Filho de Deus. Nem o próprio Cristo poderia nos tornar participantes dessa vida eterna sem derramar Seu sangue. Pelo derramamento do próprio sangue, Cristo validou a nova aliança, obtendo nova vida para nós. Temos que ser fiéis à aliança que o nosso Deus fez conosco através do sangue de Jesus. Por meio de Jesus Cristo, Deus nos deu a garantia de perdão e esquecimento de todas os pecados. Não há mais nada que precise ser feito para assegurar a nossa aliança com Deus. Não é necessário mais sacrifício. Olhe para trás, para o sacrifício que Jesus fez na cruz, que é o fundamento de nossa salvação. Entenda que a morte de Jesus é a base de sua esperança, e assim proclame sua fé Nele quando olhar em frente.

Declarando a promessa

Declaro que nenhuma promessa de Deus se perderá na minha vida. Nunca me esquecerei o dia negro no Calvário em que Jesus deu Sua vida para salvar a minha. Olharei sempre para o sacrifício de Jesus na cruz, pois lá está o fundamento de minha salvação e terei fortalecida a decisão de resistir às tentações na minha vida. Verei na morte de Jesus a base de minha esperança, e proclamarei minha fé Nele quando olhar em frente para a volta do Senhor Jesus e para minha salvação eterna. Renovarei a minha aliança com Deus dia após dia até a Sua volta.

Anotações

25
AGO

Marcos 1.17

"Vinde após mim, e eu vos farei pescadores de homens" (ARA).

238. CHAMADOS PARA SER PESCADORES DE HOMENS

Lição de fé para a minha vida

No texto, Jesus está nos chamando para pescar. Mas não é uma pesca qualquer. Ele nos convida para segui-Lo porque vai fazer de nós pescadores de homens. Como será isso? É simples. À medida que seguimos e temos um relacionamento pessoal com Jesus, Ele se encarrega de nos capacitar para esse trabalho. Tornar-se "Pescador de Homens" é um processo. Deus conhece nossos talentos e dificuldades, foi Ele quem nos fez. O importante é primeiro seguirmos a Jesus; porque a nossa experiência com Jesus é parte do equipamento mais importante para essa pesca – o que Ele fez por você e como sua vida tem sido transformada por Ele. Jesus é nosso melhor amigo e nos convida para uma grande pescaria em que os seus frutos são eternos. O alimento para a jornada é farto, pois o Senhor não deixa faltar. Jesus Cristo é o Pescador habilidoso, que pesca mais do que peixes; Ele é o Pescador de gente; e está nos convidado para um trabalho glorioso com Ele, em perfeita comunhão. Somos feitos por Ele pescadores de homens. Ele vai moldando em nós Suas virtudes; e desenvolvendo em nós Suas habilidades, para que as obras que realizarmos e as atitudes que tomarmos sejam sábias em cada oportunidade. Aceite o convite e siga a Jesus. Seja pescador de gente!

Declarando a promessa

Declaro que a promessa do Senhor se cumprirá em minha existência. Atenderei o chamado de Jesus para segui-Lo e servi-Lo. Viverei uma vida como Seu discípulo, obedecendo-O nos mandamentos e ordenanças de que trata a Palavra de Deus. Buscarei a oração e a comunhão com o Senhor em todos os caminhos de minha vida. Aproveitarei todas as oportunidades que Jesus me der para lançar a rede da Palavra. Serei um pescador de gente!

Anotações

Marcos 13.30-32

"Estes são os acontecimentos que darão sinal do fim destes tempos. O céu e a terra desaparecerão, mas as minhas Palavras permanecem firmes para sempre. Contudo, ninguém sabe, nem os anjos no céu, nem Eu mesmo, o dia ou hora em que estas coisas acontecerão; só o Pai sabe" (VIVA).

26
AGO

239. A PALAVRA ETERNA E A VIGÍLIA CONSTANTE

Lição de fé para a minha vida

Nossa grande inquietação deve ser que, quando o Senhor retornar, não nos encontre acomodados, despreocupados de nossa obra e do dever. Sua Palavra é como uma rocha firme em meio às tempestades da vida! Milhares de anos de antagonismo e adversidades não conseguiram mudar em nada Sua Palavra. Um comentário bíblico diz sobre essa afirmação de Jesus: "Se essas palavras não são verdadeiras, então o homem que as proferiu não é bom nem santo, mas um dos maiores tolos do mundo. Entretanto, elas são verdadeiras. Jesus é tudo aquilo que Ele disse ser: Criador, Senhor do tempo, Filho de Deus e, portanto, o próprio Deus. Ele criou um universo de galáxias e sóis brilhantes em movimento, dizendo que tudo isso passaria. Mas ao contrário de toda a atividade do universo, Sua Palavra realmente não passou e jamais passará". A hora é desconhecida, sendo oculta nos conselhos do Pai de tal modo que o próprio Filho, na Sua aceitação voluntária das limitações da encarnação, não conhece o segredo. A Palavra nos exorta a vigiar e orar. Você precisa se preparar, pois tão certo como a Sua Palavra permanecerá firme para todo o sempre, a volta do Senhor acontecerá.

Declarando a promessa

Declaro que creio nas palavras do bom Mestre. Preparar-me-ei para a volta de Jesus. Estarei em constante vigilância para não ser surpreendido quando da vinda do Senhor. Confiarei cada dia mais nas promessas do meu Deus, pois sei que a Sua Palavra não passará. Não me acomodarei com a espera. Empenhar-me-ei na obra do Senhor todos os dias como se Ele voltasse amanhã para me levar ao céu.

Anotações

Marcos 14.38

"Vigiai e orai, para que não entreis em tentação; o espírito, na verdade, está pronto, mas a carne é fraca" (ARC).

240. VIGIAI E ORAI: A FÓRMULA CONTRA A TENTAÇÃO

Lição de fé para a minha vida

Vigiar e orar é um mandamento do Senhor; um ato complementa o outro. Ambos são interdependentes. Quando Jesus citou no texto "vigiai e orai", Ele em seguida mostra o porquê dessa conjugação de forças. Se orarmos, mas não vigiarmos, a tentação poderá nos derrubar. A vigilância é o fortalecimento para a oração e vice-versa. Quando nós vigiamos, mas não oramos estamos perdendo forças para travar a batalha, e se oramos sem vigiar, vamos perder a batalha mesmo estando orando. Então, para obtermos vitória, devemos realmente estar orando e vigiando. A constante vigilância em nossa vida se tornará o veículo que nos livrará da tentação; a pessoa que não vigia, acaba se tornando presa fácil diante do inimigo. Quando nos colocamos na presença do Senhor e oramos, procurando manter uma íntima comunhão com Ele, o nosso Deus se agrada, se inclina até nós e nos dá vitória. É a oração que nos dará forças para vencermos, em vigilância, a tentação. O nosso espírito estará sempre pronto, se levarmos uma vida de oração e vigilância. É através da Palavra de Deus que nos fortalecemos e desejamos orar, vigiar, e estar sempre atentos. É pela fé na gloriosa Palavra de Deus que resistimos ao diabo e ele foge de nós. Você pode resistir à tentação! Basta você orar e vigiar. Você é um vencedor!

Declarando a promessa

Declaro que nenhuma promessa de Deus se perderá na minha vida. Buscarei me aprofundar mais na vida de oração. Procurarei exercer a vigilância, porque a eficácia espiritual se torna bem maior dessa forma. Reconheço que esse é o segredo para vencer as tentações em minha vida. Fortalecer-me-ei na Palavra de Deus para resistir ao inimigo. Eu sou vitorioso em Jesus!

Anotações

28
AGO

Marcos 16.17-18

"Estes sinais hão de acompanhar aqueles que creem: em meu nome, expelirão demônios; falarão novas línguas; pegarão em serpentes; e, se alguma coisa mortífera beberem, não lhes fará mal; se impuserem as mãos sobre enfermos, eles ficarão curados" (ARC).

241. MILAGRES QUE ACOMPANHAM OS QUE CREEM

Lição de fé para a minha vida

No texto, o Senhor Jesus renova a eleição dos onze como apóstolos Seus e os encarrega da missão de ir a todo o mundo e pregar o evangelho a toda criatura. Aos apóstolos foi concedido tal poder, que puderam realizar coisas maravilhosas. Foram milagres que autenticaram a verdade do evangelho, e meios para difundi-lo nas nações que ainda não o haviam ouvido. A tarefa até hoje está inacabada, mas o mesmo Senhor ainda opera com os que obedecem ao Seu comando, confirmando Sua Palavra através dos milagres que se seguem. Nem tudo na ação missionária dependerá do ser humano, e sim de milagres de Deus, intervindo para confirmar o Seu poder e a Sua Palavra. Por outro lado, precisamos descruzar os nossos braços, e em circunstâncias que nós devemos agir com a autoridade que Jesus nos deu. Se um irmão nosso teve a sua casa arrasada por uma tragédia, Deus não vai mandar os anjos do céu para consertarem esta casa, porque isso é algo que nós podemos fazer. Se você é um pregador do evangelho de Cristo, coloque-se disponível para o Senhor. Deixe Deus usá-lo nas situações, onde você poderá ser a manifestação da misericórdia de Deus na vida de pessoas.

Declarando a promessa

Colocar-me-ei à disposição do Senhor Jesus. Cumprirei o meu ministério, pois sei que os milagres de Deus me acompanharão. Verei o derramar do Espírito Santo na vida das pessoas. Realizarei coisas maravilhosas em nome de Jesus. Serei usado por Deus em Seus propósitos para promover e testemunhar sobre o evangelho de Cristo.

Anotações

29
AGO

Lucas 5.32

"Eu não vim para chamar os bons, mas para chamar os pecadores, a fim de que se arrependam dos seus pecados" (NTLH).

242. UMA NOVA VIDA EM CRISTO

Lição de fé para a minha vida

Na Sua missão redentora Jesus derramou o Seu Espírito por nós. Jesus não tinha nenhuma obrigação de quitar a nossa dívida com Deus. Mas pelo Seu sangue, reconciliou o homem com o Pai, lhe oferecendo uma nova oportunidade, pelo arrependimento dos pecados, para receber o dom do Espírito Santo e herdar a vida eterna. Se você está longe de Deus e reconhece que precisa de cura espiritual, Jesus chama você ao arrependimento. O arrependimento pessoal é vital no processo de transformação. Arrependimento é dizer ao Pai: "Quero estar contigo e longe da vida que levava independente de Ti. Peço perdão pelo que tenho sido e feito, quero mudar de maneira permanente". Em Sua grande bondade, Deus retém o Seu juízo, dando tempo às pessoas para que abandonem o pecado. Quando chegamos a nos arrepender e confessar os nossos pecados, reconhecendo que precisamos do perdão de Deus, o Senhor nos perdoa e cura. Quando tomamos a maior decisão da vida, que é crer que Jesus é o Filho de Deus, que morreu por nossos pecados, o recebemos como Senhor e Salvador. Hoje é o dia da restauração com o Senhor; chegou a sua vez; você não pode perder essa oportunidade de viver eternamente ao lado de Jesus. Atenda ao chamado de Jesus e se arrependa!

Declarando a promessa

Reconheço o sacrifício de Jesus por mim e que preciso Dele na minha vida. Confesso que estou arrependido da vida que tive longe de Jesus. Consagrarei a minha vida e seguirei ao meu Mestre. Viverei com o coração agradecido a Jesus por morrer na cruz em meu lugar pagar o preço por meus pecados. Farei uma nova aliança com Deus e serei restaurado. Eu sou um pecador transformado em Jesus!

Anotações

Lucas 10.19-20

"Eu vos dei autoridade para pisar serpentes e escorpiões, e autoridade sobre todo o poder do inimigo; nada vos fará mal algum. Contudo, não vos alegreis porque os espíritos se submetem a vós, mas porque vossos nomes estão escritos nos céus" (AS21).

30
AGO

243. AUTORIDADE CELESTIAL: O PODER QUE VEM DE DEUS

Lição de fé para a minha vida

Jesus treinou doze discípulos, que se tornariam os responsáveis pela continuidade do Seu ministério, mas continua com Seus projetos, e nós, como Seus filhos, fazemos parte desses planos; afinal, Ele nos escolheu para prosseguir anunciando as boas novas do evangelho, e pregando a salvação até a volta de Cristo. Somos discípulos de Jesus. Assim como Ele fez com Seus discípulos, ele quer nos capacitar e enviar para pregar o evangelho da salvação, expulsar demônios e curar enfermos. Devemos responder ao chamado de Jesus na motivação que Deus nos dá. Nós não podemos nos sentir intimidados com o fato de estamos sem autoridade para agir, muito menos nos acomodar a isso. Mas devemos buscar no Senhor e na Sua Palavra a autoridade para exercer o poder sobre qualquer coisa e viver uma vida segundo a vontade de Deus. Os setenta discípulos estavam encantados com o poder que receberam. Mas Jesus adverte que a nossa alegria deve ser por termos o nosso nome no céu, por Cristo ter aberto o Reino de Deus para nós. O poder sobre as coisas maléficas é pura consequência. Você não está sozinho nessa guerra. Vá em frente, Deus está com você! Você deve fazer a vontade do Senhor!

Declarando a promessa

Declaro que me conscientizarei que a autoridade e o poder vêm de Deus. Apresentar-me-ei em humildade e submissão ao Senhor para cumprir a missão que me foi confiada. Pedirei a Deus sabedoria para usar a autoridade que Ele me concedeu. Buscarei discernimento espiritual nas lutas e embates espirituais que enfrentar pelo Senhor. Alegrar-me-ei em Jesus por escrever meu nome no céu. Eu tenho a promessa!

Anotações

Lucas 10.41-42

E o SENHOR lhe respondeu: “Marta, Marta, estás ansiosa e preocupada com muitas coisas; entretanto, poucas coisas são necessárias, ou mesmo uma só; e Maria escolheu a boa parte, e esta não lhe será tirada” (AS21).

31
AGO

244. PRIORIZE ESTAR AOS PÉS DE JESUS

Lição de fé para a minha vida

Estar aos pés de Cristo significa disposição pronta para receber Sua Palavra, e submissão à Sua direção. A atividade cotidiana pode ser uma armadilha quando nos impede de servir a Deus e obter o bom para nossas almas. Cristo declarou que Maria escolhera a melhor coisa que era render-se à direção de Cristo. As coisas desta vida poderão nos ser tiradas por completo, mas nada nos separará do amor de Cristo. Marta estava sempre em busca de algo para fazer e era perfeccionista no serviço doméstico. Ela recebeu Jesus em seu lar, porém, faltou o principal, que era recebê-lo no coração. Marta estava com Jesus dentro de sua casa mas não teve tempo para Jesus, enquanto Maria deixou tudo o que estava fazendo para ficar aos Seus pés e ouvi-Lo. Aos pés de Cristo há palavras de vida eterna para a salvação da sua casa. Marta questionou a irmã que não lhe ajudava. E Cristo apontou a única falha de Marta – preocupar-se com coisas que não mudariam a sua vida em nada e, sem perceber, desprezar o mais importante, que era ter o Salvador em sua casa. Se você quer ser uma pessoa abençoada, passe a viver aos pés de Jesus. Conte para Ele suas lutas e dificuldades. Abra seu coração, Jesus tem um plano para você! Escolha a boa parte!

Declarando a promessa

Colocarei em ação na minha vida as prioridades corretas da obra do Senhor. Não deixarei que as tarefas do cotidiano me dominem e me impeçam de servir corretamente ao meu Deus. Procurarei dedicar ao Senhor mais do meu tempo para ouvi-Lo e aprender a Sua Palavra. Desejarei viver aos pés de Cristo em adoração. Eu escolherei a melhor parte! Tomo posse da promessa.

Anotações

SETEMBRO

As Promessas do Senhor Nos Dão Confiança na Oração

O lugar para onde devemos ir quando precisamos de socorro é ao nosso Deus. Saber que Ele prometeu nos ouvir quando clamamos a Ele nos dá confiança para orar e entregar a situação ao Senhor.

Gary Haynes

“Na minha aflição clamei ao Senhor; gritei por socorro ao meu Deus. Do seu templo ele ouviu a minha voz; meu grito chegou à sua presença, aos seus ouvidos.”

Salmos 18:6 (NVI)

Lucas 12.31

"Ele sempre dará tudo o que vocês precisam dia a dia, se procurarem em primeiro lugar ser fiéis ao Reino de Deus" (VIVA).

245. BUSQUE PRIMEIRO O REINO DE DEUS

Lição de fé para a minha vida

Antes de acumularmos para nós mesmos, devemos repartir com os outros, amar os outros, nos importar com o nosso próximo e aquilo que desejamos e precisamos será acrescentado a nós. Buscar em primeiro o Reino não é nos tornarmos pobres, mas sim, andar em obediência a Deus. Ser fiel ao Reino de Deus em primeiro lugar é viver uma vida de fé na Palavra do próprio Deus. O amanhã nos causa medo, dúvidas e incertezas. Cristo insiste muito em que esta precaução não dê lugar a preocupações confusas e inquietantes e que não domine a nossa vida. Buscar primeiro o Reino de Deus faz com que nossos problemas se tornem muito pequenos diante do nosso objetivo. As diversidades, tribulações, chateações, brigas, lamentos, frustrações se tornam infinitamente pequenos diante do nosso alvo. O Reino de Deus é infinito em Sua graça e amor. Devemos viver buscando primeiramente o Reino daquele que nos prometeu a vida, vida eterna. Dar importância ao Reino de Deus é vital para nossa fé. A fé que recebemos Dele se faz presente e protagoniza nossa luta diária em busca desse Reino, portanto, buscai primeiro o Reino de Deus para que fortaleça sua fé. Na sua fidelidade ao Reino de Deus em primeiro lugar na sua vida, lhe serão acrescentadas muito mais coisas do que você sozinho poderia alcançar.

Declarando a promessa

Buscarei o Reino de Deus em primeiro lugar em minha vida. Fitarei sempre os meus olhos em Deus para poder vencer tudo que o mundo me oferece. Fortalecerei a minha fé na insistente busca do Reino de Deus. Depositarei toda minha preocupação no Deus da minha salvação. Eu sou vencedor!

Anotações

02
SET

Lucas 22.40

"Orem a Deus para não serem vencidos pela tentação" (VIVA).

246. ORAÇÃO: A CHAVE PARA RESISTIR À TENTAÇÃO

Lição de fé para a minha vida

Só Deus pode evitar que sejamos vencidos pela tentação. Momentos de oração nos aproximam de Deus e fortalecem nosso espírito para momentos de tentação, nos tornamos mais sensíveis à voz do Espírito e ao Seu comando quando nos dispomos a investir tempo em um relacionamento real com Ele. Quanto mais nos aproximamos de Deus mais compreendemos nossa dependência Dele; vamos nos afastando da nossa soberba e cada vez mais buscamos em oração o discernimento e fortalecimento contra as tentações. Faça da oração um instrumento contra a tentação. O tempo em que estamos em oração é também o momento de tomarmos as armaduras de Deus para resistirmos às investidas de satanás e não sofrermos as consequências da guerra, ou seja, permanecermos inabaláveis após a vitória. Podemos dizer que a oração é uma estratégia de Deus para que nos aproximemos Dele e o conheçamos cada dia mais, para então verdadeiramente a desfrutarmos de Seu amor e da Sua presença. Temos que estar em oração, pois o diabo anda ao derredor querendo destruir, prejudicar o ser humano de todas as formas possíveis. Estar com Deus, e viver a alegria que Ele tem para nós, é algo disponível a todo aquele que assim desejar. Creia nisso. Priorize a oração em sua vida e você vencerá a tentação.

Declarando a promessa

Buscarei viver uma vida de oração constante oração ao Pai celeste. Fortalecerei o meu espírito mantendo íntima da comunhão com o Senhor. Rejeitarei todo e qualquer pensamento que venha a enfraquecer a minha fé em Deus. Afastar-me-ei das coisas que poderão me fazer fraquejar. Estarei aos pés de Cristo para resistir à tentação. Eu sou um vencedor!

Anotações

03
SET

João 1.12

"Mas a todos quantos o receberam deu-lhes o poder de serem feitos filhos de Deus: aos que creem no seu nome" (ARC).

247. TORNANDO-SE FILHO DE DEUS

Lição de fé para a minha vida

Não existe no homem uma capacidade natural para ele crer em Cristo. A Bíblia nos mostra que somos aceitos totalmente pelos méritos de Cristo. Crer e consentir em ser amado, ainda que indigno, é o grande segredo da graça de Deus. Todas as bênçãos no evangelho são consequências da graça de Cristo. Esperar ser abençoado, mesmo percebendo cada vez mais a falta de valor próprio, é o enfoque gracioso de que toda a nossa aceitação está baseada em Cristo. Por andarmos segundo o mundo e nossos próprios instintos, somos "filhos da desobediência" e "filhos da ira". Para sermos filhos de Deus precisamos passar pelo nascimento espiritual que nada tem a ver com a existência humana. O texto bíblico afirma: "mas, aos que o receberam, aos que creram em seu nome, deu-lhes o direito de se tornarem filhos de Deus". Portanto, apenas quando cremos em Jesus recebemos o título de "filhos de Deus". Mesmo que seus pais sejam filhos de Deus por crerem em Jesus, isso não o torna um filho de Deus. Assim como não foi pelo seu esforço que você nasceu, não é pelo seu esforço que você nasce de novo, mas pela graça de Deus. Você precisa crer em Jesus para se tornar realmente um filho de Deus! Creia em Jesus como seu Senhor e Salvador! Receba o direito de ser filho de Deus!

Declarando a promessa

Declaro que pela fé recebo a Jesus Cristo na minha vida. Crerei em Jesus como Senhor e Salvador em todo o meu viver. Tornar-me-ei filho do Deus Pai. Serei feito filho por adoção e co-herdeiro com Cristo. Irei reinar com o Senhor Deus e com Cristo nos céus. Viverei eternamente com o meu Pai celeste e o Seu Filho Jesus. Eu sou filho de Deus!

Anotações

João 4.13-14

"Quem beber desta água tornará a ter sede; aquele, porém, que beber da água que eu lhe der nunca mais terá sede; pelo contrário, a água que eu lhe der será nele uma fonte a jorrar para a vida eterna" (ARA).

248. A FONTE DE ÁGUA VIVA

Lição de fé para a minha vida

Há muitas fontes onde o ser humano tem procurado beber, como terapias alternativas, romarias, penitências e outras religiões, mas nunca alcança refrigério. Porque só há uma fonte de água viva que pode saciar a sede do ser humano, Jesus. Essa fonte cura feridas, limpa pecados, muda corações, dá nova natureza e vida abundante. Você é transformado porque, quando bebe, a água da fonte passa a fluir a partir de você. Jesus, como fez com a samaritana, está nos desafiando a arrependermos de nossos pecados. A vida daquela mulher foi mudada à beira do poço. Ela deixou que Jesus revolvesse os entulhos, bebeu da água que Ele oferecia e se rendeu por completo. Seu coração foi inundado por um prazer que ela não conhecia, vendo borbulhar dentro de si uma fonte de água viva. Se você ainda não veio à fonte, venha para Jesus. Se você está sedento e sua vida é sem sentido, se você tem aquele sentimento de que está faltando algo, Jesus está dizendo para você vir até Ele e beber. Se você já veio, descubra as inesgotáveis e eternas riquezas que há nessa fonte. Na fonte que é Jesus, quanto mais você bebe, mais quer; quanto mais quer, mais tem para beber; e do seu interior correm rios de águas vivas!

Declarando a promessa

Declaro que beberei continuamente da fonte que é Jesus. Procurarei estar sempre saciado espiritualmente em minha vida. Terei as minhas feridas curadas, os meus pecados limpos e o meu coração transformado. De mim irá jorrar a água viva que vem de Cristo Jesus. Usufruirei da vida abundante e da fonte inesgotável de eternas riquezas que é Jesus.

Anotações

João 5.24-25

"Eu lhes asseguro: Quem ouve a minha palavra e crê naquele que me enviou, tem a vida eterna e não será condenado, mas já passou da morte para a vida. Eu lhes afirmo que está chegando a hora, e já chegou, em que os mortos ouvirão a voz do Filho de Deus, e aqueles que a ouvirem, viverão" (NVI).

05
SET

249. PASSANDO DA MORTE PARA A VIDA

Lição de fé para a minha vida

A Bíblia fala da morte física, que envolve a separação temporária do espírito em relação ao corpo. Sem Cristo, a morte conduz somente ao julgamento eterno. Todos nós somos pecadores e estamos separados de Deus, mortos no pecado. E a solução está somente em crer que Jesus é o Filho de Deus, que veio nos salvar morrendo pelos pecados do mundo. No texto, as palavras nos revelam a transformação na condição do pecador: ouve e crê, tem a vida eterna, não será condenado, passou da morte para a vida. Isto é, no momento em que crê ele tem a vida eterna, o que significa um direito adquirido por graça. Para estes não há julgamento ou condenação, pois Cristo pagou o preço de sua redenção. Iremos todos comparecer ante o tribunal, de Cristo não para condenação, mas sim para apreciação das obras praticadas como servos do Senhor. Se vamos todos morrer um dia, então o mais importante é ter a segurança de entrar a salvo na morte. Afinal, a vida eterna não começa no dia da nossa morte, mas sim no dia em que aceitamos a Cristo como nosso Salvador. Receba você a Cristo, os seus pecados estarão perdoados e você herdará o céu para sempre.

Declarando a promessa

Declaro que o Senhor Jesus é o meu Salvador e meu Senhor para sempre. Creio firmemente que Jesus morreu na cruz por meus pecados, carregando-os em Seu próprio corpo e sofrendo em meu lugar a condenação por eles merecida. Afastar-me-ei dos meus pecados passados. Rejeitarei fazer o mal deliberadamente no meu dia a dia. Seguirei a Cristo aonde Ele for. Eu tenho a promessa de vida eterna!

Anotações

06
SET

João 6.37

"Mas alguns virão a Mim – aqueles que o Pai Me deu – e nunca, nunca rejeitarei os que vierem" (VIVA).

250. NUNCA REJEITADOS POR CRISTO

Lição de fé para a minha vida

Muitas vezes nos afastamos dos propósitos de Deus. Ele nos deu livre arbítrio para que pudéssemos escolher o nosso caminho. Mas, na verdade, Deus quer que façamos a coisa certa, que é irmos até Jesus. Indo até Jesus, com certeza, Ele não nos rejeitará. Só buscando a Cristo e crendo Nele temos refúgio certo. O amor de Cristo Jesus por mim, por você, por toda a humanidade é muito grande, as palavras não conseguem expressar tão grande amor, e Ele não nos rejeitará jamais; Ele é o nosso alimento diário e eterno. A vontade do Pai é que nenhum dos que foram dados ao Filho sejam rejeitados ou perdidos por Ele. O ser humano no estado não regenerado é totalmente incapaz de corresponder à graça de Deus, e tem liberdade para rejeitar a graça oferecida, porém Deus torna tão atraente a oferta que ele deseja responder afirmativamente. Ninguém irá a Jesus até que a graça divina o subjugue e, em parte, mude seu coração; portanto, ninguém que vá a Jesus será lançado fora. Jesus pagou o preço por todas as coisas erradas nas nossas vidas que nos separam de um Deus perfeito. Você pode aceitar isso e colocar a sua fé Nele ou pode escolher rejeitá-Lo. A decisão é sua. Jesus prometeu aceitar qualquer um que creia Nele verdadeiramente. Creia e confie no Senhor. Receba a graça oferecida por Deus.

Declarando a promessa

Declaro que irei a Jesus e me entregarei a Ele. Confiarei na promessa de que o Senhor estará sempre comigo. Viverei a minha vida servindo-O sempre com amor e fé. Terei certeza de que foi o Deus vivo quem me conduziu a Cristo. Buscarei refúgio em Jesus que nunca me rejeitará. Receberei da graça de Deus e do Seu amor. Eu tenho a promessa!

Anotações

João 10.9,10b-11

"Eu sou a porta. Se alguém entrar por mim, será salvo; entrará, e sairá, e achará pastagem. Eu vim para que tenham vida e a tenham em abundância. Eu sou o bom pastor. O bom pastor dá a vida pelas ovelhas" (SHEDD).

07
SET

251. JESUS, O BOM PASTOR

Lição de fé para a minha vida

Sabemos de quem somos quando a nossa audição está afinada com aquele que cuida de nós, e somente quem tem intimidade pode discernir a voz do Bom Pastor das demais vozes que tentam nos chamar para um estilo de vida diferente daquele que Deus preparou. Jesus é o único autor da vida e a promete para nós, Suas ovelhas, de uma maneira abençoada. Trata-se de quantidade e qualidade, não só material, mas plena e equilibrada, de relacionamento com o próximo e com o Senhor, um envolvimento harmônico com o Reino de Deus e Sua justiça. Sendo Ele o doador da vida é, também, Aquele que a sustenta. Jesus se fez pobre para nos enriquecer, se fez pecado para nos santificar, então precisamos crer que Deus tem o melhor para nós. A ovelha sem pastor andava com medo e insegura, mas hoje sabe em quem confiar, não teme mal algum e conhece a voz do seu Bom Pastor que a guia mansamente, mesmo pelo vale da sombra da morte e em terras desconhecidas. Certamente ela habitará no aprisco do Grande Pastor eternamente. Jesus está lhe convidando para entrar na vida abundante que Ele tem para você; só é necessário aceitá-Lo como seu Bom Pastor, ouvir Sua voz e obedecê-La.

Declarando a promessa

Declaro que Jesus é o bom pastor em minha vida. Entrarei pela Sua porta e encontrarei pastagens verdejantes e abundantes. No aprisco do Bom Pastor encontrarei alimento para a minha alma e estarei seguro. Ouvirei e reconhecerei a voz do meu Pastor e O seguirei. Terei a vida abundante que Jesus me garantiu. Eu tenho a promessa.

Anotações

08
SET

João 12.24

"Eu devo morrer como um grão de trigo que cai dentro da terra. Se Eu não morrer, ficarei sozinho – uma semente isolada. Porém a minha morte produzirá muitos novos grãos de trigo – uma abundante safra de novas vidas" (VIVA).

252. O GRÃO DE TRIGO QUE PRODUZ MUITOS FRUTOS

Lição de fé para a minha vida

O grão de trigo precisa deixar de ser um grão para crescer, assim como nossa natureza pecaminosa precisa "morrer" para que possamos crescer em Cristo. Cada grão de trigo produz uma planta com um a três talos; cada talo produz uma espiga de trigo; cada espiga contém 30-75 grãos de trigo; e cada grão de trigo que atinge pleno crescimento tem capacidade de produzir de 30 a 225 grãos, dependendo do tipo de trigo e das condições de cultivo. Isso certamente significa "muito trigo". Por isso Jesus escolheu o trigo para exemplo. De acordo com esse texto, Deus também espera "muito trigo" de cada um de nós. Porém, uma semente de trigo produz somente quando enterrada. O grão de trigo, se não cair na terra, apodrece e vira pó, mas se cair no chão e for pisado pelos homens, dentro desse grão sai a semente, e ela dentro da terra, começa a florescer, nasce e dá muito fruto. Lá embaixo, na terra, ela cria raiz e rasga a terra; quando chega a um lugar e encontra água, ela floresce novamente. Jesus afirma que na Sua morte produzirá muitos novos grãos de trigo, uma abundante safra de novas vidas. Nós somos um grão de trigo que caiu na terra e morreu, que Jesus fez renascer para dar muito fruto.

Declarando a promessa

Declaro que reconheço que Jesus morreu, assim como um grão de trigo, para dar muitos frutos. Reconhecer-me-ei como um grão de trigo que caiu na terra. Serei pisado pelos homens. Morrerei para o mundo. Renascerei para frutificar. Levarei uma vida de frutificação em novas vidas para Jesus. Tomo posse da promessa!

Anotações

09
SET

João 14.6

"Eu sou o caminho, a verdade e a vida; ninguém pode chegar até o Pai a não ser por mim" (NTLH).

253. O CAMINHO, A VERDADE E A VIDA

Lição de fé para a minha vida

Nossa única rota para Deus é pelo Seu Filho, que é o Caminho. Jesus é a Verdade. Existem tantas verdades aparentes que parecemos desesperados para segui-las; afinal, elas são tão atraentes... Mas Jesus nos diz para resistir todas as tentações temporárias e confiar apenas Nele, pois Ele é, definitivamente, a vida. Precisamos fazer uma escolha: viver folgadamente aqui na terra – uma escolha cheia de egoísmo e de fontes aparentemente inesgotáveis de satisfação, ou podemos escolher viver pelo caminho estreito que Deus preparou para nós. A estreiteza desse caminho é absoluta! Todavia, perdemos isso de vista quando nos comprometemos com o que é correto; substituímos nossa vontade pela Dele. Não é fácil ajustar nossa vida para as únicas respostas: Seu Filho, Seu mundo e Sua luz. E, por seguir esse curso, viveremos eternamente com Ele. E Jesus esclarece que somente por Ele é que poderemos ir ao Pai. Cristo é o caminho ao Pai e o nosso advogado. Ele é a verdade, que cumpre todas as profecias do Salvador; crendo nisso, nós os pecadores vamos por Ele, que é o caminho. Ele é a vida; por Seu Espírito vivificador os mortos em pecado recebem vida. Ninguém que não seja vivificado por Ele – a vida, e ensinado por Ele – a verdade, pode aproximar-se a Deus como Pai por Ele – o caminho.

Declarando a promessa

Reconheço que Jesus é o Caminho, a Verdade e a Vida. Declaro que viverei pelo caminho estreito que Deus preparou para mim. Estarei certo de que Jesus é a única verdade real deste mundo e a buscarei em todo o meu viver. Através de Jesus eu me achegarei ao Pai e usufruirei de Suas promessas na minha vida. Eu tenho garantida a vida eterna através de Jesus.

Anotações

João 14.27

"Deixo-vos a paz, a minha paz vos dou; não vo-la dou como o mundo a dá. Não se turbe o vosso coração, nem se atemorize" (ARC).

10 SET

254. A PAZ QUE EXCEDE O ENTENDIMENTO

Lição de fé para a minha vida

A verdadeira paz somente pode ser alcançada com Cristo em nossos corações. Qualquer aparência de paz fora de Cristo é falsa. Todos nós desejamos paz e a buscamos, porém apenas a paz passageira, aquela que o mundo dá, é que encontramos. Mas Deus providenciou a solução para nos dar a paz verdadeira, mesmo em meio à tribulação, ao enviar Jesus para morrer pelos nossos pecados. A morte de Jesus reconcilia o homem com Deus e restabelece a nossa paz. Assim, quem tem os pecados perdoados não precisa se perturbar, porque a dívida foi paga. Por isso, não ficamos ansiosos, o nosso coração não fica perturbado, e não ficamos com medo. Porque não recebemos um espírito de medo, mas a paz do Senhor. A pessoa que tem a paz de Cristo trabalha em promover a verdadeira paz que vem na entrega mais profunda de seu coração a Deus, aceitando a obra suficiente de Cristo e deixando-se moldar pelo Seu caráter. No entanto, nem sempre "saber" se torna "viver". A paz de Jesus é uma sabedoria que se alimenta da confiança na graça de Jesus, cria condições para a serenidade diante dos conflitos, desenvolve a nossa confiança, alimenta a nossa esperança, nos dá sabedoria, mantém o nosso equilíbrio, e nos dá a certeza que não estamos sozinhos, porque Deus nunca nos deixa.

Declarando a promessa

Declaro que tenho a paz de Deus em minha vida porque o Príncipe da Paz habita em mim. Trabalharei para promover a paz entre todos. Oferecerei a paz de Cristo Jesus, que excede todo o entendimento, aos corações aflitos e tristes. Terei sabedoria da paz de Jesus que alimentará a minha confiança na Sua graça. Buscarei viver uma vida equilibrada na paz do Senhor. Eu tenho a promessa.

Anotações

João 15.13-15

"Ninguém tem maior amor do que este: de dar alguém a sua vida pelos seus amigos. Vós sereis meus amigos, se fizerdes o que eu vos mando. Já vos não chamarei servos, porque o servo não sabe o que faz o seu senhor, mas tenho-vos chamado amigos, porque tudo quanto ouvi de meu Pai vos tenho feito conhecer" (ARC).

11 SET

255. AMIGOS DE JESUS

Lição de fé para a minha vida

Podemos perceber que um amigo verdadeiro é aquele que dá a sua própria vida em favor de outro. No texto, Jesus deixa bem claro que, quando fazemos aquilo que Ele manda, nos tornamos Seus amigos; Ele diz que não somos mais servos, somos amigos. Cristo chamou aos Seus discípulos de amigos, caracterizando a amizade como dar a vida pelo bem deles, obediência à Sua vontade e compartilhar de revelações. Jesus coloca aqui o tipo de relacionamento que Ele quer ter conosco. Ele se deu a conhecer, através da Palavra de Deus, para que fosse possível ao homem construir esse relacionamento de amizade, de intimidade e de confiança. Jesus é uma pessoa independente, com caráter próprio, vontade própria, e a Palavra nos revela Sua personalidade, Seus valores, Sua ética e Seu modo de pensar. Os valores distorcidos do ser humano se chocam com o caráter íntegro de Jesus. Então só consegue ter um relacionamento sincero com Ele quem realmente estiver disposto a mudar. Se eu procuro conhecer o caráter e a personalidade de Jesus, entender o que Ele quer de mim, tenho condições de construir essa amizade com Ele.

Declarando a promessa

Declaro que terei Jesus Cristo como melhor amigo em minha vida. Tornar-me-ei não mais Seu servo, mas Seu amigo, conforme Ele declara na Palavra. Como amigo de Jesus passarei a fazer cada vez mais a Sua vontade. Desfrutarei de maior intimidade na minha caminhada com o Senhor. Eu sou amigo de Jesus!

Anotações

12 SET

João 15.16

"Não foram vocês que me escolheram; pelo contrário, fui eu que os escolhi para que vão e deem fruto e que esse fruto não se perca. Isso a fim de que o Pai lhes dê tudo o que pedirem em meu nome" (NTLH).

256. FRUTIFICANDO PARA A GLÓRIA DE DEUS

Lição de fé para a minha vida

Todo semeador faz seu trabalho esperando colher os frutos. Deus investiu tudo na humanidade, inclusive o Seu próprio Filho, e espera que nosso fruto apareça. Ele nos santifica, podando os ramos para uma frutificação ainda maior. A resposta às nossas orações está intimamente ligada à nossa frutificação. Jesus fala que os ramos devem permanecer na videira para crescer impulsionado pela seiva da videira. A vontade desse ramo passa a ser a vontade da própria videira, que é quem define o crescimento e as características do ramo. Quanto mais afinados com Deus e com a Sua vontade estivermos, maior será a Sua atuação sobrenatural em nossa vida e, consequentemente, maior será a nossa frutificação. A saúde de uma árvore pode ser avaliada pela sua frutificação: nenhum fruto, nenhuma saúde; pouco fruto, pouca saúde; muito fruto, muita saúde. Então nos cabe obedecer às ordens de Jesus para que a nossa alegria seja completa. A qualidade da vida que temos em Cristo é fator determinante para o sucesso ou o fracasso espiritual. É pela obediência à Palavra de Deus que o fruto é produzido na vida do servo do Senhor. Você foi escolhido a apresentar excelentes resultados ao Senhor.

Declarando a promessa

Declaro que reconheço que fui escolhido e nomeado pelo Senhor para frutificar. Procurarei viver uma vida afinada com Deus e com a Sua vontade, observando mais a atuação sobrenatural em minha vida. Procurarei dar frutos que permaneçam. Buscarei, a cada dia de minha vida, oportunidades para que os frutos apareçam e se tornem duradouros. Eu sou um vencedor.

Anotações

Atos 1.4-5

Certa ocasião, enquanto comia com eles, deu-lhes esta ordem: "Não saiam de Jerusalém, mas esperem pela promessa de meu Pai, da qual lhes falei. Pois João batizou com água, mas dentro de poucos dias vocês serão batizados com o Espírito Santo" (NVI).

257. O BATISMO COM O ESPÍRITO SANTO

Lição de fé para a minha vida

Ser batizado no Espírito Santo significa experimentar a plenitude do Espírito. É um ato de Deus pelo qual o Espírito Santo vem sobre o crente e o enche plenamente, transbordando a vida do homem já transformado. Os apóstolos se reuniram em Jerusalém, esperando pela promessa de Jesus, que o derramamento do Espírito Santo aconteceria. Isso seria um batismo pelo Espírito Santo, que lhes daria poder para fazer milagres, iluminaria e santificaria suas almas. Jesus já havia explicado que a manifestação do Espírito Santo é como o vento; nós não vemos, mas o sentimos. Não sabemos de onde veio, nem para onde vai; vento forte, vento suave. Portanto, não há uma regra, nem tempo; não tem explicação de como seremos batizados. Sentimos ousadia na Palavra, paz e alegria de salvar uma alma. Temos grande misericórdia pelos perdidos, pois éramos assim antes de nos convertermos a Jesus. Assim como você recebeu a salvação, poderá receber o Seu Amigo – O Espírito Santo, que é o companheiro para ir diante de você. Ele lhe ensinará tudo o que deverá fazer. Ele é aquele que exorta nas coisas que não estão pautadas com a Palavra da Verdade, porque Ele é o Espírito da Verdade. Tome posse da sua promessa.

Declarando a promessa

Declaro que esperarei pelo Espírito Santo em minha vida. Buscarei a plenitude do Espírito e de ser preenchido por Ele, o Espírito da Verdade, o Amigo que Jesus deixou para que não ficássemos órfãos depois de Sua partida deste mundo. Com o Espírito do Senhor em mim, terei ousadia para falar e testemunhar de Seu nome. Eu recebo a promessa em mim.

Anotações

14
SET

Atos 2.21

"E acontecerá que todo aquele que invocar o nome do SENHOR será salvo" (AS21).

258. INVOCANDO O NOME DO SENHOR PARA SALVAÇÃO

Lição de fé para a minha vida

Nenhum ser humano pode jamais comprar a sua salvação ou adquiri-la por mérito próprio, nem por meio de sacrifícios, nem por prática de boas obras ou boas intenções. Se a salvação dependesse das boas obras, não seria necessário que Jesus viesse ao mundo para sofrer a morte de cruz em nosso lugar. Estando a humanidade perdida, condenada à morte, Deus elegeu Jesus por único caminho legal que o homem tem para ser salvo. Deus derramou do Seu Espírito sobre toda a carne. E o Espírito Santo está agindo sobre todos nós. Se os seus pecados não foram perdoados, e ainda não sabe como ser salvo e como receber a vida eterna, e não reconhece que o Senhor Jesus é seu Salvador, saiba que o Espírito Santo de Deus está sobre você agora; Ele está esperando por você. Basta que você invoque o nome de Jesus para ser salvo e você receberá uma nova vida em Jesus. Portanto, a salvação em Jesus é para todos, para mim e para você. Saiba que, por natureza, ninguém está salvo e de maneira nenhuma ninguém escapará da condenação do grande dia. Admita que você não poderá salvar a si mesmo, por mais que você envide esforços para isso. Invoque o nome de Jesus! Creia no único meio que Deus preparou para salvá-lo e receba Jesus Cristo, como o seu Salvador.

Declarando a promessa

Declaro que invocarei e clamarei pelo nome do Senhor meu Deus para a minha vida; dessa maneira buscarei ser salvo, pois a Palavra do Senhor me garante isso. Terei uma nova vida em Cristo e o mundo à minha volta poderá ver o poder de Deus através de minhas atitudes. Sou vencedor!

Anotações

Atos 4.11-12

"Jesus é aquele de quem as Escrituras Sagradas dizem: "A pedra que vocês, os construtores, rejeitaram veio a ser a mais importante de todas." A salvação só pode ser conseguida por meio dele. Pois não há no mundo inteiro nenhum outro que Deus tenha dado aos seres humanos, por meio do qual possamos ser salvos" (NTLH).

15
SET

259. A PEDRA REJEITADA E A ÚNICA SALVAÇÃO

Lição de fé para a minha vida

Não há meio de as pessoas serem salvas, senão por intermédio de Sua obra expiatória. Com certeza, a maior necessidade de cada indivíduo é a salvação do pecado e da ira futura; é importante anunciar que esta necessidade só poderá ser satisfeita única e exclusivamente através de Jesus Cristo. Em nenhum outro, só em Jesus, há salvação! Entretanto, quando o orgulho ou qualquer paixão corrupta reina por dentro, os homens fecham seus corações, em inimizade contra Deus, considerando ignorantes aqueles que só querem saber do Cristo crucificado. Os seguidores de Cristo agirão dessa forma para que todos saibam que receberam a cura da alma através de Jesus. Jesus é o foco da fé e do arrependimento; o único capaz de providenciar a cura para o ser humano. É esse nome que pode mudar a história da sua vida, trazer a salvação eterna a você. Não existe nenhum outro nome para os homens clamarem a fim de serem salvos, portanto não endureça o seu coração. Jesus está lhe oferecendo ajuda. Ele precisa que você apenas reconheça seus pecados e se arrependa deles para operar aquela transformação que sua vida precisa.

Declarando a promessa

Declaro que estarei ao lado de Jesus e do Senhor Deus no céu porque, pela fé, creio em Jesus e tenho a salvação. A cada dia, buscarei aperfeiçoar a fé na minha vida, na semelhança do meu Mestre. Terei confiança, e a certeza que a salvação me garante, que caminho firme para morar com o Senhor por toda a eternidade. Eu sou salvo e estarei no céu! Tomo essa promessa para mim!

Anotações

Atos 9.15

"Vá! Este homem é meu instrumento escolhido para levar o meu nome perante os gentios e seus reis, e perante o povo de Israel" (NVI).

16
SET

260. VASOS ESCOLHIDOS PARA O PROPÓSITO DE DEUS

Lição de fé para a minha vida

Às vezes, vacilamos ante as ordens do Senhor. Contudo, é a glória do Senhor que supera nossas baixas expectativas e mostra que somos vasos de Sua misericórdia. O Senhor sabe o porquê de suas escolhas, embora muitas vezes, aos nossos olhos humanos, nós não as entendamos. Para cada vaso escolhido o Senhor dispensou algo especial, pois Ele é a fonte de sabedoria, força e poder. Ele reservou uma missão específica para cada um. Assim, aquele a quem o Senhor escolhe deve estar limpo, purificado, pois este será um vaso para honra e santificado para o uso do Senhor. Deve estar vazio para que possa ser cheio pelo Espírito Santo e a Palavra de Deus. Precisa esvaziar-se de si mesmo, deixar o "eu" de lado, não olhar para seus próprios defeitos ou dos outros. Como vasos de Deus, nós estamos sujeitos às Suas determinações e desígnios. E Deus não escolhe os que se julgam capacitados, mas Ele capacita os Seus escolhidos. Ser vaso de Deus é estar em sintonia com Cristo e transmitir a mensagem que lhe foi entregue, sem aumentar ou diminuir, lembrando sempre que vaso não possui vontade própria. Deus olhou para você e o escolheu. Deus vai usar você de uma forma diferente, pois está descendo sobre a sua vida um renovo espiritual. Você é vaso escolhido!

Declarando a promessa

Declaro que colocarei a minha vida para ser um vaso disponível para Deus. Esvaziar-me-ei de tudo para que o meu ser esteja livre e possa ser preenchido pelo Espírito Santo e pela Palavra de Deus. Eu serei um vaso escolhido e levarei a Palavra do Senhor aonde Ele me enviar!

Anotações

17 SET

Atos 18.9-10

"Não tenha medo! Fale! Não desista! Pois Eu estou com você, e ninguém pode lhe fazer nenhum mal" (VIVA).

261. CORAGEM EM MEIO ÀS ADVERSIDADES

Lição de fé para a minha vida

Viver é estar em constante batalha na vida pessoal, familiar, profissional, espiritual etc. Nessas batalhas, podemos ser vencedores ou perdedores. É possível sermos alcançados pelo desânimo diante das adversidades, das perdas e dos fracassos. Nesse texto, é notória a misericórdia de Deus, que conhece nossas necessidades, fraquezas e limitações, dando palavras encorajadoras: Não tenha medo! Não desista! Eu estou com você. Ninguém lhe fará mal. As derrotas e adversidades produzem uma sensação de desamparo divino. É importante lembrar que somos movidos por fé. Embora possamos não sentir ou perceber, mas Deus está conosco! Ser derrotado em uma batalha nem sempre implica em perder a guerra. Derrotas servem de experiências e lições práticas, para que não erremos de novo, e para podermos aconselhar os que vivenciarão ou vivenciam as batalhas que já lutamos. O nosso Deus é Deus de oportunidades. Nossas falhas não fazem com que Ele nos lance para sempre de Sua presença. Graciosamente, mediante nosso arrependimento e confissão, Ele não apenas nos encoraja a tentarmos novamente, mas nos conduz em triunfo para o louvor de Sua glória. Que você aprenda como lidar com as derrotas e os fracassos da sua vida, e principalmente lute para superar o desânimo que lhe sufoca!

Declarando a promessa

Declaro que não me abaterei e nem desanimarei por causa dos problemas da vida, pois creio no auxílio que vem de Deus e sei que Ele está sempre disposto a me socorrer. Perseverarei na fé, pois o Senhor me trará a vitória e virá em meu socorro. Lançarei fora todo o medo e confiarei que o meu Deus lutará em meu favor e pleiteará as minhas causas. Não temerei, porque Deus me dará direção por onde eu for e estará sempre comigo. Nele eu tenho a garantia da vitória!

Anotações

Romanos 1.16-17

"Não me envergonho do evangelho, porque é o poder de Deus para a salvação de todo aquele que crê: primeiro do judeu, depois do grego. Porque no evangelho é revelada a justiça de Deus, uma justiça que do princípio ao fim é pela fé, como está escrito: 'O justo viverá pela fé'" (NVI).

18
SET

262. O PODER DO EVANGELHO E A JUSTIÇA PELA FÉ

Lição de fé para a minha vida

Esse texto lembra que Deus escolheu primeiramente o povo judeu como a nação que carregaria em sua identidade a marca da promessa de ser a raça eleita. Hoje, fazemos parte da geração eleita, a nação santa, povo de propriedade exclusiva, a igreja adornada de Cristo. Por isso, como parte integrante do povo que herdará o céu, não podemos nos envergonhar de anunciar as boas novas que recebemos de nossos antepassados, pois foi através do poder transformador do Evangelho que adquirimos nossa salvação e a garantia de sermos cidadãos do céu. Somos tentados todos os dias pela nossa consciência a acharmos que nossa salvação será adquirida por nossos méritos humanos ou obras da Lei. O texto evidencia, porém, que na morte e ressurreição de Cristo estava sendo revelada a justiça de Deus, que desde a criação, implantou nos corações dos grandes heróis da fé do Antigo Testamento que a promessa da vinda do Messias seria cumprida na plenitude dos tempos. Portanto, fomos justificados por Deus, através do sacrifício de Jesus na cruz, não por nossos esforços, para que desfrutemos, por meio da fé, dessa tão grande, rica e poderosa salvação.

Declarando a promessa

Declaro que não me envergonharei de anunciar e proclamar as grandezas das boas novas da salvação, pois assim como eu fui transformado pelo poder regenerador do Evangelho, irei ser agente de transformação neste mundo caído. Reconheço que faço parte da geração eleita de Deus e, por isso, receberei todas as promessas de uma vida abundante. Decreto minha vitória sobre o pecado, pois ao crer que a justiça de Deus me foi revelada, através da fé no Filho de Deus, sou justificado e viverei de fé em fé, tomando sempre posse das vitórias de uma vida de fidelidade a Deus.

Anotações

Romanos 4.3-5

19
SET

"Pois que diz a Escritura? Abraão creu em Deus, e isso lhe foi imputado para justiça. Ora, ao que trabalha, o salário não é considerado como favor, e sim como dívida. Mas, ao que não trabalha, porém crê naquele que justifica o ímpio, a sua fé lhe é atribuída como justiça" (ARA).

263. A FÉ QUE JUSTIFICA

Lição de fé para a minha vida

O texto revela que Abraão, o pai da fé do Antigo Testamento, creu que Deus iria cumprir a promessa de lhe dar um filho já em avançada idade. O feito de Abraão foi considerado por Deus como um ato de confiança em Seu poder. O pai da fé foi considerado justo pelo simples fato de crer que o impossível iria acontecer. Devemos tomar posse dessas promessas, pois, quando cremos que Deus irá realizar aquilo que não é possível para nós, as comportas dos céus se abrem a nosso favor. Quando trabalhamos na obra e na seara do Senhor, Deus se move de íntima compaixão para nos abençoar, pois Ele tem prazer de se comprometer com quem se compromete com Ele. As vitórias, bênçãos e prosperidade sempre acompanharão aquele que crê em Deus, independente das boas obras, pois Deus justifica o pecador pela fé e não pela prática do bem. Necessitamos confiar e acreditar que a justiça de Deus é pela fé e nos apegarmos à certeza de que, quando Deus promete, Ele é fiel para cumprir o que determinou. Se o Senhor prometeu algo para sua vida, tenha confiança que Ele irá cumprir e lhe fazer desfrutar das ricas bênçãos que antecipadamente preparou para você.

Declarando a promessa

Declaro que confiarei nas Escrituras quando dizem que devemos viver pela fé. Reconheço que independente do meu trabalho para o Senhor, Deus quer a minha fé enraizada Nele e isso será creditado como justiça diante do Criador. Tomo posse das vitórias e bênçãos já adquiridas por Deus para mim no meu simples ato de fé e confiar que Deus é poderoso para cumprir o que prometeu. Mesmo que pela lógica pareça impossível, declaro que nada é impossível para Aquele que abre portas onde não existem e nos faz triunfar por meio da fé.

Anotações

Romanos 4.6-8

"E é assim também que Davi declara ser bem-aventurado o homem a quem Deus atribui justiça, independentemente de obras: Bem-aventurados aqueles cujas iniquidades são perdoadas, e cujos pecados são cobertos; bem-aventurado o homem a quem o nosso Senhor jamais imputará pecado" (ARA).

20 SET

264. A BEM-AVENTURANÇA DO PERDÃO

Lição de fé para a minha vida

Como é feliz o homem que tem seus pecados perdoados. Assim declarou o rei Davi, que foi chamado de "o homem segundo o coração de Deus". Depois de receber o perdão do Senhor pelo pecado de adultério e assassinato, o salmista Davi reconhece que Deus o tornou justo pelo ato de fé no Senhor. Assim como o salmista, um dia tivemos que ir em direção ao Senhor e ao perdão divino, dando um passo de fé. Encontrávamo-nos cheios de iniquidades, porém foi-nos atribuído a justiça de Deus pela fé, independentemente da prática de boas obras que pudéssemos ter. O salmista exalta que a fé na existência do Senhor Deus nos torna dignos e justos e que nossos pecados são apagados totalmente. O Senhor já nos perdoou e requer de nós somente a fé no Seu poder justificador. Lembre-se, você é uma pessoa bem-aventurada porque não existe nenhuma culpa sobre sua vida, pois seus pecados foram perdoados naquele dia em que o Filho de Deus foi pendurado no madeiro, remindo assim os pecados de toda a humanidade. Receba o perdão de Deus e seja incluído na listagem dos bem-aventurados, pois feliz é aquele que tem suas transgressões anuladas pelo Senhor.

Declarando a promessa

Declaro que sou um bem-aventurado em Cristo por ter meus pecados perdoados. Reconheço que no ato em que declarei o Senhor Jesus como o dono da minha vida, o Senhor Deus me justificou, fazendo com que a culpa que estava posta sobre mim fosse anulada. Declaro minha vitória sobre o pecado, pois como nascido de Deus, me tornei uma nova criatura e as transgressões não fazem mais parte da minha história. Declaro que nasci para reinar com Jesus e tenho hoje a felicidade de saber que sou um crente vitorioso em Cristo Jesus!

Anotações

Romanos 5.1-2

"Justificados, pois, mediante a fé, temos paz com Deus por meio de nosso Senhor Jesus Cristo; por intermédio de quem obtivemos igualmente acesso, pela fé, a esta graça na qual estamos firmes; e gloriamo-nos na esperança da glória de Deus" (ARA).

21
SET

265. PAZ E GRAÇA POR MEIO DA JUSTIFICAÇÃO

Lição de fé para a minha vida

A justificação pela fé é uma fascinante doutrina bíblica. Nela temos a certeza de que nossos pecados são justificados e a condenação que nos seria imputada foi cancelada, em razão da fé que depositamos no sacrifício de Cristo. Através da fé e da justiça do Senhor, recebemos a paz de Deus, que é um aspecto do fruto do Espírito, que nos conduz a uma vida de amor ao próximo e a Deus. Após a morte de Jesus na cruz do Calvário, o véu que separava o Santo dos Santos do resto do templo foi rasgado, fazendo alusão de que agora o caminho e acesso para Deus não dependiam mais do sacrifício anual do sacerdote, mas por meio da fé naquele ato de Jesus Cristo na cruz, morrendo em seu lugar. Por isso, e necessário que permaneçamos firmes nesta graça a qual fomos chamados para vencer. Graça esta denominada como um favor imerecido a nosso respeito, pois, nada merecíamos, a não a ser a condenação, mas, Deus movido de íntimo amor por nós pecadores, enviou Seu Filho para morrer em nosso lugar. Portanto, lembre-se que devemos nos gloriar nesta tão grande esperança da glória de Deus, aguardando o dia que irá se manifestar a segunda vinda de Seu Filho, e sermos exaltados com Ele na glória.

Declarando a promessa

Declaro que a justiça de Deus é minha aliada, me tornando justo diante Dele e dos homens e que, mediante a fé no sacrifício de Cristo, tenho acesso direto ao Pai, sem que haja intervenção humana, com rituais e práticas religiosas. Esse acesso me permite desfrutar da graça redentora de Deus me fazendo mais do que vencedor por intermédio de Cristo. Reconheço que devo me manter firme na esperança da gloriosa volta de Jesus, pois é com essa certeza que venço as tribulações da vida e obtenho paz com Deus.

Anotações

22
SET

Romanos 8.11

"E, se o Espírito daquele que dos mortos ressuscitou a Jesus habita em vós, aquele que dos mortos ressuscitou a Cristo também vivificará os vossos corpos mortais, pelo seu Espírito que em vós habita" (ARC).

266. O ESPÍRITO QUE VIVIFICA

Lição de fé para a minha vida

Uma das certezas mais lindas e extraordinárias da Bíblia é saber que o Espírito Santo de Deus habita em nós. Temos essa certeza porque assim as Escrituras Sagradas nos mostram que o Senhor testifica em nossos corações e mentes a presença do Consolador dentro de nós. Mas, para que essa tão grande bênção acontecesse, foi necessário que Cristo morresse e ressuscitasse dentre os mortos, para nos garantir a vida abundante aqui na terra e, em consequência, a vida eterna. Naquele maravilhoso dia em que a igreja for arrebatada, Deus transformará nossos corpos corruptíveis e receberemos um corpo glorificado. Embora ainda tenhamos que aguardar esse grande dia chegar, Deus concede Seu Espírito como penhor da promessa que há de vir. Necessário é que permaneçamos firmes em fazer a vontade do Senhor, pois, quando menos esperarmos, a trombeta soará e aqueles que estiverem mortos ressuscitarão primeiro e depois os que estiverem vivos verão Cristo descer do céu com grande brado e assim estaremos para sempre com o Senhor na glória. Se habita em nós o Espírito daquele que ressuscitou Cristo, então devemos testemunhar para o mundo as maravilhas que Deus já realizou e realizará em nossas vidas.

Declarando a promessa

Declaro que testemunharei da ressurreição de Jesus Cristo, pois, o Espírito que em mim habita me impulsiona a revelar esse grande amor de Deus ao mundo. Reconheço que sou herdeiro das promessas e que nenhuma delas se perderá. Declaro que receberei um corpo espiritual com que desfrutarei das bênçãos prometidas na Sua Palavra. Reconheço que fui vivificado pelo sacrifício de Jesus Cristo na cruz e isso é motivo para que eu triunfe com Ele eternamente. Sou grato a Deus por trilhar caminhos vitoriosos através de Sua morte, pois sou templo do Espírito. Louvado seja Deus por me fazer um vencedor!

Anotações

Romanos 8.31-32

"Que diremos, pois, a estas coisas? Se Deus é por nós, quem será contra nós? Aquele que nem mesmo a seu próprio Filho poupou, antes, o entregou por todos nós, como nos não dará também com ele todas as coisas?" [ARC].

23
SET

267. DEUS É POR NÓS

Lição de fé para a minha vida

Muitas vezes somos instados a olhar para situações de dor e pecado, ficando como observadores, deixando as circunstâncias dizerem como devemos nos sentir. As circunstâncias geralmente nos moldam; mas não deve ser assim. Afinal, se Deus está do nosso lado, o que pode estar contra nós? Se Deus Pai, em Seu grande amor, não poupou o Seu Filho, mas o expôs para morrer por nós, que motivo teria agora para não nos conceder a certeza de nossa salvação através de Jesus Cristo na cruz? Nunca devemos esquecer que não estamos sozinhos; Deus é conosco. E não somente Ele é conosco, mas também Ele é pessoalmente por nós. Onde estivermos, o Senhor é por nós. Sua presença nos acompanhará sempre; nada há demasiadamente grande que Ele não possa resolver; Ele nos ensina e nos guia debaixo das Suas vistas. Quem desejar nos condenar terá que invalidar o sacrifício feito por Deus em Jesus. Se você, como filho de Deus, tem sofrido tribulações, pressões demoníacas e outras coisas semelhantes, saiba que Deus lhe concederá a vitória se permanecer firme na fé. A nossa intimidade com Deus é o ponto inicial para a segurança. A presença de Deus é real e Ele está atento a tudo que precisamos!

Declarando a promessa

Declaro que jamais esquecerei essa promessa especial de Deus para a minha vida. Terei sabedoria em administrar a realidade de que Deus é por mim, então nada poderá me abater! Viverei louvando sempre ao Senhor Deus, pois é maravilhoso ter Deus do meu lado, como meu defensor e advogado. Eu sou filho do Rei! Sou vencedor pelo sangue de Jesus!

Anotações

Romanos 8.37

"Em todas essas situações temos a vitória completa por meio daquele que nos amou" (NTLH).

268. MAIS QUE VENCEDORES

Lição de fé para a minha vida

O túmulo vazio de Jesus nos assegura que o nosso futuro com Ele será vitorioso e sem fim. Deus nos ama e tem coisas maravilhosas para nossa vida. Somos mais do que vencedores porque triunfamos em uma luta na qual nem lutamos. Jesus nos entrega vitória de forma plena, sem precisarmos de luta, pois Ele entregou Sua vida e nos oferece salvação da condenação do pecado. A batalha contra a imperfeição e o pecado, foi vencida na cruz e estendida a nós. Somos mais do que vencedores porque o que nos espera como recompensa não é de nosso mérito. A salvação e a vida eterna decorrentes vêm pela fé e não por obras. Recebemos mais do que merecemos, muito mais do que poderíamos alcançar com nossos esforços, muito mais do que pedimos ou pensamos. Somos mais do que vencedores porque nossa vitória não é transitória, mas eterna, como eterno é o Deus a quem servimos e amamos, ainda que Ele nos tenha amado primeiro. Não é, portanto, uma vitória qualquer, mas uma "mais-do-que-vitória". Somos mais do que vencedores porque ao nascermos de novo, quando entregamos nosso coração a Cristo, já tínhamos vencido a primeira batalha - a de nascer neste mundo natural. Somos mais do que vencedores porque Deus quer assim.

Declarando a promessa

Declaro que sempre serei mais do que vencedor através de Jesus. Buscarei andar a cada dia na certeza de ser vitorioso em tudo o que eu fizer. Cada atitude e cada palavra que for proferida de minha boca será para glorificar ao meu Senhor e louvá-Lo, pois Ele me escolheu para estar do Seu lado vitorioso. A cada vitória em minha vida, terei a confiança de que o Senhor permanece comigo!

Anotações

Romanos 12.15

"Alegrai-vos com os que se alegram e chorai com os que choram" (ARA).

269. COMPAIXÃO E ALEGRIA NO AMOR AO PRÓXIMO

Lição de fé para a minha vida

Vivemos cada vez mais fugindo dos nossos problemas, tentando, às vezes sem sucesso, nos esquecer de tudo. Sem perceber, nos distanciamos cada vez mais na questão de chorar com quem chora. Estamos mais propícios a sorrir e a nos alegrar com quem se alegra. No entanto, isto é um dom de Deus, que devemos aprender com o nosso Mestre Jesus e praticar na pessoa do nosso próximo. Todos eram alvos da Sua compaixão, preocupação e amor. Chorou com os tristes e em situações difíceis e partilhou da alegria dos Seus amigos. Então, quando a Bíblia coloca "chorar com os que choram" é exatamente essa compreensão de que precisamos nos sensibilizar verdadeiramente com o sentimento daqueles que sofrem. Devemos chorar por aquilo que Jesus choraria, devemos sentir a dor que Jesus sentiria. Quando você está triste, muitas vezes, você quer um 'ombro' amigo, alguém que lhe escute e que chore junto com você, sentindo a mesma dor. Aprendamos com Jesus e imitemo-Lo para tornarmos esta vida menos agreste e com maior qualidade. Lembremo-nos também que nem tudo o que parece ser mau o é de fato. Às vezes podemos tornar esses momentos duros em maravilhosas vitórias. Isto também é verdade no lado oposto. Esteja alerta e, com fé em Deus, aproveite a onda.

Declarando a promessa

Declaro que obedecerei a Palavra de Deus, agindo como Jesus agiria, com o meu próximo. Terei compaixão e me identificarei com a dor e o sofrimento alheio, sendo "um ombro amigo", chorando com aqueles que estão em dores e tristezas, que precisam ver um mensageiro do Senhor naquelas horas tão difíceis que estão atravessando. Estarei também pronto a ouvir os desabafos e as decepções, trazendo o bálsamo do Senhor para esses corações aflitos. Serei um consolador!

Anotações

27
SET

1 Coríntios 1.8-9

"O qual também vos confirmará até ao fim, para serdes irrepreensíveis no Dia de nosso Senhor Jesus Cristo. Fiel é Deus, pelo qual fostes chamados à comunhão de seu Filho Jesus Cristo, nosso Senhor" (ARA).

270. FIDELIDADE DE DEUS ATÉ O FIM

Lição de fé para a minha vida

Para os cristãos do primeiro século, a volta do Senhor Jesus era iminente e eles deveriam ser irrepreensíveis em seu proceder até que chegasse o grande dia que Cristo resgataria Sua igreja. Enquanto o aguardamos, somos chamados a viver na comunhão de Jesus Cristo, para que experimentemos a fidelidade de Deus em nossas vidas. Recebemos o Espírito Santo como penhor dessa grande promessa, porém, mesmo nos momentos mais difíceis de nossas vidas, quando parece não haver saída para os problemas, Ele sempre permanecerá fiel, pois as Escrituras afirmam que mesmo que sejamos infiéis, Ele permanece fiel. Quando vivemos uma vida de comunhão com nossos irmãos, as bênçãos da fidelidade do Senhor nos acompanham tornando-nos mais do que vencedores em Cristo Jesus. Para isso, Cristo nos adorna com dons espirituais para servi-Lo com perfeição e usufruir desse tão grande atributo que é a fidelidade de Deus. Estejamos prontos para o chamado de Deus, que espera e aguarda de nós uma vida de unidade com Seu Filho Jesus, e que tenhamos um proceder digno de adentrarmos nos portais celestiais. O dia chegará! Não tardará! Então, veremos face a face a glória do primogênito do Pai.

Declarando a promessa

Declaro que desfrutarei da fidelidade de Deus em minha vida, vivendo sempre para servi-Lo com integridade e singeleza de coração. Viverei em harmonia e comunhão com meus irmãos e a fidelidade do Senhor me acompanhará onde quer que eu coloque a planta dos meus pés. Reconhecerei que fui chamado para viver essa comunhão com o Filho de Deus, e que Deus confirmará minha presença no grande dia do Senhor, pois com Cristo ao meu lado é certeza de vitórias.

Anotações

1 Coríntios 6.2-3

"Vocês não sabem que os santos hão de julgar o mundo? Se vocês hão de julgar o mundo, acaso não são capazes de julgar as causas de menor importância? Vocês não sabem que haveremos de julgar os anjos? Quanto mais as coisas desta vida!" (NVI).

28
SET

271. CHAMADOS A JULGAR COM SABEDORIA

Lição de fé para a minha vida

A Bíblia nos diz que seremos juízes junto com Cristo para julgar as causas do mundo. No grande e esperado Reino milenar, onde reinaremos com Cristo, estaremos associados a Ele nesse julgamento e o mundo será sujeito aos nossos juízos. Aprendemos com isso que os cristãos não devem contender uns contra os outros nos tribunais terrenos, porque são irmãos. Nos assuntos que nos prejudicam, poderíamos recorrer aos métodos legais para fazer justiça, mas os cristãos precisam ter sempre uma atitude perdoadora e conciliadora. As Escrituras ensinam que devemos julgar os assuntos em questão antes de brigar por eles. Às vezes somos colocados em situações que podem ser solucionadas facilmente, quando o orgulho de alguém é quebrado. É nosso dever suportar e tolerar uns aos outros sempre, para que possamos terminar com as disputas inúteis. Não podemos deixar que contendas embaraçosas envergonhem a comunidade cristã. A nossa paz mental e a tranquilidade do nosso próximo valem mais que a vitória num tribunal terrestre. Se somos destinados a ser futuros coadministradores da justiça no mundo que está por vir, muito mais agora precisamos estar aptos a julgar as causas que surgem.

Declarando a promessa

Declaro que serei um juiz nesta terra para julgar as causas do Reino de Deus, sabendo que haverei de discernir e julgar até mesmo os anjos. Como herdeiro dessa promessa, triunfarei juntamente com Cristo. Jamais colocarei um irmão em constrangimento nos tribunais da terra, pois confio que a justiça de Deus há de ser manifesta no seu devido tempo. Receberei a bênção de reinar com Cristo na glória e terei a vitória de ser um eleito para vencer com Cristo no milênio.

Anotações

29
SET

1 Coríntios 6.14

"Pelo seu poder Deus ressuscitou o Senhor e também nos ressuscitará a nós" (NTLH).

272. A RESSURREIÇÃO: NOSSA ESPERANÇA

Lição de fé para a minha vida

Teremos um corpo incorruptível, a partir da ressurreição, pois não seremos mais limitados às leis da natureza. A partir da ressurreição da carne iremos adquirir um corpo celestial, de natureza espiritual, e nunca mais experimentaremos a morte; por isso, não estaremos mais sujeitos à deterioração física; em outras palavras, seremos revestidos da imortalidade. Outra bênção que receberemos com a ressurreição é que nossos corpos serão glorificados e então conheceremos a Deus da maneira como Ele realmente é, de modo completo. Tal vitória nos permitirá entrar no novo céu, preparados para aqueles que hão de herdar a salvação. Nossos corpos serão semelhantes ao corpo de nosso Senhor Jesus Cristo; pois, se não acreditamos na ressurreição de Jesus, é inútil nossa pregação. A crença na ressurreição do Senhor Jesus é de importância tão vital, que se não acreditarmos nesse fato de grande relevância, nossos pecados também não serão perdoados e continuarão sobre nós, conduzindo-nos ao erro. Devemos crer que Jesus morreu, mas que também ressuscitou dentre os mortos e está sentado à direita de Deus Pai, de onde há de vir julgar a todos que um dia viveram debaixo do sol. Esteja pronto para que, quando a trombeta soar, seja você encontrado entre aqueles que hão de receber corpos incorruptíveis.

Declarando a promessa

Quando aquele grande dia chegar, com o soar da trombeta, estarei pronto a receber um corpo incorruptível, sabendo que, quando Cristo voltar, serei glorificado juntamente com Ele. Crerei que ressuscitarei, juntamente com meus irmãos que um dia professaram a fé na morte e ressurreição de nosso Senhor Jesus. Tenho certeza de que quando esse dia chegar, serei um eterno vencedor!

Anotações

30
SET

1 Coríntios 10.13

"Não veio sobre vós tentação, senão humana; mas fiel é Deus, que não vos deixará tentar acima do que podeis, antes com a tentação dará também o escape, para que a possais suportar" (ACRF).

273. FIDELIDADE EM MEIO ÀS TENTAÇÕES

Lição de fé para a minha vida

Deus é sábio e fiel, e fará com que nossas cargas sejam segundo as nossas forças. Ele sabe o que podemos suportar. O texto nos adverte sobre a autoconfiança independente em relação à segurança moral de uma pessoa e prossegue com uma mensagem de estímulo. A tentação pode ser qualquer tipo de sedução ao mal ou provação geral, incluindo as mais variadas experiências. Deus permite a provação com o propósito de fortalecer nossa fé e caráter, enquanto Satanás seduz para o mal com o intuito de destruição. Não precisamos nos desesperar. Podemos confiar que Deus não permitirá que sejamos tentados além de nossa capacidade de suportar. Ele limitará não apenas as experiências, mas também providenciará o livramento. Em todas as nossas tribulações devemos confiar na fidelidade de Deus. A lealdade do Senhor é uma verdade prática ao crente. É travesseiro para a cabeça cansada, estímulo ao coração que desfalece e apoio para os joelhos fracos. Em todas as exigências da vida, podemos contar asseguradamente com Ele. O Senhor nunca decepcionará a alma que Nele confia. Sua fidelidade jamais falhará. A fidelidade de Deus, juntamente com Seu imenso poder é nossa esperança eterna.

Declarando a promessa

Declaro que as tentações e provações que vêm sobre minha vida são mananciais do Senhor para me fortalecer e me trazer experiências com Ele. Reconhecerei que toda e qualquer tentação sempre virá, mas com o escape necessário do Senhor, pois quando estou firme nas promessas, Deus me livra de todas, e me faz um vitorioso nas batalhas da vida.

Anotações

31
SET

1 Coríntios 12.8

"Porque a um, pelo Espírito, é dada a palavra da sabedoria; e a outro, pelo mesmo Espírito, a palavra da ciência" (ARC).

274. DONS DE SABEDORIA E CONHECIMENTO

Lição de fé para a minha vida

A palavra de sabedoria é a manifestação sobrenatural da sabedoria de Deus. O dom da ciência apresenta-nos um panorama da situação e com o dom da sabedoria o Senhor nos revela qual deve ser o nosso comportamento em cada situação. O dom da ciência é informação sobrenatural; o dom da sabedoria incentiva o desenvolvimento prático que se deve seguir. Com o dom da ciência o Espírito Santo nos faz ver; com o dom da sabedoria ele nos leva a agir. É dom de Deus, é manifestação do Espírito; por isso não é habilidade humana. Existe também uma diferença entre o dom da linguagem da sabedoria e o dom comum da sabedoria. Este último é o dom que nos faz encarar e apreciar a Deus da maneira mais objetiva, ou seja, faz despertar em nós o gosto pelas coisas divinas. A linguagem da sabedoria é um dom do Espírito que nos mostra o modo de agir para mantermos em dia o plano de Deus, conhecido mediante o dom da ciência. É o dom que nos faz dar respostas acertadas no caso de sermos levados aos tribunais. Em tais situações não devemos preocupar-nos com o que diremos, porque o Espírito falará por nós. É este o dom que devemos usar quando temos decisões difíceis para tomar. Busque com diligência tais dons para edificação do corpo de Cristo e crescimento pessoal.

Declarando a promessa

Declaro que firmarei um propósito de buscar o dom da palavra de sabedoria e de conhecimento para que minha vida seja cheia das virtudes do Espírito Santo. Reconhecerei que é o mesmo Espírito que atua e opera os dons espirituais em minha vida fazendo-me crescer na graça e no conhecimento de Deus. Receberei as promessas de sabedoria e ciência, pois, com esses dons serei um vitorioso do Senhor.

Anotações

OUTUBRO

Como As Promessas de Deus São Cumpridas

Todas as promessas de Deus são cumpridas através da vinda, morte e ressurreição do nosso Senhor Jesus Cristo. É por meio do nosso relacionamento com Jesus, fazendo d'Ele o nosso Senhor, que vemos acontecer em nossas vidas tudo o que Deus preparou para nós, nesta vida e na vida eterna.

Gary Haynes

“Pois todas as promessas de Deus se cumpriram em Cristo com um alto e claro “Sim!”. E, por meio de Cristo, confirmamos isso, de modo que nosso “Amém” se eleva a Deus para sua glória.”

2 Coríntios 1:20 (NVT)

01
OUT

1 Coríntios 12.9

"A outro, no mesmo Espírito, a fé; e a outro, no mesmo Espírito, dons de curar" (ARA).

275. DONS DE FÉ E CURA

Lição de fé para a minha vida

A fé da qual o texto fala é dom, não é a fé que vem pelo ouvir a Palavra de Deus, pela qual se é salvo e se recebe o Espírito Santo. Envolve uma convicção interna impelida por um chamado urgente e superior. É uma fé especial, concedida pelo Espírito Santo a alguns, em certas ocasiões, para fazer alguma coisa em particular. Os dons de curar são os que capacitam aqueles que os recebem de curar os doentes. Como no caso de Jesus, o poder do Senhor estava com Ele para fazer curas. Jesus deu o poder de curar os enfermos aos Seus doze discípulos. A cura divina nada tem a ver com os esforços médicos, cuja utilidade é reconhecida pela Bíblia, mas sim com a atuação sobrenatural de Deus sobre o corpo humano, livrando-o de todo o tipo de enfermidade, pois é também uma promessa divina. Uma curiosidade à respeito dos dons de cura, é que é o único dom que está no plural – "dons" – indicando curas de diferentes enfermidades. Esses dons não são concedidos a todos os membros do corpo de Cristo, todavia, eles podem orar pelos enfermos; havendo fé, os enfermos serão curados. Mas nunca devemos esquecer que a glória tem que ser dada exclusivamente a Deus. Devemos buscar com prudência e sabedoria esses dons para que recebamos a posse da vitória.

Declarando a promessa

Declaro que o Espírito Santo que habita em mim me conduzirá a buscar com perseverança os dons de fé e de cura. Reconheço que esses dons estão disponíveis para aqueles que o buscam, e estarei ciente da grande responsabilidade que terei no caso de ser possuidor desse dons. Com fervor buscarei diligente os dons espirituais para que minha vida seja um canal de bênçãos para a vida do corpo de Cristo.

Anotações

1 Coríntios 12.27-28

"Ora, vós sois o corpo de Cristo e seus membros em particular. E a uns pôs Deus na igreja, primeiramente, apóstolos, em segundo lugar, profetas, em terceiro, doutores, depois, milagres, depois, dons de curar, socorros, governos, variedades de línguas" (ARC).

02
OUT

276. UNIDADE NO CORPO DE CRISTO

Lição de fé para a minha vida

Os apóstolos eram os ministros principais, pessoas capacitadas para fundar as igrejas e desempenhar diretamente o ministério de Cristo. Os profetas eram porta-vozes ou proclamadores de uma mensagem dirigida de forma específica e especial à igreja e ao mundo. Os doutores eram os que trabalhavam no ensino da Palavra e da doutrina. E também havia aqueles que tinham o poder para curar doenças, aqueles que socorriam os doentes, aqueles que administravam os assuntos da Igreja e ainda aqueles que falavam em outras línguas. O que está no nível inferior e último dessa lista é o poder de falar em línguas. Notamos que a distribuição desses dons não se dá a todos por igual. O Espírito distribui a cada um como lhe apraz. É necessário estarmos contentes com os nossos dons, afinal foi o Espírito Santo que nos deu; devemos usar em nome de Jesus e para a glória de Deus. Em lugar de cobiçar, o que julgamos ser os postos mais altos ou os dons mais esplêndidos, deixemos que Deus nomeie os Seus instrumentos como Lhe convier. É importante termos em mente que na vida por vir não serão aprovados os que foram mais fiéis à tarefa que lhes foi confiada e os mais diligentes na obra de seu Mestre.

Declarando a promessa

Declaro que sou um membro eleito do corpo de Cristo e, por isso, já sou um vencedor. Buscarei com zelo o melhor dom para minha edificação pessoal e, também, da minha comunidade de fé. Reconhecerei que os dons ministeriais são doados por Deus a cada um, segundo o Seu propósito; portanto, buscarei qual seja o melhor dom que Deus tem para mim.

Anotações

1 Coríntios 15.22-24

"Pois da mesma forma como em Adão todos morrem, em Cristo todos serão vivificados. Mas cada um por sua vez: Cristo, o primeiro; depois, quando ele vier, os que lhe pertencem. Então virá o fim, quando ele entregar o Reino a Deus, o Pai, depois de ter destruído todo domínio, autoridade e poder" (NVI).

03
OUT

277. A RESSURREIÇÃO: GARANTIA DE VIDA ETERNA

Lição de fé para minha vida

A todos os que por fé se unem a Jesus Cristo, por Sua ressurreição, asseguram a sua própria ressurreição. Como pelo pecado do primeiro Adão todos os homens se fizeram mortais, porque todos obtiveram sua mesma natureza pecaminosa, assim, por meio da ressurreição de Cristo todos os que são feitos participantes do Espírito, e da natureza espiritual, reviverão e viverão para sempre. Haverá uma ordem na ressurreição. O mesmo Cristo foi a primícia; em Sua vinda ressuscitará Seu povo redimido antes que os outros; afinal, também os ímpios serão ressuscitados, porém, para o afastamento eterno de Deus. Então, nos regozijaremos ao completar a carreira, para que Deus receba toda a glória de nossa salvação, para que lhe sirvamos para sempre. A segunda vinda de Cristo completará a colheita da ressurreição. Tendo vencido todos os inimigos, Cristo entregará o Reino a Deus, o Pai. Por isso, devemos permanecer firmes e constantes, sempre abundantes na obra do Senhor, para que o nosso lugar na eternidade seja garantido e façamos parte do grande dia da ressurreição do corpo com o arrebatamento da noiva do Cordeiro.

Declarando a promessa

Declaro que assim como o pecado, através de Adão, me fez morrer e adquirir uma natureza pecaminosa, com a vida de Cristo o poder da morte foi destruído, e hoje tenho adquirido uma nova natureza que se concretizará no grande dia da ressurreição de meu corpo, quando receberei um corpo glorificado. Reinarei com Cristo em glória. Tomo posse da promessa! Sou um verdadeiro vencedor!

Anotações

1 Coríntios 15.58

"Portanto, meus amados irmãos, sede firmes e constantes, sempre abundantes na obra do Senhor, sabendo que o vosso trabalho não é vão no Senhor" (ARC).

04
OUT

278. FIRMEZA E CONSTÂNCIA NA OBRA DO SENHOR

Lição de fé para minha vida

A firmeza é característica das pessoas que não são volúveis e fracas. Firmeza lembra força e um alicerce inabalável. Assim, ser firme é ter um caráter reto e aprovado, uma alma equilibrada e ligada em Deus. Firme é assumir um propósito e não voltar atrás, mesmo com as dificuldades que se enfrentar. A constância é uma virtude imprescindível a todo servo do Senhor. Jesus nos alertou que se permanecermos até o fim seremos salvos; no céu não há lugar para quem desiste no meio do caminho, apostata da fé e abandona o seu Salvador. Ser abundante na obra do Senhor é sempre fazer mais e melhor do que nos foi pedido, sem reclamar ou murmurar. Sejamos abundantes na oração, no jejum, no serviço do Senhor, na celebração ao Altíssimo Deus, com júbilo e vigor. Precisamos reconhecer que a obra é do Senhor, portanto o trabalho que fazemos é somente para Deus e Sua glória. Primeiro, é uma questão de obediência. Depois, quando O obedecemos e cumprimos o que Ele mandou, vêm as maravilhosas recompensas que Ele prometeu. Muitos só olham para as promessas e se esquecem do trabalho que lhes cabe no Reino do Messias. Faça o que lhe foi ordenado e tome posse do que está preparado para você desde a fundação do mundo.

Declarando a promessa

Declaro que, através da força do Senhor Jesus, tenho sido firme e constante na Sua obra. Declaro ainda ter a consciência de que essa constância só é possível porque renovo as minhas forças no meu Deus a cada dia de minha vida. Além disso, é muito importante saber que o Senhor supervisiona o meu trabalho na Sua obra e que Ele me garante que sou útil no Seu Reino, obedecendo e fazendo a Sua vontade.

Anotações

2 Coríntios 1.3-4

"Bendito seja o Deus e Pai de nosso Senhor Jesus Cristo, Pai das misericórdias e Deus de toda consolação, que nos consola em todas as nossas tribulações, para que, com a consolação que recebemos de Deus, possamos consolar os que estão passando por tribulações" (NVI).

05
OUT

279. O DEUS DE TODA CONSOLAÇÃO

Lição de fé para minha vida

No meio das durezas da vida, o consolo eficaz que precisamos vem somente do Deus de toda consolação! Só Ele enche nosso coração de paz e dá refrigério para nossas almas. Quando Deus nos consola, Ele nos chama para mais perto de Si. Ele não garantiu uma vida livre de dificuldades, mas prometeu que estaria conosco todos os dias. O consolo de Deus nem sempre nos deixa confortáveis como gostaríamos, mas nos dá a esperança de que o amanhã será melhor. Mas, se a cura não vier, cresceremos e amadureceremos com a nossa fé preservada, pois o Consolador estará continuamente ao nosso lado. A promessa é que o Senhor nos consola para que possamos consolar outros. Muitos viverão situações semelhantes à nossa e então poderemos consolá-los, sabendo que, no final, Deus dará a vitória. Precisamos confiar no que diz a Palavra de Deus. Confiar que o Senhor nos consola com a Sua presença e que Ele tem pensamentos de paz sobre nós. O nosso desafio é, a despeito das circunstâncias, descansar na soberania amorosa do nosso Deus. Ele mesmo é a nossa consolação eterna e por Sua imensa bondade, assegurou-nos bênçãos, alegria e paz.

Declarando a promessa

Declaro que é muito bom saber que o Senhor Deus é o meu Eterno Consolador, através de Seu Santo Espírito. É reconfortante saber que jamais estarei só, pois tenho um amigo que nunca me abandona e nunca falha; Ele está sempre disponível para os meus piores momentos. Quando as tribulações chegarem e estiverem insuportáveis, posso contar sem limitações com o consolo do meu Senhor. Eu sou um vencedor, porque essa promessa se cumpre sempre em minha vida!

Anotações

2 Coríntios 1.20-22

"Porque todas quantas promessas há de Deus são nele sim; e por ele o Amém, para glória de Deus, por nós. Mas o que nos confirma convosco em Cristo e o que nos ungiu é Deus, o qual também nos selou e deu o penhor do Espírito em nossos corações" (ARC).

06
OUT

280. O SIM E O AMÉM DE DEUS

Lição de fé para minha vida

Não precisamos ver para crer. Cremos para ver. Isso é maravilhoso! Quando as promessas são recebidas com fé, trazem resultados extraordinários. A concretização das bênçãos de Deus na nossa vida é condicionada ao cumprimento não apenas do "papel" de Deus, mas também do nosso. Deus espera que observemos a Sua Palavra. Ele espera que sigamos os Seus ensinamentos e as Suas instruções, pois Ele sabe que, ao fazermos isso, as bênçãos que foram prometidas se manifestarão em nossas vidas. O texto afirma que possuímos o sim e o amém de Deus para todas as promessas nas nossas vidas. Isso mostra, de forma clara, que Deus se importa, e mais do que isso, deseja nos abençoar. É importante que atentemos para aquilo que Deus tem nos falado, pois ao escolhermos seguir os Seus ensinamentos, receberemos as Suas bênçãos. Seguir a orientação de Deus para a nossa vida ocasionará o cumprimento de Suas promessas em nós, amanhã e sempre. Deus deseja que todos desfrutem de uma vida abençoada. A bênção se manifesta na sua vida como consequência de viver e obedecer tudo aquilo que a Palavra de Deus ensina. Deus escolheu abençoá-lo; você pode confiar em Suas promessas!

Declarando a promessa

Declaro que creio no meu Senhor como um Deus de promessas. Ele é sempre sábio no que promete, portanto Ele promete e cumpre; não há possibilidade de erro, dá sempre certo! Eu confiarei totalmente em Deus, pois Ele não decepcionará nunca - é 100% de certeza; com o meu Deus não acontecerão imprevistos; Ele não falha! Eu sou um vencedor com o Senhor ao meu lado! Sou selado por Deus! Eu tenho a marca da promessa!

Anotações

07
OUT

2 Coríntios 2.15

"Porque nós somos para com Deus o bom perfume de Cristo, tanto nos que são salvos como nos que se perdem" (GENEBRA).

281. BOM PERFUME DE CRISTO

Lição de fé para minha vida

Quando o sacerdote entrava na presença de Deus, ele dirigia-se ao altar do incenso e produzia um perfume ao Senhor, um cheiro suave que O agradava. Hoje o altar do Senhor é o nosso coração – nossos sentimentos e nossas atitudes exalam um cheiro ao Senhor Deus. O texto revela que somos o bom perfume de Cristo, isto é, somos cheirosos porque a substância aromática, que é Jesus, está em nós. Quando uma pessoa exala o bom perfume de Cristo, torna-se perceptível; as outras pessoas gostam de estar ao seu lado, pois sua conversa é sadia, seu jeito é humilde e sua presença transmite paz. Para se "notar" um perfume, basta senti-lo. Então, para exalarmos o bom perfume basta vivermos. Como acontece com pessoas que usam aromas que perfumam o ambiente por onde passam, assim ocorre conosco; quando exalamos o perfume de Cristo, naturalmente, as pessoas sentem; não é necessário esforço, pois o bom cheiro é de Cristo, não nosso. E não se trata meramente de um suave perfume produzido por Cristo, mas é o próprio Cristo que serve de perfume que exala do nosso caráter e das nossas ações. Nas nossas múltiplas atividades conservemos sempre o perfume que é Cristo e o Seu conhecimento. Lembre-se – os filhos de Deus são o bom perfume de Cristo, cheiro de vida para a vida.

Declarando a promessa

Declaro que sou o bom perfume de Cristo. Serei usado por Deus como um canal que leva a mensagem do Evangelho, que vai perfumando o ambiente por onde penetra. Serei como uma essência aromática, cuja função é adornar o ar em minha volta, ao compartilhar a fragrância do amor de Cristo por onde eu passar. Através do meu caráter e das minhas ações exalarei o bom perfume de Cristo.

Anotações

08
OUT

2 Coríntios 4.16

"Por isso nunca ficamos desanimados. Mesmo que o nosso corpo vá se gastando, o nosso espírito vai se renovando dia a dia" (NTLH).

282. RENOVADOS DIA A DIA

Lição de fé para minha vida

O homem exterior tem necessidade de ser visto, alimentado e lavado diariamente; de momentos de descanso, momentos para exercitar-se, momentos para ira ou alegria, de momentos para arrumar-se para ir a algum lugar, tem momentos que precisa falar e também ouvir, entre outros. Tudo isso é perfeitamente normal. E caso alguma das suas necessidades não sejam supridas, ele pode vir a ter distúrbios psicológicos, que podem resultar em enfermidades. O nosso homem exterior, o corpo, vai envelhecendo com o passar do tempo. Porém, por incrível que pareça, não estamos ficando mais velhos, porque o nosso interior se renova a cada dia. O homem interior é o ser espiritual, é eterno, jamais envelhecerá! Contudo, somos orientados a tomar cuidado com o homem interior, o homem em suas dimensões espiritual e emocional, para que ele seja adornado com um espírito manso e tranquilo. E a Palavra de Deus é o alimento para o espírito faminto e revigorador do interior com a vida abundante de Deus! A cada dia novo entusiasmo, novo zelo pela glória de Deus, zelo para pregar, zelo para adorar, meditar, orar. Alimentar-se da Palavra de Deus é questão de sobrevivência para o seu homem interior. Por essa razão, guarde as palavras de Deus em seu coração, dê-Lhe, a cada dia, o primeiro lugar em sua vida.

Declarando a promessa

Declaro que tomo posse dessa promessa para mim! Declaro que o desânimo não me dominará, pois a cada dia renovarei o meu espírito no Senhor Deus e na Sua Palavra. Estarei consciente de que mesmo que o meu corpo esteja se desgastando fisicamente, o meu interior será renovado diariamente e dará condições ao meu físico de suportar toda as questões da vida e trará novo entusiasmo a cada dia.

Anotações

2 Coríntios 5.6

"Temos, portanto, sempre bom ânimo, sabendo que, enquanto no corpo, estamos ausentes do Senhor; visto que andamos por fé e não pelo que vemos" (GENEBRA).

09
OUT

283. VIVENDO PELA FÉ

Lição de fé para minha vida

A esperança do céu deve nos dar força e coragem das quais necessitamos para resistir e vencermos neste mundo. O texto fala que precisamos ter sempre bom ânimo; isto é ser ousado, confiante, tomar coragem, não ter medo. No momento, vivemos pela fé nas promessas de Deus, pois estamos no corpo, longe do lar do Senhor. Então, enquanto vivemos pela fé em coisas não vistas, não significa que vivemos uma fé que não é baseada em nenhuma evidência. Nossa fé tem sido substanciada e é razoável; não é cega nem irracional. A melhor evidência da realidade de nossa fé no que não é visto é o que tem sido visto, especialmente a ressurreição de Jesus. Mas continua sendo fé, porque ainda não fomos estar com o Senhor. Ainda não recebemos as promessas de nosso novo lar. Mas temos, como nossa esperança, motivação e destino, um lar com o Senhor, esperando por nós. Temos um corpo limitado, mas isso não nos limita a seguirmos ao Senhor e fazermos a Sua obra, pois temos a fé que nos faz avançar além daquilo que os sentidos desse corpo podem ir. A fé, que já é uma realidade no nosso espírito, nos faz cooperar com Deus. Cooperamos com Deus desde o momento que cremos naquilo que Ele diz que somos, que temos e que podemos!

Declarando a promessa

Declaro que buscarei viver pela fé. Não viverei pelo que os meus sentidos e razão estiverem me mostrando, mas viverei pela fé, que não é irracional, mas que crê no invisível e nas promessas do Senhor Deus, que estão registradas em Sua Palavra. Exercitarei a minha fé a cada dia de minha vida, pois o meu alvo final é o céu, o lugar maravilhoso que a fé conduzirá a todos nós.

Anotações

10
OUT

2 Coríntios 5.17

"E, assim, se alguém está em Cristo, é nova criatura; as coisas antigas já passaram; eis que se fizeram novas" (SHEDD).

284. NOVA CRIATURA EM CRISTO

Lição de fé para minha vida

Desde o momento que nos entregamos a Jesus, uma nova vida começa em nós. Ele passa a ser o nosso Senhor e Salvador. É o Senhor, porque passa a governar a nossa vida, dando um sentido real em todas as coisas. Nascemos de novo, para uma nova vida de vitória e sucesso em Jesus. A nova criação não é um "remendo" da velha. As coisas velhas desaparecem e dão lugar às novas, que são inteiramente de Deus. Recebemos uma vida de natureza diferente. A vida do homem natural é baseada no egoísmo, pois ele vive para si mesmo. Estar em Cristo é ter Nele o suprimento de todos os nossos anseios, onde nossos desejos são submetidos à vontade Dele; é ser constrangido por Seu amor e cuidado. Há comunhão com Cristo e isto significa uma relação de companheirismo. Basicamente, a nossa nova vida tem como centro a Cristo; não vivemos mais para nós mesmos, mas sim para Ele. As coisas velhas, as práticas provenientes de uma natureza escrava do pecado, estão agora na direção da vida de Cristo, pois o novo anula o velho diariamente pelo conhecimento da Palavra. É um viver crucificado para os desejos carnais, que trazem satisfações passageiras. As coisas velhas já passaram é um fato de fé, é o ideal de Deus em nosso viver diário, é a obra da santificação sendo realizada da fé para a prática.

Declarando a promessa

Declaro que viverei agora como uma nova criatura. Fui alcançado por Jesus e Ele se tornou o centro de minha existência. Viverei segundo a Sua vontade, em comunhão e companheirismo permanente, procurando fazer aquilo que agrada o meu Mestre, pois Ele sabe o que é melhor para mim e assim serei feliz, antevendo a morada eterna em que viverei com Ele e todos os salvos.

Anotações

2 Coríntios 6.2

"Escutem o que Deus diz: 'Quando chegou o tempo de mostrar a minha bondade, eu atendi o seu pedido e o socorri quando chegou o dia da salvação'. Escutem! Este é o tempo em que Deus mostra a sua bondade. Hoje é o dia de ser salvo" (NTLH).

11
OUT

285. HOJE É O DIA DA SALVAÇÃO

Lição de fé para minha vida

A cada dia que passa o ser humano descobre que tem muito mais coisas a fazer pela frente. Quando pensa que vai poder desfrutar das suas conquistas, ele se acha mais preso ainda. E parece mais e mais difícil achar tempo para o Evangelho. Quanta coisa realmente exige o nosso tempo! "Este é o tempo". Deus usa várias palavras para descrever este tempo oportuno, querendo que você se desperte para perceber a urgência da salvação. Apesar de todas as advertências de Deus, muitos permanecem completamente indiferentes, vivendo como se tudo fosse continuar como tem sido até agora. E quando Deus lhes relembra Seu amor, ao entregar o Salvador para morrer por nós na cruz, essas pessoas simplesmente desconversam, fogem e fecham seus corações para essa boa nova de salvação. Observemos no texto como o prazo diminui progressivamente: primeiro, lemos o tempo aceitável, depois o dia da salvação, e finalmente que o dia de Salvação é agora. Portanto, o tempo aceitável do Senhor não é quando você ficar mais velho, não é daqui há meses, anos, ou depois de viver na abundância do pecado. O tempo do Senhor é hoje, o dia da salvação é o momento que você conheceu o Evangelho de Cristo.

Declarando a promessa

Declaro que caminharei no entendimento da vontade do Senhor – que eu encontre a salvação o quanto antes. Procurarei buscar a Deus para garantir a minha salvação e trabalharei para mostrar a outros a boa nova do Evangelho, a bondade do Senhor para as suas vidas, que é a salvação, oferecida graciosamente a todos. Sou abençoado, pois o Senhor já me salvou!

Anotações

2 Coríntios 9.7-8

"Cada um contribua segundo tiver proposto no coração, não com tristeza ou por necessidade; porque Deus ama a quem dá com alegria. Deus pode fazer-vos abundar em toda graça, a fim de que, tendo sempre, em tudo, ampla suficiência, superabundeis em toda boa obra" (SHEDD).

12
OUT

286. CONTRIBUIR COM ALEGRIA

Lição de fé para minha vida

A sua contribuição é um ato de amor; o amor consiste em dar. Por isso ele não se limita apenas ao dízimo, mas dá muito além disso. Ele entende que há necessidade constante na obra de Deus. Quando temos a nossa contribuição alicerçada no amor, é o amor de Cristo que nos orienta no quanto e como devemos contribuir; e se o amor é contínuo, também estaremos continuamente contribuindo. O dar, quando é espiritual, é também voluntário e cheio de alegria. Não basta apenas ofertar. É preciso a alegria em ofertar. Somente está alegre aquele servo que oferta a Deus com a motivação certa, que é agradar a Deus, louvar e glorificar o Seu Santo Nome. Que oferta com sincera gratidão, entendendo que foi Deus quem deu condições para que algo chegasse às suas mãos; daquilo que Deus permite chegar às mãos, separa-se, com alegria, as ofertas ao Senhor. Deus vê as ações e atitudes humanas, aprovando-as ou não. Para o crente fiel, que sabe estar prestando um serviço ao Senhor e ao próximo, ele dá com alegria" e o Senhor Deus fica satisfeito com esse ato de amor. Portanto, você deve contribuir com propósito espiritual, manifestando o amor a Deus.

Declarando a promessa

Declaro que procurarei sempre contribuir financeiramente com a causa de Deus na terra. Ofertarei com alegria, sabendo que esse é o desejo do Senhor, contribuir com felicidade e sem pesar. Farei contribuições voluntárias, que expressarão a minha gratidão ao Senhor, reconhecendo todas as bênçãos que Ele tem derramado sobre a minha vida.

Anotações

Gálatas 1.3-4

"Graça e paz, da parte de Deus Pai e da de nosso Senhor Jesus Cristo, o qual se deu a si mesmo por nossos pecados, para nos livrar do presente século mau, segundo a vontade de Deus, nosso Pai" (ARC).

13
OUT

287. LIVRES DO PRESENTE SÉCULO MAU

Lição de fé para a minha vida

Perversidade também significa maldade. Se olharmos para a atual realidade, perceberemos a maldade aumentando e o amor se esfriando. As pessoas têm se importado cada vez menos umas com as outras; o mundo tem se tornado egoísta; cada um só pensa em si mesmo. A escravização do trabalho, o aumento da maldade e do egoísmo revelam a existência de enfermidade. A causa dessa enfermidade não é física; é espiritual. Ela se chama pecado. Mas ninguém precisa permanecer debaixo do jugo do pecado e desta era perversa. Existem possibilidades de mudança. Destruído o poder do pecado, a pessoa é tirada do domínio desta era perversa. A graça inclui a boa vontade de Deus para conosco, e Sua boa obra em nós; e a paz, todo esse consolo interior que realmente necessitamos. Não pode haver paz verdadeira sem a graça. Observamos a infinita grandeza do preço pago por Jesus; é evidente que o poder do pecado era tão grande que não podia ser eliminado; somente se o Filho de Deus fosse entregue em resgate. Jesus veio não só para redimir-nos da Sua ira e da maldição da Lei, senão também para separar-nos das más práticas, as quais estávamos naturalmente escravizados.

Declarando a promessa

Declaro que, pelo sacrifício de Cristo, me livrei do presente século mau. Sou agradecido ao meu Senhor Deus, pois segundo a Sua santa e infinita vontade, me libertou das práticas más que me escravizavam e me redimiu de Sua ira e da maldição da Lei. Estou liberto! Sou um vencedor!

Anotações

Gálatas 3.11

"E é evidente que, pela lei, ninguém é justificado diante de Deus, porque o justo viverá pela fé" (ARA).

288. O JUSTO VIVERÁ PELA FÉ

Lição de fé para a minha vida

É indispensável ser sensível ao Espírito Santo e ouvi-Lo. O viver pela fé é uma realidade tão necessária quanto se alimentar; e não é privilégio de alguns, é dever de todos. Viver pela fé é uma questão de vida e é para todos; envolve todas as 24 horas do dia. Se somos uma nova pessoa em Cristo, vivamos diariamente na fé, em santidade e pureza e veremos o que Deus faz através de quem vive pela fé. A simples fé implica numa disposição de alma para confiar em outra pessoa. O que é diferente de crer, porque aquilo em que a fé tem confiança é verdadeiro de fato, e, ainda que muitas vezes transcenda a nossa razão, não lhe é contrário. A fé difere da crença porque é uma confiança do coração e não apenas uma concordância intelectual. A promessa é um fato anterior à Lei, e é o elemento original e essencial no propósito de Deus. A Lei era uma provisão meramente temporária; não era contrária à fé, mas foi dada a fim de preparar os homens para a era da fé. A justificação pela fé é a única maneira pela qual foram ou podem ser justificados os pecadores. A fé cristã é uma completa confiança em Cristo, pela qual se realiza a união com o Seu Espírito. Não é uma aceitação cega, mas um sentimento baseado nos fatos da Sua vida, da Sua obra, do Seu Poder e da Sua Palavra.

Declarando a promessa

Declaro que, de acordo com a Palavra de Deus, me tornarei justo, pois crendo em Jesus pela fé eu serei justificado. Confiarei completamente em Cristo, pela disposição de minha alma em me ater a Ele, não apenas de forma intelectual, mas com todo o meu coração. Eu tomo posse da promessa!

Anotações

Gálatas 3.13-14

"Porém Cristo, tornando-se maldição por nós, nos livrou da maldição imposta pela lei. Como dizem as Escrituras: 'Maldito todo aquele que for pendurado numa cruz!' Cristo fez isso para que a bênção que Deus prometeu a Abraão seja dada, por meio de Cristo Jesus, aos não-judeus e para que todos nós recebamos por meio da fé o Espírito que Deus prometeu" (NTLH).

15
OUT

289. LIVRES DA MALDIÇÃO DA LEI

Lição de fé para a minha vida

As bênçãos sobrenaturais que vieram sobre Abraão chegaram até nós por Cristo, interferirão e agirão no espírito, no corpo, na família, no trabalho, nas finanças etc. Tudo aquilo que vinha sobre o povo por causa da maldição, Deus cancelou. Jesus é o nosso substituto e resgatou-nos da maldição da Lei, pagou o preço pelo Seu Sangue, fez-se maldição em nosso lugar, para que a bênção de Abraão chegasse até nós, os gentios. Nós somos da mesma semente de Abraão, somos seus descendentes por fé, somos herdeiros daquilo que Deus fez a Abraão. Tudo o que Deus prometeu a Abraão Ele cumpriu. O patriarca chegou à velhice e, em tudo, Deus o abençoou. Esta verdade está conectada à nossa vida, quando temos o Senhor Jesus Cristo como nosso Senhor e Salvador. Precisamos ter uma atitude de gratidão por esta bênção ter chegado à nossa vida. Saiba que a sua família é bendita. Há uma conexão entre a bênção de Abraão e você. Aonde você for, onde você estiver, a bênção de Abraão estará em sua vida! Desfrute dela, viva esta plenitude! É seu direito, é sua herança! Seja um abençoado!

Declarando a promessa

Declaro que sou descendente de Abraão pela fé! Servirei ao meu Senhor e estarei pronto para ver Suas promessas cumpridas por herança em minha vida. Como Abraão viverei pela fé e atravessarei o terrível deserto; caminharei na luz de Deus e serei abençoado por onde passar. A bênção que se encontra sobre mim alcançará outras gerações e aqueles que junto comigo estiverem também serão abençoados.

Anotações

16
OUT

Gálatas 3.26-27

"Pois todos vós sois filhos de Deus mediante a fé em Cristo Jesus; porque todos quantos fostes batizados em Cristo de Cristo vos revestistes" (SHEDD).

290. FILHOS DE DEUS PELA FÉ

Lição de fé para a minha vida

Sendo batizados em Cristo, somos batizados em sua morte, porque como Ele morreu e ressuscitou, assim nós morremos ao pecado e andamos na vida nova e santa. Investir-se de Cristo segundo o evangelho não consiste na imitação externa, senão de um nascimento novo, uma mudança completa. Os seres humanos não têm privilégio maior que se tornarem filhos de Deus. Quando somos adotados por Deus recebemos uma nova posição em relação a Deus. Esta relação se torna agora entre Pai e filhos. Portanto a adoção nos faz legítimos filhos de Deus, com direito a todas as promessas e bênçãos de Deus para nossa vida. E a maior delas é a nossa salvação. Nosso interesse especial deve ser pelo céu; a cidade de Deus no céu é a porção ou a parte do filho. Uma vez adotados por Deus, deixamos a antiga família e passamos a fazer parte de uma nova família. Somos participantes de maneira integral da família de Deus. Se você aceitou Jesus como seu Salvador, pessoal com certeza muita coisa já mudou em sua vida. Uma delas e que você foi recebido como filho de Deus. O Espírito de Deus o guiará a toda verdade que está na Palavra de Deus para que você possa tomar posse de tudo que Jesus conquistou para você na cruz do calvário.

Declarando a promessa

Declaro que, ao receber Jesus, me tornei filho de Deus! Viverei com a minha nova família, de que agora sou participante, a família de Deus. Buscarei a cada dia me aperfeiçoar, me santificando junto a Deus, e sabendo que tenho direito a todas as promessas e bênçãos que Deus tem garantido a Seus filhos, inclusive a maior de todas as promessas, que é a salvação. Eu tomo posse das promessas e das bênçãos!

Anotações

Gálatas 4.6-7

"E, porque vós sois filhos, enviou Deus ao nosso coração o Espírito de seu Filho, que clama: Aba, Pai! De sorte que já não és escravo, porém filho; e, sendo filho, também herdeiro por Deus" (GENEBRA).

17
OUT

291. CHAMADOS DE ABA, PAI

Lição de fé para a minha vida

Como é glorioso agora podermos chamar nosso Deus de "Aba, Pai" outra vez. O Deus Eterno deseja que Seus filhos o chamem assim. Quão grandes são as maravilhas do amor e da misericórdia divina, que enviou Seu Filho ao mundo para redimir e salvar-nos; do Filho de Deus ao submeter-se a tanto sofrimento por nós. Embora por natureza sejamos filhos da ira e da desobediência, chegamos a ser, por graça, filhos do amor, e participantes da natureza dos filhos de Deus; porque Ele fará com que todos seus filhos se pareçam com Ele. O propósito de Deus é que recebamos a adoção de filhos pela fé em Cristo. Pela fé Deus nos dá o Espírito de Jesus – O Espírito Santo, Ele nos dá da natureza de Jesus. A natureza divina invade a nossa humanidade caída e nos transforma em filhos e herdeiros de Deus. Se você tem o Espírito de Jesus, você está livre para servir a Deus e não é mais escravo. Podemos agora como filhos exercer nossa liberdade com responsabilidade e crescermos em amor e conhecimento. A nossa vida deve ser vivida ao redor do nosso Pai celestial e nunca mais em nós mesmos. Quando o Senhor chamou você para a salvação, também lhe concedeu Sua filiação eterna.

Declarando a promessa

Declaro que poderei chamar o Senhor meu Deus de Abba, Pai, pois voltei aos braços do Pai. Como filho de Deus, essa é a forma que passarei a chamá-Lo; e Ele deseja que todos os Seus filhos também se dirijam a Ele desse modo. Buscarei viver na presença do Pai celestial, sem olhar para mim mesmo servindo ao meu Deus. Eu sou filho e herdeiro de Deus!

Anotações

18
OUT

Gálatas 5.5

"Mas nós temos a esperança de que Deus nos aceitará, e é isso o que esperamos pelo poder do Espírito de Deus, que age por meio da nossa fé" (NTLH).

292. ESPERANÇA PELA FÉ

Lição de fé para a minha vida

Ter esperança é esperar pela ação de Deus, mas não porque essa ação seja improvável, mas porque ela é real no nosso coração, é sede saciada na nossa alma e firme convicção do nosso entendimento. Quando vivemos com essa certeza, nós temos fé. Tudo quanto precisamos é a fé operando pelo amor. Quando permitimos que o Espírito do Senhor atue na nossa vida através da certeza do amor incondicional de Deus, fazemos de tudo pela causa do Evangelho, sempre alegres porque aguardamos permanentemente a esperança da justiça. A esperança no Senhor é sempre uma esperança que alegra. O que realmente importa não é o que fazemos ou deixamos de fazer; o ponto crucial é que a fé, atuando pelo amor nos faz viver sempre esperando no Senhor, agradecidos a Ele pelas bênçãos que ainda receberemos. Pelo Espírito, sempre aguardamos a esperança da justiça, talvez por isso tenhamos a capacidade de perdoar alguém que nos fez mal. Pelo Espírito perdoamos; pelo Espírito vivemos sempre esperando a obra do Senhor na vida daqueles que nos ofenderam. Vamos permitir que a nossa fé atue pelo amor e que a fé ainda produza esperança em Cristo e em nosso coração. Você pode ter fé! Você também pode ter esperança em Jesus!

Declarando a promessa

Declaro que buscarei em minha vida exercitar a fé e a esperança. Trabalharei para demonstrar com ações a minha fé, além de mostrar ainda com a minha vida, que a esperança faz parte do meu viver diário; esperança de justiça, a esperança confiante no meu Senhor, a esperança que alegra, a esperança que perdoa. Eu tenho a fé e a esperança! Sou vencedor!

Anotações

Efésios 1.3-4

"Bendito seja o Deus e Pai de nosso Senhor Jesus Cristo, que nos abençoou com todas as bênçãos espirituais nas regiões celestiais em Cristo. Porque Deus nos escolheu nele antes da criação do mundo, para sermos santos e irrepreensíveis em sua presença" (NVI).

293. AS BÊNÇÃOS ESPIRITUAIS EM CRISTO

Lição de fé para a minha vida

O pecado entrou e destruiu a comunhão entre Deus e o homem. Esta é a situação da humanidade. Mas, o Senhor não desistiu de Sua criação! Ele nos amou primeiro e o fruto do Seu grande amor se revelou no sacrifício de Cristo na cruz em nosso lugar. A partir de quando recebemos Jesus como Salvador, somos chamados para a santidade. Passamos a cultivar as qualidades espirituais. Ao buscarmos a santidade em nosso viver diário, iremos cultivar uma estreita comunhão com o Senhor. E assim, cada vez mais nos entregamos a Deus, que nos abençoa com o que necessitamos. As bênçãos para esta vida e para a vindoura. Tudo já está preparado. Deus nos elegeu e nos adotou na Sua família, nos remiu com o sangue de Cristo, e nos selou com o Espírito Santo. Ele nos deu poder para vivermos vitoriosamente. As bênçãos daqui são apenas a garantia de que coisas maiores virão. Quando cremos e nos levantamos em uma atitude de fé, a provisão, o crescimento e a abundância de Deus acontecem. É preciso que você creia no poder de Deus. É preciso que você reforce isso em seu coração, pois precisa receber esta promessa para a sua vida. Que Deus Pai lhe dê a consciência de que precisa viver em obediência.

Declarando a promessa

Declaro que sou um privilegiado por ser grandemente abençoado pelo Senhor Deus em minha vida. Viverei buscando a Tua vontade e o Teu querer, procurando me santificar, sendo um servo fiel e obediente, conforme me ensina a Tua Palavra. Eu sou um abençoado vencedor em Jesus!

Anotações

20
OUT

Efésios 2.4

"Estando nós ainda mortos em nossas ofensas, nos vivificou juntamente com Cristo (pela graça sois salvos), e nos ressuscitou juntamente com ele, e nos fez assentar nos lugares celestiais, em Cristo Jesus" (ARC).

294. VIVIFICADOS EM CRISTO

Lição de fé para a minha vida

A morte de Cristo também é vista como um ato misericordioso, pois demonstra a compaixão divina e possibilita o perdão dos pecados. Sendo Deus misericordioso é que somos absolvidos e salvos da morte. As Escrituras revelam que há um desejo profundo em Deus por todos nós, para sermos restaurados para o melhor, conforme aquilo que já foi planejado na criação. O ideal de Deus é restaurar o ser humano àquela primeira condição de perfeição e comunhão. A graça na alma é vida nova na alma. Um pecador regenerado vive em santidade, sendo nascido de Deus. Vive sendo liberto da culpa do pecado, pela graça que perdoa e justifica. Deus nos vivifica em Cristo para termos a vida intensificada pela graça. A vida, portanto é a dádiva suprema de Deus. É a bênção e o seu oposto; a morte é a maldição. Por ser uma dádiva de Deus a vida em si tem uma conotação moral e espiritual. Prestaremos contas dela ao Autor da Vida. Fazer o bem no amor e no temor do Senhor é o que a Sua Palavra nos orienta. O amor eterno de Deus é a fonte de onde fluem as Suas misericórdias. Todo pecador convertido é um pecador salvo, liberto do pecado e da ira. Ele salva, não pelas obras da Lei, senão pela fé em Cristo. Você é um salvo pela graça!

Declarando a promessa

Declaro que me tornarei vivificado, juntamente com Cristo, e me assentarei com Ele nos lugares celestiais. Estarei a cada dia louvando ao Senhor meu Deus pela Sua misericórdia em me conceder a salvação eterna. Sou um abençoado por Deus! Sou vitorioso Nele!

Anotações

Efésios 2.8

"Pois pela graça de Deus vocês são salvos por meio da fé. Isso não vem de vocês, mas é um presente dado por Deus" (NTLH).

295. SALVAÇÃO PELA GRAÇA

Lição de fé para a minha vida

Tudo o que Deus nos dá é graça, que é um presente do Senhor para nós. A vida, a família, o pão de cada dia, o trabalho, o estudo, a saúde... tudo é graça. E principalmente a salvação e a vida eterna. Tudo é graça e, pela fé, devemos receber. A fé é a mão que se estende para pegar a graça que vem de Deus. A nós cabe darmos uma resposta a tanto amor de Deus, seguindo o caminho que Ele nos aponta. A bondade de Deus, ao converter e salvar pecadores aqui e agora, estimula os outros a esperar, no futuro, por Sua graça e misericórdia. Nossa fé, conversão e salvação eterna não são pelas obras, para que ninguém se vanglorie. Estas coisas não acontecem por algo que façamos; portanto, todo orgulho fica excluído. Foi o propósito para o qual nos preparou, dizendo-nos com o conhecimento de Sua vontade, que Seu Espírito Santo produz tal mudança em nós, que glorificaremos a Deus por nossa perseverança na santidade. Ninguém pode abusar desta doutrina apoiando-se na Escritura, nem a acusar de nenhuma tendência ao mal. Saiba que no Reino de Deus somos chamados a trilhar outro caminho; um que não dependa das nossas realizações, mas sim, da realização do Senhor. Você não tem de realizar nada, apenas seguir a Jesus. Ele já ganhou para você a única vitória que Deus aceita.

Declarando a promessa

Declaro que, pela fé, estarei salvo para a eternidade, pela graça do Senhor Deus. Buscarei, a cada dia, agradecer a Deus pela Sua graça e misericórdia para comigo, através do sacrifício de Jesus, Seu Filho, em meu lugar na cruz. Seguirei a Jesus por toda a minha existência, na certeza de já encontrei a vitória eterna!

Anotações

22
OUT

Efésios 2.18-19

"Porque, por ele, ambos temos acesso ao Pai em um Espírito. Assim, já não sois estrangeiros e peregrinos, mas concidadãos dos santos, e sois da família de Deus" (ARA).

296. FAMÍLIA DE DEUS

Lição de fé para a minha vida

Os gentios estavam servindo a deuses estranhos e eram alienados de Deus, com a horrível situação de pecadores debaixo da ira divina. Então, Cristo entra em cena e tudo se transforma. Os gentios, que estavam longe dos judeus, das promessas de Deus e das alianças, são aproximados em Jesus. Em Cristo a barreira caiu e eles foram aproximados. Eles estavam sem Deus no mundo, foram agora reconciliados em um só corpo com Deus; estavam sem Cristo, agora estão em Cristo. A cruz de Jesus aproximou judeus e gentios. Só quando entendemos os extremos ocupados por judeus e gentios é que podemos compreender o milagre que os aproximou. Ambos se encontraram na presença de Deus; ali não existe nada senão unidade, por isso são um em Cristo. Assim os não-judeus já não são mais estrangeiros no céu. Todos se reúnem na mesma base, na presença de Deus, através do sangue de Jesus; não há qualquer hierarquia. Fomos naturalizados, recebemos uma dádiva divina, e fomos adotados na família de Deus, com uma relação mais profunda e íntima. Judeus e gentios com a mesma fé preciosa, juntos. Somos uma comunidade onde não há judeu nem grego, escravo ou livre, homem ou mulher; todos somos um em Cristo. Nossa unidade é Cristo.

Declarando a promessa

Declaro que pela fé, pertenço à família de Deus, como os que foram lavados no sangue do Cordeiro, independente de sexo, raça, cor ou posição social. Tornar-me-ei membro da família de Deus porque Jesus Cristo, através do Seu sangue derramado, me garantiu a adoção. A cada dia de minha vida, aprofundarei a minha comunhão com Deus, nessa família. Eu sou vencedor! Sou parte da família de Deus!

Anotações

23
OUT

Efésios 4.15-16

"Pelo contrário, seguindo a verdade em amor, cresçamos em tudo naquele que é a cabeça, Cristo. Nele o corpo inteiro, bem ajustado e ligado pelo auxílio de todas as juntas, segundo a correta atuação de cada parte, efetua o seu crescimento para a edificação de si mesmo em amor" (AS21).

297. CRESCENDO EM AMOR

Lição de fé para a minha vida

O texto diz que o corpo, tendo Cristo como cabeça, cresce bem ajustado. Ambas as palavras têm o sentido daquela unidade funcional que se torna possível entre os membros, quando orientados pelo Cabeça. Mas também está presente a nossa participação e cooperação para preservar a unidade que nos foi dada por Cristo. A amplitude desse crescimento é bem definida, nos revela que viver com Cristo não é apenas na igreja, mas em tudo o que fizermos, pois não há espaço para o individualismo na vida cristã. Nenhum crescimento tem utilidade quando não corresponde ao corpo todo. A pessoa que deseja crescer isoladamente está equivocada. Todos devem crescer juntos, havendo cooperação mútua. Há uma proporção, uma harmonia do Corpo. Devemos ser encontrados por Deus buscando o Seu ideal de vida para nós – a medida da estatura da plenitude de Cristo. Não existe vida madura sem entendimento e prática do verdadeiro amor, se não houver compreensão do amor de Deus e nem vida abundante sem discernimento sobre qual é a obra de Deus em nossas vidas, o que Ele fez, o que nos concedeu em Cristo Jesus, e o que Ele deseja de nós como filhos.

Declarando a promessa

Declaro que faço parte do Corpo de Cristo. Buscarei o crescimento em Jesus, que é o Cabeça do Corpo, submetendo-me ao Seu senhorio, controlando a minha vida em todos os aspectos, para que eu me desenvolva mutuamente com todos os demais membros do Seu Corpo, a Igreja. Procurarei viver no entendimento e na prática do verdadeiro amor cristão, para ser um fiel e maduro servo do Senhor. Sou vencedor!

Anotações

Efésios 4.22-24

"Então se desfaçam dessa velha natureza má – o velho eu que era parceiro nos seus maus caminhos – completamente apodrecida, cheia de imoralidade e engano. Agora as suas atitudes e os seus pensamentos, tudo deve estar constantemente mudando para melhor. Sim, você deve ser uma pessoa nova e diferente, santa e boa. Se vista desta nova natureza" (VIVA).

24
OUT

298. REVESTIDOS DE NOVA NATUREZA

Lição de fé para a minha vida

O nosso entendimento é a soma do que ocupa a nossa mente e coração, por isso precisamos renová-lo para sermos transformados diariamente. Temos que buscar as coisas que cooperam com o propósito eterno de Deus. Precisamos ter bons hábitos para que o nosso caráter seja transformado. Quando Deus nos dirige, somos transformados de dentro para fora. Revestir-nos do novo homem é deixar Cristo viver em nós, é ter a mesma forma de pensar e agir que Cristo nos ensinou, por isso precisamos exercitar as qualidades do caráter de Cristo. O caráter de uma pessoa é formado pela soma dos seus hábitos. Precisamos desenvolver hábitos dignos do Senhor. Existem três meios indispensáveis que Deus utiliza para desenvolver o caráter de Cristo em nós: a Sua Palavra, que nos dá a direção e nos ensina de que forma devemos agir nas diversas situações da nossa vida; os relacionamentos, nos quais teremos oportunidade de exercitar tudo o que temos recebido de Deus, de crescer e ser aperfeiçoados; e as circunstâncias que ocorrem nos relacionamentos. Você precisa se vestir de sua nova natureza!

Declarando a promessa

Declaro que deixarei para trás a minha velha natureza. Revestir-me-ei da nova natureza em Cristo, deixando-O viver em mim. Buscarei as coisas que são do alto, com pensamentos puros, aperfeiçoando o caráter de Cristo dia a dia em minha vida, criando novos hábitos, de acordo com a Sua vontade. Eu sou uma nova pessoa em Jesus!

Anotações

Efésios 6.2-3

"Honra a teu pai e a tua mãe (que é o primeiro mandamento com promessa), para que te vá bem, e sejas de longa vida sobre a terra" (ARA).

25
OUT

299. HONRAR OS PAIS

Lição de fé para a minha vida

O relacionamento entre pais e filhos é totalmente imprescindível. Para os filhos, é indispensável ao desenvolvimento intelectual, moral, emocional e espiritual. Para os pais, é indispensável como planificação do sentido da vida. Os filhos são a prolongação, em quantidade e qualidade, da vida dos pais. Ao honrar seus pais, os filhos fazem bem a si mesmos e a seus pais, e os pais dão aos filhos uma perspectiva de vida. Mesmo que os filhos escolham outras visões, a primeira foi dada pelos pais. É tarefa dos pais prepararem os filhos para a vida, mesmo que isto implique em perdê-los do convívio direto. Eles devem ensinar aos filhos a noção de limites, pois sem ela, o ser humano não consegue desenvolver adequadamente sua personalidade. Mesmo que as tensões sejam múltiplas, elas fazem parte da aprendizagem. Os pais devem incutir nos filhos os valores que ficam para a vida toda. Pais e filhos devem passar tempo juntos, porque sempre têm o que aprender uns com os outros. Embora devam ser honrados, independentes de qualquer coisa, tanto pai como mãe devem se esforçar por merecer a honra dos seus filhos, amando-os, cuidando deles e oferecendo as condições necessárias ao seu desenvolvimento.

Declarando a promessa

Declaro que honrarei os meus pais enquanto eu viver, independente do seu merecimento. Seguirei o mandamento bíblico, porque desejo ir bem nos meus dias na terra. Ensinarei os meus filhos, pelo exemplo, para que aprendam a honrar futuramente aos seus próprios pais. Sou um vencedor cumprindo a Palavra do Senhor!

Anotações

Filipenses 1.6

"Estou plenamente certo de que aquele que começou boa obra em vós há de completá-la até ao Dia de Cristo Jesus" (ARA).

300. DEUS COMPLETA A BOA OBRA EM NÓS

Lição de fé para a minha vida

Temos projetos frustrados e não concluídos, projetos que fugiram do controle das nossas mãos. Mas não podemos jamais desistir! Deus irá concluir a obra que iniciou em cada um de nós e, provavelmente, esteja só começando. O Senhor Deus está operando em nossa vida. Somos projetos nos quais Ele ainda está trabalhando e continuará a realizar Sua vontade conosco para a Sua glória, até a volta de Jesus Cristo. O inimigo nos fará crer que podemos fazer alguma coisa para ajudar a Deus. Porém, se Deus começa, Ele termina! Quando permitimos que Deus faça este milagre em nossa vida, estamos permitindo que Ele nos transforme, nos molde e nos use. Claro que, às vezes, é algo bem doloroso, mas é sempre gratificante. As mudanças só irão ocorrer se deixarmos Deus operar em nossas vidas. Deus concluirá o que começou, mas devemos lembrar que é Ele quem opera em nós. Quando o Pai nos vê, não está interessado em nossos registros ou em nossa lista de atividades. Ele busca o nosso coração. Estejamos sempre confiados em que Deus completará Sua boa obra em toda alma onde tenha começado a regeneração, embora não devamos confiar nas aparências externas, nem em nada senão na nova criação para a santidade. Deixe o Senhor Deus concluir a boa obra que começou em sua vida!

Declarando a promessa

Declaro estar certo de que Deus começou esse bom trabalho na minha vida e vai continuá-lo até que ele esteja completo no Dia de Cristo Jesus. Agradecerei ao Senhor Deus por estar trabalhando na minha vida, mesmo quando pareço sentir que Ele está distante. Verei sempre, nos momentos cruciais da minha vida, a sábia direção do Senhor Jesus e a Sua maravilhosa graça me guiando. O meu Deus completará a Sua obra em mim!

Anotações

27
OUT

Filipenses 3.20-21

"Mas a nossa cidade está nos céus, donde também esperamos o Salvador, o Senhor Jesus Cristo, que transformará o nosso corpo abatido, para ser conforme o seu corpo glorioso, segundo o seu eficaz poder de sujeitar também a si todas as coisas" (ARC).

301. O CORPO GLORIFICADO QUE NOS ESPERA

Lição de fé para a minha vida

Os filhos de Deus receberão um corpo semelhante ao Seu corpo glorificado. Que privilégio, que honra! Somos chamados por Deus para alcançar a glória de nosso Senhor Jesus. Esse novo corpo glorificado, que receberemos do Senhor, não estará mais sujeito à deterioração – ele estará perfeitamente adaptado às condições do céu. O fato de Deus habitar entre os homens fará do céu um lugar de alegria inconcebível e de felicidade absoluta. Nenhuma das características negativas do mundo presente existirá no céu. Na luz de Jesus, que a tudo perscruta e em tudo penetra, conseguiremos ver e entender todas as coisas. Não haverá mais a menor dúvida no céu. Lá viveremos em íntima comunhão com Aquele que personifica o amor em toda a Sua pessoa. Nossa vida aqui na terra consiste de muitos sonhos e fantasias. E todos esses sonhos e anseios não existirão mais em nossos corações, porque a realidade e a glória superarão em muito todos os sonhos. No céu tudo se aquietará e a paz reinará eternamente. Somente quem crê em Jesus e entrega a Ele sua vida cheia de pecados, pode entrar no Reino de Deus. Somente crendo em Jesus receberemos o corpo glorioso. O céu é uma maravilhosa realidade para nós!

Declarando a promessa

Declaro que sou um cidadão do céu e estou esperando ansiosamente o meu Salvador, o Senhor Jesus Cristo, que virá de lá. Verei transformado o meu corpo fraco e mortal por Jesus que, usando o poder que Ele tem sobre todas as coisas, fará com que eu fique semelhante ao Seu próprio corpo glorioso. Receberei do Senhor um corpo glorificado e incorruptível, que não mais sofrerá os efeitos e males do corpo humano que hoje tenho. Eu sou vitorioso e habitarei na cidade de Deus!

Anotações

28
OUT

Filipenses 4.4

"Alegrem-se sempre no Senhor. Novamente direi: Alegrem-se!" (NVI).

302. A ALEGRIA NO SENHOR É NOSSA FORÇA

Lição de fé para a minha vida

Temos que tomar cuidado para não nos comprometermos com o pecado, pois, o pecado entristece o Espírito Santo que habita em nós. E essa alegria a qual se refere a Palavra de Deus é a alegria do Espírito. O Senhor está perto, por isso podemos ser moderados ao passarmos pelas provas. Precisamos dar bom testemunho de Cristo, mesmo nos momentos em que estamos inseguros e confusos. Podemos ter certeza que a nossa insegurança e confusão não mudarão jamais a fidelidade de Deus para conosco. Devemos viver de modo digno da vocação para a qual fomos chamados e isso depende de como vemos os problemas normais da vida. Tem gente que consegue ver dez problemas em uma solução, mas o Espírito de Deus pode nos ajudar a ver dez soluções em um problema. Precisamos ter sempre a alegria de estarmos unidos com o Senhor. A alegria em Deus é de grande importância na vida cristã; é necessário lembrar disso continuamente. A alegria supera amplamente tudo o que é de pesar e é uma das marcas de maturidade cristã. Porque, independente da circunstância, estamos alegres quando nossa alegria está firmada e fundamentada na pessoa do Senhor Jesus. Não somos mais escravos das situações, somos livres no Senhor, por isso devemos estar alegres também no Senhor.

Declarando a promessa

Declaro que desfrutarei de uma vida de plena alegria porque Jesus Cristo é o meu Senhor e Salvador. Buscarei viver cheio da alegria do Senhor, que transbordará e extrapolará em meu ser, pois estarei cheio do Espírito de Deus. Procurarei sempre, em cada momento da minha rotina diária, viver e agir pautado por esta alegria, que brotará de dentro de mim, trazida e despertada pelo Espírito Santo de Deus, refletindo todas as bênçãos maravilhosas que tenho recebido do Senhor.

Anotações

Filipenses 4.5

"Que todo mundo veja que vocês são generosos e amáveis em tudo quanto fazem. Lembrem-se que o SENHOR virá em breve" (VIVA).

303. MODERAÇÃO E GENTILEZA EM CRISTO

Lição de fé para a minha vida

Embora haja dificuldades nos pressionando, o fato de o Senhor estar ao nosso lado nos capacita a sermos equilibrados. Essa qualidade irá evitar o endurecimento de nosso espírito. O Senhor está perto, por isso podemos ser moderados ao passarmos pelas provas. A moderação é uma qualidade que denota equilíbrio e derrota a covardia do ansioso. Nós não somos coitadinhos, somos mais do que vencedores em Cristo Jesus, nosso Senhor. Temos que aprender a preservar a dignidade cristã mesmo nos momentos mais difíceis. Por causa da proximidade do Senhor, podemos regozijar-nos e tratarmos os outros com gentileza. Jesus está próximo porque Ele vive em nós através do Seu Espírito. Ele está próximo porque Sua vinda está iminente. Ele está próximo quando nos reunimos com os nossos irmãos em Cristo, servimos uns aos outros que estão necessitados ou compartilhamos o Evangelho com amigos e pessoas de outras culturas. Jesus prometeu estar conosco sempre. Não há nada mais contagioso do que uma pessoa amável e bondosa. Porque Jesus vive em nós, trabalha através de nós e está vindo para nós, podemos ser gentis e amáveis em tudo que fizermos! Seja generoso e amável ao servir a Cristo, em tudo o que você fizer. Esteja preparado, Cristo logo voltará!

Declarando a promessa

Declaro que procurarei ser sempre moderado, como convém ao Senhor Deus que eu seja. Buscarei viver o meu cotidiano demonstrando nas minhas atitudes o equilíbrio que a moderação traz. Tratarei a todos com gentileza e amabilidade, mantendo o meu espírito abrandado em tudo o que fizer. Procurarei ser um servo digno de carregar o nome de cristão, espelhando em minha vida todas as qualidades que o Espírito Santo de Deus derrama sobre mim. Sou equilibrado no Senhor! Sou vitorioso em Jesus Cristo!

Anotações

Filipenses 4.8-9

"Quanto ao mais, irmãos, tudo o que é verdadeiro, tudo o que é honesto, tudo o que é justo, tudo o que é puro, tudo o que é amável, tudo o que é de boa fama, se há alguma virtude, e se há algum louvor, nisso pensai. O que também aprendestes, e recebestes, e ouvistes, e vistes em mim, isso fazei; e o Deus de paz será convosco" (ARC).

30
OUT

304. SANTIDADE NOS PENSAMENTOS E NAS AÇÕES

Lição de fé para a minha vida

É Deus que nos concede a paz mediante a santificação de nossos pensamentos e através da prática dos ensinos de Sua Palavra. Devemos nos esforçar para controlar os pensamentos e também guardar os nossos corações. O texto nos desafia a deixar a nossa velha maneira de viver e buscarmos encher nossa mente e coração do que é verdadeiro, honesto, justo, puro, amável e de boa fama. Cada virtude apresentada no texto se torna necessária para a prática do nosso dia a dia. Devemos recorrer por completo os caminhos da virtude e permanecer neles. O apóstolo Paulo é um grande exemplo. A doutrina que ele pregava harmonizava com a sua vida. A maneira de ter o Deus da paz conosco é manter-nos dedicados ao nosso dever. Todos os nossos privilégios e a salvação procedem da misericórdia gratuita de Deus, mas o desfrutar deles depende de nossa conduta santa e sincera. Estas são obras de Deus e somente a Ele devem ser atribuídas. O que deve ocupar o nosso pensamento são as coisas boas que demonstram a grandeza e a santidade do Senhor. Você deve ocupar a sua mente apenas com as coisas do Senhor Deus!

Declarando a promessa

Declaro que pensarei somente no que for amável, naquilo que for puro e verdadeiro; pensarei ainda no que for justo e honesto e em tudo o que apresentar virtudes. Buscarei permanecer com a mente limpa, de acordo com a santa vontade do Senhor meu Deus e guardarei a cada dia o meu coração de tudo o que não provém do Senhor. Ocuparei os meus pensamentos somente com as coisas que vem do alto. Eu já tenho a vitória! Eu sou vencedor!

Anotações

31
OUT

Filipenses 4.13

"Tudo posso naquele que me fortalece" (NVI).

305. FORTALECIDOS EM CRISTO PARA TODAS AS COISAS

Lição de fé para a minha vida

Na abundância ou na adversidade, Cristo nos faz fortes o suficiente para lidar com qualquer situação. Tudo posso, dentro dos limites que Deus estabelece. Seja qual for a nossa situação, podemos lutar com alegria por meio de Cristo, que nos fortalece. O nosso foco não deve ser tanto nas realizações e habilidades; é mais sobre Cristo que nos dá a força para sermos fiéis à vontade Dele. Dependermos de Deus e podermos tudo através Dele é termos em mente que estaremos fortalecidos Nele em todos os momentos. A nossa fé no "tudo posso" deve estar mais na mudança dentro de nós do que nas nossas circunstâncias, pois algumas coisas têm que ser aceitas e Deus pode nos dar força para suportar as piores situações. A maioria de nós já aprendeu que as circunstâncias nem sempre acabam como queríamos. Sonhos morrem, relacionamentos acabam e as melhores esperanças que temos para nós e outros não acontecem de acordo com o nosso roteiro. A vida pode trazer situações diversas e adversas, mas, para quem está em Cristo, tudo é possível, sem dúvida, no sentido de permanecer fiel a Ele – em Cristo. Não há situação mais importante do que simplesmente estar em Cristo. E isso é o que importa! Que Deus nos dê o contentamento para realizar tudo o que Ele preparou para nós.

Declarando a promessa

Declaro que vencerei todas as adversidades, pois com Jesus Cristo na minha vida estarei fortalecido. Permanecerei firme com o meu Senhor, sabendo que sempre que for necessário, Ele irá me capacitar para enfrentar toda e qualquer situação, por mais difícil que seja, e que vier a acontecer comigo. O meu foco será Jesus, que sempre me fortalecerá em todas as provações que eu enfrentar.

Anotações

NOVEMBRO

As Promessas de Deus São Atemporais

O que Deus promete não tem data de validade nem tempo limite. Suas promessas são para todos que se aproximam d'Ele, crendo em Sua bondade e poder.

As mesmas promessas que eram para nossos pais são para nós e para nossos filhos. Depende de nós tomarmos posse e aplicá-las em nossas vidas.

Gary Haynes

"Essa promessa é para vocês, para seus
filhos e para os que estão longe,
isto é, para todos que forem chamados
pelo Senhor, nosso Deus"."

Atos 2:39 (NVT)

Colossenses 1.5-6

"Por causa da esperança que lhes está reservada nos céus, a respeito da qual vocês ouviram por meio da palavra da verdade, o evangelho que chegou até vocês. Por todo o mundo este evangelho vai frutificando e crescendo, como também ocorre entre vocês, desde o dia em que o ouviram e entenderam a graça de Deus em toda a sua verdade" (NVI).

01
NOV

306. A ESPERANÇA QUE TRANSFORMA VIDAS

Lição de fé para a minha vida

A nossa fé em Cristo e o nosso amor pelo próximo devem estar focados na eternidade. Jesus morreu para herdarmos a eternidade, sermos salvos. O Evangelho da graça, quando é vivenciado, ele transforma qualquer pessoa. O Evangelho trata com a nossa deficiência de sermos sempre bons. O Evangelho nos revela o como e quanto somos amados e aceitos como somos por Deus, que mandou Seu Filho, Jesus Cristo morrer em nosso lugar. Quando realmente reconhecemos quem somos, a nossa condição de pecadores condenados, enxergamos nossas limitações. Entretanto, quando reconhecemos o que somos em Cristo, alcançamos profunda e serena confiança de que nos tornamos filhos de Deus. Atualmente as pessoas se impressionam com qualquer coisa mística ou religiosa que se opõe à frieza, ao materialismo e à racionalidade do mundo em que vivemos. Elas não têm fé, mas interesse religioso e curiosidade; elas não creem, mas gostam, isto é, utilizam o critério do gostar. No cristianismo o critério único é Cristo. Ele é tudo. Por isso o texto exorta a nos mantermos na Palavra da Verdade, que é Jesus.

Declarando a promessa

Declaro que terei sempre comigo a esperança, pois a Palavra de Deus me garante que a recompensa da esperança que tenho está reservada para mim nos céus. Buscarei sempre manter a minha esperança viva, pois é através dela que posso exercitar minha fé e cada vez mais me fortalecer em Cristo, aguardando com ansiedade até chegar aquele dia em que estarei com Ele nos céus e a esperança será transformada em realidade!

Anotações

Colossenses 2.19

"Elas não estão ligadas a Cristo, que é a cabeça. Cristo controla o corpo todo, o alimenta e mantém unido por meio das juntas e ligamentos, e assim o corpo cresce como Deus quer que cresça" (NTLH).

02
NOV

307. O CRESCIMENTO NO CORPO DE CRISTO

Lição de fé para a minha vida

O Corpo de Cristo é um corpo que cresce. Devemos crescer no "pleno conhecimento de Deus", crescer "na graça e no conhecimento" do Senhor Jesus Cristo, crescer em "ações de graça", crescer no amor de uns para com os outros. Para que o crescimento verdadeiro ocorra na nossa vida, ele deve vir de Deus. Isso envolve oração e fidelidade às Escrituras. O crescimento exige submissão e obediência ao Cabeça do corpo, Cristo, para que cresçamos em tudo Nele. O crescimento requer profunda união e coordenação entre as "juntas e ligamentos". Deus nos dotou de grandes potencialidades, de capacidades e talentos, que precisam ser desenvolvidos, seja na área espiritual, intelectual ou social. Pesquisas têm demonstrado que a maioria das pessoas utiliza apenas 2 a 4% da sua capacidade. O nosso desenvolvimento é uma questão de boa mordomia dos dons que o Senhor tem concedido. Obteremos grandes resultados se reconhecermos o nosso potencial dado por Deus e assumirmos diante Dele a responsabilidade de sermos tudo o que Ele deseja. Estabeleçamos alvos concretos, elevados e realistas e planejemos cuidadosamente como alcançar esses alvos. Sejamos disciplinados e perseverantes e dependamos inteiramente da direção de Deus.

Declarando a promessa

Declaro que sou membro do Corpo de Cristo. Crescerei na graça e no conhecimento de Deus e de Cristo Jesus; crescerei no amor para com o próximo. Irei crescer em tudo, porque o Corpo de Cristo é um corpo em crescimento e faço parte desse corpo; portanto, crescerei junto com ele. Buscarei o único crescimento que vale a pena para a minha vida – o crescer espiritualmente em Cristo, dependendo de Deus, pois somente Ele é quem pode proporcionar esse crescimento.

Anotações

Colossenses 3.1-2

"Já que vocês, por assim dizer, voltaram a viver novamente quando Cristo Se levantou dentre os mortos, ponham agora os seus olhos nos ricos tesouros e alegrias que esperam por vocês no céu, onde Cristo está sentado ao lado de Deus, no lugar de honra e de poder. Que o céu ocupe os pensamentos de vocês; não gastem o tempo preocupando-se com coisas daqui de baixo" (VIVA).

03 NOV

308. BUSCANDO OS TESOUROS CELESTIAIS

Lição de fé para a minha vida

Estar morto significa que os que têm o Espírito Santo, que mortifica neles a devassidão da carne, são capazes de desprezar as coisas terrenas para desejar as celestiais. Nas coisas de cima, nos valores espirituais, a Bíblia nos apresenta o fruto do Espírito e os dons espirituais. O fruto está no singular, exatamente porque as virtudes contidas fazem parte de um único desenvolvimento espiritual. As virtudes não vêm independentemente umas das outras, mas todas as virtudes vêm de Deus, através da influência e presença do Espírito Santo em nossos corações. Os valores espirituais são encontrados em toda Palavra de Deus. A Bíblia é a nossa regra de fé e conduta e os princípios da Palavra de Deus são indiscutíveis e inegociáveis. Somos regidos pela Palavra de Deus. Os valores espirituais são necessários para construção e preservação da vida do crente. Estes valores são imperecíveis e você deve buscá-los com dedicação. Deus quer você saudável e estruturado nos valores de Sua Palavra. Que você tenha uma espiritualidade envolvente e contagiante através da graça do Senhor em sua vida!

Declarando a promessa

Declaro que dirigirei minha vida a buscar sempre os valores inegociáveis do alto. Pautarei as minhas atitudes considerando esses valores espirituais, que são encontrados por toda a Palavra de Deus. Sou um privilegiado, pois faço parte do seleto grupo de pessoas que está habilitado a buscar e a pensar nos valores celestiais. Eu sou especial porque Jesus me encontrou! Sou um vencedor!

Anotações

04
NOV

Colossenses 3.10-11

"E vos vestistes do novo, que se renova para o conhecimento, segundo a imagem daquele que o criou; onde não há grego nem judeu, circuncisão nem incircuncisão, bárbaro, cita, servo ou livre; mas Cristo é tudo em todos" [ARC].

309. REVESTIDOS DO NOVO HOMEM

Lição de fé para a minha vida

Quando somos recriados em Jesus, o sobrenatural do Deus criador toma conta do nosso corpo, alma e espírito, e se manifesta em um comportamento novo e poderoso, despertando a qualidade de vida em Cristo Jesus. Em Jesus, não importa a nacionalidade, a raça, a educação ou a posição social de alguém; estas coisas nada significam. Ele é igualmente acessível a todos, porque Cristo é tudo em todos. O verdadeiro caráter cristão só se manifesta quando estamos revestidos com a salvação, na santidade e no amor que procedem de Deus. É nosso dever mortificar nossos membros que se inclinam às coisas deste mundo. Devemos nos opor continuamente a todas as obras do mundo corrupto e aos prazeres carnais. Devemos evitar aos prazeres da carne e o amor pelo mundo; e a cobiça, que é idolatria. É necessário mortificar os pecados porque se não os matarmos, eles acabarão conosco. O Evangelho transforma o novo, homem segundo a Palavra de Deus, e com isso não há mais diferença de país, de condição social ou de circunstância de vida, porque Cristo é um em todos. É dever de cada um ser santo, porque Jesus Cristo é o todo do cristão, seu único Senhor e Salvador, e toda sua esperança e felicidade.

Declarando a promessa

Declaro que me revestirei do novo homem, pois já me despi do velho. Viverei, a cada dia, buscando e aperfeiçoando as minhas novas características espirituais, porque sou nova criatura, vivendo em novidade de vida. Procurarei sempre mortificar o meu corpo, que naturalmente se inclina para os prazeres carnais, me opondo às obras que podem me corromper e me desviar da nova vida em Cristo. Eu serei vencedor! Com Jesus eu vencerei todas as tentações!

Anotações

05
NOV

Colossenses 4.2

"Perseverai na oração, nela permanecendo atentos com ações de graças" [AS21].

310. A PERSEVERANÇA NA ORAÇÃO

Lição de fé para a minha vida

Podemos afirmar: o pedreiro usa a colher; o carpinteiro, o martelo e o serrote; o marceneiro, o formão, a plaina e o serrote; o cirurgião, o bisturi; o advogado, as leis. Mas, o cristão deve usar os joelhos no chão, se desejar ser vitorioso em seu ministério. Devemos levar a sério o nosso tempo de oração com Deus, pois agindo assim estaremos nos tornando mais íntimos de Deus. Orar é conversar com Deus. E conversar é a forma mais eficaz de um relacionamento. A oração é a maneira mais eficaz de obtermos discernimento, pois mantém nossos olhos focados em Deus. Ela nos constrange à santidade e é a nossa declaração de dependência do Senhor. É um atestado de impotência pessoal e uma confissão de fé na suficiência de Deus. Quando se começa a orar, Deus começa a operar maravilhas. É preciso orar com devoção, colocar o coração na petição, pedir com humildade, confiança, compaixão e perseverança. Depois, é esperar o tempo do Senhor e agradecer sempre a Deus aquilo que Ele já realizou e que ainda realizará. Se o Filho de Deus O buscava tanto em oração, sendo isento do pecado, imagine nós, pecadores, que carecemos da sobrevivência espiritual! A oração é arma de guerra que devemos usar em todo tempo, para recebermos a bênção e o poder do Santo Espírito.

Declarando a promessa

Declaro que perseverarei na oração, pois a minha vida espiritual depende totalmente desse relacionamento com Deus. Buscarei ser constante, persistente e frequente na oração, porque a oração é o pulmão da alma; é ela que oxigena a minha vida espiritual. Terei plena consciência que não poderei sobreviver sem oração no meu dia a dia, pois ela permeia as minhas atitudes e o meu comportamento. Eu sou vitorioso por causa da oração a Deus!

Anotações

06
NOV

Colossenses 4.5-6

"Sejam sábios no procedimento para com os de fora; aproveitem ao máximo todas as oportunidades. O seu falar seja sempre agradável e temperado com sal, para que saibam como responder a cada um" (NVI).

311. A SABEDORIA NO PROCEDER E NO FALAR

Lição de fé para a minha vida

Oração e vigilância, com ações de graças, nos mantêm conectados com o Senhor e o Espírito Santo dirige os nossos passos. O Senhor fará com que frutifiquemos no lugar propício, na circunstância e na condição certas, segundo as características e o potencial de cada um. Deus nos dá a direção e coloca as oportunidades à nossa frente, mas são os nossos pés que precisam marchar para entrarmos pelas portas que Ele está abrindo. Se somos o sal da terra e a luz do mundo, nossas palavras precisam ser temperadas, expressando a sabedoria, o testemunho e a mansidão que um servo de Deus precisa ter. A maneira como nos comunicamos pode ser a oportunidade que o Senhor coloca para nos abrir uma excelente porta. Muitos têm um ministério que receberam de Deus e precisam estar atentos para cumpri-lo com diligência, aproveitando todas as oportunidades que surgem para darem frutos abundantes. O mundo espera muito de nós. Somos representantes de Deus na terra. Nossa responsabilidade é muito grande. Você precisa falar agradavelmente, tendo sabedoria em lidar com todos aqueles que desejam respostas, porque você é o embaixador de Deus!

Declarando a promessa

Declaro que procurarei ser sábio no meu proceder com aqueles que são de fora de nosso meio. Buscarei aproveitar ao máximo todas as oportunidades que surgirem para que possa testemunhar do Evangelho a outras pessoas. Além disso, terei no meu falar palavras agradáveis, procurando ser sal e temperando os meus relacionamentos ao lidar com o meu próximo. Serei uma testemunha sábia do Senhor!

Anotações

1 Tessalonicenses 1.5

"Porque o nosso evangelho não chegou até vós tão-somente em palavra, mas, sobretudo, em poder, no Espírito Santo e em plena convicção, assim como sabeis ter sido o nosso procedimento entre vós e por amor de vós" (ARA).

07
NOV

312. EVANGELHO COM PODER E PLENA CONVICÇÃO

Lição de fé para a minha vida

O texto ressalta aos tessalonicenses que as boas novas de salvação não tinham chegado até eles somente com palavras bonitas tentando persuadi-los, mas Paulo também exerceu um ministério de muitos prodígios e maravilhas, para que eles pudessem ver que as promessas de Jesus iriam se cumprir na vida de Paulo. Todos nós temos o acesso ao poder de Deus para testemunhar o Evangelho com ousadia e operando sinais entre os ímpios para que a pregação do Evangelho não seja apenas por palavras, mas com poder e fé. Tenhamos uma vida de bom procedimento, testemunhando as maravilhas que Cristo operou em nossa vida, pois, agindo desta forma, a autoridade de Deus para operar milagres estará sobre nós e o mundo verá que Jesus Cristo é o Senhor da terra. Não nos cansemos de anunciar a sã doutrina de Deus através de nosso proceder, pois, testemunhando o amor de Deus para o pecador, estaremos demonstrando que Deus também o ama. Portanto, cuidemos para que nossas palavras não sejam conversas vazias e sem edificação, mas de poder e autoridade do Espírito Santo, pois, somente Ele tem a autonomia de convencer o pecador e fazer a obra regeneradora de redenção.

Declarando a promessa

Declaro que serei uma testemunha e proclamador do Evangelho, reconhecendo que minhas palavras devem ser anunciadas com autoridade. Submeto-me à soberania do Espírito Santo, para que os sinais e maravilhas possam me acompanhar. Tomo posse das promessas de ser um instrumento vivo nas mãos do Senhor, anunciando sempre os prodígios que Deus irá operar através de mim. Recebo o dom da palavra e declaro que serei um pregador cheio do poder de Deus.

Anotações

1 Tessalonicenses 4.14,15

"Nós cremos que Jesus morreu e ressuscitou; e assim cremos também que, depois que Jesus vier, Deus o levará de volta e, junto com ele, levará os que morreram crendo nele. De acordo com o ensinamento do Senhor, afirmamos a vocês o seguinte: nós, os que estivermos vivos no dia da vinda do Senhor, não iremos antes daqueles que já morreram" (NTLH).

08
NOV

313. A RESSURREIÇÃO: NOSSA MAIOR ESPERANÇA

Lição de fé para a minha vida

O texto revela motivos para nos alegrarmos com a promessa. Há consolo em sabermos que os que morreram no Senhor receberão a bênção da ressurreição naquele grandioso dia em que o nosso Salvador buscará a Sua igreja. Sabemos que o privilégio será primeiro daqueles que já dormem no Senhor e depois os que estiverem vivos receberão corpos glorificados. Em breve esse dia chegará, trazendo as promessas da Palavra de Deus que se cumprirão. Será uma grande felicidade saber que os santos de todas as gerações irão estar juntos para sempre, porém a alegria principal do céu é estar com o Senhor. Mas se não cremos que Jesus ressuscitou, vã é nossa pregação e fé, e os nossos pecados permanecem sobre nós. Se não tivermos a convicção da ressurreição de Cristo, não teremos certeza de que ressuscitaremos para a eternidade. Por isso, precisamos crer na ressurreição da carne, pois, se esperarmos em Cristo somente nesta vida, somos os homens mais miseráveis. Pois assim como a morte entrou por intermédio de um só homem, também a ressurreição veio por um só homem: Jesus, o Messias.

Declarando a promessa

Declaro que minha fé está na esperança de que Cristo ressuscitou dos mortos e, por isso, tenho a garantia de que ressuscitarei com Ele naquele grande dia. Reconheço que se eu tiver o privilégio de estar vivo para ver a volta de Cristo nos ares não precederei os que já dormem no Senhor, mas receberei um corpo incorruptível e glorificado para reinar com Cristo na glória. Eu tenho vitória sobre a morte, pois, Cristo a venceu e não receberei o castigo da segunda morte; reinarei triunfante ao lado do Rei!

Anotações

1 Tessalonicenses 4.16-18

"Pois, dada a ordem, com a voz do arcanjo e o ressoar da trombeta de Deus, o próprio Senhor descerá dos céus, e os mortos em Cristo ressuscitarão primeiro. Depois nós, os que estivermos vivos seremos arrebatados com eles nas nuvens, para o encontro com o Senhor nos ares. E assim estaremos com o Senhor para sempre. Consolem-se uns aos outros com essas palavras" (NVI).

09
NOV

314. O GRANDE DIA DO ARREBATAMENTO

Lição de fé para a minha vida

Muito em breve será dada a ordem do resgate da noiva, e com a trombeta ressoando, o próprio Senhor Jesus virá para buscar a Sua igreja. Quando isso acontecer, aqueles que estiverem mortos, mas creram na promessa, reviverão primeiro. E só depois, os que estiverem vivos, vendo esse momento majestoso, serão arrebatados para se encontrarem com o Senhor. Esse é o momento mais esperado pela igreja do Senhor, e essa deve ser a nossa maior esperança. Depois deste dia, nunca mais haverá sofrimento ou morte, pois a vitória dos filhos de Deus terá sido consumada. Devemos nos consolar com essas palavras, pois elas nos fortalecem para enfrentarmos as batalhas da vida que se apresentam a nós. Quando as tribulações vierem nos abater, lembre-se que esse grande dia chegará para brindar nossa vitória diante das aflições deste mundo. Portanto, permaneçamos firmes, sempre abundantes na obra do Senhor, porque nosso trabalho na obra do Senhor não é vão. Esse dia vem e não tardará. Num piscar de olhos a trombeta tocará e receberemos das mãos do Senhor a maior vitória de todos os tempos, a vitória sobre a morte.

Declarando a promessa

Declaro que receberei das próprias mãos do Senhor a recompensa da vida eterna, reconhecendo que meus sofrimentos presentes não se comparam com as bênçãos futuras da ressurreição. Submeter-me-ei a uma vida de fidelidade ao Senhor, pois, quando a trombeta soar viverei com o Rei na glória. Perseverarei até o fim, para ir encontrar-me com o Senhor nos ares e desfrutar das bênçãos que me esperam na eternidade.

Anotações

1 Tessalonicenses 5.23-24

"O mesmo Deus da paz vos santifique em tudo; e o vosso espírito, alma e corpo sejam conservados íntegros e irrepreensíveis na vinda de nosso Senhor Jesus Cristo. Fiel é o que vos chama, o qual também o fará" (ARA).

10
NOV

315. SANTIFICADOS PELO DEUS DA PAZ

Lição de fé para a minha vida

Somos chamados a fazer a diferença neste mundo que estamos inseridos e essa diferença só alcançaremos através da santificação concedida pelo Deus da paz. Precisamos ser separados para alcançarmos um patamar mais excelente de perfeição. É necessário mantermo-nos em constante espírito de oração. Agindo assim, seremos conservados íntegros diante de Deus Pai, aguardando o grande dia que Jesus Cristo há de se manifestar. Fiel é esta palavra, pois são palavras do próprio Jesus, que da mesma forma como nos chamou, é fiel para cumprir tudo que prometeu em Sua Palavra. A fidelidade do Senhor é um dos grandes atributos que Deus revela aos Seus filhos e, por isso, Ele espera que sejamos fiéis ao ministério que abraçamos na caminhada cristã. A vinda do Senhor está muito próxima; para não perdermos a oportunidade de subir com Ele, devemos nos manter irrepreensíveis para poder desfrutar das benesses preparadas para os que Nele creem. Mesmo se falharmos em algum momento, Deus é justo e verdadeiro para nos perdoar, pois não pode negar a Si mesmo. Portanto, conserve sua vida em pureza, pois, aquele que prometeu é santo e fiel para mantê-lo íntegro diante das tribulações.

Declarando a promessa

Declaro que viverei buscando santificação para experimentar a paz que excede todo entendimento. Reconhecerei que o Senhor é fiel e justo para me manter íntegro e irrepreensível diante das batalhas do dia a dia. Serei fiel ao Senhor em todos os momentos, onde minha alma, espírito e corpo serão consagrados ao Deus da paz, aguardando o dia em que nos ares encontrarei com meu Senhor. Sou chamado para um propósito e honrarei minha vocação, para que o nome do Senhor seja glorificado.

Anotações

2 Tessalonicenses 2.13-14

"Mas nós devemos sempre dar graças a Deus por vocês, irmãos amados pelo Senhor, porque desde o princípio Deus os escolheu para serem salvos mediante a obra santificadora do Espírito e a fé na verdade. Ele os chamou para isso por meio de nosso evangelho, a fim de tomarem posse da glória de nosso Senhor Jesus Cristo" (NVI).

11
NOV

316. ESCOLHIDOS PARA A GLÓRIA DE CRISTO

Lição de fé para a minha vida

A falta de gratidão a Deus foi o que fez grandes homens fracassarem. Tudo provém do Senhor e, por isso, precisamos entregar toda nossa gratidão pelos benefícios que Ele tem feito. Um dos maiores motivos de nossa gratidão é a bênção de sermos salvos. Tal salvação é confirmada em nossos corações pela obra regeneradora do Espírito Santo, que através da Sua Palavra nos acrescenta fé para decidir pela verdade de Deus. Sabemos que a fé vem pelo ouvir a pregação da Palavra; por isso, precisamos sempre meditar nas Escrituras para sermos elevados a uma fé mais excelente. Desde a fundação do mundo Deus havia preparado um plano para redenção da raça humana, pelo sacrifício de Jesus, que foi o Cordeiro imolado para anulação de nossas culpas. Por isso, devemos valorizar a grande atitude de amor que Deus teve por nós, que além de morrer por nossos pecados, ainda nos promete uma vida gloriosa na eternidade. Tome posse desta promessa! O Senhor virá e não tardará! E quando esse lindo dia chegar, você receberá das mãos do Senhor as eternas recompensas celestiais.

Declarando a promessa

Declaro que sempre serei grato a Deus pelos benefícios que Ele me tem feito. Reconheço que desde o princípio Deus preparou um lugar para mim nas mansões celestiais e, por isso, serei eternamente grato a Ele. Submeter-me-ei à obra santificadora do Espírito Santo, para que a fé que me foi dada, seja aumentada para vencer as batalhas do caminho. O Evangelho é o poder de Deus para garantir a minha salvação e, por isso, tomo posse da glória que meu Salvador conquistou para mim na cruz!

Anotações

1 Timóteo 1.15-16

"Esta afirmação é fiel e digna de toda aceitação: Cristo Jesus veio ao mundo para salvar os pecadores, dos quais eu sou o pior. Mas por isso mesmo alcancei misericórdia, para que em mim, o pior dos pecadores, Cristo Jesus demonstrasse toda a grandeza da sua paciência, usando-me como um exemplo para aqueles que nele haveriam de crer para a vida eterna" (NVI).

12
NOV

317. CRISTO SALVA E DEMONSTRA MISERICÓRDIA

Lição de fé para a minha vida

O texto revela a maior promessa que Deus fez ao homem, que demonstra o amor de Deus pela humanidade. Tal atitude divina nos proporcionou a chance de deixarmos o pecado e nos transformar em justos. O propósito de Deus em dar Seu Filho por nossos pecados foi para que saíssemos das trevas e fôssemos para Sua maravilhosa luz, conquistando a salvação. Necessitamos reconhecer diariamente o que Deus fez por nós. Antes éramos perseguidores e ignorantes, mas hoje alcançamos misericórdia; porém, quando Cristo Se revelou em nossas vidas passamos a ser chamados de filhos de Deus e a culpa que estava sobre nós foi retirada. Como é gratificante saber que Cristo nos amou e teve grande paciência conosco. E assim como o apóstolo Paulo foi um grande exemplo de alguém que testemunhou as causas de Cristo com bastante fervor, nós também devemos ser testemunhas oculares para que o mundo reconheça que Jesus Cristo é o Senhor e veio salvar aqueles que haviam se perdido. Portanto, tome posse em sua vida desta linda e fiel promessa de salvação, e creia nessa tão grande esperança de vida eterna.

Declarando a promessa

Reconheço que sem Cristo eu era um pecador, mas alcancei misericórdia aceitando o sacrifício de Jesus na cruz. Declaro que serei uma testemunha fiel de Cristo. Tomarei posse das vitórias que foram conquistadas na cruz em meu favor. Sei que a paciência de Deus foi revelada na doação de Seu Filho Jesus, me concedendo a vida eterna. Tomo posse dessa fiel promessa de Deus!

Anotações

1 Timóteo 4.8

"Porque o exercício corporal para pouco aproveita, mas a piedade para tudo é proveitosa, tendo a promessa da vida presente e da que há de vir" (ARC).

13
NOV

318. PROMESSA DE VIDA PRESENTE E FUTURA

Lição de fé para a minha vida

O texto mostra que a atividade corporal não tem tanto proveito como a espiritual. Em contrapartida, poucos aproveitam os atos externos de abnegação. De que servirá mortificar o corpo se não mortificamos o pecado? Não pode servir de grande coisa a diligência aplicada às coisas puramente exteriores. Os benefícios do treinamento físico são limitados e transitórios quando contrastados com os benefícios permanentes da piedade. A prática da piedade consolida em grande medida as promessas da vida presente, mas especialmente com a vida vindoura. Jesus nos prometeu que iria preparar uma morada no céu para aqueles que cressem em Seu nome. É necessário que a disciplina seja aplicada em nossas vidas mantendo sempre o equilíbrio entre o corpo, alma e espírito. Jesus nos ensinou que devemos ter uma vida de devoção à Palavra de Deus, à oração, aos jejuns, sabendo sempre que uma vida piedosa nos levará aos caminhos eternos do paraíso. Ao invés de preocupar-nos somente com nossos corpos, é ainda mais importante mantermos nossa alma e espírito íntegros e irrepreensíveis até a vinda de nosso Senhor Jesus Cristo. Portanto, receba a promessa de vida eterna mantendo um vida de devoção e piedade para com Deus nosso Pai.

Declarando a promessa

Declaro que meu corpo é templo do Espírito Santo e, por isso, cuidarei dele como algo sagrado. Reconhecerei que a prática da piedade tem mais importância em meu cotidiano, porque uma vida piedosa me levará a uma profunda intimidade e comunhão com Deus, fazendo com que a herança de vida eterna seja alcançada. Terei uma vida de piedade e devoção para receber esta promessa, tomando posse da vida eterna que a mim está proposta.

Anotações

1 Timóteo 4.16

"Atente bem para a sua própria vida e para a doutrina, perseverando nesses deveres, pois, agindo assim, você salvará tanto a si mesmo quanto aos que o ouvem" (NVI).

14
NOV

319. CUIDADO COM A VIDA E COM A DOUTRINA

Lição de fé para a minha vida

A vida pessoal daqueles que servem a Deus deve ser uma vida pura para que o testemunho cristão seja bem-visto. Uma das coisas mais importantes sobre o testemunho cristão é viver aquilo que pregamos. A doutrina ensinada deve ser vivida e seguida por aqueles que anunciam a Deus com integridade, sempre perseverando. O discurso nunca pode destoar da prática, pois um mau testemunho colocará em risco toda a pregação e as vidas envolvidas poderão ser perdidas. Por isso, devemos sempre manter nossas vestes alvas como a neve, tendo sempre o cuidado com a nossa própria vida, pois os deveres da prática cristã devem ser sempre manifestos a todos. Os princípios fundamentais do cristianismo sempre serão primazia na vida de quem almeja alcançar a sua salvação e a daqueles que o ouvem. Para tanto, é necessário ter cuidado com a nossa natureza pecaminosa, que muitas vezes nos leva a cometer erros. Portanto, perseveremos nos deveres da oração, jejum e leitura da Palavra de Deus para não colocarmos em risco a salvação dos que nos ouvem. Todo crente deve ser capacitado para que seu proveito seja evidente a todos, onde procure experimentar o poder do Evangelho em sua alma e frutificar ainda em vida na terra.

Declarando a promessa

Declaro que terei cuidado de mim mesmo e da doutrina de Cristo, reconhecendo a importância de perseverar na prática devocional, porque sei que meu testemunho de vitórias levará muitas pessoas a reconhecerem o senhorio de Jesus em suas vidas. Receberei todas as bênçãos proclamadas na Palavra, e todos aqueles que me cercam serão testemunhas oculares das vitórias de Deus em minha vida.

Anotações

1 Timóteo 6.17-19

"Exorta aos ricos do presente século que não sejam orgulhosos, nem depositem a sua esperança na instabilidade da riqueza, mas em Deus, que tudo nos proporciona ricamente para nosso aprazimento; que pratiquem o bem, sejam ricos de boas obras, generosos em dar e prontos a repartir; que acumulem para si mesmos tesouros, sólido fundamento para o futuro, a fim de se apoderarem da verdadeira vida" (ARA).

15
NOV

320. RIQUEZA VERDADEIRA: BOAS OBRAS E GENEROSIDADE

Lição de fé para a minha vida

Quando depositamos nossa esperança em algo perecível, estamos próximos da morte espiritual. Para isso não acontecer, devemos deixar nossa arrogância e reconhecer que é Deus quem concede as bênçãos materiais, pois, do mesmo jeito que recebemos, Ele também pode retirar. Devemos ter em mente que a maior riqueza que temos foi concedida na cruz com o sacrifício de Jesus. A Bíblia ensina que os verdadeiramente ricos são aqueles que praticam as boas obras, movidos pela fé em Deus. Por isso, amemos uns aos outros, repartindo sempre com o próximo aquilo que recebemos do Senhor. Jesus ensinou que melhor é dar do que receber. Sejamos aptos a discernir quando nossos corações estão postos nas riquezas materiais e voltemos logo ao primeiro amor, onde a primazia se concentra nas questões espirituais. Agindo de forma prudente, sendo solidário ao próximo e generoso em repartir, ajuntaremos tesouros espirituais, onde a traça e a ferrugem não podem consumir e a vida eterna é dada para aqueles que assim procedem.

Declarando a promessa

Declaro que minha esperança não está posta em coisas corruptíveis, mas sim nas eternas e celestiais. Reconhecerei que quando colocar meu coração nas riquezas materiais, correrei um grande risco de perder o foco e me desviar dos caminhos do Senhor. Terei certeza de que minha maior riqueza é a salvação conquistada por Jesus. Continuarei seguindo a prática das boas obras, sendo sempre generoso e solidário com o próximo. Saberei que assim, acumularei tesouros eternos bem fundamentados para era vindoura.

Anotações

2 Timóteo 1.7

"Pois Deus não nos deu espírito de covardia, mas de poder, de amor e de equilíbrio" (NVI).

321. O ESPÍRITO DE PODER, AMOR E EQUILÍBRIO

Lição de fé para a minha vida

Deus promete nos dar um espírito de ousadia. Interessante que quando não conhecíamos o Senhor Jesus e ainda não tínhamos sido chamados para servi-Lo, éramos constantemente afetados pela covardia. Mas recebemos a garantia de que o Espírito Santo estaria conosco todos os dias de nossas vidas nos ensinando e guiando nas palavras que devemos proclamar. Quando recebemos o Consolador, toda covardia e timidez são dissipadas de nossas vidas e a virtude de um proceder poderoso passa a fazer parte integrante de nossa caminhada de fé. Com a mesma intensidade que recebemos esse amor de Deus, devemos dar ao próximo como a nós mesmos. É esse amor que nos impulsiona a vivermos em comunhão e santidade fazendo com que vivamos com moderação de espírito. Portanto, quando estamos com nossa vida pautada nos princípios da fé cristã, vivemos em equilíbrio e harmonia. Por isso, sigamos os conselhos do apóstolo Paulo, de nunca desprezarmos o dom que há em nós, pois foi dado pelo próprio Senhor da seara que nos outorgou um Espírito de ousadia, fortalecido no poder e na misericórdia de Seu amor, para que vivamos sempre no equilíbrio da fé cristã. Não fique de fora e receba esse doce e meigo Espírito prometido desde os tempos mais remotos.

Declarando a promessa

Declaro que, ao receber Jesus em meu coração, o Espírito Santo passou a habitar em mim e me impulsionou a uma caminhada de triunfo. Reconhecerei que nem o medo, nem a covardia fazem mais parte de minha vida, pois serei movido pela ousadia de um caminho triunfante. Receberei do Senhor a virtude de testemunhar o Seu nome com poder e autoridade, fazendo com que minha vida mude! Sou mais do que vencedor.

Anotações

2 Timóteo 1.12

"Por cuja causa padeço também isto, mas não me envergonho; porque eu sei em quem tenho crido, e estou certo de que é poderoso para guardar o meu depósito até àquele dia" (ARC).

17
NOV

322. CONFIANÇA NO PODER DE DEUS

Lição de fé para a minha vida

Mesmo se um dia viermos a sofrer perseguições, nunca devemos negar o nome do Senhor, pois assim procedendo, Ele também fará diante do Pai que está no céu. Por isso, devemos ter a nossa fé bem fundamentada na sã doutrina, nunca desviando nossos olhares nem para direita nem para esquerda, para que nossa esperança não pereça em meio às lutas diárias. Devemos estar certo de que assim como o Senhor nos guardou até agora, Ele é fiel e justo para nos guardar das provações que nos sobrevirão. Portanto, temos por certo que aquele que começou a boa obra a aperfeiçoará e guardará o que depositamos até aquele grande dia onde Cristo nas nuvens resgatará a Sua igreja. Por isso, nem a morte, nem as trevas, nem as potestades, nem a profundidade, ou qualquer outra coisa nos separará do amor de Cristo que por nós morreu e está assentado à direita de Deus. Portanto, quando propomos em nosso coração manter uma vida íntegra diante de Deus e dos homens, sempre receberemos ataques e perseguições. Mas você deve crer que maior é aquele que está em você do que aquele que está no mundo. Seu tesouro deve estar posto nas promessas do Senhor, onde Ele é poderoso para livrá-lo do mal e liberar a vitória.

Declarando a promessa

Declaro que os sofrimentos e perseguições que passarei por causa do Evangelho me fortalecerão para as novas batalhas da vida. Jamais me envergonharei de servir a Deus, pois minha fé está alicerçada nos ensinamentos de meu Senhor Jesus. Saberei sempre em quem tenho crido, pois minha esperança estará posta no poder que Deus tem de guardar todo o tesouro espiritual até que Cristo venha me buscar.

Anotações

2 Timóteo 2.21-22

"De sorte que, se alguém se purificar destas coisas, será vaso para honra, santificado e idôneo para uso do Senhor, e preparado para toda a boa obra. Foge também das paixões da mocidade; e segue a justiça, a fé, o amor, e a paz com os que, com um coração puro, invocam o Senhor" [ACRF].

18
NOV

323. VASOS DE HONRA PARA TODA BOA OBRA

Lição de fé para a minha vida

Quando nos colocamos disponíveis ao Senhor como vasos de honra, devemos ter em mente que seremos usados para toda obra de Seu Reino. Para isso, é necessário consagrarmos nossas vidas das impurezas deste mundo. Os desejos carnais da juventude são uma grande arma de nosso adversário para desviar o caminho do jovem cristão, porém, temos armas eficazes para vencer essa batalha contra o inimigo. O Senhor nos dispõe da fé que vence o mundo e ela é adquirida quando meditamos na Palavra de Deus. Junto com esse processo de santificação o Senhor nos torna justificados pela Sua justiça que excede a lógica humana. Uma vez culpados, agora somos inocentes. Por isso, a promessa do derramamento do Espírito Santo nos leva a uma profundidade maior de amor com Deus e o próximo. Recebemos a paz de Deus, que excede todo entendimento, para invocarmos o nome do Senhor. Portanto, continuemos firmes nas promessas, pois muito em breve a justiça de Deus se revelará para aqueles que blasfemam contra o Seu nome e aqueles que proclamam o Evangelho do Senhor receberão as vitórias da glória celeste.

Declarando a promessa

Declaro que sou um vaso nas mãos do Oleiro, reconhecendo que é o Espírito Santo que me leva ao processo de santificação, fazendo com que eu fique longe das impurezas do mundo. Fugirei das concupiscências da carne para que minha vida esteja sempre em retidão com os mandamentos do Senhor. Reconhecerei que ao invocar o nome do Senhor a justiça divina se revelará em minha vida me concedendo justiça, paz, amor e fé. Proclamarei e testemunharei da santidade do Senhor enquanto tiver vida e as Suas vitórias me seguirão.

Anotações

2 Timóteo 4.7-8

"Combati o bom combate, completei a carreira, guardei a fé. Já agora a coroa da justiça me está guardada, a qual o Senhor, reto juiz, me dará naquele Dia; e não somente a mim, mas também a todos quantos amam a sua vinda" (ARA).

19
NOV

324. A COROA DA JUSTIÇA

Lição de fé para a minha vida

Devemos completar a carreira, assim como um atleta que chega ao final de sua trajetória de esforços físicos, onde mesmo exausto, jamais se entrega. Algo muito importante na vida cristã é nunca entregarmos nossa fé, pois o adversário de nossas almas tentará de todas as formas minar nossas forças. Por isso, o justo juiz há de julgar nossas causas e entregar naquele maravilhoso dia, os galardões para todos aqueles que aguardaram e proclamaram a vinda do Senhor. Não se deixe desanimar pelos problemas da vida. Os problemas são degraus de nosso sucesso. Quando lutamos sem reservas e combatemos o combate da fé, seremos sempre coroados pelo Rei. Devemos amar a iminente volta do Senhor Jesus e proclamar as maravilhas que temos visto e aprendido, pois, somos testemunhas vivas do poder de Deus, que muito em breve voltará e tomará para Si um povo que Ele escolheu para reinar em vida e desfrutar das benesses espirituais que está proposta para aqueles que anunciam e aguardam a triunfante volta de Cristo. Que linda é esta promessa! Que momento triunfal! Que você aguarde esse momento ímpar na história da humanidade. Fique firme! Tome posse dessa promessa!

Declarando a promessa

Declaro que perseverarei no bom combate da fé, sabendo que a carreira que está proposta é de muitos espinhos, mas com Cristo na minha vida, vencerei os dilemas com sabedoria. Reconhecerei que a fé que vence o mundo é meu bem mais precioso, pois é através dela que reconheço Jesus como Senhor e Salvador do mundo. Receberei das mãos de Jesus a coroa da justiça que Ele tem guardado para mim na Sua volta triunfa!

Anotações

2 Timóteo 4.17-18

"Mas o Senhor assistiu-me e fortaleceu-me, para que por mim fosse cumprida a pregação, e todos os gentios a ouvissem; e fiquei livre da boca do leão. E o Senhor me livrará de toda a má obra, e guardar-me-á para o seu reino celestial; a quem seja glória para todo o sempre. Amém" (ARC).

20
NOV

325. FORTALECIMENTO NO SENHOR

Lição de fé para a minha vida

Sejamos gratos a Deus, que nos momentos mais difíceis de nossa vida prometeu nos revestir de forças para sermos testemunhas das maravilhas que Ele tem realizado. É por nosso intermédio que Deus deseja que o Evangelho seja anunciado e as nações cheguem ao conhecimento de que Jesus é o Senhor. As tribulações não cessarão, mas o Senhor permanecerá ao nosso lado, sempre velando pela vida de Seus filhos. Mesmo que sejamos lançados na "cova dos leões", Ele é fiel e poderoso para nos resgatar com mãos fortes. Nosso papel é proclamar as maravilhas de Seu Reino, e quando assim procedemos, o Senhor nos livra das obras malignas que se levantam contra nós. Por isso, devemos continuar firmes no Senhor, para que no tempo oportuno Ele nos exalte e sejamos guardados do dia mau. Portanto, é necessário glorificarmos a majestade e excelência de Jesus, pois somente a Ele devemos tributar toda honra e todo louvor. Você é vitorioso por meio de Cristo, que se entregou por nós e agora está assentado à direita de Deus Pai. Creia na promessa, pois você também estará com Ele no céu, exaltando o santo nome do Senhor!

Declarando a promessa

Declaro que serei guardado e fortalecido pelo Senhor Jesus para enfrentar as batalhas do dia a dia, reconhecendo que é Deus que me livra de todas as situações difíceis que se apresentam em minha frente. Proclamarei o Evangelho a toda e qualquer criatura, pois sou um escolhido para anunciar as boas novas de salvação às nações. O Senhor me livrará das tribulações e das obras malignas, me fazendo triunfar em Seu Reino celestial.

Anotações

Tito 2.11-14

"Porquanto a graça de Deus se manifestou salvadora a todos os homens, educando-nos para que, renegadas a impiedade e as paixões mundanas, vivamos, no presente século, sensata, justa e piedosamente, aguardando a bendita esperança e a manifestação da glória do nosso grande Deus e Salvador Cristo Jesus, o qual a si mesmo se deu por nós, a fim de remir-nos de toda iniquidade e purificar, para si mesmo, um povo exclusivamente Seu, zeloso de boas obras" (ARA).

21 NOV

326. A GRAÇA QUE NOS TORNA POVO EXCLUSIVO DE DEUS

Lição de fé para a minha vida

Ao enviar Jesus, Deus manifestou ao mundo o único caminho pelo qual o homem chegaria à salvação. Através desta bênção os homens deixariam uma vida pecaminosa e abraçariam a fé em Cristo, para redenção de seus pecados. Que promessa maravilhosa! Devemos deixar toda vida de impiedade aguardando o retorno triunfal de Cristo nas nuvens. Essa é nossa maior esperança. Num piscar de olhos, quando menos esperarmos, chegará o dia de nossa redenção. O dia que o justo juiz julgará o mundo e resgatará para Si um povo santo. Graças ao sacrifício de Jesus, hoje podemos entrar na presença de Deus com ousadia e declarar nossa vitória. Somos uma geração eleita para anunciar as maravilhas da salvação, praticando sempre as boas obras que nos concederão galardões na eternidade. Por isso, estejamos prontos para quando a trombeta tocar e, em um momento, estarmos habitando em corpos incorruptíveis, adorando o Senhor na glória, tributando a Ele toda majestade e domínio através dos séculos.

Declarando a promessa

Declaro que sou salvo pela graça redentora de meu Senhor Jesus. Submeter-me-ei a uma vida de renúncia do pecado, reconhecendo que agora faço parte de um povo escolhido para anunciar as maravilhas do Reino de Deus. Depositarei a minha esperança na cruz de Cristo, que por mim se entregou, para que hoje eu me tornasse um vitorioso. Executarei as boas obras de Deus, testemunhando sempre a minha salvação!

Anotações

Filemom 1.20-21

"Sim, irmão, gostaria de ser beneficiado por ti no SENHOR; dê ânimo ao meu coração em Cristo. Escrevo-te confiado na tua obediência, sabendo que farás ainda mais do que peço" (AS21).

22
NOV

327. RECONCILIAÇÃO E PERDÃO EM CRISTO

Lição de fé para a minha vida

O livro de Filemom revela uma história de intenso amor num episódio onde Paulo solicita enviar um escravo de volta ao convívio com seu senhor. Essa história tem uma perfeita analogia com o fato de um dia termos vivenciado períodos de escravidão pelo pecado nas mãos do inimigo; mas pela infinita misericórdia de nosso Senhor Jesus Cristo, nos enviou de volta ao Pai, fazendo a religação que havia sido desligada pelo pecado da desobediência de Adão. Essa é a atitude que Deus espera de nós, fazendo a reconciliação com aqueles que um dia nos magoaram, pois, assim como fomos reconciliados com Deus, devemos proceder de igual maneira com nosso próximo, porque assim ensinou Jesus. Se retivermos o perdão, nosso perdão diante do Pai também será retido. Se liberarmos, nossas culpas e ofensas serão perdoadas e a maravilhosa graça de Deus fará a transformação em nossas mentes. Aprendemos com esses conselhos que devemos ser obedientes, pois a obediência é fruto de uma vida devocional de bastante intimidade com Deus. Devemos amar nosso próximo, fazendo com que os frutos da vida cristã sejam manifestos a todos que nos cercam e a alegria de servir a Deus seja contagiante para aqueles que observam.

Declarando a promessa

Declaro que serei obediente ao Senhor, fazendo com que haja reconciliação entre as pessoas. Reconhecerei que, assim como Deus perdoou os meus pecados, também eu perdoarei aqueles que porventura um dia me ferirem. Submeter-me-ei à obediência do Senhor, pois é vontade de Deus que sejamos todos irmãos em Cristo. Os que tenho recebido do Senhor, por andar em submissão, me fazem triunfar, e as bênçãos de caminhar em comunhão com Deus e com o próximo me fazem reinar como príncipe nesta terra.

Anotações

Hebreus 1.10-12

"No princípio, Senhor, lançaste os fundamentos da terra, e os céus são obra das tuas mãos; eles perecerão; tu, porém, permaneces; sim, todos eles envelhecerão qual veste; também, qual manto, os enrolarás, e, como vestes, serão igualmente mudados; tu, porém, és o mesmo, e os teus anos jamais terão fim" (ARA).

328. O SENHOR ETERNO E IMUTÁVEL

Lição de fé para a minha vida

A Bíblia ensina que novos céus e nova terra serão estabelecidos pelo Senhor quando reinarmos com Ele e, por isso, devemos adorá-Lo por Seu domínio, majestade e poder. As Escrituras declaram a onipotência do Senhor Jesus Cristo, tanto ao criar o mundo como ao mudá-lo. Cristo irá envolver este mundo como se fosse algo semelhante a uma vestidura, para que não se abuse mais dele, nem seja utilizado como tem sido. Então, não coloquemos nossos corações no que não acreditamos que seja. O pecado tem promovido uma grande mudança de valores, alterando o mundo para pior; no entanto, Cristo empreenderá uma total e completa transformação, que irá purificar a estrutura mundial e melhorá-la. Que estejamos alertas, diligentes e desejosos de sermos usados como agentes de transformação para um mundo melhor. Adoremos o Senhor pela Sua santidade e domínio que Ele tem sobre toda terra, pois, até mesmos os anjos do céu se submetem ao Seu poder e autoridade, quanto mais nós, indivíduos criados à Sua imagem e semelhança! Seja um adorador sempre! Tome posse da promessa do Senhor!

Declarando a promessa

Declaro que sou um filho de Deus criado à Sua imagem e semelhança para adorar e louvar o Seu Santo nome, e reconheço que toda obra de Suas mãos é motivo de lhe render ações de graças. Receberei a minha vitória pelo poder da Sua Palavra que desde o princípio da criação Tu declaraste. Reconhecerei o Teu domínio e majestade sobre o mundo. Sou herdeiro do legado de vida eterna. Tomo posse da minha vitória consumada na cruz no Calvário!

Anotações

Hebreus 1.13-14

"Deus nunca disse a nenhum dos seus anjos: 'Sente-se do meu lado direito, até que eu ponha os seus inimigos como estrado debaixo dos seus pés'. Então, o que são os anjos? Todos eles são espíritos que servem a Deus, os quais ele envia para ajudar os que vão receber a salvação" (NTLH).

24
NOV

329. ANJOS, MINISTROS DOS HERDEIROS DA SALVAÇÃO

Lição de fé para a minha vida

No Antigo Testamento vemos os anjos servindo aos servos do Senhor, mostrando e revelando sempre a vontade de Deus. A superioridade de Cristo é evidente, enquanto que todos os anjos são ministros que servem tanto a Cristo quanto aos santos que herdarão a salvação. Mesmo assim os anjos nunca terão a honra de se sentarem à direita de Deus, pois esse lugar está reservado a Seu Filho Jesus, que ao ser entronizado no céu, sentou-se à direita do Pai, e julgará os vivos e os mortos com Seu cetro de equidade, fazendo justiça e odiando a iniquidade. Portanto, precisamos receber a salvação conquistada na cruz do Calvário, entregue a todos os que aceitam o Seu sacrifício, para termos anjos aliados que ministrarão a nosso favor, nos protegendo das armadilhas preparadas pelo diabo e seus demônios, que são os anjos que se rebelaram contra a vontade de Deus. Portanto, nossos inimigos serão postos debaixo de nossos pés e o inimigo de nossas almas terá sua cabeça esmagada por nossos calcanhares, fazendo com que nossa vitória seja completa em nome de nosso Senhor e Salvador Jesus Cristo. Creia e tome posse da promessa da Palavra!

Declarando a promessa

Declaro que reinarei com Cristo na glória e todos os meus inimigos serão colocados debaixo dos meus pés. Permanecerei fiel a Deus, sabendo que quando tiver em perigo, Deus enviará Seus anjos ministradores para acamparem ao meu lado e me trazerem a vitória. Apossar-me-ei das ricas bênçãos que os anjos têm me trazido da parte de Deus, me tornando mais do que vencedor em Cristo Jesus.

Anotações

Hebreus 2.14-15

"Portanto, visto que os filhos são pessoas de carne e sangue, ele também participou dessa condição humana, para que, por sua morte, derrotasse aquele que tem o poder da morte, isto é, o Diabo, e libertasse aqueles que durante toda a vida estiveram escravizados pelo medo da morte" (NVI).

330. LIBERTOS PELO SACRIFÍCIO DE CRISTO

Lição de fé para a minha vida

A morte e ressurreição de Jesus nos proporcionaram bênçãos sem medida na esfera espiritual. Assim como Jesus venceu e derrotou a morte, nós também, se crermos, venceremos o poder da segunda morte e reinaremos para sempre ao Seu lado. A derrota de Satanás não significa que ele esteja aniquilado, mas que seu poder está reprimido na vida daqueles que se comprometem com Cristo. Os anjos que caíram ficaram sem esperança e sem socorro. Cristo nunca concebeu ser o Salvador dos anjos caídos, portanto, não assumiu a natureza deles. A natureza dos anjos não podia ser de sacrifício expiatório pelo pecado do homem. O preço pago é suficiente para todos, e apto para todos, porque foi em nossa natureza de carne e sangue. A expiação deu lugar à liberação de Seu povo da escravidão de Satanás, e ao perdão dos pecados pela fé. Portanto, não temamos o poder da morte, ela foi vencida através da morte e ressurreição de nosso Senhor Jesus Cristo, e todos aqueles que creem em Seu nome tem a garantia de vitória sobre o pecado e a morte. Estejamos vigilantes para que o adversário de nossas almas não nos afaste da presença de Deus.

Declarando a promessa

Declaro que, assim como Jesus venceu o poder da morte derrotando Satanás, também triunfarei sobre ela. Terei certeza de que meus pecados foram apagados e, por isso, o diabo não pode me acusar de nada. Tomo posse das benesses de Deus para minha vida, pois, fui liberto pelo sangue carmesim de Jesus vertido na cruz.

Anotações

Hebreus 4.14-16

"Portanto, visto que temos um grande sumo sacerdote que adentrou os céus, Jesus, o Filho de Deus, apeguemo-nos com toda a firmeza à fé que professamos, pois não temos um sumo sacerdote que não possa compadecer-se das nossas fraquezas, mas sim alguém que, como nós, passou por todo tipo de tentação, porém, sem pecado. Assim, aproximemo-nos do trono da graça com toda a confiança, a fim de recebermos misericórdia e encontrarmos graça que nos ajude no momento da necessidade" (NVI).

26
NOV

331. O SUMO SACERDOTE QUE INTERCEDE POR NÓS

Lição de fé para a minha vida

O sumo sacerdote tinha a responsabilidade de oficializar anualmente, através do sacrifício de animais, a propiciação dos pecados da nação judaica. Durante esse ritual todas as culpas e ofensas cometidas pelos judeus naquele ano eram apagadas e imputadas sobre o animal inocente que estava sendo queimado no altar do sacrifício. Tal ritual simbolizava e apontava para a morte do Cordeiro de Deus, que mais tarde daria Sua vida pelos pecados da humanidade. Cristo desempenhou em Seu ministério terreno, três grandes ofícios: Profeta, Rei e Sumo Sacerdote. Ofícios estes que possibilitaram Jesus ser o único que podia anular a culpa do pecado. Temos livre acesso ao trono do Pai celestial e podemos entrar com toda convicção e fé na Sua presença, sabendo que nossos pedidos serão atendidos, conforme a Sua vontade. Essa atitude de amor que Jesus teve por nós, sem que merecêssemos, foi um ato da graça de Deus e, por isso, alcançamos misericórdia para que em tempo oportuno o Senhor se compadeça de nossas aflições.

Declarando a promessa

Declaro que meus sofrimentos de hoje não se comparam com as glórias da era vindoura. Reconhecerei que Cristo se compadecerá das minhas aflições e me fará triunfar sobre as tribulações da vida. Estarei certo de que Cristo é meu mediador para chegar até o Pai. Confiarei na graça de Deus, porque ela é o favor imerecido que tenho para alcançar as Suas misericórdias.

Anotações

Hebreus 6.10

"Deus não é injusto. Ele não esquece o trabalho que vocês fizeram nem o amor que lhe mostraram na ajuda que deram e ainda estão dando aos seus irmãos na fé" (NTLH).

27
NOV

332. DEUS NÃO ESQUECE DO NOSSO TRABALHO

Lição de fé para a minha vida

A maior justificação que podemos ter recebido diz respeito à anulação de nossos pecados. Deus nos justificou diante dos homens e do inimigo de nossas almas e apagou nossas transgressões para que nenhuma condenação houvesse contra a vida dos Seus filhos. Por isso, devemos amar a Deus e aos nossos irmãos, assim como Deus nos amou entregando Seu Único Filho para padecer e morrer pelas nossas ofensas. As Escrituras afirmam que mesmo que uma mãe venha se esquecer do seu filho que amamenta, Deus jamais se esquecerá dos Seus filhos. Por isso, toda boa obra de nossas mãos haverá de ser recompensada pelas próprias mãos do Senhor. Logo, é necessário que estejamos engajados com o Senhor, demonstrando sempre o amor pelos nossos irmãos e ajudando para que a obra de Deus não seja interrompida pelos nossos adversários. Estejamos preparados para sermos generosos com os santos. Deus se alegra quando estamos com nosso coração na obra Dele. Portanto, continuemos a mostrar essa prontidão até o fim, para que tenhamos a plena certeza de receber a herança prometida. Por isso, mantenha-se firme, sempre abundante, pois, o trabalho de suas mãos não é inútil para com o Senhor.

Declarando a promessa

Proclamo que continuarei trabalhando e fazendo a obra de Deus na terra, sabendo que meu trabalho terá a recompensa vinda das próprias mãos do Senhor. Declaro que a justiça de Deus é que me faz santo e justo. Reconheço que Deus não é injusto para esquecer o meu proceder e testemunho e, por isso, decreto as bênçãos sobre minha vida. Tomo posse das vitórias que Deus tem para mim, sabendo que minha labuta na obra de Deus fará com que o Senhor me galardoe e me faça triunfar.

Anotações

Hebreus 6.17-20a

"Querendo Deus mostrar mais abundantemente a imutabilidade do seu conselho aos herdeiros da promessa, se interpôs com juramento; para que por duas coisas imutáveis, nas quais é impossível que Deus minta, tenhamos a firme consolação, nós, os que pomos o nosso refúgio em reter a esperança proposta; a qual temos como âncora da alma, segura e firme, e que penetra até ao interior do véu, onde Jesus, nosso precursor, entrou por nós, feito eternamente sumo sacerdote" (ARCF).

28
NOV

333. A ÂNCORA DA ESPERANÇA NO EVANGELHO

Lição de fé para a minha vida

A graça gratuita de Deus, os méritos e a mediação de Cristo e as poderosas influências de Seu Espírito, são as bases desta esperança, que se trata de uma esperança viva. Cristo é o objeto e o fundamento da esperança do crente. Podemos confiar sem dúvida na fidelidade de Deus. A maior garantia que podemos receber, de que as promessas de Deus se cumprirão, é a presença do Espírito Santo em nós. Ele é o penhor da herança e através de Seu consolo e paz dentro de nós temos a fé de que todas as palavras que o Senhor nos prometeu se cumprirá a Seu tempo. Com a morte de Cristo o véu do templo se rasgou de alto a baixo, simbolizando que a partir daquele momento Jesus liberava a passagem de acesso direto ao Pai celeste. E assim como Jesus foi o primeiro, temos a garantia pelo Espírito que todos aqueles que creram em Seu nome herdarão também a entrada no Reino dos céus. Portanto, depositemos nossos afetos nas coisas do alto e esperemos com paciência Sua manifestação, que certamente acontecerá em glória.

Declarando a promessa

Declaro que entrarei no Santo dos santos onde meu acesso já está garantido pela vitória da cruz, sabendo que, assim como Cristo foi nosso precursor, seremos os próximos a herdar a Terra Prometida. Reconhecerei que os propósitos que Deus tem para mim são imutáveis e encorajar-me-ei a vencer as guerras que sobrevêm em minha vida. Viverei ancorado nas certezas que o Espírito ministra em meu coração.

Anotações

Hebreus 8.10,11b-12

"Quando esse tempo chegar, diz o Senhor, farei com o povo de Israel esta aliança: Eu porei as minhas leis na mente deles e no coração deles as escreverei. Eu serei o Deus deles, e eles serão o meu povo. Porque todos me conhecerão, tanto as pessoas mais humildes como as mais importantes. Pois eu perdoarei os seus pecados e nunca mais lembrarei das suas maldades" (NTLH).

29
NOV

334. A NOVA ALIANÇA ESCRITA NO CORAÇÃO

Lição de fé para minha vida

Em contraste com a revelação limitada e impessoal que Israel tinha com a Lei de Moisés, Deus estabeleceu um novo relacionamento de testemunho pessoal com Seu povo, sem basear-se em uma força constrangedora que vinha de fora, mas em um poder impulsor que vem de dentro. Esse poder que nos impulsiona a obedecermos Seus mandamentos é outorgado pelo Espírito Santo de Deus, que introduz em nossas mentes e corações uma Nova Lei espiritual. A partir do derramamento do Espírito Santo, Deus proporcionou que não só os nascidos em Israel fizessem parte do Seu povo, mas também todos os povos. Essa promessa é para aqueles que creem no sacrifício de Jesus. A partir da fé que depositamos na morte e ressurreição de Cristo, nossos pecados são totalmente perdoados e o Senhor nos promete que nunca mais fará menção deles, porque foram lançados em um grande e profundo abismo. Assim nenhuma condenação há para os que estão em Cristo, que não vivem mais segundo os prazeres da carne, mas segundo o Espírito, porque a Lei do Espírito de Vida nos livrou da lei do pecado e da morte.

Declarando a promessa

Declaro que faço parte do corpo espiritual da igreja do Senhor, sabendo que essa nova aliança me proporcionou a entrar livremente na presença de Deus. A Lei do Espírito será cravada em meu coração e na minha mente, e fará com que eu viva intensamente a vida abundante prometida por Jesus. Reconhecerei que as minhas transgressões foram perdoadas e delas o Senhor não se lembra mais!

Anotações

30
NOV

Hebreus 9.13-14

"Porque, se o sangue dos touros e bodes e a cinza de uma novilha, esparzida sobre os imundos, os santificam, quanto à purificação da carne, quanto mais o sangue de Cristo, que pelo Espírito eterno, se ofereceu a si mesmo imaculado a Deus, purificará a vossa consciência das obras mortas, para servirdes ao Deus vivo?" (ACRF).

335. O SANGUE DE CRISTO QUE PURIFICA E SANTIFICA

Lição de fé para minha vida

A antiga aliança, no ato do sacrifício e morte do novilho oferecido, o pecado do ofertante era lançado sobre o animal e as suas transgressões eram apagadas para sempre. Porém, tal ritual não conseguia fazer com que o homem parasse de pecar. Esta prática apontava e simbolizava o que Cristo faria. Tais rituais foram representados pelo ofício sacerdotal de Cristo. Nosso Sumo Sacerdote entrou no céu de uma só vez por todas e obteve a eterna redenção. O Espírito Santo significou e mostrou depois que os sacrifícios do Antigo Testamento somente liberavam o homem externo da imundícia cerimonial, e os equipava para alguns privilégios externos. Cristo se ofereceu a Si mesmo sem nenhuma mácula pecaminosa em Sua natureza ou vida. Isto limpa a consciência mais culpável das obras mortas para servir ao Deus vivo. Não podemos penetrar nas profundezas do mistério do sacrifício de Cristo, nem apreender Sua altura, ou indagar Sua grandeza nem Sua sabedoria, amor e graça que há Nele. Porém, ao considerar o sacrifício de Cristo, a fé encontra vida, alimento e renovação.

Declarando a promessa

Declaro que nenhum sacrifício de animais tem o poder de apagar minhas ofensas senão o sangue de meu Senhor Jesus Cristo. Reconhecerei que é o Espírito Eterno que me conduz a uma vida mais excelente me purificando das más obras, fazendo com que eu sirva o Senhor com pureza de coração. Minha vitória sobre a morte me foi concedida através de minha fé e, por isso, sou mais do que vencedor em Cristo Jesus.

Anotações

DEZEMBRO

As Promessas de Deus são Fiéis e Verdadeiras

Cada promessa feita por Deus é algo em que podemos confiar, pois o Senhor é sempre fiel para cumprir Sua Palavra.

Gary Haynes

"Deus não é homem para mentir,
nem ser humano para mudar de ideia.
Alguma vez ele falou e não agiu?
Alguma vez prometeu e não cumpriu?"

Números 23:19 (NVT)

Hebreus 10.14-18

“Porque, por meio de um único sacrifício, ele aperfeiçoou para sempre os que estão sendo santificados. O Espírito Santo também nos testifica a este respeito. Primeiro ele diz: ‘Esta é a aliança que farei com eles, depois daqueles dias, diz o SENHOR. Porei as minhas leis em seu coração e as escreverei em sua mente’; e acrescenta: ‘Dos seus pecados e iniquidades não me lembrarei mais’. Onde esses pecados foram perdoados, não há mais necessidade de sacrifício por eles” (NVI).

01
DEZ

336. A NOVA ALIANÇA PERFEITA E ETERNA

Lição de fé para minha vida

Sob o novo pacto, bastou um só sacrifício para outorgar o perdão espiritual de todas as nações em todas as épocas, ou seja, para ser livre da punição eterna no mundo vindouro. Devemos, então, procurar o interesse pela fé nesse sacrifício e recebermos o selo em nossas almas pela santificação do Espírito, por causa dessa grande e maravilhosa promessa. Como a Lei está escrita em nossos corações e mentes, sabemos que somos justificados, pois o Espírito Santo de Deus testifica com nosso espírito que somos filhos de Deus. Se somos filhos do Senhor Deus, então somos também co-herdeiros com Cristo. E se participamos dos sofrimentos de Cristo, certamente participaremos também da Sua glória. O texto revela o grande contraste entre Cristo e os sacerdotes do Antigo Testamento, que ofereciam sacrifícios ineficazes repetidas vezes. Tendo terminado Sua obra definitiva da Nova Aliança no Calvário, Cristo assentou-se em Seu trono, aguardando a manifestação de Seu triunfo. Você já é vencedor!

Declarando a promessa

Declaro que Jesus Cristo aperfeiçoou para sempre a nova aliança em meu coração e que o Espírito Santo de Deus testifica em meu espírito e na minha mente que sou um filho da promessa. Submeter-me-ei à nova aliança colocada no meu coração, pois assim como Deus é Santo, buscarei a minha santificação. Tomo posse das bênçãos espirituais prometidas a mim!

Anotações

02
DEZ

Hebreus 10.38-39

"Mas o meu justo viverá pela fé. E, se retroceder, não me agradarei dele". Nós, porém, não somos dos que retrocedem e são destruídos, mas dos que creem e são salvos" (NVI).

337. O JUSTO VIVERÁ PELA FÉ

Lição de fé para minha vida

Em toda a história dos heróis do Antigo Testamento foi demonstrado que, sem confiança nos feitos do Senhor, nada daquilo que eles executaram seria digno de louvor, se eles não fossem movidos pela fé. O Senhor Deus não se alegra com aqueles que olham para trás, mas se agrada com aqueles que firmam um propósito em seus corações e seguem adiante para desempenhar a santa vontade Dele. Nós, como servos fiéis, nunca devemos retroceder em nossa vocação, porque os que assim procedem, são levados à perdição. Se perseverarmos até o fim e não olharmos para trás, teremos a garantia da preservação de nossa alma. Deus é justiça; com a justificação executada em nosso favor, nos tornamos justos e podemos viver pela fé, na esperança das promessas de vitórias e no retorno de Jesus Cristo. Se somos justificados pelo Senhor, devemos viver pela fé e em fidelidade a Deus, para que nossas boas obras glorifiquem ao Pai que está no céu. Nosso bom testemunho deve ser sensível a todos, para que vejam que vivemos na fé do Filho de Deus, aguardando a Sua volta iminente, para adquirirmos a completa salvação na era vindoura. Continue lutando e perseverando, para que você nunca venha a ser encontrado em falta com nosso Senhor Jesus Cristo.

Declarando a promessa

Declaro que viverei de fé em fé nas promessas do Filho de Deus e que minha perseverança me dará ricas recompensas espirituais e materiais. Submeter-me-ei a viver uma existência digna e de testemunho de fé para que todos vejam meu proceder e reconheçam que sou um filho da promessa. Jamais retrocederei, pois quero agradar ao meu Senhor e Salvador. Receberei todas as bênçãos prometidas a mim ainda em vida e, depois no porvir, receberei a coroa de justiça.

Anotações

Hebreus 11.1

"Ora, a fé é a certeza de coisas que se esperam, a convicção de fatos que se não veem" (ARA).

03
DEZ

338. A FÉ: CERTEZA DO INVISÍVEL

Lição de fé para minha vida

As palavras ou promessas de Jesus estão sempre, ou quase sempre, em determinada relação com a obra e a Palavra de Deus. Neste sentido a fé é uma confiança na obra e na Palavra de Deus ou de Cristo. Nós somos tornados justos, unicamente pelos merecimentos de Jesus Cristo. A fé não é uma causa, mas tão somente o instrumento, com o qual nos apropriamos do dom da justificação, que Jesus pelos méritos expiatórios, está habilitado a oferecer-nos. A fé é um elemento fundamental da vida com Deus. A fé não se sente, a fé é muito mais que mera certeza humana ou fruto da lógica. Por isso, creiamos nas promessas de Deus mesmo que ainda não vejamos, pois, a convicção de que elas acontecerão é o que agrada e glorifica a Deus. A fé sempre foi e sempre será a marca dos servos de Deus. É uma firme persuasão e expectativa de que Deus cumprirá tudo o que tem prometido em Cristo. A fé demonstra à mente a realidade das coisas que não se podem ver com os olhos do corpo. Este enfoque da fé se explica mediante o exemplo dos heróis de tempos passados que obtiveram bom testemunho ou um caráter honorável na Palavra de Deus. Portanto, tenhamos a mesma certeza e convicção daqueles que um dia morreram pela fé na vinda do Messias prometido.

Declarando a promessa

Declaro que permanecerei firme na fé e na certeza de que aquilo que não vejo no momento se cumprirá em minha vida para honra e glória do Senhor Jesus. Reconheço que essa convicção naquilo que espero vem direto do coração de Deus para o meu, me fazendo vencer e triunfar sobre as batalhas da vida.

Anotações

Hebreus 11.33-34

"Os quais pela fé venceram reinos, praticaram a justiça, alcançaram promessas, fecharam as bocas dos leões, Apagaram a força do fogo, escaparam do fio da espada, da fraqueza tiraram forças, na batalha se esforçaram, puseram em fuga os exércitos dos estranhos" (ACRF).

04
DEZ

339. VENCENDO PELA FÉ

Lição de fé para minha vida

A fé difere da crença porque é uma confiança do coração e não apenas uma questão intelectual. A fé em Deus é uma confiança tão forte na pessoa do Senhor, que produz influência na atividade mental e espiritual das pessoas, devendo, normalmente, dirigir a sua vida. A fé em Cristo é uma atitude e deve ser uma completa confiança em Cristo, pela qual se realiza a união com o Seu Espírito, havendo a vontade de viver de modo que Ele aprovaria. Não é uma aceitação cega, mas um sentimento baseado nos fatos da Sua vida, da Sua obra, do Seu Poder e da Sua Palavra. A revelação é necessariamente uma antecipação da fé. A fé é descrita como uma simples, mas profunda confiança Naquele que de tal modo falou e viveu na luz, que instintivamente os Seus verdadeiros adoradores obedecem à Sua vontade, mesmo estando às escuras. A mais simples definição de fé é uma confiança que nasce do coração. Porém, a fé que nos faz vencer as guerras e conquistar os triunfos, é a fé sobrenatural, pois é ela que nos fará vencer as potestades, praticar a justiça, fechar a boca dos leões e alcançar as promessas feitas àqueles que creem. Você pode crer assim!

Declarando a promessa

Declaro que, através da fé que me foi entregue, vencerei as batalhas diárias, e sei que o que vence o mundo é a minha fé. Reconhecerei o poder da fé para passar por cima das dificuldades que se apresentam em minha vida. Terei vitória sobre os principados e potestades que tentam me assolar. Sou mais do que um vencedor!

Anotações

Hebreus 12.22-24

"Mas vocês chegaram ao monte Sião, à Jerusalém celestial, à cidade do Deus vivo. Chegaram aos milhares de milhares de anjos em alegre reunião, à igreja dos primogênitos, cujos nomes estão escritos nos céus. Vocês chegaram a Deus, juiz de todos os homens, aos espíritos dos justos aperfeiçoados, a Jesus, mediador de uma nova aliança, e ao sangue aspergido, que fala melhor do que o sangue de Abel" (NVI).

05
DEZ

340. A JERUSALÉM CELESTIAL NOS ESPERA

Lição de fé para minha vida

Todos podemos chegar com franqueza à presença de Deus ao estarmos debaixo do Evangelho. A igreja do Evangelho é chamada monte Sião porque hoje recebemos uma visão mais clara do céu e das verdades celestiais. Somos herdeiros e, por isso, temos os mesmos privilégios do Primogênito. Cristo é o Mediador da nova aliança entre Deus e o homem, para reunir-nos nesta aliança, manter-nos juntos, interceder por nós perante Deus, e por Deus diante a nós, e, finalmente, para reunir Seu povo no céu. Essa aliança está assinada com o sangue de Cristo aspergido sobre as nossas consciências, como era aspergido o sangue do sacrifício sobre o altar e a vítima. Este sangue de Cristo fala por conta dos pecadores. Cuidemos de não rejeitar Seu chamado e Sua oferta de salvação, que com infinito amor, roga que nos reconciliemos e recebamos Seu favor! Não podemos adorar a Deus de forma aceitável a menos que O adoremos com santo temor. Somente a graça de Deus nos capacita para adorá-Lo retamente. Busquemos a graça para que possamos servir a Deus com reverência e temor.

Declarando a promessa

Declaro que permanecerei firme na promessa de herdar a Jerusalém celestial, pois o meu nome está escrito no livro da vida. Verei esse lindo momento onde anjos nos ares me receberão nas nuvens juntamente com o Senhor para me levar à eternidade. Submeter-me-ei ao Justo Juiz, reconhecendo que Ele é o mediador das minhas fraquezas junto ao Pai. Tomo posse da minha vitória da salvação!

Anotações

Hebreus 13.5-6

"Sejam vossos costumes sem avareza, contentando-vos com o que tendes; porque ele disse: 'Não te deixarei, nem te desampararei'. E, assim, com confiança, ousemos dizer: 'O Senhor é o meu ajudador, e não temerei o que me possa fazer o homem'" (ARC).

06
DEZ

341. CONTENTAMENTO NA PRESENÇA DE DEUS

Lição de fé para minha vida

Tendo tesouros no céu podemos estar contentes com as poucas coisas daqui. Os que não podem estar assim, não estarão contentes ainda que Deus melhore sua situação. O servo do Senhor embora humilhado e vazio, deve aprender a estar feliz em todo estado, em qualquer estado. Devemos estar contentes com nossa sorte atual. Esta promessa contém a soma e a substância de todas as promessas: "Não te deixarei nem te desampararei". O cristão verdadeiro terá a presença bondosa de Deus consigo na vida, na morte e para sempre. Por isso, podemos entrar com confiança na presença de Deus e declarar que o Senhor é nosso Pastor e nada nos faltará, pois Ele é o nosso ajudador, socorro sempre presente na hora da adversidade. Logo, não devemos temer mal algum que possa vir sobre nós. O apego pelas coisas materiais e medo das questões financeiras são superados por um contentamento baseado na garantia da presença constante de Deus e nas promessas que Ele nos estende de suprir nossas necessidades diárias. Portanto, assim como Ele nos deu a Sua Palavra como garantia, podemos anunciar com fé que nenhum mal nos sucederá, e ninguém maquinará o mal contra nós.

Declarando a promessa

Declaro que não me apegarei ao amor ao dinheiro, nem às coisas materiais, porque quando busco o Reino de Deus, todas essas coisas são acrescentadas em minha vida. Serei feliz com o que tenho e estarei certo que será necessário para que eu tenha uma vida plena com Cristo. Entrarei com confiança no trono da graça, em adoração ao Senhor por tudo que Ele é e faz em meu favor. Sou um vitorioso em Jesus!

Anotações

07
DEZ

Hebreus 13.17

"Obedecei aos vossos guias e sede submissos para com eles; pois velam por vossa alma, como quem deve prestar contas, para que façam isto com alegria e não gemendo; porque isto não aproveita a vós outros" (ARA).

342. SUBMISSÃO AOS LÍDERES ESPIRITUAIS

Lição de fé para minha vida

Esta deve ser nossa atitude com os nossos pastores e mestres: obedecê-los e submeter-nos a eles na medida em que seja conforme com a ideia e a vontade de Deus dadas a conhecer em Sua Palavra. Não devemos pensar que sabemos demasiadamente, que somos expressamente bons ou autossuficientes. O servo do Senhor deve esquadrinhar as Escrituras, e na medida em que os ministros ensinem, devem receber suas instruções como Palavra de Deus que opera naqueles que creem. Pela tão grande responsabilidade que nossos ministros carregam, eles darão conta não somente de si, mas daqueles que Deus os entregou em suas mãos. Precisamos ser ovelhas dedicadas aos nossos guias para que o trabalho de suas mãos não seja tão penoso. Necessário é que o pastor seja vocacionado para o ministério, e agindo com integridade, receberá uma resposta positiva de seus liderados. Portanto, cuidemos para que sejamos humildes, não dando trabalho dobrado nem desnecessário aos nossos líderes, pois fazendo assim, receberemos tão grande galardão de nosso Pai que está no céu. E logo nos será concedido das mãos do próprio Sumo Pastor, as riquezas espirituais preparadas para os filhos da obediência.

Declarando a promessa

Declaro que permanecerei humilde e submisso aos meus guias, certo de que o fruto de minha obediência será a vitória de vida eterna dada pelo Senhor. Reconhecerei que ao submeter-me aos ensinamentos de meus líderes, estarei ganhando galardões preciosos para a eternidade. Serei fiel à minha liderança enquanto eu viver e as ricas dádivas seguirão meus passos por onde eu andar.

Anotações

08
DEZ

Tiago 1.5

"Mas, se alguém tem falta de sabedoria, peça a Deus, e ele a dará porque é generoso e dá com bondade a todos" (NTLH).

343. BUSCANDO SABEDORIA DO ALTO

Lição de fé para a minha vida

Existem pessoas que têm um grande conhecimento de muitas coisas, que são consideradas enciclopédias ambulantes, mas não possuem a verdadeira sabedoria, pois ela não é encontrada neste mundo. A verdadeira sabedoria vem de Deus. Este atributo é mais que "conhecimento". Ele pressupõe o conhecimento e o dirige da melhor maneira possível. Assim a sabedoria é a capacidade espiritual de dirigir as ações de uma forma que o objetivo de alguém seja melhor alcançado para a glória de Deus. Todo servo do Senhor precisa de sabedoria para buscar a glória de Deus; todos nós precisamos de sabedoria para viver nossas vidas, da capacidade de saber como melhor se portar para a glória de Deus, como um filho do Senhor deve ser, manifestando que estamos qualificados para o ministério que nos foi confiado pelo Senhor. Essa sabedoria é encontrada em toda a Escritura e o Senhor prometeu dá-la liberalmente a quem pedisse. Devemos usar as Escrituras, a oração e o Senhor Deus para obter sabedoria e entendimento. É nosso dever lembrarmos daquilo que aprendemos, meditar nas coisas que nos foram ensinadas e não deixá-las se perderem. A verdadeira sabedoria é vida para a nossa alma, direciona os nossos passos, as nossas ações e nos ensina o caminho para a vida eterna com Deus.

Declarando a promessa

Declaro que buscarei constante e insistentemente sabedoria dos altos céus. Reterei firmemente a sabedoria em meu coração, pois será vida para a minha alma, direção para os meus passos e minhas ações. Empenhar-me-ei em viver minha vida na sabedoria de um verdadeiro filho de Deus, pois ela me conduzirá à vida eterna com Deus. Sou um sábio em Cristo Jesus, nosso Senhor!

Anotações

Tiago 1.12

"Feliz é o homem que persevera na provação, porque depois de aprovado receberá a coroa da vida, que Deus prometeu aos que o amam" (NVI).

344. A COROA DA VIDA PARA OS QUE PERSEVERAM

Lição de fé para a minha vida

O ourives, durante o processo de refinamento da prata, precisa sentar-se em frente ao fogo, segurando a prata e mantendo-a no meio do fogo, onde as chamas são mais quentes para queimar todas as impurezas, permanecendo com os olhos fitos nela, para que não fique em demasia nas chamas e seja destruída, até que possa ver a sua imagem refletida na prata. Assim também, Deus age conosco. Ele nunca nos deixa só nos momentos de provas, mas se assenta como um fundidor e purificador da prata, segurando-nos e mantendo Seus olhos fixos em nós. Ele não permite que sejamos destruídos pela prova, muito pelo contrário, nos dá suporte até o momento de refletirmos a Sua imagem. As provações fazem parte do plano de Deus para o crescimento dos Seus filhos. Levar-nos à estatura de Cristo é o alvo de Deus para Seus filhos e deve ser nosso alvo pessoal também. O caminho para esse crescimento passa por um verdadeiro compromisso com Jesus e pela prática das disciplinas espirituais da leitura e meditação na Palavra e oração. E temos a promessa que depois da prova vem a recompensa: a coroa de vencedor, a coroa da vida! Renda-se ao tratamento de Deus. Persevere fiel nas provações e receba como prêmio a coroa da vida que Deus lhe prometeu!

Declarando a promessa

Reconheço que a provação é uma medida purificadora, na qual Deus remove cada resíduo do meu velho homem para formar o caráter de Cristo em mim. Render-me-ei com confiança ao tratamento de Deus, pois Ele me susterá e manterá Seus olhos fixos em mim. Serei comprometido com Jesus através da meditação na Palavra e da oração. Perseverarei fiel nas provações e receberei como prêmio a coroa da vida que Deus me prometeu!

Anotações

10 DEZ

Tiago 1.17

"Mas tudo quanto é bom e perfeito nos vem de Deus, o Criador de toda luz, e que resplandece para sempre sem mudança nem sombra" (VIVA).

345. O DEUS IMUTÁVEL E FONTE DE TODO BEM

Lição de fé para a minha vida

Deus é autor da comunhão e da unidade com cada um dos Seus amados. Ele é o autor de todo o bem. O Deus Eterno é imutável! Quando lemos na Bíblia que Deus se arrependeu de algo, isto sempre ocorreu em relação ao pecado do homem, mas nunca em relação a um ato da Sua parte. Deus se entristece por causa das consequências do pecado no homem, que Ele havia criado perfeito. É evidente que Deus não podia se arrepender do que havia feito. Deus não muda Seus planos, pois Suas intenções são perfeitas e puras. Deus não muda Seu caráter e Sua essência, mas age de maneiras diferentes de como agiu no passado. O Deus criador é o mesmo ontem, hoje e sempre. Nele não há variação e nem mudança. Ele sempre é e será o autor de todo dom perfeito, de todo o bem e de toda a graça. Deus é Senhor. E como Senhor Ele agiu, tomou a iniciativa para a nossa salvação. Deus nos gerou pela Palavra da verdade, Jesus Cristo, o clímax da revelação. Cristo nos deu vida, nos fez sentar em lugares celestiais com Ele, tirou-nos do império das trevas e passou-nos para o reino do Seu amor. O Senhor quer que tenhamos vida abundante Nele. Cristo fez moradia em nós, e por isso, somos um com Ele. Ele é o nosso Salvador e Deus, o único Soberano da nossa vida.

Declarando a promessa

Declaro que fui gerado por Deus pela Palavra da Verdade, Jesus Cristo. Crerei sempre que o meu Deus é o Autor de todo o bem e Ele não muda jamais. Viverei na certeza de que acabou o tempo da instabilidade em minha mente e não mais temerei o mal, porque Deus é fiel. Receberei Dele toda boa dádiva e tudo o que é perfeito. As bênçãos do meu Senhor e Rei serão uma marca na minha vida!

Anotações

11
DEZ

Tiago 3.9-10

"Com ela bendizemos a Deus e Pai, e com ela amaldiçoamos os homens, feitos à semelhança de Deus: de uma mesma boca procede bênção e maldição. Meus irmãos, não convém que isto se faça assim" (ARC).

346. O PODER DAS PALAVRAS

Lição de fé para a minha vida

O mau uso da língua pode trazer sérios danos à sua vida como a outros. Uma constante vigilância, direcionada pelo Espírito é a solução para manter a nossa língua dominada pelo Senhor. Deus deseja que Seus seguidores saibam ouvir tanto o certo quanto o errado e, após uma análise, falarem na autoridade do Espírito Santo. Quantas vezes exteriorizamos sentimentos maus, levados pela precipitação da carne, causando sérios problemas, como vidas destruídas, inimizades, depressões e desespero. E, além disso, o nome de Deus é envergonhado. Como seres humanos, vivendo nas dificuldades do dia a dia, infelizmente não estamos isentos da ira. Porém, como seres espirituais, devemos estar atentos, pois tais sentimentos destituem o servo da graça de Deus, afastando-o da comunhão verdadeira com o Eterno. É impossível haver intimidade com Deus, quando nosso coração está cheio do mal. Precisamos da ajuda do Espírito Santo, mas Deus não fará todo o trabalho por nós. Devemos disciplinar nossa boca e assumir a responsabilidade pelo que sai dela. A vontade de Deus para a vida dos Seus filhos é que vivam em santidade e que liberem palavras abençoadoras.

Declarando a promessa

Procurarei sempre lembrar-me da responsabilidade que tenho com as palavras que digo. Empenhar-me-ei em seguir os conselhos da Palavra de Deus, para proferir com a minha boca somente bênçãos. Terei muito cuidado e sabedoria quando falar ao e sobre o meu próximo. Pedirei ao Espírito Santo que seja o controlador de todas as minhas palavras. Serei um abençoador em Jesus!

Anotações

Tiago 5.7

"Portanto, irmãos, sejam pacientes até a vinda do SENHOR. Vejam como o agricultor aguarda que a terra produza a preciosa colheita e como espera com paciência até virem as chuvas do outono e da primavera" (NVI).

12
DEZ

347. A PACIÊNCIA QUE ACOMPANHA A ESPERANÇA

Lição de fé para a minha vida

Paciência é perseverar rumo ao alvo ou esperar ansiosamente que a promessa seja cumprida. A paciência revela nossa fé em que Deus sabe qual o melhor tempo para tudo. É claro que paciência não acontece repentinamente na vida de um crente. O poder e a bondade de Deus são muito importantes para o desenvolvimento da paciência em nós. Ela se fortalece ainda mais quando descansamos em qualquer situação na vontade de Deus. As provações são a forma que Deus usa para nos aperfeiçoar. Podemos demonstrar que a paciência é característica de nossa vida em Cristo sendo agradecidos ao Senhor, nos regozijando na vontade Dele. Também devemos procurar pelos Seus objetivos. Às vezes Deus nos coloca em situações difíceis para termos oportunidade de testemunhar; outras vezes, Ele pode permitir uma provação, uma vez que Seu propósito é para o nosso crescimento espiritual e Sua glória vai nos ajudar a perseverar. E finalmente, devemos lembrar de Suas promessas, pois tudo quanto acontece opera para o nosso bem, se amarmos a Deus e estivermos nos ajustando aos planos Dele. A única maneira de aprendermos a ser pacientes é esperando. A paciência é a marca de um cristão maduro.

Declarando a promessa

Declaro que procurarei exercitar na vida diária a paciência. Desenvolverei a perseverança em cada situação que me defrontar, contando totalmente com a força do Senhor Deus em meu ser para isso. Como cristão perseverarei até o retorno do meu Senhor Jesus, pois essa é a esperança maior e cumprimento de Sua promessa na Bíblia. Eu tomo posse e confio na promessa!

Anotações

Tiago 5.16

"Confessem suas faltas uns aos outros e orem uns pelos outros, a fim de que vocês possam ser curados. A oração fervorosa de um homem justo tem grande poder e resultados maravilhosos" (VIVA).

13
DEZ

348. CONFESSANDO E ORANDO PARA A CURA

Lição de fé para a minha vida

Orar com fervor é uma das coisas que têm sua origem na justiça que recebemos através de Jesus! Uma oração só pode ser fervorosa quando também existe fervor e sinceridade nos relacionamentos entre os irmãos em Cristo. Talvez muitas orações não sejam atendidas pelo Senhor pois existe discórdia entre os irmãos, porque se guarda rancor no coração e porque não existe disposição em perdoar e confessar os pecados uns aos outros. Quando o texto nos exorta a confessarmos nossas faltas e orarmos uns aos outros para sermos curados, é porque geralmente existe culpa em ambos os lados de um relacionamento. E isso deve ser consertado pelas partes envolvidas buscando o diálogo, confessando os pecados e voltando a orar uma pela outra. A justiça de Jesus não pode se tornar manifesta onde existem conflitos e onde não existe a disposição sincera de perdão. O "justo" não é alguém livre de pecados, perfeito, mas uma pessoa que confessou todo pecado conhecido, que obedece aos padrões morais da comunidade cristã. Assim, se você é um "justo", deve ter uma consciência limpa e estar em perfeita união com Deus, para então você erguer uma oração poderosa e eficaz. Torne-se um "justo" no Senhor!

Declarando a promessa

Declaro que confessarei as minhas faltas e orarei pelos meus irmãos da forma como a Palavra de Deus me orienta. Assim, saberei que estarei curado espiritualmente e as minhas orações não serão impedidas e sim ouvidas pelo meu Senhor Deus, recebendo a resposta sempre que buscar ao Senhor.

Anotações

1 Pedro 1.3-5

"Bendito o Deus e Pai de nosso Senhor Jesus Cristo, que, segundo a sua muita misericórdia, nos regenerou para uma viva esperança, mediante a ressurreição de Jesus Cristo dentre os mortos, para uma herança incorruptível, sem mácula, imarcescível, reservada nos céus para vós outros que sois guardados pelo poder de Deus, mediante a fé, para a salvação preparada para revelar-se no último tempo" (ARA).

14
DEZ

349. REGENERADOS PARA UMA VIVA ESPERANÇA

Lição de fé para a minha vida

Não nascemos para o fracasso e nem para o cativeiro. Não nascemos para amar o mundo nem as coisas que nele há. Não nascemos para fazer a vontade da carne nem para andar segundo o príncipe das potestades do ar. Nascemos para as coisas mais elevadas. Nascemos para a glória! Neste mundo cruzamos vales profundos, atravessamos pinguelas estreitas, palmilhamos desertos tórridos, enfrentamos inimigos cruéis. Essa caminhada rumo à glória não é amena. A vida cristã não se assemelha a um parque de diversões. Ao contrário, é luta sem pausa contra as trevas; é luta titânica contra o mal. Nessa caminhada rumo à glória pisamos estradas juncadas de espinhos e suportamos muitas aflições. Porém, Deus nunca nos desampara. Ele nunca nos abandona à nossa própria sorte; pelo contrário, somos guardados para a glória. Deus reservou para os Seus filhos o dom inestimável da vida eterna, e Ele mesmo garantirá que nós chegaremos em segurança para recebê-lo, porque confiamos Nele. Louvado seja Deus, pois nascemos para a glória e somos guardados para ela.

Declarando a promessa

Declaro que fui regenerado mediante a ressurreição de Jesus Cristo para uma viva esperança. Rejeitarei amar o mundo e as coisas que nele há. Reconhecerei que nasci de novo para buscar as coisas lá do alto, onde Cristo vive. Caminharei na minha vida na direção do Senhor. Louvarei ao Senhor no meu coração porque nasci para a glória e sou guardado para ela. Eu tenho o dom da vida eterna!

Anotações

1 Pedro 1.6-7,9

"Que vós grandemente vos alegrais, ainda que agora importa, sendo necessário, que estejais por um pouco contristados com várias tentações, para que a prova da vossa fé, muito mais preciosa do que o ouro que perece e é provado pelo fogo, se ache em louvor, e honra, e glória na revelação de Jesus Cristo; alcançando o fim da vossa fé, a salvação da alma" (ARC).

15
DEZ

350. FORTALECIDOS NAS PROVAÇÕES

Lição de fé para a minha vida

Os problemas e as aflições não constituem o fim para os filhos de Deus; acima de tudo isso está a glória. Temos a esperança da alegria definitiva. Tudo que vem sobre nós é para provar a nossa fé, porque uma vez passada a prova ficamos mais fortalecidos. Os rigores a que são submetidos os atletas são para capacitá-los a desenvolver melhor sua resistência. Podemos sofrer diversas provas, para conhecermos melhor a graça e a misericórdia de Deus. Não importa o que está acontecendo conosco hoje, o importante deve ser a graça de Deus, pois ela nos capacita para enfrentarmos as situações e vencermos. Podemos suportar qualquer prova porque no final, quando Jesus nos convocar, receberemos Dele a glória e a honra. A provação não é para sempre, embora pareça uma eternidade. Mas temos a promessa de que não haverá sofrimento no céu. Um relacionamento íntimo com o Senhor nos torna possuidores de uma fé exultante e gloriosa! Portanto, o segredo da sua resistência, quando sua vida se mostra dura e a fé mui difícil de ser exercida, está na grandeza Daquele para quem você deve olhar – o Senhor Jesus.

Declarando a promessa

Declaro que nenhuma promessa de Deus se perderá na minha vida. Perseverarei na fé e nas promessas do Senhor. Procurarei suportar qualquer prova, confiando na graça de Deus, pois sei que Ele me capacitará para enfrentar as situações e vencê-las. Quando minha vida se mostrar dura e a minha fé difícil de exercer, olharei para o meu Senhor Jesus que me fará resistir. Sou vencedor!

Anotações

1 Pedro 2.5

"Vocês, também, como pedras vivas, deixem que Deus os use na construção de um templo espiritual onde vocês servirão como sacerdotes dedicados a Deus. E isso para que, por meio de Jesus Cristo, ofereçam sacrifícios que Deus aceite" (NTLH).

351. PEDRAS VIVAS NA CONSTRUÇÃO DE DEUS

Lição de fé para a minha vida

Aqueles que aceitam a Jesus como Senhor e Salvador, diz o texto, são pedras que vivem. Somos pedras vivas! Não somos pedras de cal ou pedras mortas. Quando nos achegamos a Jesus, estávamos cheios de confusão, de problemas e Deus nos lapidou. Talvez, em certos momentos da vida, nos vejamos como uma "pedra desgastada" ou como uma "pedra condenada" ou "abandonada", mas na realidade, somos casa espiritual. Fomos chamados para ser sacerdócio santo de uma ordem real. Somos separados por Deus. Ser separado para Deus significa ser santo. A santidade é a mortificação da carne, do nosso ego. É necessário ter consciência de que tudo o que realizamos é para agradar a Deus, por isso não podemos fazer de qualquer jeito, tem que haver responsabilidade e compromisso, sabendo qual a boa, perfeita e agradável vontade de Deus. Precisamos entender que o sacerdócio de Deus está sobre nós e devemos ser santos em todo o nosso proceder. As nossas ações devem espelhar a santidade e o amor de Deus em nós, repelindo toda malignidade. O desafio é manter-nos na Pedra Angular, verdadeira. É essencial respeitar a pedra angular para construir conforme a planta original dada por Deus.

Declarando a promessa

Reconheço que ao aceitar Jesus como Senhor e Salvador, que é a pedra angular, passei a ter com Ele uma relação especial, que me tornou uma pedra viva. Empenhar-me-ei em me manter na pedra angular, respeitando-a, para construir conforme a planta original dada por Deus. Buscarei a santificação e oferecerei sacrifício agradável ao Senhor. Sou uma pedra viva!

Anotações

17
DEZ

1 Pedro 3.10-11

"Se vocês quiserem uma vida feliz e boa, mantenham domínio sobre a língua e guardem os lábios de dizerem mentira. Desviem-se do mal e façam o bem. Procurem viver em paz, mesmo que tenham que correr atrás dela para agarrar e segurá-la!" (VIVA).

352. GUARDANDO A LÍNGUA E VIVENDO EM PAZ

Lição de fé para a minha vida

Se queremos ser vencedores, precisamos então guardar a nossa língua para glorificar a Deus e pregar o Seu poderoso evangelho, bem como falar aquilo que edifica. Somos exortados ainda a nos desviarmos do mal, para que vivamos em santidade. O Servo de Deus não deve se misturar com o mal. Precisa haver uma diferença entre aquele que serve a Deus e o que não serve. Devemos afastarmo-nos do mal, do pecado, do perigo, pois agindo assim estaremos no caminho da vitória. Temos que fazer o que é bom. Quando oramos, pregamos, ajudamos o próximo, reconciliamos irmãos, abraçamos e levantamos o fracassado, contribuímos com a obra de Deus, estamos praticando o bem. E, finalmente, devemos buscar a paz com perseverança. Precisamos buscar a paz, a paz interior. É preciso que estejamos curados e abençoados. Precisamos buscar a paz com os outros. Através da compreensão, do perdão, do amor, do conviver com as diferenças; compartilhando experiências e caminhando juntos, apesar das adversidades. E precisamos também ter paz com Deus. Quando isso acontece temos alegria, vitória sobre o mal e uma vida abundante. Temos que nos empenhar, lutar bravamente até que esta paz seja alcançada.

Declarando a promessa

Declaro que buscarei ter uma vida tranquila, mantendo o domínio sobre a minha língua, guardando-a para não mentir. Procurarei me desviar do mal e fazer apenas o bem. Precisarei, para tudo isso, da misericórdia do Senhor Deus na minha vida, pois sozinho sei que não conseguirei tomar estas atitudes. Dependerei e necessitarei do Senhor para que Suas promessas se cumpram em mim e possa submeter o meu ser à Sua vontade.

Anotações

18
DEZ

1 Pedro 3.12a

"Pois o Senhor olha com atenção as pessoas honestas e ouve os seus pedidos" (NTLH).

353. O OLHAR ATENTO DE DEUS

Lição de fé para a minha vida

Ser justos, ser filhos de Deus nos credencia para sermos vencedores em tudo. Neste mundo de injustiças, corrupção e indignidade, só com a ajuda de Deus podemos ser sinceros, verdadeiros e dignos. Por sua vez, o ser humano pode se comunicar com Deus através da oração. Ele ouve todas as nossas petições, escuta nossos agradecimentos, recebe nossas confissões e aceita nossos louvores. A conexão entre Deus e os homens está estabelecida de tal modo que ninguém pode "cortá-la". Suplicar ao Senhor é um grande segredo de vitória. Ore, confie e espere. Com certeza a vitória virá sobre sua vida. Diante de tantos desafios que enfrentamos o grande segredo é buscar ao Senhor de todo o coração. É tempo de orar e buscar a face do Senhor. É tempo de quebrantamento. É tempo de acreditar no milagre. Deus se ofereceu para responder as orações daqueles que receberam Jesus em suas vidas e buscam segui-Lo. Ele nos pede para levar qualquer preocupação até Ele em oração, que Ele agirá por nós de acordo com a Sua vontade. Enquanto lidamos com dificuldades, temos de lançar sobre Ele nossas aflições e receber Dele a paz que desafia as circunstâncias. A base da nossa esperança e fé é a pessoa de Deus. Quanto mais O conhecermos, mais aptos estaremos a confiar Nele.

Declarando a promessa

Declaro que buscarei sempre a presença de Deus em oração, na confiança de Sua promessa que me garante que Ele ouvirá as minhas petições, os meus agradecimentos, as minhas confissões e responderá a todas essas orações. Viverei depositando a minha fé no Senhor Deus, sabendo que a Sua promessa será cumprida a cada vez que eu orar. Sou justo e vencedor!

Anotações

19
DEZ

1 Pedro 5.8

"Sede sóbrios e vigilantes. O diabo, vosso adversário, anda em derredor, como leão que ruge procurando alguém para devorar" (ARA).

354. SÓBRIOS E VIGILANTES CONTRA O MAL

Lição de fé para a minha vida

Vigiar é tomar conta da nossa posição em Cristo, sempre usando a fé, não deixando a incredulidade entrar no coração. O diabo nos persegue o tempo todo, a fim de nos devorar, e fará o que puder para afastar-nos do Senhor, por meio de ameaças e tentações. Mas, ele não tem nenhum poder sobre os servos tementes a Deus. Porém, ele anda sempre ao nosso redor, como um leão faminto. E não podemos esquecer que "leão" não tira férias! Satanás nunca será amigo do ser humano. Ao contrário, como adversário, ele se opõe de todas as formas para tentar impedir a nossa felicidade. Sua natureza foi corrompida de tal modo, que jamais conseguirá fazer o bem. Suas ameaças são sutis e fazem sua vítima até desejar o pecado. Assim, com jeitinho todo sutil, ele leva os incautos a se afastarem da santidade e do Senhor; depois, esses que deram licença ou brecha para o maligno agir, sofrerão horrivelmente as consequências desse ato imprudente. Temos a responsabilidade de manter o inimigo longe de nós. Enquanto permanecermos vigilantes, orando incessantemente, o diabo rondará, mas jamais nos vencerá, porque estamos protegidos pelo Senhor. Toda vez que o diabo vier lhe trazer qualquer mal repreenda-o em o Nome de Jesus e mande-o dar o fora. A nossa redenção é real. Somos território liberto.

Declarando a promessa

Declaro que nenhuma promessa de Deus se perderá na minha vida. Guardarei em meu coração a Palavra de Deus e a colocarei em prática na minha vida. Agirei com sobriedade e moderação para não dar lugar ao diabo. Cuidarei da minha posição em Cristo, sempre usando a fé, não deixando a incredulidade entrar no coração Serei vigilante contra os ataques de Satanás. Sou mais do que vencedor!

Anotações

20
DEZ

2 Pedro 1.10

"Portanto, irmãos, procurai fazer cada vez mais firme a vossa vocação e eleição; porque, fazendo isto, nunca jamais tropeçareis" (ARC).

355. FIRMANDO A VOCAÇÃO E ELEIÇÃO

Lição de fé para a minha vida

Deus nos escolheu para uma vocação. O cristão que compreende a sua escolha sabe que está trilhando o caminho da salvação. Ele está ali, porque Deus o escolheu para esse propósito. E essa escolha de Deus torna-se para nós uma âncora que nos firmará nos momentos de adversidades e dúvidas. Se tivermos certeza de nossa eleição, então, saberemos que Deus nos escolheu e é poderoso para capacitar-nos nessa jornada. Uma vez que de fato cremos na vocação precisamos confirmá-la através de nossas ações, da manifestação da vida de Deus em nossas vidas, fugindo do pecado e apegando-nos a Deus. Quanto mais firmes estivermos na certeza de nossa vocação e eleição, mais fortes nos sentiremos para resistir e deixar o pecado, pois saberemos dentro de nós que não foi para aquela vida de pecados que fomos chamados. A eleição pulsará dentro de nós e nos fará lembrar o tempo todo que fomos chamados para uma vocação, para uma nova vida e não poderemos mais ser os mesmos. Prevenir-se. Acautelar-se. São palavras que indicam uma atitude e responsabilidade que Deus nos deu. E o propósito é não descair da própria firmeza. A queda é uma possibilidade, mas nos mostra que pode ser evitada por prevenção e cuidado. O Senhor prometeu que estaria com você todos os dias!

Declarando a promessa

Declaro que foi Deus que me chamou e me escolheu para uma vocação. Trabalharei com ardor para provar que realmente fui chamado e eleito por Deus. Empenhar-me-ei em corresponder ao chamado da minha vocação. Procurarei fazer cada vez mais firme a minha vocação e eleição, a fim de que eu não tropece jamais. Estarei ricamente provido quando entrar no Reino eterno de nosso Senhor e Salvador Jesus Cristo! Eu tenho a promessa!

Anotações

1 João 1.7

"Porém, se vivemos na luz, como Deus está na luz, então estamos unidos uns com os outros, e o sangue de Jesus, o seu Filho, nos limpa de todo pecado" (NTLH).

21
DEZ

356. VIVENDO NA LUZ DE CRISTO

Lição de fé para a minha vida

O segredo do sucesso do servo do Senhor está em cumprir todas as orientações que Ele nos apresenta em Sua Palavra. Aceitar a orientação e agir de acordo com a Palavra prova a confiança que temos Nele. É na revelação da Sua Palavra que Ele Se torna, verdadeiramente, o nosso refúgio e socorro na hora da tribulação. Andar na Luz tira tudo o que, porventura, possa impedir-nos de usar o poder que o Senhor nos proporcionou para realizarmos a Sua obra. Ao morrer na cruz do Calvário, Ele derrotou o diabo, comprou-nos para Deus, libertando-nos para sempre da escravidão do pecado. Na cruz, Ele nos resgatou para que pudéssemos ter uma vida limpa, próspera, digna e santa. Se estivermos na luz, além da comunhão uns com os outros, teremos a suprema bênção de ter o sangue do Senhor Jesus purificando-nos de todo o pecado. Se cumprirmos as condições estabelecidas por Ele, seremos limpos de todo pecado. Não ficará mancha alguma em nosso caráter, personalidade ou em qualquer área da nossa vida. Portanto, quanto mais andarmos na Luz, mais puros seremos. Decida-se por andar na Luz, porque você só tem a ganhar. Agora é o melhor momento para você se tornar uma pessoa completamente abençoada. Viva na Luz!

Declarando a promessa

Declaro que buscarei viver na verdadeira Luz que é o nosso Senhor Deus. Assim estarei unido com os outros, sendo purificado pelo sangue de Jesus Cristo, que limpa completamente todos os meus pecados. Não terei nenhuma mancha em meu caráter, porque estando na Luz serei cada vez mais puro em todas as áreas de minha vida. Eu sou vencedor porque estou na Luz!

Anotações

1 João 3.1-2

"Vede quão grande caridade nos tem concedido o Pai: que fôssemos chamados filhos de Deus. Por isso, o mundo não nos conhece, porque não conhece a ele. Amados, agora somos filhos de Deus, e ainda não é manifesto o que havemos de ser. Mas sabemos que, quando ele se manifestar, seremos semelhantes a ele; porque assim como é o veremos" (ARC).

22
DEZ

357. FILHOS DE DEUS: CHAMADOS PARA A GLÓRIA

Lição de fé para a minha vida

O Senhor mostra um amor maravilhoso ao adotar pessoas, por natureza, herdeiras do pecado e do juízo divino; filhas da desobediência. O Deus santo não se envergonha de ser chamado de nosso Pai e de nos chamar de Seus filhos; entretanto, visto que muitos não conhecem a Deus, não compreendem que somos Seus filhos. Temos a natureza de filhos pela regeneração: temos o título, o espírito e o direito à herança dos filhos pela adoção. A glória pertencente à filiação e adoção é reservada para outro mundo. Sendo o Senhor santo e puro; aqueles que esperam viver com Ele precisam buscar a pureza; precisam crescer na santidade, pois a esperança em alcançar o céu os conduzirá assim. Somos santificados pela fé e esperança. Como filhos de Deus precisamos andar na fé e viver pela esperança. O tempo da revelação dos filhos de Deus em seu estado de glória ocorrerá quando Jesus vier e reunir todos. Seus corpos corruptíveis serão como o corpo glorioso de Cristo; preenchidos com vida, luz e bem-aventurança a partir dele. Viva nesta certeza maravilhosa do chamado de Deus para uma vida que vale a pena!

Declarando a promessa

Declaro que serei chamado de Filho de Deus por meu Pai do céu. Sou co-herdeiro com Jesus das bênçãos celestiais e, quando o Senhor Jesus retornar, estarei junto com Ele assentado no trono, com um corpo glorificado. Tenho a certeza que esta promessa maravilhosa que será cumprida em minha vida e de todos os que se tornarem Filhos de Deus, através do Seu imenso amor que me foi concedido, bem como a todos os salvos!

Anotações

2 João 1.9

"Todo aquele que ultrapassa a doutrina de Cristo e nela não permanece não tem Deus; o que permanece na doutrina, esse tem tanto o Pai como o Filho" (ARA).

23
DEZ

358. PERMANECENDO NA DOUTRINA DE CRISTO

Lição de fé para a minha vida

É essencial que saibamos a respeito de Cristo para que nosso relacionamento com Ele seja cada vez mais profundo. Seguir o Salvador significa sofrer e até mesmo morrer por Ele. Seguir a Jesus quer dizer que precisamos aprender a falar, agir, amar e pensar como Ele fazia. A ênfase nos ensinos de Cristo sempre foi de suma importância para aquele que deseja crer Nele. O Espírito Santo que habita em nós, através de Seus ensinos, nos dirige a fim de separarmos a verdade da mentira. É óbvio que se pode saber tudo sobre a pessoa de Jesus sem O conhecer pessoalmente; entretanto, é impossível conhecê-Lo pessoalmente sem saber quem Ele é realmente. A doutrina e o modo de viver são duas coisas que caminham lado a lado. Tanto a doutrina como a conduta compõem o nosso modo de vida; afinal, não podemos viver de modo correto se não crermos que aquilo é o certo. A única conduta correta que o Senhor Deus pode contemplar com complacência é aquela que deseja obedecer à Sua Palavra revelada. Se queremos realmente ser leais a Jesus Cristo como Senhor, precisamos ficar dentro dos limites da Sua Palavra, não ultrapassando o que está escrito na Bíblia, pois somente perseverando na doutrina de Cristo é que teremos o Pai e também o Filho.

Declarando a promessa

Declaro que trabalharei incessantemente para permanecer na doutrina de Jesus Cristo, que se encontra expressa nas Escrituras Sagradas. Seguirei a Cristo, cuidando para ser fiel a Ele; respeitarei os limites expressos na Palavra de Deus, procurando ser o mais possível semelhante ao Senhor Jesus. Buscarei ter, refletida em minha vida, tanto a presença do Pai como a presença do Filho. Desde já, tomo posse da promessa. Eu sou um vencedor!

Anotações

24
DEZ

3 João 1.11

"Amado, não sigas o mal, mas o bem. Quem faz bem é de Deus; mas quem faz mal não tem visto a Deus" (ARC).

359. ESCOLHENDO O BEM: REFLEXO DA VERDADE

Lição de fé para a minha vida

A única maneira de provarmos que estamos vivendo um cristianismo autêntico é permeando nossas ações pela verdade. O amor ao próximo, uma vida transparente, uma fé embasada nas Escrituras, um comportamento isento de hipocrisia e o fazer o bem comprovam a veracidade do nosso cristianismo. O texto destaca ainda que aqueles que seguem o mal provam que estão longe de Deus e não têm visto a Deus, enquanto o bem procede de Deus. Imagine gastarmos todos os anos da nossa vida achando que vivemos em conformidade com a verdade de Deus, para no final, descobrir que estávamos errados, que vivemos um terrível engano! A Bíblia adverte, e precisamos ter em mente, que cada um de nós comparecerá perante o Tribunal de Cristo para sermos julgados e termos as nossas vidas desnudadas diante Dele, sobre tudo o que fizemos, de bem ou mal. Portanto, para não nos iludirmos com o mundo e sermos influenciados por maus exemplos, precisamos provar que somos filhos de Deus, que procedemos de Deus, revendo nossos conceitos, vivendo a nossa fé em Jesus, seguindo sempre o que é bom aos olhos do Senhor e praticando somente o bem, e assim entrarmos na morada que Ele nos prometeu. Que você faça sempre o bem, com a ajuda do Espírito Santo, para glória de Deus.

Declarando a promessa

Declaro que me esforçarei para jamais seguir o mal. Perseverarei buscando a cada dia seguir o bem em minha vida, pois não esquecerei que haverei de comparecer diante do tribunal de Cristo, onde toda a minha vida e os meus atos serão julgados. Terei sempre como meu propósito fazer o bem ao próximo, seguindo os ensinamentos das Escrituras e aguardar a volta de Cristo, para ir morar com Ele, o Senhor Deus e todos os salvos nas mansões celestes.

Anotações

Judas 1.20-21

"Edifiquem-se, porém, amados, na santíssima fé que vocês têm, orando no Espírito Santo. Mantenham-se no amor de Deus, enquanto esperam que a misericórdia de nosso SENHOR Jesus Cristo os leve para a vida eterna" (NVI).

25
DEZ

360. EDIFICANDO NA FÉ E VIVENDO NO AMOR

Lição de fé para a minha vida

Temos uma comunhão edificadora no Corpo de Cristo. Devemos construir as nossas vidas firmemente sobre o alicerce da fé, temos de continuar progredindo na fé, dedicando-nos para crescer no conhecimento da Palavra; perseverando na batalha pela santificação pessoal. A oração é o fôlego da vida cristã; então não podemos negligenciá-la. O Espírito Santo é para a alma, assim como o ar é para os pulmões. E a oração é para a alma, assim como a respiração é para a vida. Viveremos se respirarmos. Seremos guardados por Deus se orarmos. Da mesma forma que Deus dá a vida e o meio para viver, que é respirando, Ele dá a salvação e como perseverar até o final, que é orando. Portanto, Deus nos dá a vida e a respiração; Ele também nos dá a salvação e a oração. Assim, temos de aprender a orar no poder e na força do Espírito Santo. Um dos meios de Deus preservar os Seus até o final é pela oração incessante e fervorosa, guiada pelo Seu Espírito. Sim, somos guardados por Deus e Ele o fará até o céu. Mas também devemos continuar vivendo no amor Dele, esperando que o Senhor Jesus, na Sua misericórdia, nos dê a vida eterna. Viva sempre dentro dos limites onde o amor de Deus possa chegar até você e o abençoar.

Declarando a promessa

Declaro que removerei de minha vida todos os impedimentos que atrapalhem a comunhão que devo ter com Deus pela oração. Jamais me esquecerei que a oração é o fôlego da vida espiritual e não quero perder essa intimidade com Deus. Desejarei viver espiritualmente e farei isso mantendo em alta a relação com Deus através da oração. Manter-me-ei no amor de Deus, aguardando o momento de viver eternamente no céu. Eu já sou vencedor!

Anotações

Apocalipse 2.7

"Quem tem ouvidos, ouça o que o Espírito diz às igrejas: Ao vencedor, dar-lhe-ei que se alimente da árvore da vida que se encontra no paraíso de Deus" (ARA).

361. O CHAMADO AO PRIMEIRO AMOR

Lição de fé para a minha vida

Estamos em busca da vida que se mede pela vida de Deus; portanto, nossa natureza deve estar de acordo com a vontade de Deus. Precisamos conduzir a nossa vida de tal maneira, que possamos nos dirigir ao Senhor Deus com confiança e abrir perante Ele o coração, contando-Lhe nossas necessidades, crendo que Ele ouve e nos dará forças para cumprir os princípios da Sua Palavra. Cristo recompensará aqueles que permanecerem firmes. Ele diz que ao vencedor dará que se alimente da árvore da vida que se encontra no paraíso de Deus. Com esta promessa o Senhor estimula aos Seus filhos para que não deixem o primeiro amor e O sirvam sempre no amor. Se o que almejamos é o céu, a coroa do vencedor, uma entrada pelas portas da Cidade Eterna, o direito de comer da árvore da vida que está no meio do Paraíso, conservemos então nossos olhos fixos em Cristo, a perfeição do caráter humano; alimentando-nos de Cristo hoje, não abandonaremos o primeiro amor, perseverando até o fim. Se você está disposto a comer o fruto da árvore da vida no jardim de Deus, ouça o que o Espírito está dizendo. Persevere naquele que morreu por você. Alimente-se de novo de Cristo, voltando a Ele com o primeiro amor. E então, seja um vencedor!

Declarando a promessa

Declaro que ouvirei o que o Espírito Santo de Deus diz às igrejas. Perseverarei no primeiro amor, pois assim chegarei à Cidade Eterna, preparada a todos os salvos. Também declaro que, desde já, sou vencedor e me alimentarei um dia da árvore da vida, que se encontra no Jardim de Deus, à espera de todos aqueles que serão vitoriosos em Jesus Cristo e chegarão às mansões celestes. Eu já sou um vencedor!

Anotações

Apocalipse 2.10

"Não tenham medo do que vocês vão sofrer. Escutem! O Diabo vai pôr na prisão alguns de vocês para que sejam provados e sofram durante dez dias. Sejam fiéis, mesmo que tenham de morrer; e, como prêmio da vitória, eu lhes darei a vida" (NTLH).

27
DEZ

362. FIDELIDADE EM MEIO ÀS TRIBULAÇÕES

Lição de fé para a minha vida

Podemos pensar em uma tribulação acontecendo no interior dos desejos, sobre os quais há uma forte pressão. Porém as tribulações trazem consequências abençoadas. A tribulação faz com que consideremos mais a ação de Deus do que as nossas; nos faz experimentar de maneira especial o poder do Senhor; também nos move a buscar mais seriamente o Senhor. Com a tribulação experimentamos o consolo do Senhor e também nos proporciona o que em tempos normais só raras vezes temos – paciência, perseverança e abundância de alegria. Por um curto tempo, o mal pode parecer que venceu. Na dimensão do tempo eterno, o mal já perdeu. Não há nenhuma chance de Satanás vencer. Jesus Cristo já o venceu e nós venceremos com Ele. É uma questão de tempo. Basta sermos fiéis, até mesmo enfrentando a morte e o Senhor nos dará a coroa da vida; um futuro glorioso e sem fim. E o triunfo sobre a segunda morte vem para quem morre para si e nasce para Jesus. Quem vive para e por Jesus, este verdadeiramente vive, bem e para sempre! Para você receber a coroa da vida e não ter que passar pela segunda morte, precisa escutar o que o Espírito lhe diz. Seja fiel até a morte!

Declarando a promessa

Declaro que estarei pronto a suportar as tribulações que vierem em minha vida, sabendo que o Senhor Jesus me dará condições de fortalecimento para suportar todas elas. Buscarei, através dessa certeza, as forças para enfrentar toda e qualquer provação, também estando consciente que terei o consolo do Senhor, além da paciência, perseverança e alegria que Ele me proporcionará. Mesmo que sejam duras e terríveis as tribulações que me acontecerem, sei que já sou vencedor em Cristo, pois a vitória final será Dele!

Anotações

Apocalipse 2.26-28

"A cada um que vencer – que até o fim continuar fazendo as coisas que me agradam – eu darei poder sobre as nações. Vocês as governarão com uma vara de ferro, tal como o meu Pai me deu autoridade de governá-las; elas serão esmigalhadas como um vaso de barro quando é quebrado em pedaços pequeninos. Eu darei a vocês a Estrela da Manhã!" (VIVA).

28
DEZ

363. GOVERNANDO COM CRISTO

Lição de fé para a minha vida

Não há nada que Deus não conheça; Ele conhece os nossos caminhos e os mais profundos pensamentos do coração. A Bíblia diz que todo o homem dará contas a Deus de tudo, até dos pensamentos e intenções mais escondidas no mais íntimo do ser. Portanto, o Senhor está ciente de todas as nossas obras. Ele conhece também o nosso amor, a nossa fé e a nossa paciência. Mas também Deus vê se há em nós a tolerância com o mal e a falta de zelo espiritual. De Deus procede o bem; por isso, como filhos de Deus, não podemos conviver com o mal. Então, os verdadeiros servos são aqueles que ouvem a voz do Senhor, que estão atentos a Deus e que não toleram a imoralidade. Deus nos chamou com o zelo da doutrina da Sua Graça, o verdadeiro Evangelho. Outro não existe. É melhor agradar e ser submisso a Deus; é melhor jamais tolerarmos qualquer doutrina inconsequente. Dessa forma, sempre venceremos! Tudo que fizermos será bem-sucedido! Jesus pagou um preço muito alto para que a nossa salvação fosse completa. Você será salvo e também um vencedor se até o fim continuar fazendo a vontade do Senhor nosso Deus.

Declarando a promessa

Declaro que terei o poder de Deus na minha vida; serei fiel despenseiro, guardando as obras do Senhor, através do meu proceder e das minhas atitudes. Então, serei vencedor, por intermédio de Cristo Jesus e terei poder sobre as nações da terra, com varas de ferro, com o que foi concedido pelo Senhor a mim. Serei submisso a Deus até o fim e herdarei a salvação, para ir morar nas mansões celestiais. Já me considero um total vitorioso!

Anotações

29
DEZ

Apocalipse 3.5

"O que vencer será vestido de vestes brancas, e de maneira nenhuma riscarei o seu nome do livro da vida; e confessarei o seu nome diante de meu Pai e diante dos seus anjos" (ARC).

364. VESTES BRANCAS E O LIVRO DA VIDA

Lição de fé para a minha vida

Os salvos por Jesus devem demonstrar a sua fé e as suas obras para Deus, guardando com firmeza este evangelho da salvação. Os salvos devem lembrar como ouviram e creram no evangelho, como permanecer firmes na Palavra e como viver em agradecimento a Deus pela graça da salvação. Não podemos contaminar nossas roupas com a imundícia do mundo. Os salvos cuja fé é aprovada por Deus seguem ao Senhor por onde Ele os guiar. O fato de eles não terem contaminado suas vestes significa que, confiando na Palavra do Senhor, eles não se renderam às coisas más desse mundo. Aqueles que foram revestidos com as vestes da justiça pelo evangelho de Jesus Cristo, se apegam com firmeza à Palavra de Deus e não têm mais nenhum compromisso com o mundo. Aqueles que vencerem o mundo pela fé na Palavra de Deus eternamente viverão, vestidos na justiça de Deus como Seus santos e servindo ao Senhor. Ele também aprovará a sua fé, escreverá seu nome no Livro da Vida e ele não será jamais apagado. Tenha fé verdadeira em Jesus e certamente você triunfará em sua batalha contra os inimigos de Deus. Seja um vencedor pela fé e receba as bênçãos das promessas maravilhosas que o Senhor Deus tem reservado para você!

Declarando a promessa

Declaro que viverei uma existência de testemunho; declaro também que serei uma testemunha fiel, até quando o meu Senhor Jesus vier me buscar. Creio na promessa do meu Deus que serei vencedor, colocando vestes brancas dadas por Ele. Além disso, a promessa do Senhor me dá a certeza que terei o meu nome escrito no Livro da Vida e habitarei no céu para todo o sempre!

Anotações

Apocalipse 3.10-12

"Porque guardaste a palavra da minha perseverança, também eu te guardarei da hora da provação que há de vir sobre o mundo inteiro, para experimentar os que habitam sobre a terra. Venho sem demora. Conserva o que tens, para que ninguém tome a tua coroa. Ao vencedor, fá-lo-ei coluna no santuário do meu Deus, e daí jamais sairá; gravarei também sobre ele o nome do meu Deus, o nome da cidade do meu Deus, a nova Jerusalém que desce do céu, vinda da parte do meu Deus, e o meu novo nome" (ARA).

30
DEZ

365. COLUNA NO SANTUÁRIO DE DEUS E O NOVO NOME

Lição de fé para a minha vida

Deus nos ama! Portanto, se temos convicção do amor de Deus, devemos seguir em frente e levar a Sua Palavra, porque temos nossa missão a cumprir, que nos foi deixada por Cristo. Deus conhece e sabe das nossas fraquezas. Mas a resistência paciente de Cristo é um verdadeiro exemplo para permanecermos constantes. Precisamos manter nossa posição de fidelidade e vigilância, pois apesar de nossas fraquezas, seremos vitoriosos porque temos a promessa da garantia da proteção do Senhor em qualquer provação. Aquele que vencer receberá a marca permanente do caráter de Deus na sua vida, a imagem do seu Criador será plenamente restaurada nele. Assim também, toda prova servirá para que no fim do caminho, levemos a marca de Cristo e as pessoas vejam em nós o próprio Jesus. Essa marca é eterna e não há nada que possa apagá-la. Persevere na fidelidade a Cristo; Deus está tratando o seu caráter e deixará Sua marca em você. E no fim, todos verão que Deus é o seu Senhor, que sua vida pertence a Ele!

Declarando a promessa

Declaro que serei guardado pelo Senhor Deus na hora da provação. Essa é uma promessa muito reconfortante, pois nos dá um suporte de segurança diante dos problemas que venham a se abater sobre a minha vida. Buscarei ser fiel ao meu Deus, e também a Jesus, e terei a marca de cristão em mim. Sou vencedor e a minha vida pertence a Jesus!

Anotações

Apocalipse 3.20-21

31
DEZ

"Eis que estou à porta e bato. Se alguém ouvir a minha voz e abrir a porta, entrarei e cearei com ele, e ele comigo. Ao vencedor darei o direito de sentar-se comigo em meu trono, assim como eu também venci e sentei-me com meu Pai em seu trono" (NVI).

366. A PORTA ABERTA E O TRONO DA GLÓRIA

Lição de fé para a minha vida

Bens materiais são necessários para a vida terrena mas nossa relação com Deus não deve ser construída sobre aspirações materiais. O servo do Senhor deve viver em busca de um caráter irrepreensível, formado por virtudes espirituais. Precisamos nos aproximar de Deus em busca de valores espirituais, sendo a principal deles uma vida de santificação. Deus manifesta o Seu amor por nós quando nos aconselha, repreende e castiga. Contudo, Ele não obriga Seus filhos a mudarem. Ele não força. Ele espera que atendamos à Sua voz e abramos a porta. Aqueles que se tornam servos de Deus compartilham suas vidas com Ele. Aqueles que trabalham para o Senhor vivem crendo na Sua Palavra e, através da fé, nosso Senhor sempre cumpre todas as Suas obras. Quantas portas o Senhor abriu para nós? Quantas bênçãos Ele nos deu? Em outros momentos, Ele espera que nós lhe abramos a porta, dando ouvidos à Sua voz, assumindo uma postura de aceitação, compromisso e intimidade com Ele, permitindo que Ele entre e domine todas as áreas da nossa vida. Quem abrir a porta, recebendo o senhorio de Jesus, será também por Ele recebido na glória celestial. Ouça sempre a voz de Deus e siga na liderança do Espírito Santo.

Declarando a promessa

Declaro que abrirei a porta do meu coração quando Jesus bater. Na verdade, Jesus já entrou, recebi o Seu senhorio na minha vida e ceamos juntos. Tenho a confiança de que serei recebido pelo Senhor Jesus na glória celestial, porque sou vencedor junto com Ele e a Sua promessa não deixa nenhuma dúvida que estaremos ao lado do Mestre no céu.

Anotações

Sobre a Editora Atos

A Editora Atos encara a missão de publicar ótimos livros com muito entusiasmo e uma visão bem clara. Entendemos que o livro é uma ferramenta essencial para ajudar as pessoas a compreender melhor a Palavra de Deus e os ensinamentos-chave que Jesus deixou para nós.

Com a excelência sempre em mente, temos o privilégio de publicar vários bestsellers. Os livros publicados pela Atos já ganharam diversas vezes o Prêmio Areté, a maior honra literária no segmento evangélico.

Hoje, a Editora Atos compartilha a visão de seu fundador, Pastor Gary Haynes, de sermos norteados pelo lema cunhado na Reforma, Sola Scriptura. Procuramos publicar somente livros e Bíblias de estudo que estejam alinhados com os ensinamentos da Palavra de Deus. Mantemos um olhar crítico com essa visão em mente na hora de criar ou aprovar qualquer obra para publicação.

Nossa visão é contribuir na formação de verdadeiros discípulos de Jesus, garantindo que a leitura de nossos livros seja um momento edificante e eletrizante. Procuramos publicar obras que engajem e envolvam o leitor numa jornada abençoadora.

Saiba mais sobre os livros superlativos publicados pela Editora Atos visitando nosso site:

www.osdiscipulos.com.br

Sobre o Movimento dos Discípulos

A leitura desta profunda obra foi uma experiência rica e impactante em sua vida espiritual?

O fundador da Editora Atos, que publicou este exemplar que você tem nas mãos, o Pastor Gary Haynes, também fundou um ministério chamado *Movimento dos Discípulos*. Esse ministério existe com a visão de chamar a igreja de volta aos princípios do Novo Testamento. Cremos que podemos viver em nossos dias o mesmo mover do Espírito Santo que está mencionado no livro de Atos.

Para isso acontecer, precisamos de um retorno à autoridade da Palavra como única autoridade espiritual em nossas vidas. Temos que abraçar de novo o mantra *Sola Scriptura*, onde tradições eclesiásticas e doutrinas dos homens não têm lugar em nosso meio.

Há pessoas em todo lugar com fome de voltarmos a conhecer a autenticidade da Palavra, sermos verdadeiros discípulos de Jesus, legítimos templos do Espírito Santo, e a vivermos o amor ágape, como uma família genuína. E essas pessoas estão sendo impactadas pelo *Movimento dos Discípulos*.

Se esses assuntos tocam seu coração, convidamos você a conhecer o portal que fizemos com um tesouro de recursos espirituais marcantes.

Nesse portal há muitos recursos para ajudá-lo a crescer como um discípulo de Jesus, como a TV Discípulo, com muitos vídeos sobre tópicos importantes para a sua vida.

Além disso, há artigos, blogs, área de notícias, uma central de cursos e de ensino, e a Loja dos Discípulos, onde você poderá adquirir outros livros de grandes autores. Além do mais, você poderá engajar com muitas outras pessoas, que têm fome e sede de verem um grande mover de Deus em nossos dias.

Conheça já o portal do Movimento dos Discípulos!

www.osdiscipulos.org.br

Sobre o Pastor Gary Haynes

Gary Haynes nasceu em Sacramento, Califórnia, onde seu pai era pastor. Ele se mudou para o Brasil com seus pais, John e Wanda Haynes, que deixaram a vida na Califórnia para serem missionários na selva amazônica. Ele tinha 13 anos quando começou sua jornada brasileira. No coração do adolescente Gary nasceu um amor pelo povo brasileiro, culminando em sua naturalização como cidadão brasileiro no ano 2000, aos 37 anos. O juiz que presidiu a cerimônia conhecia o Pastor Gary como telespectador de seu programa de TV e permitiu que ele pregasse durante o evento e profetizasse bênçãos sobre a nação brasileira. Em seguida, Gary Haynes fez seu juramento como cidadão brasileiro, como um ato solene de união ao povo.

Os projetos que Gary Haynes desenvolveu para abençoar o Brasil incluem a fundação do seminário teológico Cristo Para As Nações, em 1995, onde estudaram mais de 6.000 alunos na sede presencial em Belo Horizonte, além de dezenas de milhares à distância. Ele também fundou a Editora Atos, uma das principais editoras no segmento de livros evangélicos e bíblias de estudo, incluindo a primeira bíblia focada em mulheres, a Bíblia de Estudo da Mulher, com mais de 1 milhão de cópias vendidas, e a famosa Bíblia de Estudo Dake, entre outras. Como autor, o Pastor Gary Haynes escreveu 13 livros, 3 dos quais ganharam o maior prêmio do setor evangélico, o Prêmio Areté. Este livro que você tem em mãos, "O Poder da Língua," já vendeu mais de meio milhão de cópias.

Em 2023, Gary Haynes foi empossado na cadeira 9 como acadêmico da Academia Evangélica de Letras do Brasil. Durante muitos anos, o Pastor Gary apresentou o programa Cristo Para as Nações, em rede nacional de TV, na Rede TV. Hoje, Deus tem feito arder no seu coração um chamado para uma nova reforma da Igreja, com a visão de formar verdadeiros discípulos de Jesus, voltar ao verdadeiro evangelho e ver uma igreja poderosa em nossos dias, como era a Igreja do Livro de Atos.

Fale com o autor através do e-mail: pastorgary@osdiscipulos.org.br.

Para conhecer mais sobre os projetos do autor, acesse o site:

www.osdiscipulos.org.br